MANUAL CONTABLE NIIF
Aplicación práctica

Carlos Filgueira

Manual Contable NIIF. Aplicación práctica

Ediciones Universidad Alberto Hurtado
Alameda 1869 - Santiago de Chile
mgarciam@uahurtado.cl - 56-228897726
www.uahurtado.cl

Impreso en Santiago de Chile
Octubre 2017

ISBN libro impreso: 978-956-357-126-4
ISBN libro digital: 978-956-357-127-1
Registro de propiedad intelectual N° 284.126

Este texto fue sometido al sistema de referato ciego

Dirección editorial
Alejandra Stevenson Valdés

Editora ejecutiva
Beatriz García-Huidobro

Diseño y diagramación interior
Gloria Barrios A.

Diseño portada
Francisca Toral R.

Imagen de portada
es.123rf.com

Miembro de la Red de Editoriales Universitarias de AUSJAL
www.ausjal.org

MANUAL CONTABLE NIIF

Aplicación práctica

Carlos Filgueira

EDICIONES
UNIVERSIDAD ALBERTO HURTADO

CONTENIDO

Dedicatorias

Dedico este libro a mi familia mi gran equipo, de quien siempre he recibido el mayor apoyo, cuando tienes un gran equipo detrás cualquier meta es alcanzable.

Gracias a mis padres, Ana Ramos y Juan Carlos Filgueira, por ser responsables de mi formación y compartir los mejores momentos con mis bebés.

Gracias, Paulina por compartir mis aventuras y apoyarme en todo momento junto a nuestras bebés Javiera y Julieta.

A mi hermana por confiar en mí más que yo mismo.

A mis amigos, por compartir mis días buenos y tratar de soportarme en mis días malos.

A todos mis sobrinos y sobrinas por llenar mis momentos de felicidad.

CAPÍTULO I

Introducción a la contabilidad

1.1 Antecedentes historicos de la contabilidad en el mundo

Podríamos dividir la historia de la contabilidad en cuatro etapas:

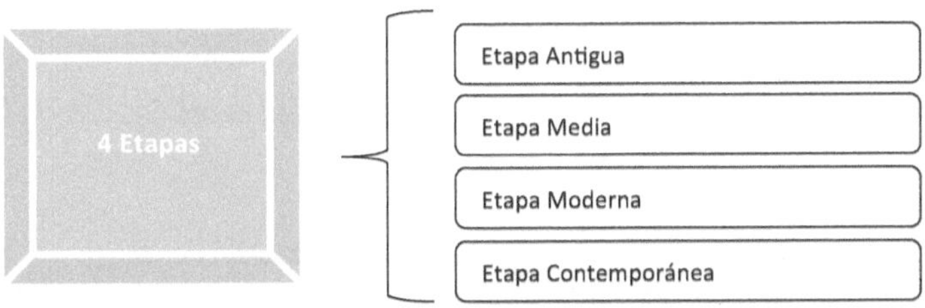

1.1.1 Etapa antigua

Esta etapa comprende desde los remotos tiempos de los primeros testimonios hasta el hito histórico que marca la caída del Imperio Romano de Occidente.

Si se considera el desarrollo histórico del hombre y sus creaciones como la escritura y los números, es posible aseverar que hacia el año 6000 A.C., al existir estos elementos, debió existir algún tipo de registro contable; lo que es posible de asegurar si se agrega el hecho de que en esa época ya se conocían conceptos económicos como la propiedad, la venta o trueque de especies, algún tipo de unidad de medida y posiblemente el crédito. Es interesante señalar que el antecedente contable más antiguo que se conoce es una tablilla de barro de origen sumerio que se conserva en el Museo Semítico de Harvard en Boston, EE.UU. En dicha tablilla según la opinión de algunos investigadores, se encuentran anotaciones de ingresos y egresos en partida simple.

A partir de esa fecha es posible encontrar mayores testimonios de la existencia de Contabilidad. Es así como los primeros vestigios de organización bancaria pueden encontrarse entre 5400 y 3200 A.C. en el Templo Rojo de Babilonia, donde eran recibidos depósitos y ofrendas, lo que a su vez, eran prestados con intereses.

A continuación se detallará algunas actividades contables realizadas en la Etapa Antigua.

A.C.	Actividad	
3.400	Se llevaba contabilidad por medio de un índice de contratos, debido a que la recolección de impuestos obligó a los causantes a tener un comprobante de pago, el cual se hacía en tablilla de arcilla.	Asiria
2.500	Los escribas llevaban testimonio de todas las actividades financieras (recibos de entregas, liquidaciones de salarios y cuenta de los templos).	Egipto
1.792	El rey babilónico Hammurabi elabora su célebre código en el cual menciona la práctica contable.	Babilonia
594	Se encuentra la siguiente cita jurídica de Derecho Público: "Que el Consejo nombrase por sorteo entre sus miembros, diez legistas, para constituir el Tribunal de Cuentas, destinado a juzgar a los funcionarios a cargo de los diversos servicios administrativos, que debían rendir cuentas anualmente".	Grecia

Es interesante hacer notar que en la Grecia de esa época existía una Academia Comercial donde se supone se enseñaba contabilidad.

Alejandro Magno creó un Imperio en el cual floreció el comercio. Los banqueros griegos eran famosos y ejercieron gran influencia en todo el imperio. Se dice que llevaban la contabilidad de sus clientes, la cual debían mostrar cuando se les demandara; su habilidad y sus conocimientos técnicos hicieron que, con frecuencia se les empleara para examinar las cuentas de la ciudad.

170-116 A.C. En el Libro Eclesiástico de la Biblia escrito alrededor de esa fecha en el capítulo 42, Versículo 7° dice: "De marcar lo que deposites; de anotar en libro con cuidado lo que des o recibes".

Capítulo aparte merece Roma, cuna del ordenamiento legal de Occidente.

En el Imperio Romano, todo jefe de familia debía escribir día a día en una especie de borrador denominado "Adversario", sus ingresos y sus gastos, los cuales mensualmente transcribían a un registro definitivo llamado "Codex" o "Tabuláe". A un lado estaban escritos los ingresos "Acceptum", y al otro los gastos "Expensum". El "Codex Accepti et Expensi" reproducía así fielmente, el estado de la Caja o "Arca". Todo lo que salía de ella figuraba en el Expensum, y todo lo que entraba, en el Acceptum.

En la Historia romana es posible encontrar indicios sobre la existencia de Colegios Profesionales formados por Numerators y Spectators los que podrían decir fueron Contadores y Auditores respectivamente.

Consecuencia con lo anterior, podría deducirse que los inicios de la contabilidad por partida doble se encuentran en el Imperio romano.

Algunos historiadores destacan el hecho de que Roma tuvo una buena base de empresas, o sea un desarrollo microeconómico, pero que en aspectos macroeconómicos, fue muy débil, lo que sería una de las causas de la decadencia y división del Imperio.

Vital importancia tuvieron en la economía romana los banqueros, los que junto con perfeccionar y desarrollar técnicas comerciales prestaron dinero a navegantes para difundir el Comercio Exterior y a los Patricios para sus aventuras. En Roma, los banqueros denominados Argentaril, exigieron tan alta tasa de intereses a sus deudores, que causaron el inicio del desequilibrio económico romano. Es interesante que en los tiempos de Dioclesiano, Roma tenía las siguientes características económicas: una inflación galopante; la tierra en poder de unas cuantas personas, la de los acreedores; gran déficit de producción y elevados impuestos, los que al no poder pagarse causaban confiscaciones por lo que el tamaño del Estado crecía día a día. Súmase a esto las sucesivas invasiones bárbaras, la gran corrupción administrativa y la baja productividad de las minas de oro y plata, lo que provocaba desvalorización de la Moneda.

1.1.2 Etapa media

La Edad Media que comprende desde 476 hasta 1453, se puede dividir en tres períodos:

Edad Media

Romántico | **Alta Edad Media** | **Renacimiento**

Estos tres períodos se caracterizan por otros tantos tipos diferentes de Economía, lo que conllevó modificaciones en las prácticas contables. Es interesante señalar que las invasiones bárbaras no destruyeron la cultura romana, sino que esta fue aceptada y mantenida por los victoriosos invasores. Por otra parte la Iglesia católica, transformada en religión oficial del Estado en época de Justiniano, adquirió un enorme poder económico y político, lo que motivo a llevar cuentas y razones de sus operaciones económicas, las cuales siempre fueron llevadas en los monasterios, donde se guardaban y protegían.

Durante el período románico, si bien el comercio no se suspendió, fue languideciendo y los comerciantes fueron resignando sus propiedades a los señores feudales a cambio de protección, esto hizo que la contabilidad se volviese actividad del señor feudal.

Durante el Feudalismo, los avances árabes pusieron en jaque a Europa, pero los musulmanes continuaron ejerciendo el comercio y en consecuencia practicando la contabilidad, lo que mantuvo incólume a esta disciplina.

D.C.

VIII	Llega un testimonio formulado en una ordenanza de Carlo Magno, denominada "Capitulare de Villis", la cual establece la elaboración de un inventario anual de las propiedades del imperio y el registro de sus movimientos en un libro que tuviese por separado ingresos y egresos. Esta ordenanza inicia el registro de las cuentas patrimoniales.
831	En Italia por su parte la Contabilidad era una actividad usual y necesaria. Se sabe que un contador en el año 831 firmó una escritura para el traspaso de una propiedad de un abad de San Ambrosio, a un signore de la ciudad de Donalo.
XI al XIV	Europa experimentó un violento cambio en su estructura económica, lo que hizo que la contabilidad llevada a la romana, por los monjes y amanuenses del feudo, fuese experimentando variaciones y perfeccionándose. Ejemplo de los cambios económicos lo constituyen el creciente intercambio comercial y crediticio; las grandes ferias de Génova y Champagne; la creación de importantes empresas que funcionaron bajo la forma de personas morales; las grandes "Compagnies" italianas y la "Fortuna del Mar" que dio origen a las grandes flotas genovesas y venecianas.

En el año 1202, Leonardo Fibonacci introdujo en Florencia el uso de los números árabes, lo que simplificó la práctica contable.

٠	٩	٨	٧	٦	٥	٤	٣	٢	١
0	9	8	7	6	5	4	3	2	1

A partir del siglo X es posible encontrar testimonios contables más perfeccionados. En esa época aparecieron las famosas escuelas: florentina, genovesa y veneciana, las tres con características propias, siendo la última la que desarrolló la técnica más avanzada de su época, de la cual se deriva la actual contabilidad. Es famoso el sistema Alla veneziana consistente en un juego de libros, uno que se lleva siguiendo un orden cronológico, el "Giornale" y otro, que agrupaba las cuentas de caja, corresponsalía, pérdidas y ganancias (Utile e Danno), así como las cuentas patrimoniales.
Ambos libros constituían una unidad armónica contable a base de asientos intercruzados con sus respectivas partidas. A este se le conocía como "cuaderno" y era un libro mayor.

1.1.3 Etapa moderna

Esta etapa comprende desde 1453 hasta la Revolución Francesa y es marcada por dos acontecimientos: la generalización del uso de los números arábigos y la imprenta, lo que provocó grandes avances en materias contables. A esa fecha ya el sistema de partida doble había probado sus bondades, su enseñanza la impartían los monjes,

que eran los maestros de los ciudadanos económicamente triunfantes que "querían que sus hijos estuvieran preparados para la vida e hicieron ir a las ciudades a algunos monjes estudiosos para ser maestros de la nueva generación".

Con la imprenta, los entendidos pueden divulgar sus conocimientos y como consecuencia fueron editados un conjunto de *SUMMAE* (breviarios de cultura general escritos en latín) tratando variados temas.

Uno de los primeros en el estudio de la partida doble es Benedetto Cotruglio Rangeo, un dálmata autor de *Della Mercatura et del Mercante perfetto*, que es un muy estructurado Manual escrito en 1458 y publicado en 1573, para la práctica del comercio; la contabilidad es tratada de una manera breve en un capítulo, pero lo suficientemente explícito como para establecer la identidad de la partida doble. Señala el uso de tres libros: Cuaderno (Mayor), Giornale (Diario) y Memoriale (Borrador). Señala que el cuaderno debe tener un índice, que el nombre de Dios debe ser invocado en la primera página, así como anotado el del Comerciante y el número de páginas del libro. No habla de inventario, pero sí de pases del diario al mayor y de un "Bilancine" anual. Agrega que las pérdidas y ganancias deberán llevarse a la cuenta de Capital. Al terminarse el Mayor deberán cerrarse las cuentas con un balance que se asentará en la última página del Nuevo Mayor. Señala la necesidad de llevar un libro copiador de cartas. Constantemente se refiere a la necesidad de enseñar la Contabilidad mediante el empleo de un maestro hábil en el oficio.

DELLA
MERCATVRA
ET DEL MERCANTE
PERFETTO.
Di Benedetto Cotrugli Rangeo.
Libri Quattro.
Doue si tratta il modo di lecitamente negotiare in qual si voglia honesto contratto, & de tutte le moralità ad un real negotiatore spettanti.
Opera ad ogni Mercante, e [illegible] Christiano utilissima. Nuouamente data in luce.
IN BRESCIA, M D CII.
Alla Libraria del Bozzola.

La gran importancia de esta obra es su anticipación, en 36 años, a la publicación de la *SUMMA* de Lucas Pacciolo.

Lucas Paccioli imprimió en Venecia el primer tratado importante sobre la Contabilidad denominado *SUMMA de Arithmetica, Geometría, Proportioni et Proportionalita*, la que en su Tractus XI se refiere no sólo al método contable, que desde entonces

se conoció con el nombre de "A lla Veneziana", sino que a las prácticas comerciales, especialmente a lo relacionado con sociedades, ventas, intereses, letras de cambio, etc.

Con gran detalle describe el método contable partiendo con la explicación del inventario, diciendo que es una lista de Activos y Pasivos que debe ser preparado por el propietario de la empresa antes que ésta comience a operar. La clasificación de los conceptos deberá efectuarse de acuerdo con un principio de movilidad y valor, el dinero será el primero de ellos. El inventario deberá ser hecho en un solo día. Describe a continuación el Memoriable, que será un libro en el cual se anotarán las transacciones en orden cronológico con un completo detalle de la naturaleza de las mismas.

Luego describe el Giornale y el Mayor o Cuaderno.

Debido a las diversas clases de moneda fraccionaria en circulación en esa época, Paccioli propone el uso de tantas columnas como unidades fraccionarias hubiere. Señala que cada cuenta se deberá llevar en una hoja; los débitos irán en la página izquierda y los créditos en la página derecha. Cada transacción era calculada en lo referente a su pérdida o utilidad y el resultado se traspasaba a la cuenta capital. Esto permitía conocer la situación de la empresa cuando era necesario. Interesante es señalar que al Giornale y el Cuaderno solo tenían acceso el contador y el dueño de la empresa, mientras que al "Memoriale" podían acceder otros empleados.

El descubrimiento de América fue fundamental en la difusión de los factores de Contabilidad.

<< Acontecimientos >>

1 → El alemán Grammatens, quien público un tratado, en 1518, en el cual combinaba la Contabilidad con el Algebra.

2 → En 1525 el italiano Giovani Tagliente publica "Luminario de Aritmética, Libro Doppio".

3 → En 1535, Domenico Manzoni, considerado el primer autor Contador profesional, publicó "Quaderno Doppio col suo Giornali seconde el custume de Venezia" que consiste en una ampliación del trabajo de Paccioli.

4 → En 1546 el francés Jean Yupym Christoffel publica "Nouvelle Instruction et Demostration de las tres excellente Sciencie des Liures del Comptes".

Y así sucesivamente, van imprimiéndose obras sobre Contabilidad y esta disciplina continúa su desarrollo vertiginoso.

1.1.4 Etapa contemporánea

Esta etapa se puede medir desde 1789 hasta la actualidad, y en ella la Contabilidad se caracteriza por la importancia que cobra ya no solo como disciplina de registro, sino como una valiosa herramienta de control y administración.

A partir del siglo XIX la Contabilidad enfrenta una serie de modificaciones de fondo, comienza a especularse acerca de la naturaleza de las cuentas y se constituyen varias Escuelas de pensamiento contable: La Personalista, De Valor, Abstracta, Jurídica y Positivista.

Alcance sobre la enseñanza de la contabilidad en Chile

La enseñanza de la contabilidad en Chile, estuvo tradicionalmente radicada en Instituciones de Educación Media, que otorgaban el título de Contador General y la enseñanza de la Auditoría, en las Universidades, que otorgaban el título de Contador Público o Contador Auditor.

Los planes y programas ofrecidos por los Institutos Comerciales estaban referidos a aprendices de cortos años, que ingresaban a esta modalidad de estudios en reemplazo de la educación media científico-humanista, en busca de un título profesional habilitante.

El avance tecnológico trajo consigo entre otros cambios sociales, la introducción de nuevas técnicas administrativas, la que significó darle cada vez mayor importancia al control de la información para la toma de decisiones. Se hizo patente, entonces, la necesidad de entregar a los profesionales del área mayores conocimientos de disciplinas diversas que les permitieran enfrentar con buen éxito las demandas urgentes del medio económico. Así entonces, se desarrollaron en las universidades carreras destinadas a la administración de empresas, de donde se derivaron en algunos centros de educación superior, Escuelas de Auditoría. Estas escuelas desarrollan, en primera instancia, una enseñanza vespertina, ofrecida a contadores y no contadores con experiencia laboral, con cursos de preparación matemática y actualización en otras materias, para que los alumnos universitarios, desempeñen un buen papel en la consecución de sus estudios. La demanda potencial ofrecida a los contadores titulados no es llenada y ello hace dejar de lado estas prioridades y abrir la enseñanza de la auditoría a los postulantes recién egresados de la enseñanza media, en horarios diurnos y vespertinos.

Ello sucede hasta el año 1980, cuando se produce una apertura de la educación superior hacia las universidades privadas, institutos profesionales y centros de formación técnica.

La carrera de Auditoría queda en consecuencia en condiciones de ser ofrecida en cuatro instancias:

- Universidades tradicionales
- Institutos profesionales públicos
- Universidades privadas
- Institutos profesionales privados

Podría decirse que la enseñanza de Contabilidad en nuestro país tiene cuatro hitos importantes.

Primero	El primer curso de Partida Doble impartido en el Instituto Nacional en 1833 por el profesor Eduardo Meil, el cual contó con una matrícula de 24 estudiantes y cuyo objetivo principal era la instrucción de los Comerciantes y de los empleados fiscales. La duración del curso era de un año al comienzo pero se redujo a seis meses posteriormente.
Segundo	Años después, por medio de la creación en 1898 por la Sociedad de Fomento Fabril, del Instituto Técnico Comercial, posteriormente llamado Instituto Superior de Comercio, que tantas satisfacciones diera a la profesión.
Tercero	La enseñanza universitaria de la profesión, la cual se ubica en 1928 cuando la Universidad Católica de Valparaíso crea la Escuela de Comercio. Luego, en 1936 la Universidad de Chile crea la Facultad de Economía y Comercio que durante algún tiempo otorgó el título de Contador General y posteriormente creó en 1959 la Escuela de Contadores Auditores.
Cuarto	Data de 1981 y está íntimamente ligado a la reforma de la Educación Superior decretada en enero de ese año. Esta reforma creó las universidades regionales, permitió la creación de Universidades privadas y Centros de formación Técnica.

1.2 La unidad económica

Toda acción del hombre encaminada a satisfacer necesidades materiales y/o intelectuales puede decirse que está contemplada dentro del marco de lo que se denomina la ACTIVIDAD ECONÓMICA. En ella participan, cumpliendo distintas funciones, los elementos humanos y materiales conjugados en lo que se señala como las UNIDADES ECONÓMICAS, cuyo esfuerzo se traduce en la obtención de un conjunto de bienes y servicios que tienen por objeto servir de medios de satisfacción de las necesidades presentes y futuras.

Unidades económicas

Producción	Consumo	Distribución
Son aquellas que asocian el esfuerzo humano, los recursos materiales y el capital, con el objeto de producir los bienes y servicios para satisfacer en última instancia, las necesidades de las unidades de consumo. Este ente económico en que se combinan los distintos factores productivos es lo que se llama EMPRESA, por lo tanto, empresa es el conjunto de elementos humanos y materiales tendientes a lograr un objetivo.	Son los que mediante el aporte de su trabajo, obtienen los medios de cambio que les permiten adquirir en el mercado bienes y servicios.	Comprende todas las operaciones que hacen posible realizar el intercambio o venta del producto a los consumidores y cuyo conjunto constituye lo que se denomina PROCESO DE COMERCIALIZACION.

1.2.1 Estructura legal

Las unidades económicas pueden o no perseguir fines de lucro, en consecuencia, el lucro no es un elemento integrante de la unidad económica.

La unidad económica satisface necesidades económicas del hombre y por lo tanto son reglamentadas y dirigidas por la sociedad.

Si consideramos a la empresa desde el punto de vista de su ORGANIZACIÓN, se advierten tres formas principales.

Empresario individual

Sociedades de Capitales

Sociedades de personas

1. EMPRESARIO INDIVIDUAL:	Su dueño es una sola persona, que actúa por sí o a través de un representante.
2. SOCIEDADES DE PERSONAS:	Están formadas atendiendo principalmente a la persona de los socios. Pueden tomar diversas estructuras jurídicas.
3. SOCIEDADES DE CAPITALES:	Se crean atendiendo principalmente a la formación de capitales, y se pueden enmarcar en 3 tipos: 3.1. **Púbicas**: Son aquellas en que es estado es el dueño del capital con que gira la empresa. 3.2. **Semi-Públicas**: Son aquellas en que el capital está integrado por aportes tanto del estado como de particulares. 3.3. **Privadas**: Son aquellas en que el capital es aportado en un 100% por los particulares.

1.2.2. Actividades que desarrollan

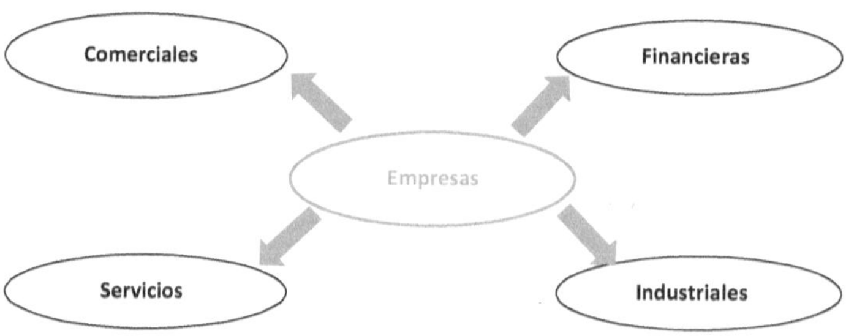

Comerciales:	Son las que se dedican a la compra-venta de bienes muebles, es decir, sirven de nexo entre los productores de bienes y los consumidores.
Financieras:	Son aquellas entidades que captan y colocan recursos financieros en el mercado de capitales, es decir sirven de nexo entre los oferentes y los demandantes de dinero.
Servicios:	Son las que fijan su campo de acción en la prestación de servicios a otras empresas o a particulares mediante una retribución especial.

Industriales:	Son las que transforman las materias primas en productos elaborados, que serán transferidos a otras empresas o a particulares. Dichos productos elaborados pueden ya estar listos para la entrega al público para su consumo, o es posible que requieran ser complementados o adecuados para su posterior venta.
LA UNIDAD ECONÓMICA LLAMADA EMPRESA DESARROLLA SUS ACTIVIDADES A TRAVÉS DE HECHOS ECONÓMICOS QUE DE ACUERDO CON LA LEGISLACIÓN CORRESPONDEN A ACTOS DE COMERCIO.	

1.2.3 La empresa y su organización funcional

La operación productiva y comercial de una empresa está compuesta de una serie de funciones y tareas independientes o parciales como de actividades que se complementan.

Estas funciones y actividades deben estar coordinadas lo que da a lugar a una división del trabajo y a una cooperación entre los distintos individuos que lo llevan a cabo, coordinación que es factor muy importante para la integración de la empresa como un todo.

La estructura funcional permite a la empresa alcanzar sus objetivos tanto a corto, mediano y largo plazo, lo importante para lograr la consecución de los objetivos planteados por la entidad, es poner de acuerdo a las distintas personas que conforman la unidad económica que llamamos empresa.

Objetivos de la Contabilidad

Dada la complejidad que han alcanzado las actividades mercantiles, ya no es posible que una misma persona actúe como capitalista, gerente y al mismo tiempo, realice o intervenga directamente en todas y en cada una de las operaciones que realice la empresa.

Es así como el empresario ha debido ir delegando las funciones que en un principio eran ejercidas por él; esto originó la necesidad de contar con algún medio que permitiera al empresario ejercer un control sobre el manejo de sus bienes, así como de las operaciones controladas y ejecutadas por su personal.

Es la contabilidad la que debe cumplir este objetivo de CONTROL, que asegura al empresario o socio el debido resguardo de su capital y de la eficacia con que se da cumplimiento a las políticas instauradas por la empresa.

INFORMAR

CONTROLAR

Definición de Contabilidad: "Es la técnica auxiliar de la organización de empresas que nos entrega el máximo de información acerca del movimiento financiero y económico de una empresa a un mínimo costo".

Toda entidad persigue ciertos objetivos definidos previamente. Al planear sus actividades debe fijar sus distintas etapas, de tal modo que encajen en el marco general de los objetivos. Desde ese momento adquiere una importancia vital para la empresa el CONTROL.

Control

- Comprar los resultados con un patrón determinado
- Analizar las diferencias producidas
- Adoptar las decisiones conducentes a eliminar diferencias

El hablar de control de inmediato nace la necesidad de contar con un patrón de comparación.

Para lograr un buen programa, para una adecuada medición de los resultados es necesario contar con información:

- CLARA
- FIDEDIGNA
- COMPLETA
- OPORTUNA

1.2.4 La información contable y sus objetivos

- Aportar los antecedentes necesarios para la toma de decisiones, permitiendo prever los resultados que involucran las decisiones.
- Constatar los resultados de las distintas gestiones dentro de la empresa y facilitar la identificación de las causas que motivan las desviaciones respecto de lo previsto.
- Facilitar las funciones de fiscalización de los organismos externos facultados para ello y la presentación de información requerida por terceros o preparadas para ellos.

En otras palabras, la información es necesaria para efectos microeconómicos (a nivel de empresa) y macroeconómicos (a nivel externo).

Como hemos visto desde el punto de vista administrativo, la contabilidad es considerada una herramienta básica de la información y el control para toda la gestión económica-financiera de una empresa.

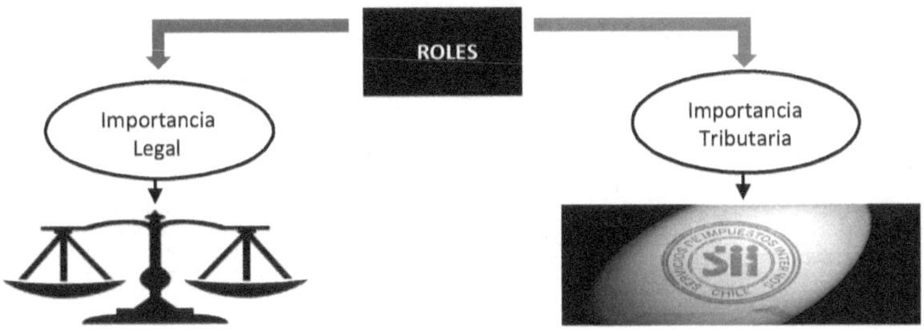

Que se encuentra contenido en el ART. 36 del Código de Comercio, que dice "Los libros de contabilidad llevados conforme a la Ley, hacen fe en las cuestiones mercantiles que los comerciantes agiten entre sí".

Vale decir en cualquier juicio mercantil en que participe el comerciante, este podrá utilizar como medio de prueba sus libros de contabilidad.

Considerando que la contabilidad constituye una reseña cronológica de las operaciones realizadas por la empresa, podemos decir ciertamente que es la base para determinar todos los impuestos que gravan la actividad comercial.

Dada la importancia que tiene la contabilidad en la actividad mercantil es que ella está sujeta al control de algunos organismos estatales que tienen entre otras funciones, la misión de revisarla desde diferentes puntos de vista, según sea el objetivo que persiga la fiscalizadora.

Como hemos recalcado en puntos anteriores de la importancia de la información contable es que el tema siguiente aborda cuáles son sus características.

Para que la información contable cumpla con sus funciones de apoyo al proceso de toma de decisiones y control dentro de la empresa, debe ser recibida por los usuarios dentro del plazo razonable para actuar.

Todas estas características conducen a un mismo fin: conseguir que la información contable sea útil en la toma de decisiones de los usuarios, tanto del sector interno como externo de la entidad.

La información contable debe ser útil para:

1. Para la toma de decisiones de los usuarios en lo que se refiere a inversiones y créditos.
2. Para medir la situación financiera de la empresa.
3. Para conocer los recursos de la empresa, derechos de terceros sobre ellos y sus cambios.
4. Para conocer los recursos económicos, obligaciones y acciones de los propietarios.
5. Sobre el rendimiento de la empresa y sus ganancias.
6. Sobre liquidez, solvencia y flujo, de fondo de la empresa.
7. Sobre la conducción de los administradores y su desempeño.

Para que los distintos usuarios de la información contable puedan utilizarla, es necesario que esta cumpla con ciertos requisitos, que se señalan a continuación.

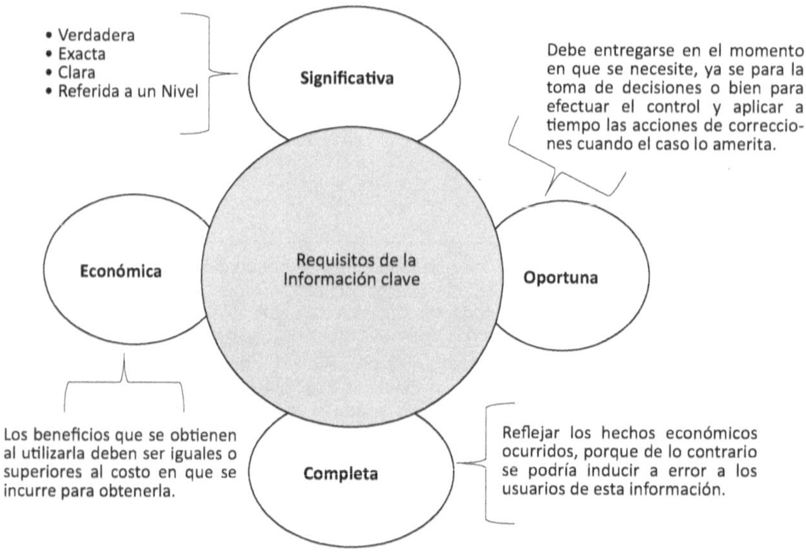

Los sistemas de información en las empresas son eficientes en la medida que den apoyo y fundamenten la toma de decisiones. Por lo tanto, el fin de estudiar y preocuparse de los sistemas de información en una organización es desarrollar un sistema que permita adoptar decisiones reduciendo la posibilidad de error y, al mismo tiempo, reduciendo al mínimo aquellos datos secundarios que no tienen como objetivo la toma decisiones.

1.2.5 Campos de la contabilidad

La contabilidad se relaciona con varias disciplinas, dentro de las más relevantes tenemos:

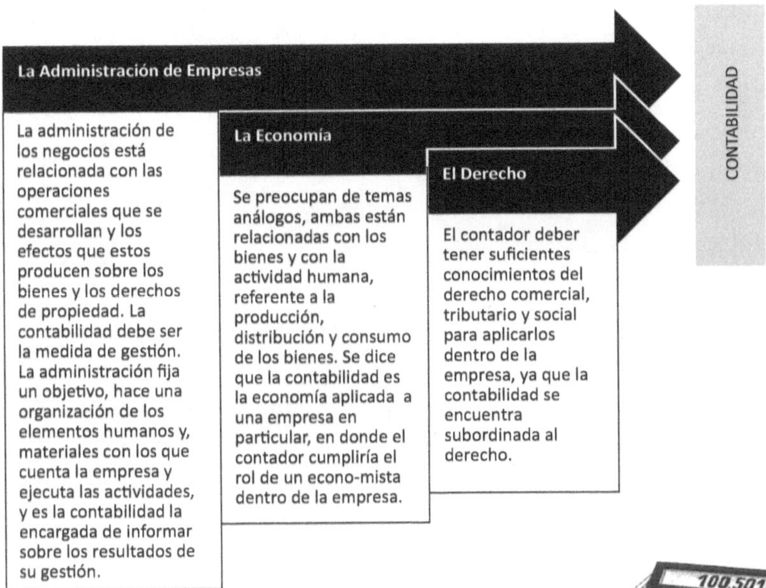

1.2.6 Principios basicos de la contabilidad

Los principios contables se encuentran reunidos tanto en el marco conceptual como en la NIC1, existe una serie de principios básicos que nos permiten homogeneizar la práctica contable.

La palabra *principio*, se utiliza para significar una ley o regla general adoptada o profesada como una pauta para la acción. Esto significa que los principios no nos indican como deben registrarse exactamente cada evento que ocurra en la empresa.

Los principios de contabilidad son creación del hombre, es decir, no fueron extraídos de axiomas básicos, ni es verificable su validez por observación y experimentación. Su creación obedece o es resultado de una evolución.

Los principios contables se desglosan en la Hipótesis Fundamental y las características cualitativas. A continuación comentaremos alguno de ellos:

1. Devengado
2. Negocio en marcha
3. Relevancia
4. Representación fiel
5. Comparabilidad
6. Oportunidad
7. Verificabilidad
8. Comprensibilidad
9. La restricción del costo en la información financiera útil

1. El devengo, describe los efectos de las transacciones y otros sucesos y circunstancias sobre los recursos económicos de la entidad que informa en los periodos en que esos efectos tienen lugar, incluso si los cobros y pagos resultantes se producen en un periodo diferente.

2. La base de la contabilidad internacional se sostiene sobre la Hipótesis Fundamental, en el cual el marco conceptual nos define lo que es el "*Negocio en Marcha*".

Los estados financieros se preparan normalmente bajo el supuesto que una entidad está en funcionamiento y continuará su actividad dentro del futuro previsible. Por lo tanto, se supone que la entidad no tiene la intención ni la necesidad de liquidar o recortar de forma importante la escala de sus operaciones.

Si se tiene la intención o necesidad de liquidar o terminar la sociedad, los estados financieros tienen que prepararse sobre una base diferente, en cuyo caso dicha base debería revelarse.

Las características cualitativas se desglosan en dos: las que son fundamentales y las que permiten mejorar la utilidad de la información.

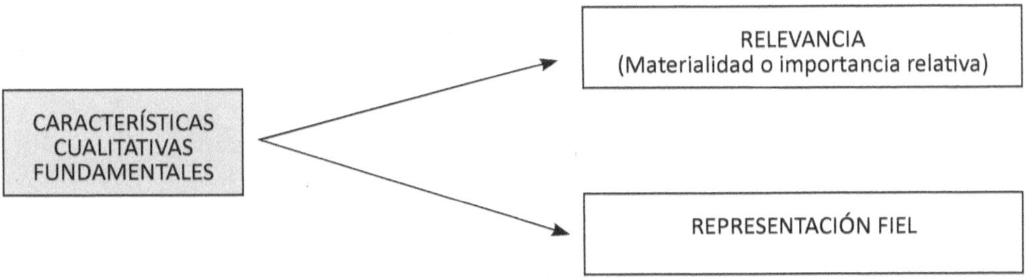

3. Relevancia

La información financiera relevante es capaz de influir en las decisiones tomadas por los usuarios.

El valor predictivo y el valor confirmatorio de la información financiera están interrelacionados. La información que tiene valor predictivo habitualmente también tiene valor confirmatorio.

- Materialidad o importancia relativa

La información es material o tiene importancia relativa si su omisión o expresión inadecuada puede influir en decisiones que los usuarios adoptan a partir de la información financiera de una entidad que informa específicamente.

4. Representación fiel

Los informes financieros representan fenómenos económicos en palabras y números. Para ser útil, la información financiera debe no solo representar los fenómenos relevantes, sino que también debe representar fielmente los fenómenos que pretende representar. Para ser una representación fiel perfecta, una descripción tendría tres características. Sería completa, neutral y libre de error.

Libre de error significa que no hay errores u omisiones en la descripción del fenómeno, y que el proceso utilizado para producir la información presentada se ha seleccionado y aplicado sin errores.

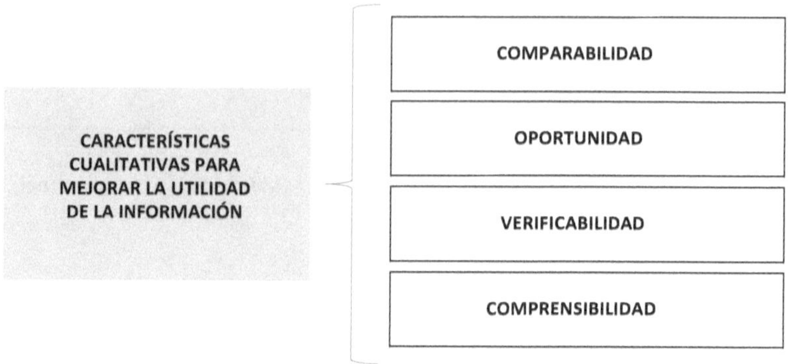

5. Comparabilidad

La información sobre una entidad que informa es más útil si puede ser comparada con información similar sobre otras entidades y con información similar sobre la misma entidad para otro periodo.

Es la característica cualitativa que permite a los usuarios identificar y comprender similitudes y diferencias entre partidas. No está relacionada con una única partida. Una comparación requiere al menos dos partidas.

La comparabilidad no es uniformidad. Para que la información sea comparable, las cosas similares deben verse parecidas y las cosas distintas deben verse diferentes. La comparabilidad de la información financiera no se mejora haciendo que las cosas diferentes se vean parecidas ni haciendo que las cosas similares se vean distintas.

Aunque un fenómeno económico único puede ser representado fielmente de múltiples formas, permitiendo métodos contables alternativos para el mismo fenómeno económico, ello disminuye la comparabilidad.

6. Verificabilidad

Ayuda a asegurar a los usuarios que la información representa fielmente los fenómenos económicos que pretende representar.

La verificación puede ser directa o indirecta. Verificación directa significa comprobar un importe u otra representación mediante la observación directa, por ejemplo, contando efectivo. Verificación indirecta significa comprobar los datos de entrada de un modelo, fórmulas u otra técnica, y recalcular el resultado utilizando la misma metodología.

7. Oportunidad

Oportunidad significa que los responsables de la toma de decisiones dispongan a tiempo de información, de forma que esta tenga la capacidad de influir en sus decisiones. Generalmente cuanta más antigua es la información, menor es su utilidad. Sin embargo, cierta información puede continuar siendo oportuna durante bastante tiempo después del cierre de un periodo sobre el que se informa debido a que, por ejemplo, algunos usuarios pueden necesitar identificar y evaluar tendencias.

8. Comprensibilidad

La clasificación, caracterización y presentación de la información de forma clara y concisa la hace comprensible.

Los informes financieros se preparan para usuarios que tienen un conocimiento razonable de las actividades económicas y del mundo de los negocios, y que revisan y analizan la información con diligencia.

9. La restricción del costo en la información financiera útil

> La presentación de información financiera impone costos, y es importante que esos costos estén justificados por los beneficios de presentar esa información. Existen varios tipos de costos y beneficios a considerar.

1.3 Técnica contable

1.3.1 Definición de activo, pasivo y capital

Para su funcionamiento la empresa debe contar con recursos susceptibles de ser expresados en unidades monetarias. El origen de estos recursos proviene de los dueños y/o de terceros y su utilización dependerá de los objetivos que fueran fijados por la organización.

La clasificación de los recursos obtenidos por la empresa se denomina ACTIVOS y las obligaciones que emanan de la obtención de los recursos se le denominan PASIVOS.

Para una mejor comprensión de estos términos se utilizara la PARTIDA DOBLE o DUALIDAD ECONÓMICA, para mostrar que una empresa parte con una ecuación fundamental en equilibrio, la cual sería la siguiente:

ACTIVO = PASIVO

ACTIVOS

- ✓ Un recurso controlado por la entidad.
- ✓ Como resultado de sucesos pasados.
- ✓ La entidad espera obtener en el futuro beneficios económicos o potencial de servicio.

Los activos proporcionan un medio a las entidades para alcanzar sus objetivos. Los activos empleados para suministrar bienes y servicios de acuerdo con los objetivos de la entidad, pero que no generan directamente flujos de entrada de efectivo, suelen definir como portadores de un potencial de servicio. A los activos empleados para generar flujos de entrada de efectivo netos se les suele definir como portadores de beneficios económicos futuros para abarcar todos los objetivos a los que puede destinarse un activo.

PASIVOS

- ✓ Una obligación presente.
- ✓ Como resultado de sucesos pasados.
- ✓ La entidad espera desprenderse, de recursos que incorporan beneficios económicos o un potencial servicio.

Un pasivo es un compromiso o responsabilidad de actuar de una determinada manera. Las obligaciones pueden ser exigibles legalmente como consecuencia de la ejecución de un contrato o de un mandato contenido en una norma legal.

Esto trasladado a nuestra ecuación que se estamos sometiendo a análisis nos queda de la siguiente forma:

ACTIVO =	PASIVO	+	CAPITAL
Lo que tiene (Bienes)	Deudas con terceros		Deudas con el dueño
Lo que le adeudan (Derechos)	OBLIGACIONES		

CAPITAL

Representa los derechos de el o los dueños de la empresa. Dicho de otra forma, es lo que la empresa le debe a el o los propietarios.

- **La invariabilidad del capital**

Este concepto, establece que los capitales tienen que permanecer invariables a fin de poder determinar el incremento o disminución en el transcurso de un período operacional de la empresa.

Así, una empresa puede comparar su capital inicial con su capital final y determinar sí:

✓ Capital Inicial es menor que Capital Final significa que se ha obtenido una utilidad.

✓ Capital Inicial es mayor que Capital Final significa que se ha obtenido una pérdida.

Dicho en otras palabras diremos que el CAPITAL aumenta con las utilidades obtenidas como resultado de las transacciones comerciales realizadas por la empresa y disminuye con los resultados negativos (pérdida) obtenidos en un periodo comercial determinado.

Como estas variaciones comentadas no las podemos anotar en la contabilidad como modificaciones del capital, es que surge la necesidad de crear cuentas especiales que nos permitan mostrar los resultados obtenidos por la inversión realizada por el propietario o propietarios de una empresa. Estas cuentas que nos permiten salvar el obstáculo y poder seguir la guía del principio de la invariabilidad del capital son las que se conocen como las CUENTAS DE RESULTADO, las cuales se dividen en cuentas de Pérdidas y Ganancias.

COMO CONSECUENCIA DE ESTO ÚLTIMO, NUESTRA ECUACIÓN FUNDAMENTAL SE VE AFECTADO POR DOS NUEVAS VARIABLES, QUEDANDO ESTA DE LA SIGUIENTE FORMA:

ACTIVO = PASIVO + CAPITAL + GANANCIAS - PÉRDIDAS

Las transacciones u operaciones que vayan sucediendo irán haciendo variar los valores del Activo y del Pasivo. Mientras la igualdad se mantenga, es decir, mientras el activo sea igual a los pasivos, querrá decir que aún no hay resultados. Pero cuando el equilibrio se rompe tendremos que pueden presentarse dos posibilidades.

Con la incorporación de las cuentas de ganancias y pérdidas podemos registrar las variaciones que puedan producir en la empresa, producto de la actividad comercial.

Ejemplo que nos permite visualizar los conceptos acabados de comentar:

1. El señor Pedro Toro Bravo inicia su negocio con $ 700.000.

Comentario: El negocio le debe al señor Toro Bravo $ 700.000, esta cantidad representa los derechos del dueño. En la ecuación se debe representar como cuenta de capital.

Ecuación

Efectivo	700.000	=	700.000	Capital

2. Se compra mercadería $ 300.000 (en efectivo).

Comentario: El monto total de Activo y del Capital no ha variado. El activo solamente se ha diversificado, es decir, disminuye en $ 300.000 el efectivo y aparece aumentado en 300.000 el bien MERCADERÍA.

Ecuación

Efectivo	400.000	=	700.000	Capital
Mercadería	300.000			

3. Se adquiere maquinarias al crédito por $ 500.000.

Comentario: Así como el Activo aumenta en 500.000, el pasivo aumenta en la misma cantidad, en otras palabras en el momento de incorporar la máquina en el activo de la empresa, nace una obligación de ello por $ 500.000 con un tercero llamado ACREEDOR.

Ecuación

Efectivo	400.000		700.000	Capital
Mercadería	300.000	=	500.000	Acreedores
Maquinaría	500.000			

4. Venta 50% MERCADERÍA EN $ 180.000 (50% contado saldo Crédito).

Ecuación

Efectivo	490.000		700.000	Capital
Mercadería	150.000	=	500.000	Acreedores
Maquinaría	500.000		30.000	Utilidad por Venta
Clientes	90.000			

5. Se cancela arriendo por el local comercial que utiliza la empresa para funcionar como negocio, $ 75.000.

Ecuación

Efectivo	415.000		700.000	Capital
Mercadería	150.000	=	500.000	Acreedores
Maquinaría	500.000		30.000	Utilidad por Venta
Clientes	90.000		(75.000)	Arriendos

1.3.2 Definición y objetivo de la cuenta

Como ya sabemos la contabilidad se basa en el hecho fundamental que es:

Sabemos además que el Activo está formado por Bienes y Derechos y el Pasivo por obligaciones con personas ajenas a la empresa.

Cada uno de los elementos del Activo, Pasivo y Capital constituyen una cuenta.

DEFINICIÓN:

"Cuenta es una agrupación sistemática de los cargos y abonos relativos a una misma persona o asunto, que se registran bajo un encabezado o título apropiado". Es un resumen o agrupación de conceptos de una misma naturaleza.

Ejemplo

Concepto	**Cuentas**
- Monedas - Billetes - Cheques	CAJA
- Escritorios - Sillas - Estante - Computadora	MUEBLES Y ÚTILES

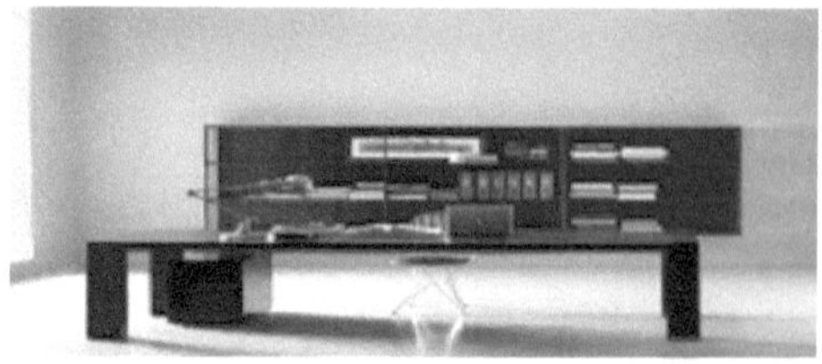

Toda cuenta debe tener un nombre con el objeto de identificarla entre sí; debe señalar en forma resumida y/o mnemotécnica los elementos del Activo, Pasivo o Capital, es decir, el nombre debe ser claro y significativo.

De tales cuentas es necesaria una información completa e individual creándose así las **Cuentas T**.

A continuación presentaremos un modelo muy simple para esquematizar una cuenta; hacemos notar que, en la práctica, se puede adoptar cualquier forma de rayado que satisfaga las necesidades de la empresa.

DEBE	HABER
DEBE: la de la izquierda	**HABER**: la de la derecha

REALIZAR UNA ANOTACION SE LLAMA:

CARGAR O DEBITAR	**ABONAR O ACREDITAR**
La suma de los cargos (anotaciones realizadas al debe de la cuenta) se le llaman:	La suma de los abonos (anotaciones al haber de la cuenta) se denominan:
DÉBITOS	**CRÉDITOS**

La diferencia entre Débitos y Créditos se denomina:

SALDO

DEBE	CAJA		HABER
CARGO	50.000 150.000 800.000	25.000 75.000 450.000	**ABONO**
DÉBITOS	1.000.000	550.000	**CRÉDITOS**
SALDO	450.000		

Con relación al saldo de una cuenta, veremos que existen tres tipos:

a) Débitos > Créditos = Saldo Deudor

b) Débitos < Créditos = Saldo Acreedor

c) Débitos = Créditos = Cuenta Saldada

> **"Una cuenta puede aumentar o disminuir, esta variación está íntimamente relacionada con la clasificación de la cuenta".**

Si observamos la ecuación del Inventario y aislamos el Activo.

ACTIVO = PASIVO + CAPITAL

DEBE	ACTIVO		HABER
CARGO	(+)	(-)	**ABONO**
DÉBITOS			**CRÉDITOS**

- Si nuestro Activo aumenta, deberemos anotar al lado izquierdo de la ecuación, y por ende, al lado izquierdo de la cuenta; o sea, deberemos cargarla.
- Si nuestro Activo disminuye, deberemos abonar la cuenta.

En otras palabras:

✓ Un cargo aumenta las cuentas de Activo

✓ Un abono disminuye las cuentas de Activo

Si realizamos la misma operación con el Pasivo

ACTIVO = **PASIVO** + CAPITAL

DEBE	PASIVO		HABER
CARGO	(+)	(-)	**ABONO**
DÉBITOS			**CRÉDITOS**

- Si nuestro Pasivo aumenta, deberemos anotar al lado derecho de la ecuación, y por ende, al lado derecho de la cuenta; o sea, deberemos abonarla.
- Si nuestro Pasivo disminuye, deberemos cargar la cuenta.

En otras palabras:

✓ Un Abono aumenta las cuentas de Pasivo.

✓ Un Cargo disminuye las cuentas de Pasivo.

El Capital por estar ubicado al mismo lado que los Pasivos en la ecuación de Inventario, tiene el mismo tratamiento que estos, es decir:

✓ Un Abono aumenta las cuentas de Capital.

✓ Un Cargo disminuye las cuentas de Capital.

Las cuentas de Resultado registran las variaciones de Capital, por lo tanto, al igual que este:

✓ Los Abonos, significan ganancias, ya que representan aumentos de Capital.

✓ Los Cargos, significan pérdida, ya que representan disminución de Capital.

Para una mayor claridad del tratamiento de las cuentas de resultado, podemos visualizarlo a través de la ecuación fundamental.

ACTIVO = PASIVO + CAPITAL + GANANCIAS - PÉRDIDAS

AL ORDENAR LA ECUACIÓN FUNDAMENTAL ESTA NOS QUEDARÍA

ACTIVO + PÉRDIDAS = PASIVO + CAPITAL + GANANCIAS

✓ Al ordenarla nos encontramos que los Activos y las Pérdidas tendrían el mismo tratamiento es decir:
- Los Cargos aumentan estas cuentas.
- Los Abonos las disminuyen.

✓ Con respecto al Pasivo, Capital y las Ganancias tendrían mismo tratamiento, es decir:
- Los Abonos las aumentan y
- Los Cargos las disminuyen.

OBJETIVOS DE LAS CUENTAS

- Agrupar las transacciones de una misma naturaleza.
- Tener información oportuna y ordenada, cada vez que se desee formular la igualdad de inventario.
- Facilitar el control respecto de determinadas operaciones.

1.4 La contabilidad como sistema de información y control

Dentro del sistema de información de una empresa, existen múltiples datos que son susceptibles de ser interpretados con algún tipo de medida, en última instancia traducirlo en unidades monetarias.

Debido a que algunos datos que se relacionan con las operaciones que realiza la empresa, requieren una interpretación, selección y procesamiento para que sea posible transformarlos en información útil para los diversos agentes relacionados, e interesados en la realidad de la empresa, para esto nace el *Sistema de Contabilidad.*

1.4.1 Elementos y noción del sistema de contabilidad

Un sistema, en su noción más básica, es un conjunto de elementos interrelacionados para cumplir una finalidad y un sistema de información es un conjunto de elementos interrelacionados que mediante un proceso transforma datos en información. La noción de sistema, así como la estructura antes descrita, es aplicable a toda unidad que se estudie desde un punto de vista sistémico.

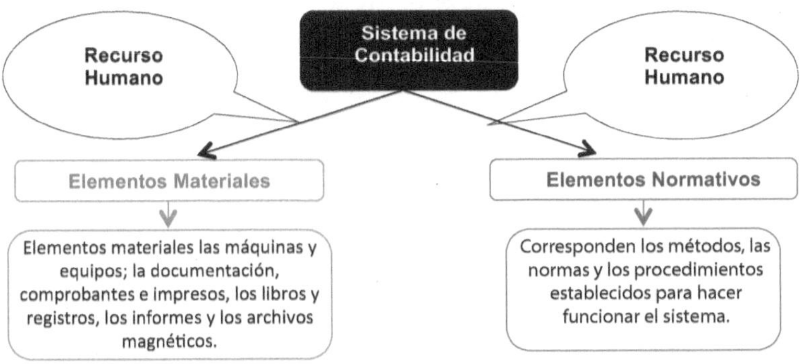

La interrelación de los elementos del sistema se logra mediante la aplicación de las instrucciones contenidas en los manuales y por la interrelación del personal a cargo del sistema.

Concordante con el objetivo de la contabilidad (información y control), la finalidad del sistema de contabilidad es proporcionar información. Agregando esta finalidad a la noción de sistema, podemos concluir que la contabilidad del siglo XXI es un sistema de información económico financiero que, mediante un proceso de registro y mediación de hechos económicos y en consulta a unos archivos, transforma datos de entrada en información de salida.

1.4.2 Manual de contabilidad

Los elementos normativos y la descripción de los elementos materiales están contenidos en los manuales del Sistema. Dependiendo de la envergadura y complejidad del sistema habrá tantos manuales como sea necesario para el buen funcionamiento del sistema. Por ejemplo, podrá haber un manual para las normas y procedimientos administrativos contables; otro para las normas y procedimientos técnico contables; otro para el diseño y uso de formularios, comprobantes e informes, o todo este contenido puede estar en un solo manual, además de tener un manual de organización y funciones en donde se describa la estructura orgánica, los cargos y funciones del personal responsable del sistema; y, eventualmente, otro para la descripción del diseño lógico y físico, si el sistema es informático.

En esta parte nos abocaremos al Manual de Contabilidad en la cual se considere el conjunto de instrucciones necesarias sobre el funcionamiento contable de la empresa y en el que, con mayor o menor detalle, suele incluirse el siguiente contenido:

1.4.2.1 *Plan de Cuentas*

El plan de cuentas es propio de cada empresa y debe corresponder a las necesidades de información y control que ella tenga. Consiste en la relación o nómina de las cuentas que utiliza la empresa, las cuales se establecen en función de tres consideraciones fundamentales:

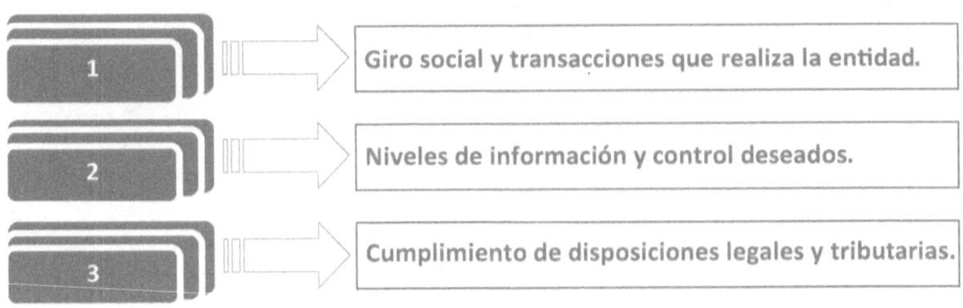

El orden y clasificación de las cuentas que integran el plan, generalmente se efectúa siguiendo la misma ubicación con que se presentan en los estados económico financieros. Esto facilita la elaboración de dichos estados y el análisis de los mismos. Con estos fines, es común encontrar las cuentas ordenadas en los grupos de activo, pasivo, patrimonio, pérdidas y ganancias, y subdivisiones al interior de cada grupo.

El Plan de Cuentas se crea al momento de diseñarse el sistema. Esto significa que las cuentas no van surgiendo a medida que se realizan las transacciones, sino que están previamente definidas. Sin embargo, el Plan de Cuentas debe ser suficientemente flexible para incorporar las nuevas cuentas que surjan por efecto de la dinámica de los negocios y empresas.

Si bien no existe un único plan aplicable a todas las empresas por igual, la Superintendencia de Valores y Seguros ha formulado un plan general de cuentas debidamente codificado para uso de las sociedades bajo su control, el que en la práctica ha servido de modelo o pauta general a otro tipo de empresas.

1.4.2.1.1. Empleo de códigos

Con frecuencia, al adoptarse un Plan de Cuentas, las cuentas se codifican. La ventaja del código, por sobre el nombre de la cuenta, es que ocupa menos espacio de registro, se logra mayor facilidad y rapidez en las anotaciones, es de fácil memorización y constituye una expresión mucho más comprensible que las palabras, para máquinas y equipos cuando los sistemas son mecanizados o automatizados. Hoy el código de cuentas es un requisito para la Contabilidad en sistemas informáticos.

El código puede ser alfabético, numérico o alfanumérico. De estas opciones, la más usual es la codificación numérica y, dentro de esta, la codificación decimal o de Dewey. Aplicando esta modalidad al Plan de Cuentas, se puede identificar el grupo de cuentas con un dígito, otro dígito a la derecha para el subgrupo, otro para la cuenta y otros dígitos a la derecha para identificar los distintos niveles de desagregación de la cuenta, o sea, subcuentas y cuentas individuales.

1.	**Activo**			**2.**	**Pasivo**		
1.	**1.**	**Activo Corriente**		**2.**	**1.**	**Pasivo Corriente**	
1.	**1.**	**1.**	**Efectivo y Equivalente**	**2.**	**1.**	**1.**	**Cuentas por Pagar**
1.	1.	1.	1. Caja	2.	1.	1.	1. Acreedores
1.	1.	1.	2. Banco	2.	1.	1.	2. Proveedores
1.	1.	1.	2.1. Banco Chile	2.	1.	1.	2.1. Nacionales
1.	1.	1.	2.2. Banco Estado	2.	1.	1.	2.2. Extranjeros
1.	**1.**	**3.**	**Deudores Comerciales**	**2.**	**2.**	**Pasivo no Corriente**	
1.	1.	3.	1. Clientes	2.	2.	1.	Otros Pasivos Financieros
1.	1.	3.	1.1. Nacionales	2.	2.	1.	1. Préstamos Bancarios
1.	1.	3.	1.2. Extranjeros	2.	2.	1.	1.1. Banco Chile
1.	**2.**	**Activo No Corriente**		**2.**	**3.**	**Patrimonio**	
1.	2.	5.	Propiedades, Plantas y Eq.	2.	3.	1.	Capital Social
1.	2.	5.	1. Bienes Raíces	2.	3.	1.	1. Capital
1.	2.	5.	1.1. Terrenos	2.	3.	1.	2. Revalorización
1.	2.	5.	1.2. Construcciones				

1.4.2.1.2. Normas de uso de las cuentas

Las normas de uso de las cuentas tienen el propósito de establecer cómo y cuándo deben registrarse los hechos económicos en cada cuenta. En otras palabras, estas normas explican el tratamiento de las cuentas, esto es:

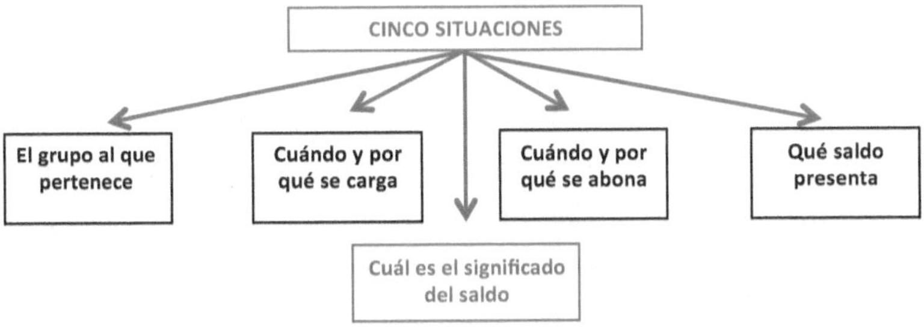

Ejemplos:

Cuenta	: **Banco Estado**
Código	: **1.1.1.2.2.**
Grupo	: Activo (Activo Corriente)
Cargos	: Depósitos y Notas de Crédito del banco
Abonos	: Giros de Cheque y Notas de Débito del Banco
Saldo	: Deudor
Significado del Saldo	: Dinero disponible en la cuenta corriente bancaria

Cuenta	: **Proveedores**
Código	: **2.1.1.2.**
Grupo	:Pasivo (Pasivo Corriente)
Cargos	: Pago parcial o total de los proveedores
Abonos	: Aceptación de créditos por terceros
Saldo	: Acreedor
Significado del Saldo	: Proveedores pendientes de pago

Las normas de uso de las cuentas aseguran la consistencia en la clasificación de los diversos hechos económicos y la mantención de un criterio uniforme para el registro de transacciones, especialmente, cuando son muchas las personas que intervienen en la clasificación, imputación y codificación contable.

En ocasiones suele agregarse a los cinco conceptos descritos para el tratamiento de las cuentas las relaciones entre las cuentas o contra cuentas de una u otra y glosas estandarizadas para los asientos contables.

1.4.2.2 Documentación mercantil

La documentación mercantil incluye a los documentos, comprobantes, formas e impresos que dan respaldo legal a las transacciones comerciales y que emplean las empresas para formalizar sus transacciones, dejando en ellas la evidencia de las mismas.

La documentación mercantil tiene un doble origen: interno y externo. Corresponden al primer grupo todos los impresos que han sido diseñados por la empresa; por ejemplo, las facturas de venta. Y, corresponden al segundo grupo la documentación que proviene desde fuera de la empresa y sobre la cual esta no ha tenido injerencia alguna; por ejemplo, facturas de compra.

Desde el punto de vista del sistema contable, a esta documentación considerada en conjunto con los diversos comprobantes de uso interno en las empresas, se le denomina documentación fuente, porque de ellos extraen los antecedentes para ingresarlos al sistema contable. Son la fuente de datos para alimentar el sistema.

Ejemplos de documentos:

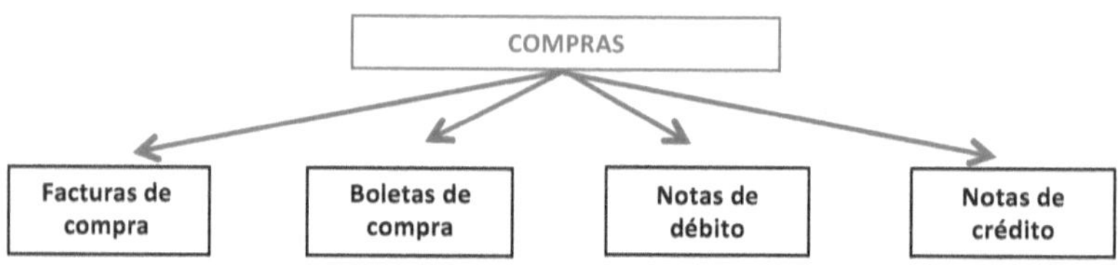

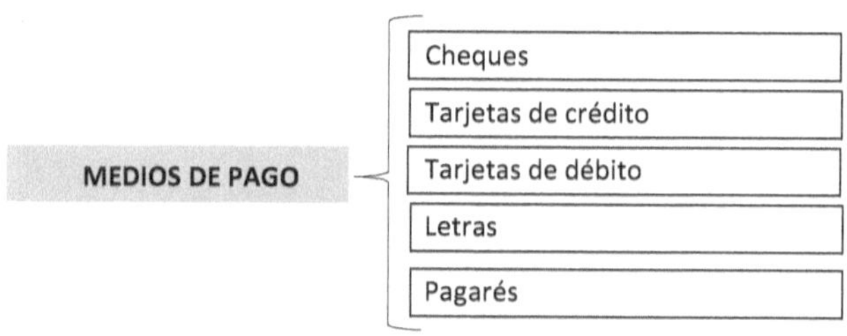

VENTAS
- ✓ Facturas de Venta
- ✓ Boletas de Venta
- ✓ Notas de Débito
- ✓ Notas de Crédito
- ✓ Guías de Despacho

REMUNERACIÓN
- ✓ Contrato de Trabajo
- ✓ Liquidaciones de Sueldo
- ✓ Finiquitos
- ✓ Contratos de Honorarios
- ✓ Boletas de Honorarios

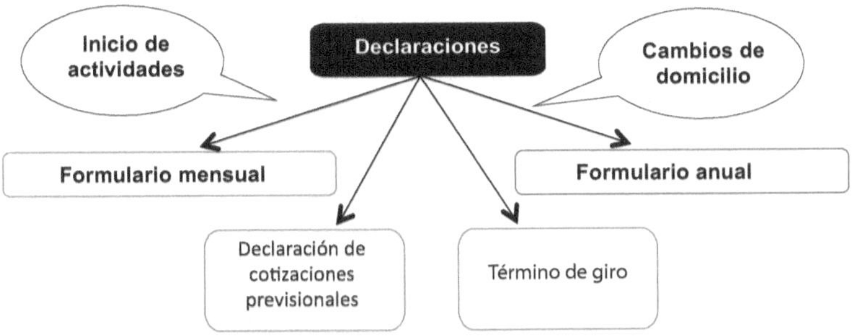

1.4.2.3 Tipos de comprobantes

En la actualidad muchos sistemas contables contemplan entre sus formularios e impresos de uso interno a los comprobantes de contabilidad, los que se emplean para iniciar el registro y proceso de los datos contables. En ellos se ordenan, clasifican y codifican las diversas transacciones para luego registrarlas en los libros de contabilidad. Quizás la clasificación más común sea la que establece el uso de tres tipos de comprobantes: Comprobante de ingreso, para las transacciones relacionadas con los ingresos de fondos; Comprobante de egresos, relacionados con los egresos de fondos y comprobantes de traspaso, para las demás transacciones, es decir, para aquellas que no representan ingresos ni egresos de fondos. La secuencia siguiente muestra lo descrito.

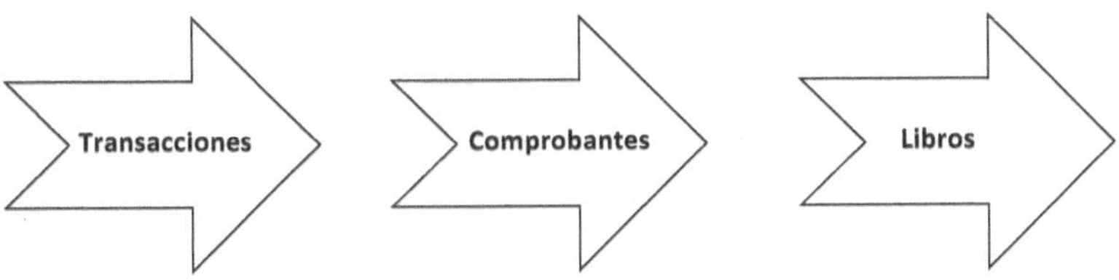

- Respaldadas por los documentos fuentes

- De Ingresos
- De Egresos
- De Traspasos

- Registro de las Transacciones

La tendencia, sin embargo, es que este paso intermedio, entre la documentación fuente y el registro en los libros de contabilidad, desaparezca y con ello, el uso de estos comprobantes; pues, la incorporación en aumento de computadores al tratamiento de datos e información contables, permite captar los datos directamente de los documentos fuentes, para ello tan sólo se debe compatibilizar el diseño del documento fuente con el formato de entrada de los datos al sistema.

1.4.2.4 Libros de contabilidad y aspectos legales

Forman también parte del manual de contabilidad la relación y explicación de los libros que se emplean para anotar las transacciones. A estos libros de contabilidad se les da el nombre genérico de registros contables en razón de que no se trata solo del modelo convencional del libro, sino que, sin perder su condición, pueden ser hojas sueltas, tarjetas individuales, listados de computador o medios magnéticos de registro, como cintas, discos u otros mecanismos empleados en equipos mecánicos o electrónicos para almacenar datos e información.

Los libros de contabilidad se pueden clasificar en dos categorías.

Libros principales

- Libro Diario
- Libro Mayor
- Balance

Libros auxiliares

- Libro de Compras
- Libro de Ventas
- Remuneraciones
- Letras por Cobrar

Otro de estos libros de uso discrecional por las empresas, los que se emplean de acuerdo a sus necesidades de información y características del sistema de contabilidad diseñado. Entre ellos puede estar el Libro de Caja, Libro de Bancos, u otros.

Los libros auxiliares del Mayor, por parte, están parcialmente prescritos como obligatorios; su empleo depende más bien de las necesidades de información, tipo de sistema contable y niveles de desagregación de las cuentas principales en el Mayor.

1.4.2.5 Libro Balance

Este libro está destinado al registro de los recursos y de las deudas que tienen las empresas al iniciar sus actividades y al cierre de cada ejercicio anual (31 de diciembre de cada año); por consiguiente, es un libro en el que se registra solo una vez al año.

De acuerdo a lo señalado en el artículo 29 del Código de Comercio, "al abrir su giro, todo comerciante hará en el Libro de Balances una enunciación estimativa de todos los bienes, tanto muebles como inmuebles, y de todos sus créditos activos y pasivos. Al fin de cada año formará en este mismo libro un balance general de todos los negocios...".

En rigor, este libro se registra no solo el Balance, sino también el detalle correspondiente al activo y al pasivo. Este detalle se conoce con el nombre de inventario y se trata de la relación detallada de todos los recursos que posee una empresa y de las deudas contraídas, todo a una fecha determinada.

El primer inventario que se practica en las empresas recibe el nombre de inventario inicial y se efectúa al iniciar el giro comercial. Al finalizar cada período contable se debe practicar un recuento físico de los bienes, de los derechos, de las deudas y obligaciones, con el objeto de determinar el inventario final, el cual constituye el inventario inicial del ejercicio siguiente.

Al recuento físico de los bienes se le denomina "inventario físico" y consiste en contar, medir o pesar los recursos que la empresa posee. El inventario físico debidamente valorizado pasa a ser el inventario final que da respaldo a las cuentas y valores de dichos bienes en el balance.

El diseño de este libro, como el de todos los libros de contabilidad, varía según el sistema contable y la empresa de que se trate. Tratándose de empresas individuales, los datos para el balance se obtienen de la declaración de inicio de actividades que deben hacer los comerciantes. En el caso de sociedades de personas y sociedades de capital, los datos de activo, pasivo y capital con que inician sus operaciones, se obtienen de las escrituras públicas de constitución de las empresas.

1.4.2.6 Libro Diario

Al Libro Diario se le conoce también con el nombre de Libro de Primera Entrada, porque es el que primero se emplea en el registro regular de las transacciones. Su objeto es la anotación cronológica de todas las transacciones de una organización.

Conforme a lo establecido en el artículo 27 del Código de Comercio "en el Libro Diario se asentarán por orden cronológico y día por día las operaciones mercantiles que ejecuten el comerciante, expresando detalladamente el carácter y circunstancias de cada una de ellas".

La expresión "asentarán" se refiere al registro técnico de las transacciones mediante los asientos contables. Al registrar los asientos se deja constancia en el Libro Diario de la siguiente información:

1. Fecha de registro de la transacción.
2. Número de referencia o control del asiento.
3. Cuentas que se cargan y que se abonan.
4. Valores que se anotan al Debe y al Haber.
5. Resumen de la transacción registrada.

El primer asiento que se registra en el Libro Diario es el asiento de apertura o asiento inicial. Los datos para este asiento se obtienen del Libro Inventarios y Balance, en donde está contenido el inventario de recursos y deudas con que se inician las actividades de un negocio o el inventario final de un ejercicio, el cual pasa a ser el inicial del siguiente, cuando las empresas están en funcionamiento.

A continuación de este primer asiento se registran cronológicamente mediante otros asientos, cada una de las diversas transacciones que se efectúan hasta el cierre del ejercicio contable. Al completar cada hoja del libro, deben sumarse las columnas del Debe y del Haber. Estas sumas siempre deben coincidir entre sí, pues ahí se verifica el cumplimiento de la partida doble mediante esta cuadratura numérica.

1.4.2.7 Libro Mayor

Al Libro Mayor se le da el nombre de Libro de Segunda Entrada, porque en él se registran las transacciones una vez que han pasado por el Libro Diario. Su objeto es clasificar y agrupar las transacciones efectuadas, según la naturaleza de éstas, en las cuentas respectivas.

El traspaso al Libro Mayor consiste en anotar al Debe de cada cuenta lo registrado en el Debe del Diario y en el Haber de la cuenta lo registrado en el Haber del Diario, agregando los conceptos y referencias contenidos en los asientos. La diferencia entre los registros del Diario y los del Mayor radica en que en el primero están las transacciones en orden cronológico (se registran a medida que van sucediendo); en el Mayor, en cambio, el movimiento de cada cuenta que se encuentra disperso en el Diario, se ordena en forma tal que se reúnen todos los cargos y todos los abonos que afectaron a una determinada cuenta.

Al igual que el Libro Diario, el diseño del Libro Mayor, difiere de un sistema a otro, y de una empresa a otra. Lo esencial, sin embargo, es que para cada cuenta se disponga de los espacios y columnas requeridas.

El Libro Mayor es una de las instancias de información del sistema contable a la que con mayor frecuencia se recurre, particularmente al débito, al crédito y al saldo de las cuentas. Por ejemplo, para preparar el Balance y el estado de Resultados se emplean los saldos de las cuentas, pues ellos representan los recursos y deudas en el caso de las cuentas del activo, del pasivo y del patrimonio; y los costos, gastos e ingresos económicos en el caso de las cuentas de resultado pérdidas y ganancias. En el débito y en el crédito, por su parte, están los flujos representativos de las transacciones que han afectado a cada cuenta. De ahí, por ejemplo, que si se desea saber cuánto es el monto de los ingresos de dinero habidos en un determinado período, se recurre al Débito de la cuenta Caja; o si se quiere conocer el monto de las compras de mercaderías al crédito en un determinado período, se recurrirá al crédito de la cuenta Proveedores.

Al cierre del ejercicio, o durante el ejercicio, se debe comprobar el cumplimiento de la partida doble y el correcto traspaso de los valores del Diario al Mayor, para tal efecto. Antes de elaborar los estados económicos financieros y registrar el balance con su detalle (el inventario) en el Libro Balance, se preparan hojas de trabajo o informes intermedios.

1.4.3 Las funciones principales de la contabilidad son:

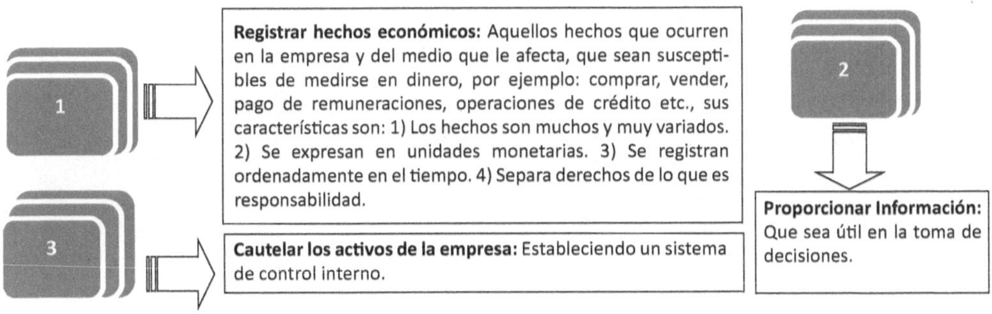

1.4.3.1 El Control

Una vez planificados los objetivos de la empresa, y realizadas las actividades tendientes a cumplir dichos objetivos, es de imperiosa necesidad por parte de los medios directivos, evaluar los resultados de tal forma de llegar a conocer hasta qué punto se alcanzaron las metas propuestas por la entidad.

La función administrativa llamada control evalúa estos resultados, determinando errores, las causas o defectos, delimita responsabilidades y como función principal propone una acción correctiva para que los objetivos de la empresa sean cumplidos a cabalidad.

1.4.3.2 Limitantes de la contabilidad

La contabilidad como medio de control, presenta limitaciones y debilidades propias de su estructura, campo en que se desenvuelve y metodología que utiliza.

Dentro de algunas de sus limitaciones tenemos:

- Solamente registra hechos susceptibles de expresarse en dinero.
- Se remite a registrar aquello que está respaldado por documentos.
- Registra hechos que ya ocurrieron.

Además la contabilidad contiene debilidades que en gran parte se debe a:

1. Procedimientos mal establecidos: Pueden ocasionar poca flexibilidad del sistema, no siendo posible la incorporación de nueva tecnología o deficiencias que no permitan un buen flujo de la información entre las áreas de la empresa.
2. Errores de ejecución del trabajo: Es necesario dominar la técnica contable, la falta de experiencia o preparación provoca una mala interpretación de procedimientos, o por antigüedad de la persona no acepta nuevas técnicas.
3. Situación externa: La contabilidad puede verse influenciada por sucesos ajenos que son imposibles de controlar.

1.4.3.3 Fases del control contable

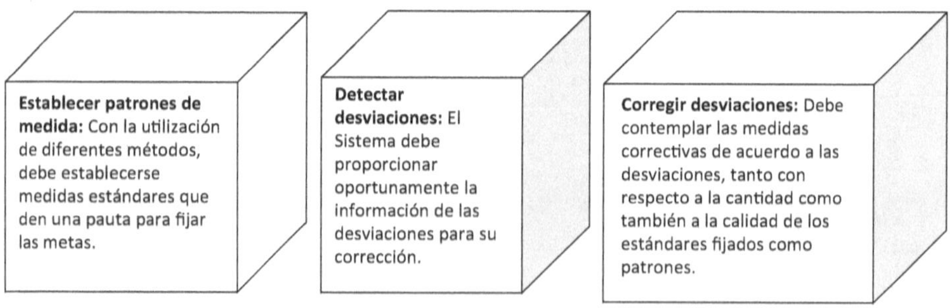

1.4.4 Perfil profesional, funciones y campo ocupacional del Contador General y Contador Auditor.

Contador General	El profesional que domina la ciencia de la contabilidad, vela por la correcta administración de los bienes de las organizaciones en que actúa y aconseja en asuntos económicos y financieros. En la actualidad el papel del contador no es solo el de registrar y mantener los libros contables al día, sino también debe dominar otras disciplinas como, administración, economía, computación, etc.
Contador Auditor	Es un profesional que con sólidos conocimientos científicos técnicos y una formación humana integral está capacitado para el diseño, implementación y desarrollo de los sistemas de información y control de la empresa. Debiendo además, elaborar, analizar y emitir opiniones fundadas acerca de la gestión financiera, administrativa y social de ella, cualquiera sea la naturaleza jurídica, poseyendo el criterio suficiente para tomar decisiones acerca de la asignación de recursos en la empresa y comprendiendo en toda su dimensión.

1.4.4.1 Campo ocupacional del contador público y auditor

Puede desempeñarse en empresas públicas y/o privadas y en el desarrollo libre de la profesión. Las especialidades en las cuales actúa son:

a. Diseñar, implementar y desarrollar los sistemas de información de la empresa, tanto manuales, mecánicos como electrónicos, orientados a las necesidades reales de información de la empresa.
b. Diseña, implementa y desarrolla los sistemas de control, en sus acepciones de Control Interno y Control Presupuestario.
c. Revisión y emisión de opiniones sobre los estados financieros.
d. Toma de decisiones sobre la asignación de recursos financieros de la empresa.

1.4.4.2 Rol de estos profesionales en la empresa

Contador General: Profesional que está capacitado para organizar y dirigir el departamento de contabilidad.

Auditor Interno: Este profesional se encarga de controlar al interior de la empresa, aspectos como el control interno, la distribución de los recursos, el cumplimiento de obligaciones tributarias, etc.

Auditor Externo: Es aquel profesional que, contratado sus servicios por un período determinado, examina algún aspecto financiero o tributario, para dar su opinión sobre ellos.

Auditor Tributario: El auditor externo, especializado en el examen del correcto cumplimiento de las obligaciones tributarias a las cuales se encuentre afecta la empresa.

Auditor Operativo: Es aquel auditor interno o externo que se encarga de analizar y dar recomendaciones sobre el sistema de información de la empresa y los procesos que abarca la gestión de la empresa.

Contralor: Se encuentra a nivel gerencial y se encarga de supervisar los planes establecidos por la empresa, los controla, analiza y comunica las deficiencias encontradas.

1.4.4.3 La relación con otras disciplinas

La contabilidad tiene como objetivo proporcionar información para diversos fines, dependiendo del usuario que la requiera, un funcionario de una organización utiliza la información para ejercer y verificar sus derechos derivados de su relación con la entidad y el Estado, para efecto de determinar los impuestos que afectan a la empresa y un determinado número de usuarios de la información contable.

Algunas de estas disciplinas que se relacionan con la contabilidad podrían mencionarse las siguientes:

Técnica de expresión oral y escrita	La contabilidad debe transformar datos, originados de la operación de la empresa, en información útil y comunicarla a los interesados. Se debe utilizar, por lo tanto, una forma de comunicación que es el idioma, considerando redacción, ortografía y léxico apropiados.
Matemáticas	Los datos que se utilizan son en su mayoría susceptible de medirse, los cuales se someten a distintas operaciones y análisis matemáticos, como aplicar formulas, porcentajes, operaciones aritméticas, etc.
Economía	Las operaciones derivadas de la actividad de la empresa y que son registradas por la contabilidad, están inmersas en la actividad económica ya que se refieren a la transformación y transferencia de bienes escasos o económicos.
Derecho	Toda actividad desarrollada en una sociedad necesita ser normada, para esto se crean leyes que delimitan derechos y responsabilidades de las personas, la contabilidad debe guardar estricto cumplimiento de la ley en lo que respecta a la organización que sirve.
Administración	El fin de una organización es el cumplimiento de objetivos, al igual que cada uno de sus componentes, incluyendo la contabilidad, para esto es necesario la dirección, organización y control de las operaciones, todo esto lo estudia la ciencia administrativa.
Estadística	La contabilidad, además de registrar los datos, los analiza utilizando la estadística como técnica en la representación de los gráficos y poder proyectarlos en el tiempo.

1.4.5 Fases del proceso de la contabilidad

Un sistema de contabilidad tiene como función entregar información útil a los distintos usuarios. Donde el Proceso Contable comprende varias fases en su desarrollo. Parte desde la recopilación o captura de los hechos económicos que van a ser medidos y registrados por la Contabilidad, hasta la entrega de la información a los diversos usuarios.

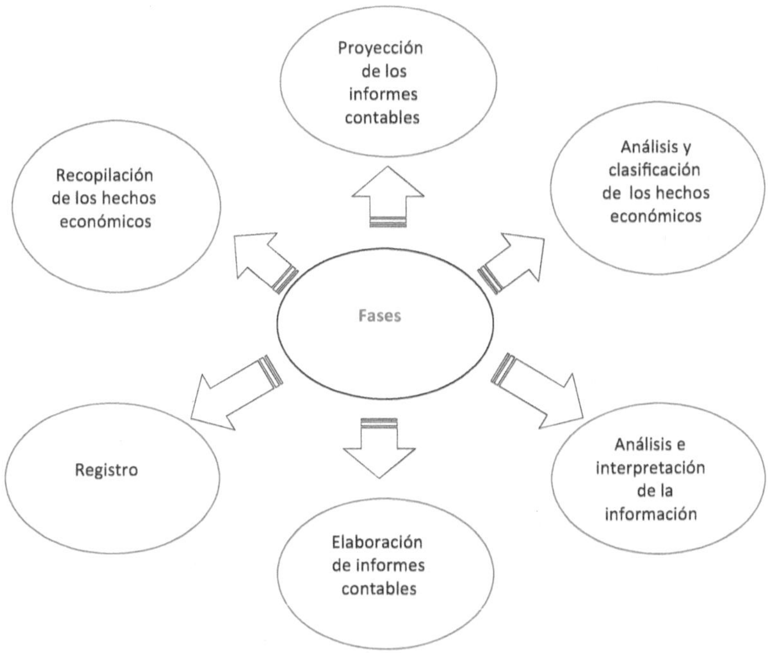

Recopilación de los hechos económicos: En esta primera fase del proceso, se conocen los diversos hechos económicos susceptibles de ser cuantificados monetariamente y, por consiguiente, posibles de ser medidos y registrados contablemente. La fuente de datos está constituida por la documentación mercantil y comprobantes de uso interno en las empresas. Por ejemplo, facturas y boletas de compras y de ventas, comprobantes de depósitos en cuentas corrientes bancarias, constancia de cheques girados, liquidaciones de remuneraciones, contratos de arriendo y de servicios, etc.

Análisis y clasificación de los hechos económicos: Esta segunda fase tiene por objeto analizar las transacciones contenidas en la documentación fuente y proceder a su clasificación. Del análisis y clasificación queda constancia en los comprobantes de contabilidad que para tal efecto se preparan. Ello supone la identificación de:

- Tipo de comprobante a emplear según la naturaleza de la transacción (por ejemplo, comprobante de ingreso, de egreso, traspaso).
- Las cuentas que se utilizarán, de acuerdo con las denominaciones que estas tienen y el uso que debe dárseles conforme al plan de cuentas.
- Los valores de cargos y de abonos.
- Las glosas para resumir el contenido de las transacciones.

Registro de las transacciones: La tercera fase de este proceso consiste en el registro de las transacciones en los libros de contabilidad. El registro debe ser sistemático y cronológico, siguiendo una secuencia lógica, empleando los libros principales (Inventarios y balances, Diario y Mayor) y Libros Auxiliares (del Diario y del Mayor), que se hayan definido como parte integrante del sistema contable y cuya forma y diseño y orden de registro dependerá del tipo de procesamiento de los datos, el que puede ser manual, mecánico o automático.

Elaboración de los Informes Contables: Los informes contables se preparan en base a los antecedentes contenidos en los registros o libros de contabilidad en donde se han anotado los múltiples y diversas transacciones efectuadas en cada periodo contable.

Como ya se sabe, los informes contables son de variado tipo, puesto que su contenido y periodicidad dependen de las necesidades específicas de información de cada usuario. En todo caso, ciertos informes de uso interno en las empresas y también de terceros se preparan regularmente en todas las empresas; entre ellos está el Balance, el Estado de Resultados y el Estado de Flujo de Efectivo.

Análisis e Interpretación de la Información: Esta fase del proceso es de máxima importancia, puesto que aquí se verifica el cumplimiento de los objetivos de la contabilidad, es decir, proveer de información útil para el proceso de toma de decisiones y facilitar el control de las actividades económico-financiera de la empresa

Se ha indicado que la información está orientada a su empleo en el proceso de toma de decisiones, por lo tanto, el usuario que la recibe y utiliza debe estar capacitado para comprender el significado de esta información, mediante un adecuado análisis que derive en una clara interpretación de contenidos para adoptar las decisiones más convenientes a los propósitos de la empresa o de terceros, si se trata de usuarios externos.

Con todo, sin excluir la necesaria capacidad del usuario para comprender la información, es conveniente que los encargados de la preparación de los informes incorporen a estos algunos análisis que faciliten la interpretación de su contenido.

Proyección de los Informes Contables: Muchas veces se piensa que el proceso contable culmina con la preparación de los estados financieros o informes finales básicos o, cuando más, con algún análisis de los contenidos. Esta es una visión parcial del proceso. En efecto, la Contabilidad no termina al finalizar el ejercicio contable, ni la empresa deja de funcionar al término del mismo. Como la empresa sigue en marcha, es tan importante conocer la información histórica como la información contable proyectada, la que informará sobre la situación futura del negocio u organización conforme a las actividades planeadas.

En resumen, los informes contables sirven para conocer los hechos económicos ocurridos en el pasado, lo que está sucediendo en el presente y también, sobre la base de esta información pasada y presente, unida a las actividades que para el futuro se planeen, prever la situación futura de la empresa. En esta perspectiva, muchas empresas emplean sistemas presupuestarios los que llegan hasta la proyección de los informes contables básicos, o sea, el Balance Proyectado, el Estado de Resultado Proyectado y el Flujo de efectivo Proyectado. Todo, con el propósito de observar ahora, en el presente, la probable situación económico-financiera futura e ir controlando lo planeado con lo ejecutado.

Ejemplo de Estado de Resultado Proyectado

Entre el 1° de enero y 31 de diciembre	2020	Actual 2020	Proyectado 2021	Proyectado 2022
Crecimiento en ventas: 10% por año		887.998	976.798	1.074.478
Resultados				
Ingresos	100,0%	887.998	976.798	1.074.478
Costos	(71,0%)	(628.744)	(691.618)	(760.780)
Gastos de Administración	(32,0%)	(283.753)	(297.941)	(313.697)
Ingresos Financieros	0,5%	4.692	5.161	5.677
Gastos Financieros	(3,0%)	(26.770)	(29.447)	(32.392)
Otros	6,0%	53.125	58.438	64.281
Utilidad (pérdida) del ejercicio	0,7%	6.548	21.390	38.427

1.4.6 Flujo de las transacciones

El flujo de las operaciones comerciales o transacciones contables sigue, en términos generales, la secuencia de las fases del proceso contables antes descritos.

Sintetizando, y sin que ello signifique omitir algunos pasos intermedios, podemos concluir que el flujo de las transacciones se inicia con la identificación de las transacciones posibles de medir y registrar en términos monetarios, sigue con la clasificación de los comprobantes, luego el registro en los diversos libros, continua con los informes dirigidos a los usuarios, los que adoptan decisiones que van a generar nuevas transacciones.

1.4.6.1. Flujo de transacciones en el proceso contable

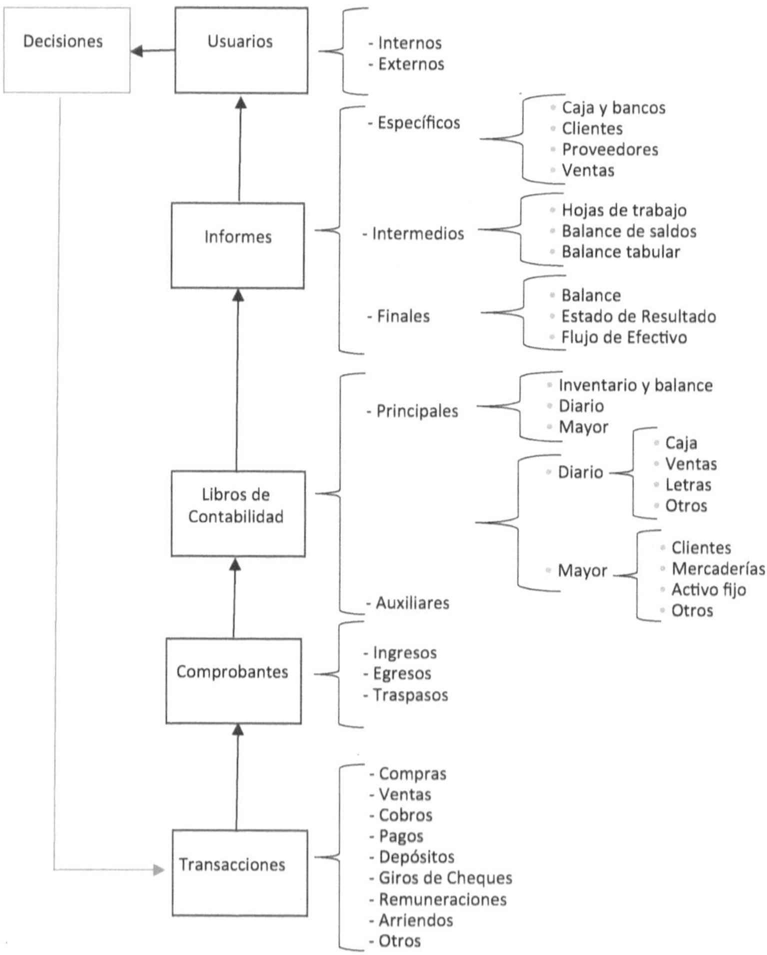

1.4.7 Localización de errores numéricos

Debido a la multiplicidad de situaciones que pueden originar errores numéricos, resulta imposible formular un procedimiento que pueda seguirse invariablemente para localizarlos en la hoja de trabajo de balances, en el Diario, en el Mayor o, aun, en los libros auxiliares. En este sentido la experiencia es la mejor guía, pero suelen ser de utilidad algunas indicaciones, como las siguientes:

a) **Uso de marcas de verificación:** Toda vez que se esté haciendo un pase de un Libro a otro o verificando las anotaciones traspasadas, debe ponerse una marca al lado del importe en uno y otro libro, registro u hoja de trabajo. Terminada una serie, se debe buscar en los Libros las partidas que aparezcan sin marcas, las cuales indicarán los importes que no han sido pasados dos veces o que no han sido traspasados o que, por alguna razón, no debieran aparecer en uno u otro de los libros; en definitiva, muy probablemente ahí se encontrará la causa del error.

b) **Dividir la diferencia encontrada:** Al considerar un cargo como un abono, o viceversa, se produce una diferencia igual al doble de la partida que ha tratado incorrectamente. Al dividir la diferencia hallada por dos se conocerá el valor anotado de más al debe, de menos al haber, o viceversa. Por lo tanto, para localizar el error hay que buscar este último valor y no el importe de la diferencia hallada.

c) **Inversión de números:** Es posible que al traspasar, o simplemente anotar, cantidades y valores se confundan los números y se inviertan al escribirlos. Por ejemplo, en vez de anotar 960 se anota 690, lo que se produce una diferencia de 270. Cuando la suma de los dígitos de la diferencia hallada es, como en este caso, nueve o múltiplo de nueve se trata de una inversión numérica; por lo tanto, el error que hay que localizar no es un valor por la diferencia encontrada, sino que un mayor valor del cual es solo consecuencia la diferencia.

1.4.8 Rectificaciones en el libro diario

"Los errores que se cometieren al formar un asiento se salvaran en otro nuevo en la fecha que se notare la falta". Esta disposición concuerda con las normas de la técnica contable y en tal sentido se procede.

Si bien los errores de asiento en el Libro Diario pueden ser corregidos mediante la anulación por reversión total del asiento incorrecto y la confección de un asiento correcto, es frecuente que las rectificaciones se efectúen mediante alguno de los siguientes asientos:

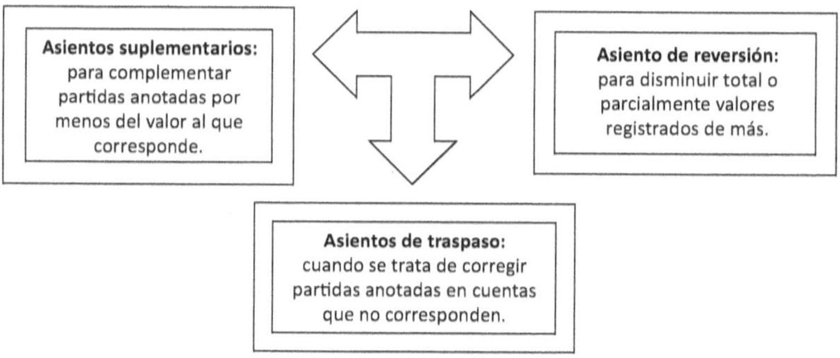

A continuación se realizarán algunos ejemplos de rectificaciones en el Libro Diario, si la empresa ha realizado un depósito en cuenta corriente proveniente de caja por la suma de 100.000, el asiento correspondiente sería el siguiente:

---------------------------- X ----------------------------		Debe	Haber
Banco		100.000	
	Caja		100.000

1) *Rectificación suplementaria por omisión parcial* del monto, suponiendo que la contabilización se haya efectuado por un menor valor, así:

---------------------------- X ----------------------------		Debe	Haber
Banco		10.000	
	Caja		10.000
Este error se detectaría en el análisis de los saldos de las cuentas y la rectificación suplementaria sería:			

---------------------------- X ----------------------------		Debe	Haber
Banco		90.000	
	Caja		90.000
Valor omitido en el asiento N°____ de fecha________			

2) *Rectificación suplementaria por omisión total del asiento*, esto supone que la omisión

del asiento se detectó en la revisión de los saldos de las cuentas por lo tanto, hay que contabilizarlo dejando constancia en la glosa de la fecha en que debió haberse registrado.

3) *Rectificación suplementaria por error en un valor de cargo o abono*, este error produciría un descuadre entre las sumas del debe y el haber en el Libro Diario, que se detectaría al totalizar este libro. Supongamos que el asiento fue:

------------------------------ X ------------------------------		Debe	Haber
Banco		10.000	
	Caja		100.000
La rectificación se efectuaría sólo por el valor y en la cuenta que se anotó de menos, o sea:			

------------------------------ X ------------------------------		Debe	Haber
Banco		90.000	
	Caja		0
Valor omitido en el asiento N°____ de fecha________			

4) *Rectificación de reversión por asiento registrado dos veces*, este error se descubre en el análisis de saldo y se corrige mediante un asiento de reversión que anule la duplicidad, indicando en la glosa el número y fecha del asiento que se está anulando.

5) *Rectificación o reversión por valores superiores a los reales*, esto puede ocurrir alterándose los valores de cargo y de abono simultáneamente, por lo que sólo se detectaría mediante el análisis de los saldos, por ejemplo:

------------------------------ X ------------------------------		Debe	Haber
Banco		110.000	
	Caja		110.000
La rectificación se efectuaría sólo por el valor y en la cuenta que se anotó de menos, o sea:			

------------------------------ X ------------------------------		Debe	Haber
Caja		10.000	
	Banco		10.000
Valor contabilizado de más en el asiento N°____ de fecha________			

Si el mayor valor registrado afecto a una sola cuenta, el error se detecta al sumar el Diario. Si se hubiera contabilizado:

------------------------------ X ------------------------------		Debe	Haber
Banco		110.000	
	Caja		100.000
La rectificación se efectuaría sólo por el valor y en la cuenta que se anotó de menos, o sea:			

------------------------------ X ------------------------------	Debe	Haber

Caja		0	
	Banco		10.000
Valor contabilizado de más en el asiento N°____ de fecha________			

6) *Rectificaciones por medio de asiento de traspasos*, se emplean cuando se ha cargado o abonado una cuenta que no corresponde. Este error se detecta en el análisis de saldos de las cuentas. Si la contabilización en el asiento fue:

------------------------------ X -----------------------------		Debe	Haber
Préstamos bancarios		100.000	
	Caja		100.000
La rectificación se efectúa traspasando el cargo de la cuenta mal empleada a la cuenta correcta, es decir:			

------------------------------ X -----------------------------		Debe	Haber
Banco		100.000	
	Préstamos bancarios		100.000
Rectificación cuenta préstamos bancarios, cargada por error en asiento N°___ de fecha________			

1.4.9 Rectificaciones en el libro mayor

Los errores en el Libro Mayor pueden provenir de asiento que no cumplen con el principio de la partida doble; en tal caso las rectificaciones se efectuarán mediante algunos de los asientos indicados anteriormente, siguiendo la secuencia de: asiento de rectificación registro en el Libro Diario y traspaso al Libro Mayor.

Pero puede ocurrir que estando correcto el asiento, el error se produzca al efectuar el traspaso al mayor. Por ejemplo, anotar un cargo en vez de un abono o viceversa, registrar un mayor o menor valor de cargo o abono. En estos casos y, en general, cuando hay errores numéricos, se detectan en el cuadre de valores que se efectúa con la preparación del balance de comprobación y de saldos.

Si el error proviene de un cargo o abono traspasado a una cuenta distinta en el mayor, no se detectará como error numérico, sino que aparecerá al hacerse el análisis de los saldos de las cuentas. En esta situación y en las descritas anteriormente, las correcciones y rectificaciones se hacen directamente en la cuenta del Libro Mayor afectada, mediante anotaciones suplementarias, contrapartidas o traspasos.

Para ilustrar algunos de estos errores y su corrección, supongamos que se debe traspasar al Libro Mayor el siguiente asiento del Libro Diario:

------------------------------ X ------------------------------		Debe	Haber
Acreedores		85.000	
	Letras por pagar		85.000

1. *Rectificaciones con anotaciones suplementarias:* Se emplea cuando se ha traspasado un valor inferior al que figura en el asiento del diario. Imaginemos que el cargo a la cuenta acreedores se hubiese hecho por la suma de $ 58.000. La diferencia producida en la inversión de número significa un menor abono de $ 27.000; el cual, una vez detectado, debe cargarse en dicha cuenta como una partida suplementaria, dejando constancia de ello en la misma cuenta afectada y señalando el número y fecha del asiento original.

2. *Rectificaciones mediante contrapartidas:* Cuando se registra un mayor valor al del asiento, éste se corrige mediante una contrapartida. Por ejemplo, si el abono en la cuenta letras por pagar se hubiese hecho por la suma de $ 95.000, al detectar el error, este mayor abono de $ 10.000 se anota al haber de la cuenta letras por pagar en rojo o entre paréntesis para significar con ello de que se trata de una contrapartida que está restando a una partida anotada por mayor valor, con la indicación del número y fecha del asiento inicial.

3. *Rectificación mediante traspaso:* Sucede cuando el traspaso se hace a una cuenta distinta de la empleada en el asiento del Diario. En tal caso se anula la anotación incorrecta mediante el procedimiento empleado para las contrapartidas y se procede a efectuar la anotación correcta en la cuenta que corresponda según el asiento del Diario.

A continuación se representan gráficamente dos sistemas contables; el denominado jornalizador y el llamado de diarios múltiples o centralizadores.

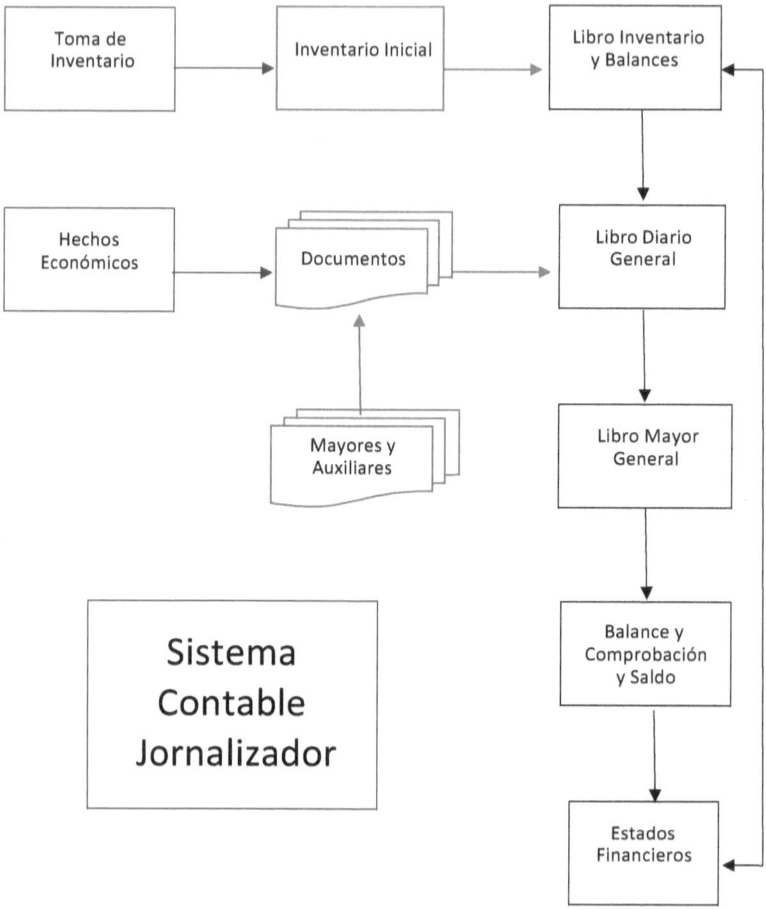

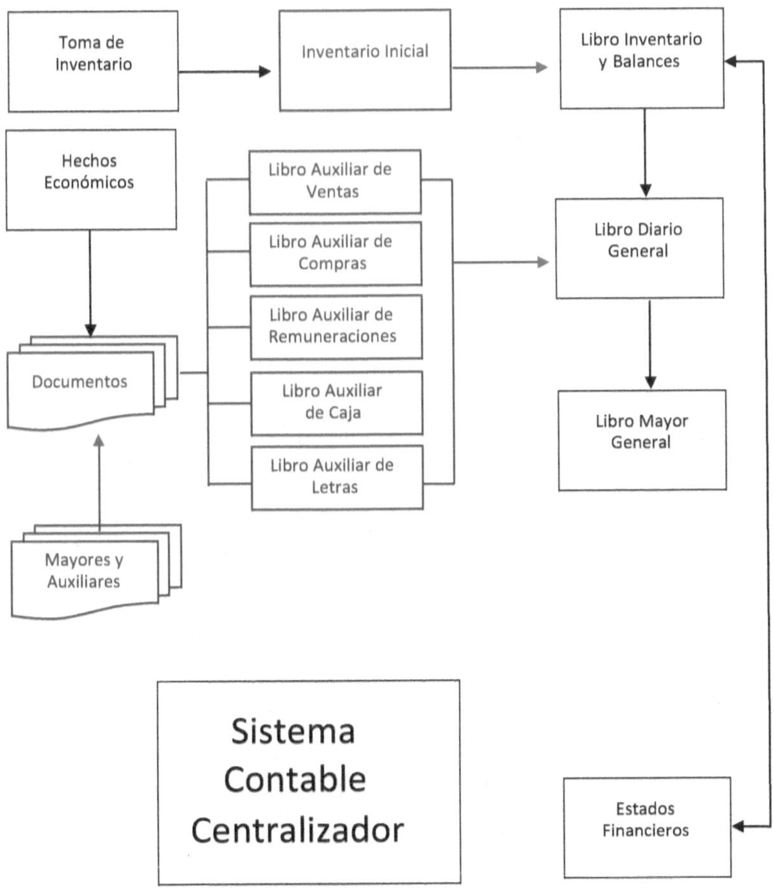

1.5 Metodos de registro y control de las mercaderías

Los métodos de registro son procedimientos o sistemas que se aplican para contabilizar el movimiento de las mercaderías de la empresa.

Estos procedimientos tratan de diferente forma la manera de emplear la cuenta mercaderías, nuestro estudio se centrará en los siguientes.

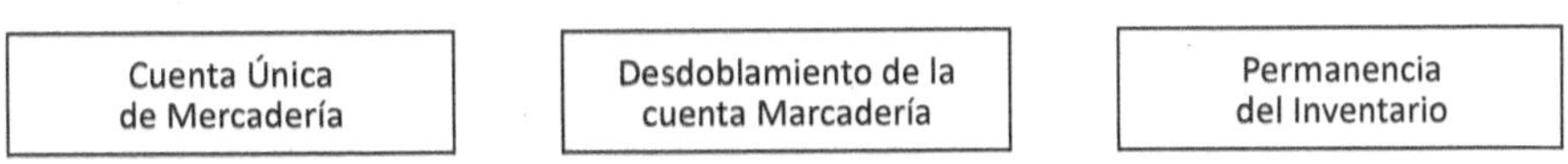

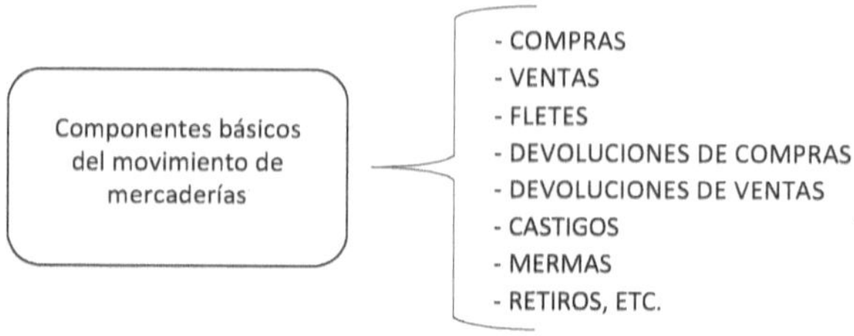

1.5.1 Cuenta única de mercaderías

El método de Cuenta Única para el registro y Control de Mercaderías es considerado el menos adecuado para tales fines pues presenta limitaciones que impiden contar con información suficiente. A pesar de ello, es un método bastante más utilizado de lo que comúnmente se supone. Algunas empresas establecen para el registro de sus mercaderías el método de permanencia de inventario, pero al analizar los respectivos registros, se concluye que utilizan en realidad el método de cuenta de Mercadería Única un poco más perfeccionado, pero en ningún caso Permanencia de Inventario. La razón fundamental de este hecho es el costo que significa para la empresa es menos oneroso Mercadería única comparada con Permanencia de Inventario.

Este método de registro de mercaderías tienen como característica fundamental reunir en la cuenta MERCADERÍAS toda la información referida a esta, esquematiza es la siguiente cuenta de mayor

DÉBITOS	CRÉDITOS
- Inventario Inicial	- Ventas (Precio de Venta)
- Compras (Precio de Compra)	- Castigos (Precio de Compra)
- Fletes, Seguros	- Retiros (Precio de Compra)
- Devolución de Ventas (Notas de Crédito)	- Devoluciones de compras (Precio de compra)
- Corrección Monetaria Tributaria	

Esta cuenta tiene la característica de ser una cuenta mixta, denominación que proviene del hecho de incluir conceptos de activo y de resultados, lo que a su vez se origina en la Existencia de una sola cuenta para registrar el movimiento de mercaderías.

La Cuenta Única es una de las pocas cuentas que en la contabilidad pueden tener saldo deudor o acreedor, la característica más significativa del saldo es que este no representa nada. En consecuencia el saldo de la Cuenta Única no tiene ningún significado relevante, a pesar de que existen fórmulas que permiten determinar el resultado obtenido por las ventas efectuadas a partir del saldo de la cuenta. El uso de fórmulas requiere en forma imprescindible la existencia final a la fecha que se requiera determinar resultados.

Contenido de la información de la Cuenta Única de mercaderías y sus respectivos registros

a) **Inventario Inicial**: Es la primera anotación en la cuenta única de mercaderías que se origina por la apertura de las cuentas de activo, y corresponde a la existencia final del período inmediatamente anterior.

b) **Compras:** Son bienes que se adquieren con la finalidad de ser comercializados, (empresas comerciales). Su registro se genera en la mayoría de los casos por la centralización del Libro Auxiliar de Compras, lo que provoca un cargo a la cuenta, la respectiva anotación contable sería la siguiente:

------------------------------- X	-------------------------------	Debe	Haber
Mercaderías		xxx	
IVA Crédito Fiscal		xx	
	Proveedores		xxx

c) **Fletes y Seguros:** Según la Ley de la Renta, estos gastos van en directo beneficio de las mercaderías, por lo cual optativamente pueden pertenecer al costo de adquisición.

d) **Devoluciones de Compra:** Son notas de crédito emitidas por el proveedor que rebajan cantidades compradas por la empresa, el registro por la devolución es el siguiente:

------------------------------- X	-------------------------------	Debe	Haber
Proveedores		xxx	
	Mercaderías		xxx
	IVA Crédito Fiscal		xx

e) **Ventas:** Los registros a la cuenta mercaderías, basados en la venta de especies provienen en la mayoría de los casos por la centralización del Libro Auxiliar de Ventas, que provoca un abono a la cuenta, el registro correspondiente sería el siguiente:

------------------------------ X ---------------------------		Debe	Haber
Clientes		xxx	
	Mercaderías		xxx
	IVA Débito Fiscal		xx

f) **Devoluciones de ventas:** Son notas de crédito emitidas por la empresa para el cliente, que rebajan las cantidades vendidas, el registro por la devolución de mercaderías por los clientes genera el siguiente asiento contable.

------------------------------ X ---------------------------		Debe	Haber
Mercaderías		xxx	
IVA Debito Fiscal		xx	
	Clientes		xxx

g) **Castigo de Mercaderías:** Son pérdidas ocasionadas por la destrucción física de los bienes, representa una disminución de las mercaderías, por lo tanto un abono a la cuenta, con cargo a una cuenta de pérdida conforme al siguiente asiento:

------------------------------ X ---------------------------		Debe	Haber
Castigo de Mercadería		xxx	
	Mercaderías		xxx

h) **Retiros del empresario:** Son retiros de mercaderías por los dueños que según la Ley de la Renta debe considerarse como una venta más, por lo tanto una anotación al haber de la cuenta, hecho que genera el siguiente registro contable.

------------------------------ X ---------------------------		Debe	Haber
Cuenta Particular SR		xxx	
	Mercaderías		xxx
	IVA Débito Fiscal		xx

1.5.1.1 Determinación del resultado por medio de aplicación de fórmulas

Para obtener el resultado de la cuenta, por medio de la aplicación de fórmulas, es necesario conocer el inventario final de mercaderías debidamente valorizado.

Las fórmulas que se aplicarán son las siguientes:

a) Si el saldo de la cuenta mercadería única es *deudor*, aplique la siguiente fórmula dependiendo de la condición SI.

Si EF> SD, entonces aplique

UTILIDAD = EXISTENCIA FINAL - SALDO DEUDOR

Si EF < SD, entonces aplique

PERDIDA = SALDO DEUDOR - EXISTENCIA FINAL

b) Si el saldo de la cuenta única de mercadería es acreedor, aplique la siguiente fórmula

UTILIDAD = SALDO ACREEDOR + EXISTENCIA FINAL

Ejemplos de aplicacion de la fórmula

a) Aplicación de la fórmula con saldo deudor de la cuenta única de mercadería

1) Cuando EF>SD; Existencia Final $ 50.000.-

DEBE	Cuenta única de Mercadería		HABER
CARGO	(+)	(-)	ABONO
Compras	100.000	70.000	Ventas
Dev. de Ventas	20.000	20.000	Dev. de Compras
DEBITOS	120.000	90.000	CREDITOS
		30.000	SALDO DEUDOR

Formula a aplicar número 1

UTILIDAD = EXISTENCIA FINAL - SALDO DEUDOR
UTILIDAD = 50.000 - 30.000
UTILIDAD = 20.000.-

Estado de la cuenta única de mercaderías

Ventas		70.000
(-) Devolución de Ventas		(20.000)
Ventas Netas		50.000
Compras	100.000	
(-) Devolución de Compras	(20.000)	
Compras Netas	80.000	
(-) Existencia Final	(50.000)	
Costo de Ventas		(30.000)
Utilidad Bruta		20.000

2. Cuando EF<SD; Existencia Final $ 20.000

DEBE	Cuenta única de Mercadería		HABER
CARGO	(+)	(-)	ABONO
Compras	100.000	70.000	Ventas
Dev. de Ventas	20.000	20.000	Dev. de Compras
DÉBITOS	120.000	90.000	CREDITOS
		30.000	SALDO DEUDOR

Fórmula a aplicar número 2

PÉRDIDA = SALDO DEUDOR - EXISTENCIA FINAL
PÉRDIDA = 30.000 - 20.000
PÉRDIDA = 10.000.-

Ventas		70.000
(-) Devolución de Ventas		(20.000)
Ventas Netas		50.000
Compras	100.000	
(-) Devolución de Compras	(20.000)	
Compras Netas	80.000	
(-) Existencia Final	(20.000)	
Costo de Ventas		(60.000)
Pérdida Bruta		(10.000)

b) Aplicación de la fórmula con Saldo Acreedor de la cuenta mercadería única.

DEBE	Cuenta única	de Mercadería	HABER
CARGO	(+)	(-)	ABONO
Compras	100.000	140.000	Ventas
Dev. de Ventas	20.000	20.000	Dev. de Compras
DEBITOS	120.000	160.000	CRÉDITOS
SALDO ACREEDOR	40.000		

Existencia final valorizada a $ 10.000.-

Formula a aplicar número 3

UTILIDAD = SALDO ACREEDOR + EXISTENCIA FINAL
UTILIDAD = 40.000 + 10.000
UTILIDAD = 50.000.-

Estado de la cuenta única de mercaderías

Ventas		140.000
(-) Devolución de Ventas		(20.000)
Ventas Netas		120.000
Compras	100.000	
(-) Devolución de Compras	(20.000)	
Compras Netas	80.000	
(-) Existencia Final	(10.000)	
Costo de Ventas		(70.000)
Utilidad Bruta		50.000

Ejemplo:

En la empresa FC ocurren las siguientes operaciones, durante el año, registre sus operaciones utilizando la cuenta única de mercadería y determine su resultado por medio de fórmulas.

INVENTARIO INICIAL $ 135.000

1. Compra mercaderías al crédito simple ($ 100.000 más IVA)
2. Venta de mercaderías al crédito ($ 150.000 más IVA)
3. Devolución de mercadería (Nota de Crédito proveedor) por $ 30.000 más IVA
4. Incendio de Bodega, se quema mercadería por $ 15.000
5. Devolución de vta. (Nota de Crédito empresa) por $ 50.000 más IVA
6. Los socios retiran en especies por $ 30.000 más IVA
7. La Existencia final alcanza a $ 100.000

------------------------------ 1 ------------------------------	Debe	Haber
Mercaderías	100.000	
IVA Crédito Fiscal	19.000	
Proveedores		119.000
G: Compra de mercadería al crédito		
------------------------------ 2 ------------------------------		
Clientes	178.500	
Mercaderías		150.000
IVA Débito Fiscal		28.500
G: Venta de mercadería al crédito		
------------------------------ 3 ------------------------------		
Proveedores	35.700	
Mercaderías		30.000
IVA Crédito Fiscal		5.700
G: Nota de Crédito proveedor, devolución de mercadería		
------------------------------ 4 ------------------------------		
Castigo de Mercaderías	15.000	
Mercaderías		15.000
G: Nota de Crédito proveedor, devolución de mercadería		
------------------------------ 5 ------------------------------		
Mercaderías	50.000	
IVA Debito Fiscal	9.500	
Clientes		59.500
G: Nota de Crédito empresa, devolución de mercadería cliente		
------------------------------ 6 ------------------------------		
Cuenta Particular Socio	35.700	
Mercaderías		30.000
IVA Débito Fiscal		5.700
G: Retiro de mercaderías por los dueños		

Debe	Cuenta única	de mercadería	Haber
Cargo	(+)	(-)	Abono
Inventario Inicia	135.000	150.000	(2)
(1)	100.000	30.000	(3)
(5)	50.000	15.000	(4)
		30.000	(6)
Débitos	285.000	225.000	Créditos
		60.000	Saldo Deudor

Resultado según fórmula

EXISTENCIA FINAL $100.000 SALDO MAYOR RESULTO DEUDOR, POR LO TANTO SE APLICA FÓRMULA NÚMERO 1

UTILIDAD = EXISTENCIA FINAL - SALDO DEUDOR
UTILIDAD = 100.000 - 60.000
UTILIDAD = 40.000

Asiento de ajuste a la cuenta mercadería

------------------------------ N ------------------------------		Debe	Haber
Mercaderías		40.000	
	Utilidad en Venta		40.000
G: Utilidad en venta según fórmula			

Este asiento se origina del hecho de dejar reflejada la utilidad por concepto de la venta de mercadería, ya que este método no distingue lo que ingresó por concepto de la venta ni el costo de dicha venta. Después de realizado este asiento de ajuste, el saldo de la cuenta de mayor de mercaderías refleja la existencia final existente en bodega al final del ejercicio.

Las existencias finales se pueden determinar mediante inventario Físico o Perpetuo, el inventario Físico es aquel que se determina mediante el recuento físico de las unidades existentes en bodega. El inventario perpetuo es aquél que se determina por medio de las tarjetas de existencias.

Para obtener el resultado de la cuenta única de mercadería, este puede determinarse por medio de la aplicación de las fórmulas ya mostradas o por medio del estado de la cuenta única de mercaderías. Bajo este método es necesario clasificar los rubros definidos anteriormente en dos grandes grupos.

PRIMERA PARTE: Información relativa a las ventas, cuyos rubros son los siguientes

Ventas	xxxx
- Devolución de Ventas	(xxx)
Ventas Netas	xxxx

SEGUNDA PARTE: Información relativa al costo, cuyos datos se encuentran expresados a precio de costo.

Inventario Inicial	xxxx
Más Compras	xxx
Menos Devolución de Compras	(xxx)
Compras Netas	xxxx
Menos Mermas y Castigos	(xx)
Menos Retiros	(xx)
Sub Total	xxx
Menos Existencia Final	(xxx)
Costo de Ventas	xxx

Ejemplo:

Obtener por medio del Estado de la Cuenta Mercaderías Única el resultado de la operación, con la siguiente operación.

Debe	Cuenta única de Mercadería		Haber
Cargo	(+)	(-)	Abono
Inventario Inicia	60.000	380.000	Ventas
Compras	560.000	60.000	Devolución de Compras
Devolución de Ventas	80.000	10.000	Castigos
		20.000	Retiro de Socios
Débitos	700.000	470.000	Créditos
		230.000	Saldo Deudor

Existencia final de mercadería $ 300.000
ESQUEMA ANALÍTICO

Ventas	380.000
- Devolución de Ventas	(80.000)
Ventas Netas	300.000

Inventario Inicial	60.000
Más compras	560.000
Menos Devolución de Compras	(60.000)
Compras Netas	500.000
Menos Mermas y Castigos	(10.000)
Menos Retiros	(20.000)
Sub Total	(30.000)
Menos Existencia Final	(230.000)
Costo de Ventas	70.000

1.5.2. Desdoblamiento de la cuenta mercaderías

Este método que se conoce con el nombre de Desdoblamiento de la cuenta mercadería, es en realidad una variante de la cuenta única de mercaderías, el que consiste en registrar el movimiento de las mercaderías en diferentes cuentas, cuya denominación obedece a la naturaleza de las operaciones que se efectúen.

- CUENTAS DE ACTIVO:

Mercaderías, Bodega o Existencias: En esta cuenta solo se registra el inventario inicial, durante el ejercicio no tiene movimiento, ya que si se efectúan compras, esta se debe registrar en la cuenta COMPRAS.

Al final del período se deberá practicar un inventario con la finalidad de hacerlo figurar en el balance.

Esta cuenta es mixta al igual que en el método de mercadería única, es decir, como solo tendrá un cargo su saldo va a ser siempre deudor. Si la existencia final es mayor que este habrá utilidad, si es menor, pérdida.

- CUENTAS DE PÉRDIDA

Se caracterizan porque ellas solo se registran cargos, entre ellas tenemos:
- Devoluciones de ventas
- F.E.S.
- Compras
- Castigos y Mermas
- Muestras Gratis
- Donaciones

- CUENTAS DE GANANCIA

Las anotaciones que figuran en esta cuenta son exclusivamente abonos, forman parte de este grupo:
- Ventas
- Devoluciones de Compra

De esta forma se puede obtener una información muy detallada, pero presenta el inconveniente de trabajar con un gran número de cuentas.

Ejemplo:

La contabilización de los siguientes datos:

- Inventario inicial	1.000.000
- Compras según facturas	2.975.000
- Devoluciones de compras	65.450
- Ventas según facturas	3.835.000
- Devoluciones de ventas	119.000
- Fletes, Embalajes y Seguros	47.600

El inventario inicial se encuentra reflejado en la cuenta Mercaderías y corresponde al inventario final del ejercicio anterior.

------------------------------ 1 ------------------------------	Debe	Haber
Compras	2.500.000	
IVA Crédito Fiscal	475.000	
Proveedores		2.975.000
G: Compra de mercadería según factura		

------------------------------ 2 ------------------------------		
Proveedores	65.450	
Devoluciones de Compras		55.000
IVA Crédito Fiscal		10.450
G: Por las devoluciones de Compras		
------------------------------ 3 ------------------------------		
Clientes	3.835.000	
Ventas		3.222.689
IVA Débito Fiscal		612.311
G: Por las Ventas		
------------------------------ 4 ------------------------------		
Devolución de Ventas	100.000	
IVA Débito Fiscal	19.000	
Clientes		119.000
G: Por las Ventas		
------------------------------ 5 ------------------------------		
Fletes, Embalajes y Seguros	40.000	
IVA Crédito Fiscal	7.600	
Acreedores		47.600
G: Por los Fletes, Embalajes y Seguros		

La utilidad o pérdida se puede calcular por diferencia entre las distintas cuentas de resultado, o bien, hacer un análisis similar al efectuado en la cuenta de mercaderías únicas.

1.5.3 Permanencia de inventario

La cuenta Mercadería Única y Desdoblamiento de la cuenta Mercadería, no nos entregan información detallada, salvo que se efectúe un análisis extracontable. Para salvar este inconveniente y obtener información inmediata se procede a dividir la cuenta mercadería de tal manera que se conozca en el acto:

- La existencia final en bodega.
- Las ventas netas del período.
- El costo de lo vendido.
- El resultado del período.

Este método recibe el nombre de Permanencia de Inventario o Inventario Perpetuo, tiene dos alternativas para el correspondiente registro del movimiento de las mercaderías, los cuales son en base de:

- Tres Cuentas.
- Dos Cuentas.

1.5.3.1 Permanencia de inventario base tres cuentas

Como su nombre lo indica se utilizan tres cuentas para registrar el movimiento de las mercaderías.

A) La cuenta de Activo puede denominarse Mercaderías, Bodega, Inventario o Existencias, tanto los cargos como los abonos se registran a precio de costo.

Tratamiento:

Debe — Mercadería	Haber
Inventario Inicial	Costo de Ventas
Compras	Devoluciones de Compras
Fletes, Embalajes y Seguros	Retiros dueños
	Castigos y Mermas
	Muestras Gratis
	Donaciones

- Su saldo siempre es deudor y representa el INVENTARIO existente en la bodega.

B) La cuenta de resultado ganancia se denomina VENTAS como puede deducirse fácilmente, las anotaciones se efectúan a precio de venta.

Debe — Ventas	Haber
Devoluciones de Ventas	Ventas
	Ventas a Empleados

- Su saldo siempre es Acreedor y significa las ventas netas efectuadas durante el ejercicio comercial.

C) La cuenta de resultado pérdida se denomina COSTO DE VENTA, las anotaciones se efectúan a precio de costo.

Debe — Costos de Ventas	Haber
Costo de las Ventas	
Costos de Venta a Empleados	

- Su saldo siempre es deudor y representa el costo de lo vendido.

Para obtener el dato sobre el costo de lo vendido es imprescindible llevar TARJETAS DE CONTROL DE EXISTENCIAS, que son mayores auxiliares de la cuenta

Mercaderías. En ellas se deben registrar permanentemente todo el movimiento relacionado con las mercaderías, con el fin de conocer, en cualquier momento, cuál es la existencia en bodega sin tener la necesidad de realizar un recuento físico; al mismo tiempo esta tarjeta debe permitir un control sobre las salidas de mercaderías para determinar en forma inmediata el costo de las ventas.

Al realizar la comparación entre las cuentas VENTAS (saldo acreedor) con el de COSTO DE VENTAS (saldo deudor) se obtiene el resultado del ejercicio.

1.5.4 Metodos de valorización de las mercaderías

Como mencionamos en el método de control de mercadería Permanencia de inventario, este se basa en un auxiliar muy importante, que son físicamente las tarjetas de existencias de mercaderías.

La valorización es un proceso mediante el cual se le asigna un valor a las mercaderías que se han vendido, lo cual permite determinar el costo de la venta al final de cada ejercicio o cuando se requiere el dato por la empresa.

Esta valorización de encuentra contemplada en la Ley de la Renta y las normativas internacionales de contabilidad, el cual expone que para conocer el costo directo de las ventas de mercaderías, reconoce los costos directos más antiguos (FIFO) y la utilización optativa del precio medio ponderado (PMP), estos métodos no constituyen los únicos elementos que intervienen en la valorización de las existencias, ya que además debe observarse la aplicación del sistema de corrección monetaria sobre la normativa tributaria, ya que en la normativa NIIF no permite la corrección monetaria al no estar en una economía hiperinflacionaria.

TARJETA DE EXISTENCIA

Nombre del Artículo .... Existencia Max: ....
Ubicación: Código:............................ Existencia Min:.......................................
Características ....Proveedor .... Existencia Crítica:....................................

Fecha	Detalle	Precio Compra	Unidades			Valores			Costo Unitario
			entrada	salida	saldo	entrada	salida	saldo	

1.5.4.1 Metodo del costo más antiguo (FIFO)

Este criterio de valorización de existencias conocido como FIFO (sigla inglesa que significa, lo primero que entra es lo primero que sale) dicho método como su nombre lo indica, se refiere que las primeras unidades que se compran o entran a bodega son las primeras que deben salir; o sea, que los bienes vendidos son siempre tomados de las existencias más antiguas.

1.5.4.2 Metodo precio medio ponderado (PMP)

Este método establecido por la Ley de la Renta, consiste en determinar el costo directo a través del cálculo del costo promedio entre los costos de los distintos lotes que han ingresado; es decir, debemos determinar la cantidad física de existencias y dividirlas de la siguiente forma:

$$P.M.P = \frac{\text{Saldo de las Existencias Valorizadas}}{\text{Saldo de las Existencias en Unidades}}$$

Este promedio ponderado debe determinarse después de cada entrada o salida de existencias

1.6 Ajustes y procedimientos contables

Si se quisiera conocer la situación económica y financiera de una empresa, no podríamos tener un cuadro exacto, porque hay ciertas cuentas que no estarían reflejando su verdadero movimiento. Así tenemos el caso de las cuentas de activo, tales como maquinarias, edificios, vehículos, etc., que sufren un desgaste continuo que no es reflejado por los libros a medida que ello se va produciendo, las mercaderías tienen cierta tendencia natural a estropearse, pasar de moda o averiarse, ciertas cuentas por cobrar pueden resultar deterioradas y es posible asimismo que algunos clientes no paguen a su vencimiento. Puede ocurrir también que a la fecha de los estados financieros existan algunas obligaciones como impuestos, remuneraciones, arriendos etc. que no se encuentren registrados en la contabilidad por falta del documento que deje de manifiesto la obligación contraída.

También es posible que no se hayan utilizado o consumido determinados gastos en el ejercicio como ocurre, por ejemplo, cuando se encuentran en existencias combustibles adquiridos para calefacción, fuerza motriz o cuando se haya contratado y pagado la prima de un seguro por un período que se prolongue más allá de un ejercicio contable, es por ello que en estos casos y otros corresponde separarlos para determinar qué desembolsos corresponden al ejercicio evaluado y qué corresponde diferir a ejercicios posteriores, la parte diferida corresponderá a un activo para la empresa y como tal deberá reflejarse en el balance general.

Asimismo, sucede con alguna frecuencia que se perciban ingresos por adelantado a cuenta de servicios futuros, en estos casos solo puede reconocerse como ganancia del ejercicio una parte del ingreso percibido y la diferencia debe ser diferida a ejercicios futuros para que se reconozcan como ganancia en el ejercicio que corresponda, un ejemplo de esta situación mencionada, la encontramos en el cobro de arriendos por anticipado.

Por lo descrito anteriormente, es que a la fecha de los estados financieros se deban realizar algunos ajustes para presentar la situación, lo más cerca de la realidad de los bienes y obligaciones como de los resultados de la empresa en dichos estados financieros, es por ello que los ajustes involucraran una cuenta de resultado y una del balance general y por ello indicaremos que cuando no se cumpla esta característica consideraremos que no se trata de un asiento de ajuste.

1.6.1 Provisiones

Durante cierto ejercicio, una empresa adquiere numerosos servicios que, por diversos motivos, no son cancelados de inmediato; a este respecto hemos dicho que los gastos se contabilizan cuando se incurren sin importar cuando se efectué su pago.

En el período que transcurre entre la prestación del servicio y el pago, para la empresa se le genera un pasivo, por el servicio obtenido de los proveedores. Estas obligaciones se registran sin mayor inconveniente cuando su contratación y pago suceden dentro del mismo ejercicio contable: pero a la fecha de balance es necesario hacer un recuento de todas aquellas operaciones que se encuentran devengadas aunque su pago quede pendiente para el próximo ejercicio.

Dentro de estos gastos es posible distinguir dos tipos; aquellos cuyo monto se conoce con exactitud y otro cuyo monto no es posible precisar. Al respecto se plantean dos criterios para establecer el pasivo:

a) Provisionar ambos tipos de gasto independiente si se conoce o no su monto.
b) Contabilizar los gastos que se conocen con exactitud, en una cuenta más de pasivo y sobre los que se desconoce su monto real, hacer una provisión. Este planteamiento es el que tiene mayor aceptación, y es el que se utilizará durante el transcurso del curso.

CONTABILIZACIÓN: El gasto estimado se carga a una cuenta de resultado pérdida que indique que el gasto provisionado (vacaciones del personal, gratificaciones, impuesto a la renta, etc.) y se abona una cuenta de pasivo que represente la obligación de hacer el desembolso en el ejercicio siguiente.

Se pueden presentar tres situaciones:

1. Que la Provisión sea igual al gasto real: la cuenta Provisiones se saldará con la contabilización del pago.

2. Que la Provisión sea superior al gasto real, este hecho involucra que el cargo a pérdida efectuado en el ejercicio anterior fue excesivo, en consecuencia este exceso deberá abonarse a una cuenta de resultado que podría llamarse "Ajuste Ejercicio Anterior".

---------------------------- x ----------------------------	Debe	Haber
Provisión gratificaciones	$	
Caja/Banco		$
Ajuste Ejercicio Anterior		$

3. Que la Provisión sea inferior al gasto real. Esto indicaría que el cargo a pérdida fue insuficiente, por lo tanto se cargará la cuenta de resultado "Ajuste Ejercicio Anterior por la diferencia no reflejada en los estados del ejercicio anterior.

---------------------------- x ----------------------------	Debe	Haber
Provisión gratificaciones	$	
Ajuste Ejercicio Anterior	$	
Caja/Banco		$

1.6.2 Cargos Diferidos

Existen inversiones o gastos que realiza la empresa que no se consumen en un ejercicio, se presenta el caso por ejemplo los seguros, arrendamiento, marcas de patentes de invención, y otros bienes no físicos necesarios para la explotación de determinadas empresas; los materiales para consumo que no se utilizan de una sola vez.

Estos desembolsos conocidos como cargos diferidos deben cargarse a los resultados de los períodos futuros en que sean utilizados con el objeto de hacer incidir su monto total en el período en que se efectúa realmente el gasto o la inversión.

Los Cargos Diferidos se clasifican en dos grupos:

1. Gastos anticipados.
2. Bienes intangibles.

A) GASTOS ANTICIPADOS: Son gastos incurridos en un ejercicio por concepto de servicios o materiales de consumo y que corresponden o serán utilizados en un período prolongado, que va más allá del ejercicio contable.

Estas partidas tienen el carácter de activos transitorios que desaparecerán con cargo a los resultados de próximos períodos, en proporción al uso que de ellos se haga.

- Contabilización:

Considerar que todo el desembolso es activo y a la fecha de ajuste, contabilizar como pérdida la parte consumida.

------------------------------ x ------------------------------	Debe	Haber
Arriendos pagados anticipadamente	$	
Caja/Banco		$
Glosa: arriendos pagados anticipadamente		

------------------------------ x ------------------------------	Debe	Haber
Arriendos pagados	$	
Arriendos pagados anticipadamente		$
Glosa: Consumo del derecho de arriendo		

B) BIENES INTANGIBLES: Estos bienes no tienen una consistencia física, no están libres de experimentar una pérdida de valor por efecto del transcurso del tiempo.

El deterioro que sufren los intangibles, podemos agruparlos.

- *Bienes que tienen existencia limitada.*
  Por Ley, reglamento, contrato o por propia naturaleza. Como es el caso de Concesiones con plazo limitado, marcas de fábrica, derechos de llaves, patentes de invención, cuando la autoridad establece plazo limitado para su explotación.
  La disminución de valor de estos activos se refleja mediante cargos sistemáticos a pérdida, durante el período que comprenda su existencia. Este cargo a pérdida se conoce con el nombre de amortización.

- *Bienes que no tienen existencia limitada.*
  Estos no están sujetos a amortización, salvo que por alguna razón pasen a tener vida limitada.

- *Gastos de Organización y Puesta en Marcha.*
  Dentro de los activos intangibles, se acostumbra a clasificar el rubro Gastos de Organización, que no es un bien inmaterial, pero que por sus características puede asimilarse a este grupo.
  Los Gastos de Organización comprenden todos los desembolsos en que incurre la empresa para estar en condiciones de iniciar sus actividades, gastos tales como escritura social, honorarios por estudios técnicos, gastos financieros, etc.
  Estos gastos bajo la perspectiva de la normativa internacional, no se pueden activar ya que son gastos que se deben reconocer en la medida que se desarrollen.

1.6.3 Ingresos Diferidos

Son ingresos que la empresa percibe anticipadamente, y que se van a devengar en más de un período contable, para lo cual será necesario prestar un servicio, entregar un bien o simplemente que transcurra el tiempo.
Los ingresos diferidos se pueden clasificar en dos grupos: Ingresos Anticipados e Ingresos Diferidos propiamente tales.

a) Ingresos Anticipados: Son aquellos ingresos percibidos por adelantado y que no se ha devengado porque sólo falta la prestación de un servicio o la entrega de un bien determinado. Es el caso por ejemplo de los arriendos anticipados, suscripciones a diarios y revistas, etc.

b) Ingresos Diferidos propiamente tales: Son todos aquellos ingresos percibidos anticipadamente y respecto de los cuales falta solamente que transcurra el tiempo para considerarlos ganados, esto significa que para la empresa no implica una obligación para devengarlos.
Un ejemplo serían los intereses que fueron cobrados anticipadamente al conceder un crédito documentado (letras por cobrar).

Los dos grupos de ingresos se contabilizan en la misma forma, pero existen dos modalidades, las que serían:

a. Considerar que todo el ingreso corresponde a un pasivo, y la fecha de balance (al final de cada ejercicio contable), registrar como utilidad la parte realizada.

Ejemplo:

------------------------------ x ------------------------------	Debe	Haber
Caja	200.000	
Arriendos percibidos por adelantado		200.000
Glosa: Reconocimientos de arriendos		

------------------------------ x ------------------------------	Debe	Haber
Arriendos Percibidos por adelantado	60.000	
Arriendos ganados		60.000
Glosa: Devengamiento de arriendos		

La cuenta de pasivo "Arriendos percibidos por adelantado" representa una obligación para la empresa de prestar este servicio en el próximo ejercicio contable, la cuenta "Arriendos ganados" muestra la utilidad del ejercicio por tal concepto.

b. Llevar todo el abono a una cuenta de resultado y la fecha de balance se regulariza la situación por medio de un asiento de ajuste, la parte no devengada se reflejará en una cuenta de Pasivo.

El mismo ejemplo anterior quedaría:

------------------------------ x ------------------------------	Debe	Haber
Caja	200.000	
Arriendos ganados		200.000
Glosa: Reconocimientos de arriendos percibidos		

------------------------------ x ------------------------------	Debe	Haber
Arriendos Ganados	140.000	
Arriendos percibidos por adelantado		140.000
Glosa: Devengamiento de arriendos		

Un análisis de ambos sistemas nos muestra que la cuenta "Arriendos percibidos por adelantado" tiene un saldo acreedor de 140.000, por arriendos que corresponden a próximos ejercicios, la cuenta "Arriendos Ganados" indica que la utilidad del ejercicio por tal concepto ascendió la suma de 60.000.

1.6.4 Caja

La cuenta Caja es una cuenta correspondiente al grupo Corriente. Por pertenecer al activo su saldo debe ser siempre deudor y representa el dinero o su equivalente que tiene la empresa realmente disponible en un momento determinado. En consecuencia, deben rebajarse de su saldo vales y documentos que representen gastos, cheques a fecha, protestados o vencidos y cualquier otro valor que no se ajuste a la definición anterior. Los cheques a fecha no son reconocidos legalmente, lo son en el ámbito comercial en donde son aceptados con mucha frecuencia, hecho que nos da la posibilidad de encontrarlos en CAJA.

En términos generales los débitos de la cuenta CAJA corresponden a los ingresos de dinero o su equivalente y los créditos a egresos de dinero o su equivalente. Se excluyen de esto las contabilizaciones derivadas de ajustes y por rectificaciones de errores.

Ejemplo de ingresos se pueden citar:

- Cancelación de Ventas por bienes o servicios realizados por la empresa.
- Cancelación de documentos (letras).
- Recepción de intereses por crédito o inversiones.
- Percepción de dividendos.

En el caso de los egresos, los más significativos son los depósitos que se realizan en cuenta corriente bancaria de la empresa. Otros egresos por no ser relevantes no ameritan ser citados. La mayor parte de las cancelaciones que deben realizar las empresas y las cuales representan montos de relativa importancia, por razones de seguridad y de control interno, se deben realizar mediante el giro de cheques. En razón de disposiciones legales que validan esta decisión, está entre otras, que el cheque constituye un medio de prueba del pago efectuado.

Con motivo de la confección de los estados financieros finales y para que ellos expongan razonablemente la situación financiera de la empresa a una fecha determinada y los resultados obtenidos, es preciso cumplir con ciertos procedimientos esenciales, uno de estos es el recuento físico, que en el caso de CAJA recibe el nombre de ARQUEO DE CAJA.

Este arqueo tiene dos objetivos fundamentales.

1. Verificar que el saldo de la cuenta MAYOR CAJA tenga el correspondiente respaldo físico.
2. Determinar los valores realmente disponibles, ajustando el saldo de la cuenta si fuese necesario mediante los asientos de contabilidad que procedan.

Este Arqueo de Caja se realiza en forma obligatoria al 31 de diciembre de cada año, al finalizar el ejercicio contable. Sin embargo, por razones de control interno es preciso efectuar arqueos durante el ejercicio, los que deben ser sorpresivos.

El arqueo debe realizarlo una persona independiente de los encargados del movimiento de ellas, con el objetivo de asegurar se cumpla el control que se pretende lograr, la persona responsable de efectuar este arqueo se debe presentar en la Caja sin previo aviso y procede en presencia del cajero o del encargado, a contar el dinero y los valores que hubiese.

ARQUEO DE CAJA

Identificación

Fecha Arqueo	31/12/2020	Hora Inicio	14:30		Tipo de Fondo
Unidad a Cargo del Fondo					Caja General
ADQUISICIONES				X	Caja Chica
Responsable del Fondo					Fondo Rotatorio
ARMANDO MEZA DE FIERRO					Fondo a rendir
Cargo					Fondo en Custodia
SECRETARIO					Otros

Detalle de Arqueo

Ultimo comprobante de ingreso N°			215685	Fecha	31/12/2020
Ultimo comprobante de egreso N°			1922301	Fecha	31/12/2020
Billetes:		Cantidad	Montos	Totales	
$	20.000	5	100.000		
	10.000	15	150.000		
	5.000	3	15.000		
	2.000	4	8.000		
	1.000	7	7.000	280.000	
Monedas:					
$	100	8	800		
	50	20	1.000	1.800	
Documentos:					
Cheques		1		55.000	
Vales Vista					
Letras					
SUBTOTAL FONDOS				336.800	
Comprobantes de gastos (Facturas Boletas)				70.000	
TOTAL ARQUEO				406.800	
Monto del Fondo según registro contable				500.000	
Sobrantes (Faltantes)				(93.200)	

OBSERVACIONES

1) Los $ 93.200 faltantes no fueron justificados por el responsable del fondo

Nombre y Firma Responsable del Fondo

Nombre y Firma del que efectuó Arqueo

1.6.5 Fondo Fijo

Es usual que las empresas determinen entregar dinero a diferentes personas que trabajan en distintos departamentos, divisiones o secciones, de la organización, para poder hacer frente a diversos gastos menores tales como, movilización auxiliar administrativo, franqueo de correo, compra de gasolina, compras menores de aseo y mantención de las oficinas.

El número de Fondos Fijos (conocidos normalmente como caja chica) y las cantidades que se entregan, son variables dependiendo del tamaño de la empresa, de su complejidad y de la naturaleza de sus operaciones.

Es importante destacar que los dineros entregados para cubrir los gastos menores de la empresa se hace a personas específicas, las que tienen las mismas responsabilidades de un cajero.

Los encargados del Fondo Fijo deben llevar registros adecuados para controlarlo y exigir y mantener los comprobantes que respalden los gastos efectuados. Nunca debe entregar dinero sin el respaldo o vale correspondiente. El monto del Fondo Fijo se mantiene durante el período contable. Ya que el encargado debe elaborar periódicamente rendiciones de los gastos realizados, entregando dicha rendición acompañada de los comprobantes a la persona responsable que hubiere designado la empresa para la respectiva revisión. Una vez revisada y si no tiene objeciones, se repone el monto gastado, volviendo a tener el encargado del Fondo Fijo el valor inicial que le fuere asignado.

Hacemos notar que en la práctica los Fondos Fijos pasan de un año a otro. Al 31 de diciembre se hace una rendición para cargar a resultados los gastos efectivamente efectuados hasta la fecha de confección de los estados financieros y si existen vales, se realiza una provisión por el valor de estos. De esta forma el valor por Fondo Fijo se agrega al rubro CAJA del balance General el cual mediante este procedimiento reflejara el dinero realmente disponible, con lo cual se evita mostrar como activo conceptos de gastos.

1.6.6 Fondo por Rendir

Hay situaciones en que la empresa debe realizar pagos fuera de la empresa, como podría ser el pago de sueldo de los trabajadores de una obra, para tal efecto se destina a un funcionario para que efectué tales pagos, para lo cual se le destina un fondo determinado para que cumpla el cometido pedido por la empresa.

La rendición de este fondo se hace por intermedio de los comprobantes correspondientes, más los gastos que pudieron haber incurrido en la gestión que le fuera encomendada (alimentación, hospedaje, transporte etc.).

La característica que lo diferencia del fondo fijo es que la cantidad asignada es relativamente importante y además que no se reembolsa a la persona encargada de cumplir su cometido.

CAPÍTULO II

Introducción a las normas internacionales

1.1 Normas Internacionales de Contabilidad

El objetivo principal de las NIIF o IFRS es establecer pautas de acción de uso consistente en la preparación de los estados financieros, de manera de otorgar un marco de referencia internacional para que los inversionistas puedan interpretar y tomar decisiones sobre la información contenida en estos.

Abreviaciones:

NIC: Normas Internacionales de Contabilidad
IAS: International Accounting Standards
NIIF: Normas Internacionales de Información Financiera
IFRS: International Financial Reporting Standards
CINIIF: Comité de Interpretaciones de NIIF
IFRIC: Internacional Financial Reporting Interpretations Committee
SIC: Interpretaciones

Elementos basicos de las NIIF

Marco Conceptual
\+
Normas Específicas (NIC/NIIF)
\+
Interpretaciones (SIC/IFRIC)
=
Estados Financieros
⬇
IMAGEN FIDEDIGNA

Objeto y alcance del Marco Conceptual

- Ayudar al IASB en el desarrollo de futuras normativas.
- Ayudar a los usuarios de los estados financieros en la interpretación de aquellos estados preparados de acuerdo a las NIC o IFRS.
- Apoyar a los elaboradores de los estados financieros en la aplicación de las normas internacionales.
- Ayudar a los auditores en el proceso de formación de la opinión sobre los Estados Financieros preparados de acuerdo a NIC o IFRS

Aspectos relevantes del Marco Conceptual

El consejo de Normas Internacionales de Contabilidad se encuentra en este momento en proceso de actualizar su Marco Conceptual.

A medida que se finalice un capítulo, se sustituirán los párrafos correspondientes del Marco Conceptual publicado en 1989.

El que comentaremos y detallaremos lo más relevante será el que se encuentre vigente al año 2019.

Muchas entidades en todo el mundo preparan y presentan estados financieros para usuarios internos y externos. Aunque estos estados financieros pueden parecer similares entre un país y otro, existen en ellos diferencias causadas probablemente por una amplia variedad de circunstancias sociales, económicas y legales, por el hecho de que cada país tiene en cuenta las necesidades de los distintos usuarios de los estados financieros al establecer la normativa contable.

El propósito del Marco Conceptual es una armonización entre las regulaciones, Normas Contables y procedimientos relativos a la preparación y presentación de los Estados Financieros.

La revelación que se debe efectuar en los Estados Financieros es muy relevante, ya que permite a los usuarios tomar decisiones económicas, como las que se señalaremos:

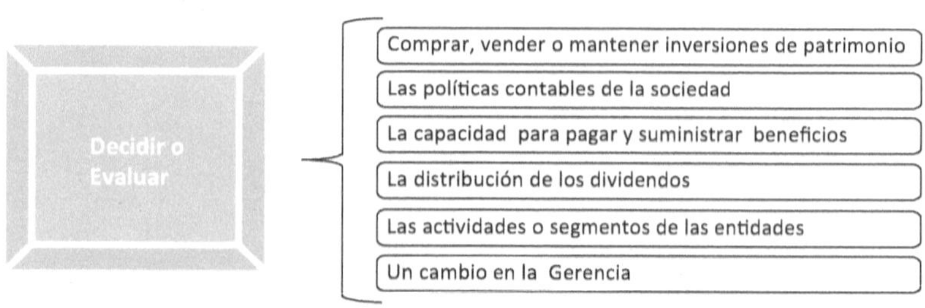

El Marco Conceptual no es una Norma Internacional, por lo tanto no define Normas en particular ni deroga pronunciamientos específicos, de existir un conflicto entre el Marco Conceptual y una NIIF específica, los requerimientos de la NIIF prevalecerán sobre los del Marco Conceptual, no obstante tenemos que tener en cuenta que el Consejo se guía por el Marco Conceptual al desarrollar una nueva normativa.

Capítulo 1: El objetivo de la información financiera con propósito general

Este capítulo constituye el fundamento del Marco Conceptual, por lo cual es de gran relevancia entender cuáles son los puntos más importantes que debemos comprender y llevar a cabo en cada una de las entidades que se puedan analizar.

Objetivo, utilidad y limitaciones de la información financiera con propósito general

Su objetivo se centra en proporcionar información financiera sobre la entidad que informa y esta sea útil a los usuarios de los estados financieros.

Los usuarios no pueden requerir que las entidades les emitan información directamente, por lo cual deben confiar en los informes financieros (OB5).

Las Normas, tratarán de proporcionar el conjunto de información que satisfaga las necesidades del mayor número de usuarios (OB8).

En gran medida, los informes financieros se basan en estimaciones, juicios y modelos en lugar de representaciones exactas. El Marco establece los conceptos que subyacen en esas estimaciones, juicios y modelos (OB11).

Información sobre los recursos económicos, los derechos de los acreedores y los cambios en estos de la entidad que informa

La información sobre la naturaleza e importes de los recursos económicos y los derechos de los acreedores de la entidad que informa puede ayudar a los usuarios a identificar las fortalezas y debilidades financieras de esta entidad (OB13).

La información sobre el rendimiento financiero de una entidad que informa ayuda a los usuarios a comprender la rentabilidad que la entidad ha producido a partir de sus recursos económicos (OB16).

El devengo, describe los efectos de las transacciones y otros sucesos y circunstancias sobre los recursos económicos de la entidad que informa en los periodos en que esos efectos tienen lugar, incluso si los cobros y pagos resultantes se producen en un periodo diferente (OB17).

Capítulo 2: Características cualitativas de la información financiera útil

Identifican los tipos de información que van a ser probablemente más útiles a los inversores, prestamistas y otros acreedores existentes y potenciales para la toma de decisiones sobre la entidad que informa a partir de la información contenida en su informe financiero (CC1 MC).

Las características cualitativas se desglosan en dos las que son fundamentales y las que permiten mejorar la utilidad de la información.

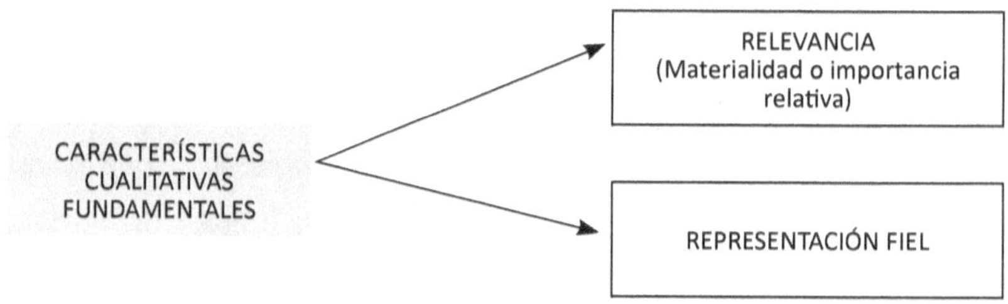

Relevancia

La información financiera relevante es capaz de influir en las decisiones tomadas por los usuarios (CC6).

El valor predictivo y el valor confirmatorio de la información financiera están interrelacionados. La información que tiene valor predictivo habitualmente también tiene valor confirmatorio (CC10).

Materialidad o importancia relativa

La información es material o tiene importancia relativa si su omisión o expresión inadecuada puede influir en decisiones que los usuarios adoptan a partir de la información financiera de una entidad que informa específica (CC11).

Representación fiel

Los informes financieros representan fenómenos económicos en palabras y números. Para ser útil, la información financiera debe no solo representar los fenómenos relevantes, sino que también debe representar fielmente los fenómenos que pretende representar. Para ser una representación fiel perfecta, una descripción tendría tres características. Sería completa, neutral y libre de error (CC12).

Libre de error significa que no hay errores u omisiones en la descripción del fenómeno, y que el proceso utilizado para producir la información presentada se ha seleccionado y aplicado sin errores (CC15).

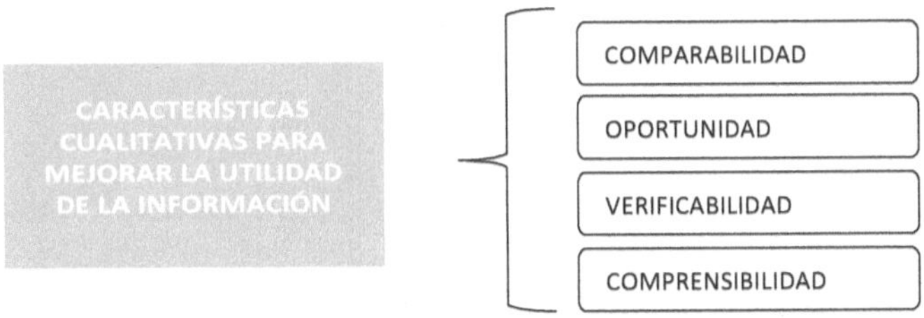

Comparabilidad

La información sobre una entidad que informa es más útil si puede ser comparada con información similar sobre otras entidades y con información similar sobre la misma entidad para otro periodo (CC20).

Es la característica cualitativa que permite a los usuarios identificar y comprender similitudes y diferencias entre partidas. No está relacionada con una única partida. Una comparación requiere al menos dos partidas (CC21).

La comparabilidad no es uniformidad. Para que la información sea comparable, las cosas similares deben verse parecidas y las cosas distintas deben verse diferentes. La comparabilidad de la información financiera no se mejora haciendo que las cosas diferentes se vean parecidas ni haciendo que las cosas similares se vean distintas (CC23).

Verificabilidad

Ayuda a asegurar a los usuarios que la información representa fielmente los fenómenos económicos que pretende representar (CC26).

La verificación puede ser directa o indirecta. Verificación directa significa comprobar un importe u otra representación mediante la observación directa, por ejemplo, contando efectivo. Verificación indirecta significa comprobar los datos de entrada de un modelo, fórmulas u otra técnica, y recalcular el resultado utilizando la misma metodología (CC27).

Oportunidad

Oportunidad significa que los responsables de la toma de decisiones dispongan a tiempo de información, de forma que esta tenga la capacidad de influir en sus decisiones. Generalmente cuanto más antigua es la información, menor es su utilidad. Sin embargo, cierta información puede continuar siendo oportuna durante bastante tiempo después del cierre de un periodo sobre el que se informa debido a que, por ejemplo, algunos usuarios pueden necesitar identificar y evaluar tendencias (CC29).

Comprensibilidad

La clasificación, caracterización y presentación de la información de forma clara y concisa la hace comprensible (CC30).

Los informes financieros se preparan para usuarios que tienen un conocimiento razonable de las actividades económicas y del mundo de los negocios, y que revisan y analizan la información con diligencia (CC32).

La restricción del costo en la información financiera útil

La presentación de información financiera impone costos, y es importante que esos costos estén justificados por los beneficios de presentar esa información. Existen varios tipos de costos y beneficios a considerar (CC35).

Cuando se aplica la restricción del costo al desarrollar una propuesta de norma de información financiera, el Consejo recaba información de los suministradores de información financiera, usuarios, auditores, académicos y otros sobre la naturaleza y cantidad de los beneficios y costos esperados de esa norma (CC38).

Capítulo 4: El Marco Conceptual (1989), el texto restante

El objetivo principal de este capítulo es establecer pautas para la creación de las futuras normativas internacionales, definiendo lo que son las premisas fundamentales y los rubros de los estados de situación, resultados y patrimonio.

La base de la contabilidad internacional se sostiene sobre la Hipótesis Fundamental, en el cual el marco conceptual nos define lo que es el "Negocio en Marcha".

Los estados financieros se preparan normalmente bajo el supuesto que una entidad está en funcionamiento y continuará su actividad dentro del futuro previsible. Por lo tanto, se supone que la entidad no tiene la intención ni la necesidad de liquidar o recortar de forma importante la escala de sus operaciones (4,1 MC).

Si se tiene la intención o necesidad de liquidar o terminar la sociedad, los estados financieros tienen que prepararse sobre una base diferente, en cuyo caso dicha base debería revelarse.

Situación financiera definido por el marco conceptual

Los estados financieros reflejan los efectos financieros de las transacciones y otros sucesos, agrupándolos en grandes categorías de acuerdo con sus características económicas. Estas grandes categorías son los elementos de los estados financieros. Los elementos relacionados directamente con la medida de la situación financiera en el balance son los activos, los pasivos y el patrimonio (4,2 MC).

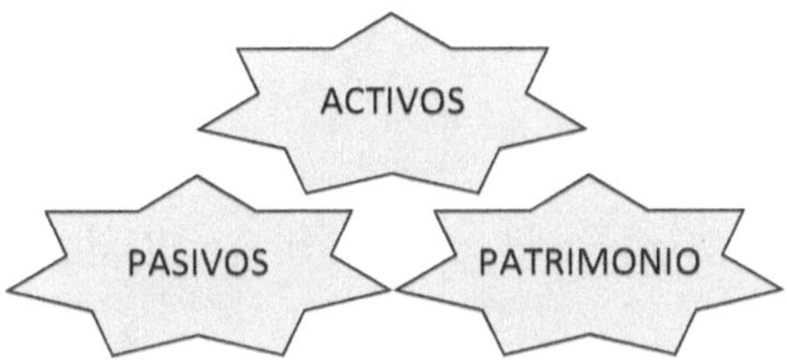

ACTIVOS (4,4 MC).	PASIVOS (4,4 MC).
✓ Un Recurso controlado por la entidad. ✓ Como resultado de sucesos pasados. ✓ La entidad espera obtener, en el futuro beneficios económicos. Los beneficios económicos futuros incorporados a un activo pueden llegar a la entidad por diferentes vías. Por ejemplo, un activo puede ser (4,10 MC): • Una combinación con otros activos, • Intercambiado por otros activos; • Utilizado para satisfacer un pasivo; o • Distribuido a los propietarios de la entidad. Los activos de una entidad proceden de transacciones u otros sucesos ocurridos en el pasado. Las entidades obtienen los activos mediante su compra o producción, pero también pueden generarse activos mediante otro tipo de transacciones (4,13 MC). La ausencia de un desembolso relacionado no impide que se esté ante una partida que satisfaga la definición de activo, y que se convierta por tanto en una candidata para reconocimiento como tal en el balance; por ejemplo, las partidas que han sido donadas a la entidad pueden satisfacer la definición de activos (4,14 MC). Un activo no es objeto de reconocimiento en el balance cuando se considera improbable que, del desembolso correspondiente, se vayan a obtener beneficios económicos en el futuro. En lugar de ello, tal transacción lleva al reconocimiento de un gasto en el estado de resultados (4,45 MC).	✓ Una obligación presente. ✓ Como resultado de sucesos pasados. ✓ La entidad espera desprenderse, de recursos que incorporan beneficios económicos. Un pasivo es un compromiso o responsabilidad de actuar de una determinada manera. Las obligaciones pueden ser exigibles legalmente como consecuencia de la ejecución de un contrato o de un mandato contenido en una norma legal. (4,15 MC). Es necesario distinguir entre una obligación presente y un encargo o compromiso para el futuro. La decisión de adquirir activos en el futuro no da lugar, por sí misma, al nacimiento de un pasivo (4,16 MC). La cancelación de un pasivo actual puede llevarse a cabo de varias maneras, por ejemplo a través de (4,17 MC): • Pago de efectivo; • Transferencia de otros activos; • Prestación de servicios; • Sustitución de ese pasivo por otra deuda; • Conversión del pasivo en patrimonio. En ciertos países, las provisiones no son consideradas como deudas, porque en ellos el concepto de pasivo está definido con tal precisión que sólo permite incluir las partidas que pueden determinarse sin necesidad de realizar estimaciones (4,19 MC). En tales circunstancias, el hecho de reconocer los pasivos impone también el reconocimiento de los activos o gastos correspondientes (4,46 MC).

PATRIMONIO
Patrimonio es la parte residual de los activos de la entidad, una vez deducidos todos sus pasivos. (4,4 MC). "El Marco Conceptual define al Patrimonio como un residuo o resto." El importe por el cual se muestra el patrimonio en el balance depende de la evaluación que se haya hecho de los activos y los pasivos. Normalmente, solo por mera casualidad coincidirá el importe acumulado en el patrimonio con el valor de mercado de las acciones de la entidad, ni tampoco con la cantidad de dinero que se obtendría vendiendo uno por uno los activos netos de la entidad, ni con el precio de venta de todo el negocio en marcha (4,22 MC).

Estados de rendimientos

Los elementos relacionados directamente con la medida de la ganancia son los ingresos y los gastos. (4,24 MC).

- Ingresos son los incrementos en los beneficios económicos, producidos a lo largo del periodo contable, en forma de entradas o incrementos de valor de los activos, o bien como decrementos de los pasivos, que dan como resultado aumentos del patrimonio, y no están relacionados con las aportaciones de los propietarios a este patrimonio.

Se reconoce un ingreso en el estado de resultados cuando ha surgido un incremento en los beneficios económicos futuros (4,47 MC).

Para reconocer ingresos los mismos deban estar devengados, son aplicaciones de las condiciones para el reconocimiento fijadas en este Marco Conceptual. Va dirigidos a restringir el reconocimiento como ingresos solo a aquellas partidas que, pudiendo ser medidas con fiabilidad, posean un grado de certidumbre suficiente (4,48 MC).

- Gastos son los decrementos en los beneficios económicos, producidos a lo largo del periodo contable, en forma de salidas o disminuciones del valor de los activos, o bien por la generación o aumento de los pasivos que dan como resultado decrementos en el patrimonio, y no están relacionados con las distribuciones realizadas a los propietarios de este patrimonio.

Los gastos se reconocen en el estado de resultados sobre la base de una asociación directa entre los costos incurridos y la obtención de partidas específicas de ingresos. Este proceso, al que se denomina comúnmente correlación de costos con ingresos de actividades ordinarias (4,50 MC).

Medición de los elementos de los estados financieros

En los estados financieros se emplean diferentes bases de medición, con diferentes grados y en distintas combinaciones entre ellas. Tales bases o métodos son los siguientes (4,55 MC):

a) *Costo histórico:* Los activos se registran por el importe de efectivo y otras partidas pagadas, o por el valor razonable de la contrapartida entregada a cambio en el momento de la adquisición. Los pasivos se registran al importe de los productos recibidos a cambio de incurrir en la obligación o, en algunas circunstancias.

b) *Valor neto realizable:* Es el precio estimado de venta de un activo en el curso normal de la operación menos los costos estimados para terminar su producción y los necesarios para llevar a cabo la venta (NIC 2, 6).

c) *Valor razonable:* Se define como el precio que sería recibido por vender un activo o pagado por transferir un pasivo en una transacción ordenada entre participantes del mercado en la fecha de la medición (NIIF 13, 9).

d) *Valor en uso:* El valor actual de los flujos futuros estimados de efectivo que se espera obtener de un activo o una unidad generadora de efectivo (NIC36, 6).

e) *Valor en actual:* Resultado de descontar cantidades futuras de la cantidad presente, utilizando una determinada tasa de descuento. Esta tasa de descuento refleja los tipos de interés del dinero y el elemento de riesgo que existe en la operación, método utilizado para el cálculo del activo en leasing.

f) *Costo atribuido:* Un importe usado como sustituto del costo o del costo depreciado en una fecha determinada. En la depreciación o amortización posterior se supone que la entidad había reconocido inicialmente el activo o pasivo en la fecha determinada, y que este costo era equivalente al costo atribuido (NIIF 1, A).

g) *Costo revaluado:* La entidad podrá medir todos los elementos, que pertenezcan a la misma clase, por su importe revaluado, que es el valor razonable en la fecha de la revaluación, menos cualquier depreciación acumulada o pérdidas por deterioro acumuladas que hayan surgido con posterioridad (NIC 16, 12, 36, 38 y NIIF 1).

Comentarios del Marco Conceptual

Conceptualmente, se debe cumplir con la definición de activos en la empresa, nos encontramos con situaciones en las cuales no se dan las tres características esenciales de esta definición.

El concepto de beneficios económicos en los fondos por rendir no se cumple, por lo cual se debe llevar en cada cierre de los estados financieros el total que se enmarque en este concepto a gastos. También las entidades, ofrecen incentivos a los trabajadores, por ejemplo préstamos. Bajo esta primicia y las entidades no cobran ningún tipo de interés, el cual vulnera la definición de activo. Para que las entidades puedan dar estos beneficios tendrán que cobrar una tasa de interés mínima que es la que fija el mercado y se puede obtener en el banco central de cualquier país.

1. Ejercicio Marco Conceptual

La Entidad ha otorgado préstamos de capacitación a sus empleados, que de acuerdo a las entrevistas que se realizaron al personal de las áreas técnicas se llegó a la conclusión de que los pagos se efectuaran mensualmente después de terminadas las capacitaciones, los plazos son de 24 meses. La tasa de mercado es de 8%.

Se pide efectuar la conversión a contabilidad internacional bajo NIIF 1 y detallar cuales son los flujos futuros

N°	Detalle		Comienzo pago	Monto 31.12.2018
1	JAVIERA	ALICIA	ENERO 2019	5.000.000
2	JULIETA	IGNACIA	ENERO 2021	4.000.000
3	PAULINA	ALEJANDRA	ENERO 2022	8.000.000
4	JUAN	CARLOS	ENERO 2017	1.000.000
5	ANA	LUISA	ENERO 2020	3.000.000
6	MAXI	ANDRÉS	ENERO 2021	5.000.000
7	JOSEFINA	IGNACIA	ENERO 2022	10.000.000
8	CARLOS	ANDRÉS	ENERO 2021	4.000.000
	Total Cuentas por Cobrar Préstamos Empleados			40.000.000

2. Ejercicio Devengado (Reconocimiento de Ingresos)

En la Universidad un alumno se inscribe el 20.12.2019, en la carrera de Auditoria, este documenta 10 cheques por un total de 3.500.000.

Se tiene la siguiente información.

- Comienzo de pago de los cheques en febrero.
- Comienzo de clases en abril.
- Fin de las clases en noviembre.
- Los últimos 5 cheques no fueron pagados por no tener fondos en la cuenta corriente.

Realice la contabilización de inicio a fin según Contabilidad Internacional y respetando el principio devengado.

1. Desarrollo ejercicio Marco Conceptual

La entidad al no aplicar intereses por el préstamo concedido a sus trabajadores para que estos se puedan capacitar, al efectuar la primera adopción y para que cumpla la definición de activo del marco conceptual, se aplicara la tasa de interés de mercado para créditos de largo plazo, el ejemplo asume una tasa anual del 8%, del cual generaremos los flujos futuros y los traeremos a valor actual.

Recordar que siempre que se aplique la primera adopción (NIIF 1), todos los ajustes se desarrollaran contra Resultados Acumulados.

N°	Detalle		Comienzo Pago	Monto 31.12.2018	Flujo 1 2019	Flujo 2 2020	Flujo 3 2021	Flujo 4 2022	Flujo 5 2023
1	JAVIERA	ALICIA	Enero 2017	5.000.000	2.500.000	2.500.000			
2	JULIETA	IGNACIA	Enero 2019	4.000.000			2.000.000	2.000.000	
3	PAULINA	ALEJANDRA	Enero 2020	8.000.000				4.000.000	4.000.000
4	JUAN	CARLOS	Enero 2015	1.000.000	1.000.000				
5	ANA	LUISA	Enero 2018	3.000.000		1.500.000	1.500.000		
6	MAXI	ANDRÉS	Enero 2019	5.000.000			2.500.000	2.500.000	
7	JOSEFINA	IGNACIA	Enero 2020	10.000.000				5.000.000	5.000.000
8	CARLOS	ANDRÉS	Enero 2019	4.000.000			2.000.000	2.000.000	
	Total CXC Préstamos Empleados			40.000.000	3.500.000	4.000.000	8.000.000	15.500.000	9.000.000

Flujos	Total Flujo	Valor Actual
1	3.500.000 / (1.08)^1	3.240.741
2	4.000.000 / (1.08)^2	3.429.355
3	8.000.000 / (1.08)^3	6.350.658
4	15.500.000/ (1.08)^4	11.392.963
5	9.000.000/ (1.08)^5	6.125.249
	Total Valor Actual	30.538.966

Detalle Contable	Debe	Haber
Resultados Acumulados	9.461.034	
CXC Préstamos Empleados		9.461.034
1era Adopción NIIF 1		
Con el ajuste contable cumplimos con la definición de activo sobre los beneficios futuros, ya que los trabajadores pagaran en el Flujo 1 un monto de 3.500.000, de los cuales corresponde a CXC 3.240.741 y el restante 259.259 corresponde a intereses ganados.		

2. Desarrollo ingresos financieros (devengado)

Tratamiento	Cuentas	Debe	Haber
	---------------------- 20.12.2019 ----------------------		
Activo	Documentos Financieros por Cobrar	3.500.000	
Activo	Ingresos Diferidos		3.500.000
Se registran los documentos financieros por cobrar contra una cuenta de ingresos diferidos, la cual se amortizara en la medida que se presten los servicios (correlación de los ingresos con los gastos).			
	------------------------- Enero -------------------------		
No se efectúa el reconocimiento de ingresos, ya que la correlación de ingreso y gasto ocurren desde que comienzan las clases.			
	----------------------- Febrero ------------------------		
Activo	Banco	350.000	
Activo	Documentos Financieros por Cobrar		350.000
Se registra el pago del documento del primer mes (1 de 10)			
	----------------------- Marzo ---------------------------		
Activo	Banco	350.000	
Activo	Documentos Financieros por Cobrar		350.000
Se registra el pago del documento del primer mes (2 de 10)			
	----------------------- Abril ---------------------------		
Activo	Banco	350.000	
Activo	Documentos Financieros por Cobrar		350.000
Se registra el pago del documento del primer mes (3 de 10)			
	----------------------- Abril ---------------------------		
Activo	Ingresos diferidos	437.500	
Ganancia	Prestación de servicios		437.500
Se registra el devengo de 1 mes (3.500.000 / 8ms) = 437.500 1er mes			

Desarrollo ingresos financieros (devengado) (continuación)

Tratamiento	Cuentas	Debe	Haber
	---------------------- Mayo ---------------------------		
Activo	Banco	350.000	
Activo	Documentos Financieros por Cobrar		350.000
Se registra el pago del documento del primer mes (4 de 10)			
	---------------------- Mayo ---------------------------		
Activo	Ingresos diferidos	437.500	
Ganancia	Prestación de servicios		437.500
Se registra el devengo de 1 mes (3.062.500 / 7ms) = 437.500 2do mes			
	---------------------- Junio ---------------------------		
Activo	Banco	350.000	
Activo	Documentos Financieros por Cobrar		350.000
Se registra el pago del documento del quinto mes (5 de 10)			
	---------------------- Junio ---------------------------		
Activo	Ingresos diferidos	437.500	
Ganancia	Prestación de servicios		437.500
Se registra el devengo de 1 mes (2.625.000 / 6ms) = 437.500 3er mes			
	---------------------- Julio ---------------------------		
Activo	Ingresos diferidos	437.500	
Ganancia	Prestación de servicios		437.500
Se registra el devengo de 1 mes (2.187.500 / 5ms) = 437.500 4to mes			
Con respecto al Cheque no cancelado por el alumno, se puede llevar a protesto y deteriorar dependiendo del comportamiento. Independiente del no pago del cheque, de igual forma se deben devengar los ingresos.			
	---------------------- Agosto -------------------------		
Activo	Ingresos diferidos	437.500	
Ganancia	Prestación de servicios		437.500
Se registra el devengo de 1 mes (1.750.000 / 4ms) = 437.500 5to mes			
Con respecto al Cheque no cancelado por el alumno, se puede llevar a protesto y deteriorar dependiendo del comportamiento. Independiente del no pago del cheque, de igual forma se deben devengar los ingresos.			
	-------------------- Septiembre ---------------------		
Activo	Ingresos diferidos	437.500	
Ganancia	Prestación de servicios		437.500
Se registra el devengo de 1 mes (1.312.500 / 3ms) = 437.500 6to mes			
Con respecto al Cheque no cancelado por el alumno, se puede llevar a protesto y deteriorar dependiendo del comportamiento. Independiente del no pago del cheque, de igual forma se deben devengar los ingresos.			

Desarrollo ingresos financieros (devengado) (continuación)

Tratamiento	Cuentas	Debe	Haber
	------------------------ Octubre ------------------------		
Activo	Ingresos diferidos	437.500	
Ganancia	Prestación de servicios		437.500
Se registra el devengo de 1 mes (875.000 / 2ms) = 437.500 7mo mes			
Con respecto al Cheque no cancelado por el alumno, se puede llevar a protesto y deteriorar dependiendo del comportamiento. Independiente del no pago del cheque, de igual forma se deben devengar los ingresos.			
	---------------------- Noviembre ----------------------		
Activo	Ingresos diferidos	437.500	
Ganancia	Prestación de servicios		437.500
Se registra el devengo de 1 mes (437.500 / 1ms) = 437.500 8vo mes			
Con respecto al Cheque no cancelado por el alumno, se puede llevar a protesto y deteriorar dependiendo del comportamiento. Independiente del no pago del cheque, de igual forma se deben devengar los ingresos.			

2.1 Resumen Normas Internacionales

2.1.1 Adopción de las NIIF en el Mundo

Las normas emitidas y actualizadas a la fecha son las siguientes:

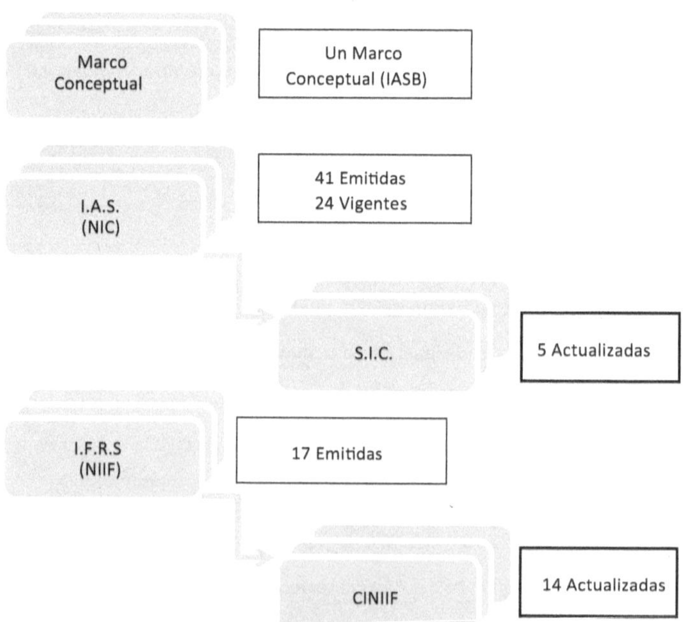

2.1.2 Presentación de Estados Financieros – NIC 1

Esta norma contiene varios aspectos que provienen del Marco Conceptual, como que el objetivo de presentar estados financieros es suministrar información útil a los inversores para que puedan tomar decisiones de orden económico.

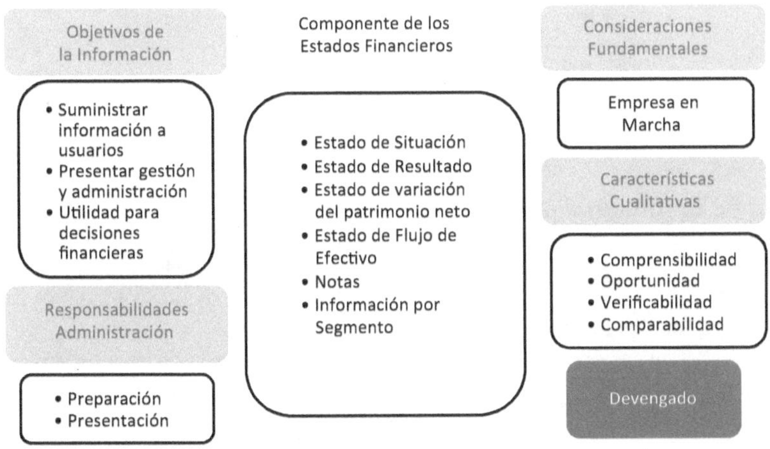

INTRODUCCIÓN

La NIC 1, establece requerimientos generales para la presentación de los estados financieros, guías para determinar su estructura y requerimientos mínimos sobre su contenido.

La importancia de la NIC 1, es que obliga que una entidad revele información comparativa con respecto a periodos previos, es decir que una entidad revele como mínimo dos de cada uno de los estados y notas correspondientes.

ESTADO DE SITUACION FINANCIERA	31/12/20X2		31/12/20X1
	MF		MF
ACTIVOS			
Efectivo y equivalentes al efectivo			
Inventarios			
Activos biológicos corrientes			

Se establecen en la NIC 1, la finalidad de los estados financieros como también lo que se debe entender como un estado financiero, detallando los siete conjuntos de aplicación obligatoria por cada una de las entidades. Estos estados financieros son los siguientes (NIC1, 10):

(1) Estados de Situación Financiera

ESTADO DE SITUACIÓN FINANCIERA
ACTIVOS
Efectivo y equivalentes al efectivo
Deudores comerciales
Activos biológicos

ESTADO DE SITUACIÓN FINANCIERA
PASIVOS
Otros pasivos financieros
Otras provisiones
Provisiones a los empleados

ESTADO DE SITUACIÓN FINANCIERA
Patrimonio
Capital
Ganancias (pérdidas) acumuladas

(2) Estados de Resultado y otro Resultado Integral

ESTADO DE RESULTADO POR NATURALEZA
• Ingresos de actividades ordinarias
• Gastos por beneficios a los empleados
• Gasto por depreciación y amortización
• Otros gastos, por naturaleza
Ganancia, antes de impuestos
Gasto por impuesto a las ganancias
Ganancia (pérdida)

ESTADO DE RESULTADO INTEGRAL
Ganancia (pérdida)
• Diferencias de cambio por conversión
• Activos financieros para la venta
• Coberturas del flujo de efectivo
• Impuesto a las ganancias relacionado
Resultado integral total

(3) Estados de cambios en el Patrimonio

Patrimonio	Capital	Otras reservas	Ganancias (pérdidas) acumuladas	Patrimonio total
Saldo inicial período actual				
Cambios en patrimonio				
Resultado integral				
Ganancia (pérdida)				
Otro resultado integral				
Saldo final período actual				

(4) Estados de flujo de Efectivo.

(5) Notas, que incluyan un resumen de las políticas contables.

(6) Información Comparativa con respecto al periodo inmediato.

(7) Estado financiero al principio del periodo comparativo, cuando aplique una política contable de forma retroactiva.

Muchas entidades presentan, fuera de sus estados financieros, informes de ratios, medioambientales e informes de valor añadido de sectores industriales, que son muy significativos, estos informes y estados presentados fuera de los estados financieros quedan fuera del alcance de las NIIF (NIC1, 14).

CARACTERISTICAS GENERALES

Las características generales son las bases que reafirman todas las procedimientos de la contabilidad internacional, el cual se deben cumplir a cabalidad y en un 100% ("no se puede dejar de cumplir ninguna"). Las características generales son las siguientes:

- Presentación razonable y cumplimiento de las NIIF
- Hipótesis de Negocio en Marcha
- Base contable de acumulación (devengo)
- Materialidad
- Compensación
- Frecuencia de la Información
- Información Comparativa
- Uniformidad en la presentación

Presentación razonable:

Los estados financieros deberán presentar razonablemente la situación financiera y el rendimiento financiero, así como los flujos de efectivo de una entidad. Esta presentación razonable requiere la presentación fidedigna de los efectos de las transacciones, así como de otros sucesos y condiciones, de acuerdo con las definiciones y los criterios de reconocimiento de activos, pasivos, ingresos y gastos (NIC1, 15).

Una presentación razonable requiere que la entidad: (NIC1, 17).

a) Seleccione y aplique las políticas contables de acuerdo con la NIC 8.
b) Presente información, que incluya a las políticas contables, de una forma que sea relevante, fiable, comparable y comprensible.
c) Suministre información adicional, siempre que el cumplimiento con los requerimientos especificados por las NIIF.

Cuando una entidad no aplique un requerimiento establecido en una NIIF, revelará (NIC1, 20):

a) Que la gerencia ha llegado a la conclusión de que los estados financieros se presentan razonablemente.
b) Que se ha cumplido con las NIIF aplicables, excepto en el caso particular.
c) El título de la NIIF que la entidad ha dejado de aplicar.
d) El impacto financiero de la falta de aplicación.

Hipótesis de negocio en marcha:
Al evaluar si la hipótesis de negocio en marcha resulta apropiada, la gerencia tendrá en cuenta toda la información disponible sobre el futuro, que deberá cubrir al menos los doce meses siguientes a partir del final del periodo sobre el que se informa, sin limitarse a dicho periodo. El grado de detalle de las consideraciones dependerá de los hechos que se presenten en cada caso. Cuando una entidad tenga un historial de operaciones rentable, así como un pronto acceso a recursos financieros, la entidad podrá concluir que la utilización de la hipótesis de negocio en marcha es apropiada, sin realizar un análisis detallado. En otros casos, puede ser necesario que la gerencia, antes de convencerse a sí misma de que la hipótesis de negocio en marcha es apropiada, deba ponderar una amplia gama de factores relacionados con la rentabilidad actual y esperada, el calendario de pagos de la deuda y las fuentes potenciales de sustitución de la financiación existente (NIC1, 26).

Base contable de acumulación (devengo):
Cuando se utiliza la base contable de acumulación (devengo), una entidad reconocerá partidas como activos, pasivos, patrimonio, ingresos y gastos, cuando satisfagan las definiciones y los criterios de reconocimiento previstos para tales elementos en el Marco Conceptual (NIC1, 28).

Materialidad:
Si una partida concreta careciese de importancia relativa por sí sola, se agregará con otras partidas, ya sea en los estados financieros o en las notas. Una partida que no tenga la suficiente importancia relativa como para justificar su presentación separada en esos estados financieros puede justificar su presentación separada en las notas (NIC1, 30 y 31).

Compensación:
Una entidad no compensará activos con pasivos o ingresos con gastos a menos que así lo requiera o permita una NIIF. Una entidad informará por separado sobre sus

activos y pasivos e ingresos y gastos. La compensación en el estado (o estados) del resultado del periodo y otro resultado integral o de situación financiera (NIC1, 32 y 33).

Frecuencia de la información:
Una entidad presentará un juego completo de estados financieros (incluyendo información comparativa) al menos anualmente. No obstante, determinadas entidades prefieren informar, por razones prácticas, sobre periodos de 52 semanas. Esta Norma no prohíbe esta práctica (NIC1, 36 y 37).

Información comparativa:
Una entidad revelará información comparativa respecto del periodo anterior para todos los importes incluidos en los estados financieros del periodo corriente. Una entidad incluirá información comparativa para la información descriptiva y narrativa, cuando esto sea relevante para la comprensión de los estados financieros del periodo corriente, como mínimo se presentarán dos estados de situación financiera, dos estados del resultado y otro resultado integral del periodo, dos estados del resultado del periodo separados (si los presenta), dos estados de flujos de efectivo y dos estados de cambios en el patrimonio, y notas relacionadas (NIC1, 38).

Uniformidad en la presentación:
Una entidad sólo cambiará la presentación de sus estados financieros cuando dicho cambio proporcione información fiable y más relevante para los usuarios de los estados financieros, y la nueva estructura tenga visos de continuidad, de modo que la comparabilidad no quede perjudicada. Cuando se realicen estos cambios en la presentación, una entidad reclasificará su información comparativa (NIC1, 46).

ESTADO DE SITUACIÓN FINANCIERA

La NIC 1, detalla las partidas mínimas que deben contener los estados financieros, estas partidas deben presentarse si o si, independiente que las partidas no tengan movimientos o sus partidas no existan contablemente. Las partidas mínimas son las siguientes: (NIC1, 54).

- Propiedades, planta y equipo (NIC 16)
- Propiedades de inversión (NIC 40)
- Activos Intangibles (NIC 38)

- Activos Financieros (NIC 39 y NIIF 9)
- Inversiones contabilizadas por el método de la participación (NIC 28)
- Activos Biológicos (NIC 41)
- Inventarios (NIC 2)
- Deudores comerciales y otras cuentas por cobrar (NIC 39 y NIIF 9)
- Efectivo y equivalentes al efectivo (NIC 7)
- Activos y pasivos mantenidos para la venta (NIIF 5)
- Acreedores comerciales y otras cuentas por pagar (NIC 39 y NIIF 9)
- Provisiones (NIC 37)
- Pasivos Financieros (NIC 39 y NIIF 9)
- Activos y Pasivos por Impuestos Diferidos (NIC 12)
- Participaciones no controladoras
- Capital emitido y reservas

Distinción entre partidas corrientes y no corrientes

Una entidad clasificará un activo como corriente cuando: (NIC1, 66).

a) Espera realizar el activo, o tiene la intención de venderlo en su ciclo normal de operación;
b) Mantiene el activo principalmente con fines de negociación;
c) Espera realizar el activo dentro de los doce meses; o
d) El activo es efectivo o equivalente al efectivo (como se define en la NIC 7) a menos que este se encuentre restringido.

Una entidad clasificará todos los demás activos como no corrientes.

En esta Norma, el término "no corriente" incluye activos tangibles, intangibles y financieros que por su naturaleza son a largo plazo. No está prohibido el uso de descripciones alternativas siempre que su significado sea claro. (NIC1, 67).

Una entidad clasificará un pasivo como corriente cuando (NIC1, 69):

a) Espera liquidar el pasivo en su ciclo normal de operación;
b) Mantiene el pasivo principalmente con fines de negociación;
c) El pasivo debe liquidarse dentro de los doce meses; o
d) No tiene un derecho incondicional para aplazar la cancelación del pasivo durante, al menos, los doce meses siguientes a la fecha del periodo sobre el que se informa.

Una entidad clasificará todos los demás pasivos como no corrientes.

ESTADOS DE RESULTADOS POR NATURALEZA Y POR FUNCIÓN

Una entidad agrupará gastos dentro del resultado de acuerdo con su naturaleza y no los distribuirá atendiendo a las diferentes funciones que se desarrollan en la entidad (NIC1, 102).

Estados de Resultados por Naturaleza
• Ingresos de actividades ordinarias • Materias primas y consumibles utilizados • Gastos por beneficios a los empleados • Gasto por depreciación y amortización • Reversión de pérdidas por deterioro de valor (pérdidas por deterioro de valor) reconocidas en el resultado de período • Otros gastos, por naturaleza • Otras ganancias (pérdidas) • Ingresos financieros • Costos financieros • Participación en las ganancias (pérdidas) de asociadas y negocios conjuntos que se contabilicen utilizando el método de la participación • Diferencia de cambio • Resultado por unidades de reajuste • Ganancias (pérdidas) que surgen de la diferencia entre el valor libro anterior y el valor justo de activos financieros reclasificados medidos a valor razonable
Ganancia (pérdida), antes de impuestos
Gasto por impuesto a las ganancias
Ganancia (pérdida) procedente de operaciones continuadas
Ganancia (pérdida) procedente de operaciones discontinuadas
Ganancia (pérdida)

Estados de Resultados por Función
• Ingresos de actividades ordinarias • Costo de ventas
Ganancia bruta
• Ganancias (pérdidas) que surgen de la baja en cuentas de activos financieros medidos a costo amortizado • Otros ingresos, por función • Costos de distribución • Gastos de Administración • Otros Gastos, por Función • Otras ganancias (pérdidas) • Ingresos financieros • Costos financieros • Participación en las ganancias (pérdidas) de asociadas y negocios conjuntos que se contabilicen utilizando el método de la participación • Diferencias de cambio • Resultado por unidades de reajuste • Ganancias (pérdidas) que surgen de la diferencia entre el valor libro anterior y el valor justo de activos financieros reclasificados medidos a valor razonable
Ganancia (pérdida), antes de impuestos
• Gasto por impuestos a las ganancias
Ganancia (pérdida) procedente de operaciones continuadas
• Ganancia (pérdida) procedente de operaciones discontinuadas
Ganancia (pérdida)

La segunda forma de desglose es el método de la "función de gastos" o del "costo de venta", y clasifica los gastos de acuerdo con su función como parte del costo del costo de las ventas (NIC1, 103).

Las entidades que clasifiquen los gastos por función revelarán información adicional sobre la naturaleza de ellos, donde incluirá los gastos por depreciación y amortización y el gasto por beneficio a los empleados.

La compensación de activos y pasivos no está permitida, a menos que otra norma lo exija o lo permita. Las partidas de ingresos y gastos no deben compensarse, a menos que otra norma lo permita o lo exija.

La NIC 1 no indica ningún formato en particular para los estados financieros, pero sí especifica las partidas que, cómo mínimo, deben presentarse en los estados financieros.

2.1.3 NIIF 1 - Adopción por primera vez de las Normas Internacionales de Información Financiera.

Esta normativa aplicara a los primeros estados financieros conforme a las NIIF, son los primeros estados financieros anuales en los cuales la entidad adopta las NIIF, mediante una declaración explicita y sin reservas, contenida en tales estados financieros, del cumplimiento de las NIIF (NIIF 1, 3).

Las entidades usaran las mismas políticas contables en su estado de situación financiera de apertura conforme a las NIIF y a lo largo de todos los periodos que se presenten en sus primeros estados financieros conforme a las NIIF. Estas políticas contables cumplirán con cada NIIF vigente al final del periodo sobre el que informe según las NIIF, excepto por algunas opciones de efectuar adopción en forma prospectivas (NIIF 1, 7).

Las entidades no aplicaran versiones diferentes de las NIIF que estuvieran vigentes en las fechas anteriores. Una entidad podrá aplicar una nueva NIIF que todavía no sea obligatoria, siempre que en la misma se permita la aplicación anticipada (NIIF 1, 8).

Las políticas contables que una entidad utilice en su estado de situación financiera de apertura conforme a las NIIF pueden diferir de las que aplicaba en la misma fecha conforme a sus PCGA anteriores. Los ajustes resultantes surgen de sucesos y transacciones anteriores a la fecha de transición a las NIIF. Por tanto, una entidad reconocerá tales ajustes, en la fecha de transición a las NIIF, directamente en los Resultados Acumulados, a excepción de que una norma señale que los ajustes se llevaran a otras reservas de patrimonio (NIIF 1, 11).

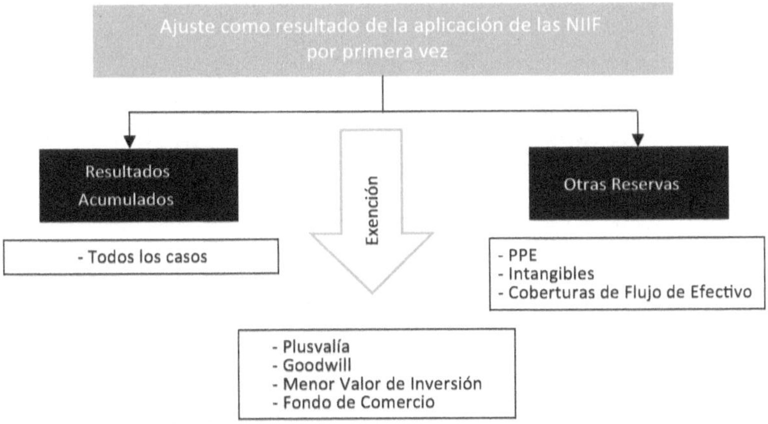

En primera adopción a las NIIF, la entidad deberá en su estado de situación financiera de apertura conforme a las NIIF (NIIF 1, 10):

- Reconocer todos los activos y pasivos cuyo reconocimiento sea aceptado por las NIIF.
- Eliminar partidas de activos y pasivos que no cumplan lo aceptado por las NIIF.
- Reclasificar las partidas de activos, pasivos y patrimonio conforme con las NIIF.
- Aplicar el 100% de las NIIF a todos los activos y pasivos reconocidos.

Información comparativa

Los primeros estados financieros de una entidad que se presenten conforme a las NIIF incluirán al menos tres estados de situación financiera, dos estados de resultados y otro resultado integral del periodo, dos estados de flujo de efectivo y dos estados de cambios de patrimonio y las notas relacionadas, incluyendo información comparativa (NIIF 1, 21).

Se deberá efectuar una explicación de cómo la transición de los PCGA anteriores a las NIIF ha afectado a su situación financiera, resultados y flujos de efectivo informados (NIIF1, 23).

También se deberán efectuar las conciliaciones de patrimonio y los estados de resultado (NIIF 1, 24).

Estructura Activos Primera Adopción	31.12.2020	31.12.2019	01.01.2019
ACTIVOS			
Activos Corrientes			
Efectivo y equivalentes al efectivo			
Otros activos financieros, corrientes			
Otros activos no financieros, corrientes			
Deudores comerciales y otras cuentas por cobrar corrientes			
Cuentas por cobrar a entidades relacionadas, corrientes			
Inventarios			
Activos biológicos corrientes			
Activos por impuestos corrientes			
Total de Activos Corrientes			

Excepciones a la aplicación retroactiva de las NIIF (de igual forma se pueden utilizar estos requerimientos en forma retroactiva, por lo cual esto permite acogerse a la excepción o aplicar las NIIF de forma prospectiva):

- Baja en las cuentas de activos y pasivos financieros: Una entidad que adopta por primera vez las NIIF aplicará los requerimientos de baja en cuentas de la NIIF 9 de forma prospectiva (NIIF1, b2 al b3).
- Contabilidad de coberturas: Si una entidad designó una posición neta como una partida cubierta de acuerdo con PCGA anteriores, puede designar como una partida cubierta de acuerdo con las NIIF. Las transacciones realizadas antes de la fecha de transición a las NIIF no se designarán de forma retroactiva como coberturas (NIIF 1, b4 al b6).
- Participaciones no controladoras: La entidad que aplica por primera vez las NIIF aplicará los requerimientos de la NIIF 10 de forma prospectiva (NIIF 1, b7).
- Clasificación y medición de activos financieros: La entidad evaluara si un activo financiero se medirá bajo el costo amortizado según la NIIF 9 (NIIF 1, b8).
- Derivados implícitos: La entidad evaluará si requiere que un derivado implícito se separe de su contrato anfitrión y se contabilice como un derivado aparte (NIIF 1, b9).
- Préstamos de gobiernos: La entidad clasificará todos los préstamos del gobierno como un pasivo financiero o como instrumento de patrimonio de acuerdo con la NIC 32 (NIIF 1, b9 al b12).
- Exencione referidas a las combinaciones de negocios: La entidad puede optar por no aplicar de forma retroactiva la NIIF 3 a las combinaciones de negocios realizadas en el pasado (NIIF 1, c1 al c5).

- Transacciones con pagos basados en acciones: Se recomienda, pero no se requiere, que una entidad que adopta por primera vez las NIIF aplique la NIIF 2 (NIIF 1, d2 al d3).
- Contratos de seguros: Las entidades pueden aplicar las disposiciones transitorias de la NIIF 4 (NIIF 1, d4).
- Costo atribuido: La entidad en su estado de situación financiera de apertura conforme a las NIIF, puede usar el valor razonable como costo atribuido para una partida de propiedades, plantas y equipos, una propiedad de inversión, para un activo intangible, inversiones en subsidiarias, negocios conjuntos, asociadas, activos de petróleo, gas y operaciones sujetas a regulación de tarifas (NIIF 1, d5 al d8b).
- Arrendamientos: Las entidades, pueden evaluar si un contrato existe en la fecha de transición aplicando la NIIF 16 (NIIF 1, d9).
- Diferencias de Conversiones Acumuladas: Las entidades no necesita cumplir con lo dispuesto en la NIC 21, pero las diferencias de conversión acumuladas de todos los negocios en el extranjero se considerarán nulas en la fecha de transición (NIIF 1, d12 al d13).
- Inversiones en subsidiarias, negocios conjuntos y asociadas: Pueden medir estas inversiones al costo, NIC 28 o valor razonable según NIIF 9 (NIIF 1, d14 al d15).
- Activos y pasivos de subsidiarias, asociadas y negocios conjuntos: Si una entidad adopta las NIIF después que su subsidiaria, esta medirá en sus estados financieros consolidados los activos y pasivos, después de realizar los ajustes que correspondan al consolidar o aplicar el método de la participación (NIIF 1, d16 al d17).
- Instrumentos financieros compuestos: La NIC 32 requiere que una entidad descomponga los instrumentos financieros compuestos, desde el inicio, en sus componentes separados de pasivo y patrimonio (NIIF 1, d18).
- Designación de instrumentos financieros reconocidos previamente: Si para una entidad es impracticable aplicar retroactivamente el método de interés efectivo o los requerimientos de deterioro, el valor razonable de los instrumentos financieros será iguala su costo amortizado (NIIF 1, d19 al d19c).
- Medición al valor razonable de activos o pasivos financieros en el reconocimiento inicial: Se podrá aplicar de forma prospectiva bajo NIIF 9 (NIIF 1, d20).

- Pasivos por desmantelamiento incluidos en el costo de propiedades, planta y equipo: Requiere que los cambios específicos por desmantelamiento, restauración, se deduzcan del costo del activo correspondiente al importe depreciado CINIIF 1 (NIIF 1, d21 al d21a).
- Activos financieros o intangibles contabilizados de acuerdo con la CINIIF 12: La entidad podrá aplicar las disposiciones transitorias (NIIF 1, d22).
- Costos por préstamos: La entidad puede optar por aplicar los requerimientos de la NIC 23 (NIIF 1, d23).
- Cancelación de pasivos financieros con instrumentos de patrimonio: La entidad, podrá aplicar las disposiciones transitorias de la CINIIF 19 (NIIF 1, d25).
- Hiperinflación grave: Si la entidad tiene una moneda funcional que fue, o es, la moneda de una economía hiperinflacionaria, determinará si estuvo sujeta a una hiperinflación grave antes de la fecha de transición (NIIF 1, d26 al d30).
- Costos de desmonte en la fase de producción de una mina a cielo abierto: Puede aplicar la CINIIF 20 sus disposiciones transitorias (NIIF 1, d32).
- Designación de contratos para comprar o vender una partida no financiera: Permite la aplicación de la NIC 39 (NIIF 1, d33).

2.1.4 Inventarios – NIC 2

"El objetivo de la NIC 2 es prescribir el tratamiento contable de los inventarios. Suministra una guía para determinar el costo de los inventarios así como para el subsiguiente reconocimiento como un gasto, incluso cualquier deterioro que rebaje el importe en libros al valor neto realizable. También suministra directrices sobre las fórmulas del costo que se usan para asignar costos a los inventarios".

La NIC 2 exige la aplicación de la antigua regla de la medición al costo o al valor neto realizable, según cual sea menor (NIC 2, 9). El valor neto realizable (VNR) es el precio estimado de venta de un activo en el curso normal de la operación menos los costos estimados para terminar su producción y para llevar a cabo la venta (NIC 2, 6).

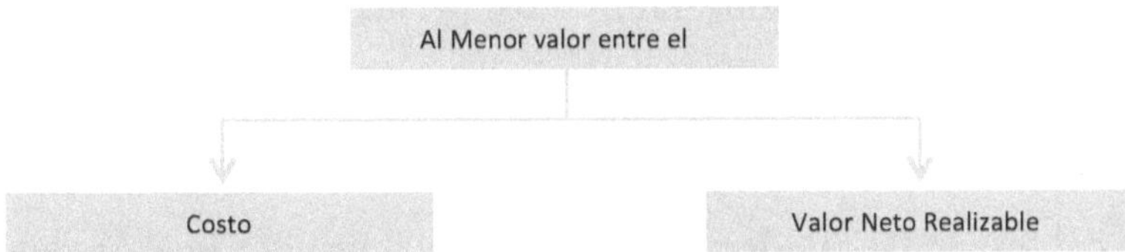

El costo de los inventarios incluye (NIC 2 10):

1) Todos los costos de adquisición (11)
   - Precio de compra
   - Impuestos de importación
   - Transporte manejo o almacenamiento

2) Costos de transformación / Costos de producción (12-14)
   - Costos directos (materiales directos, mano de obra directa otros costos directos)
   - Costos indirectos (depreciación, gastos de administración y gestión de planta)
   - Costos Variables (materiales y mano de obra)

3) Otros costos incurridos para llevar los inventarios a su ubicación y condición actual o final de venta (15-18)
   - Costos para llevar los inventarios a su ubicación actual o final
   - Costos relacionados con los préstamos (NIC 23)

No forman parte del costo, los descuentos comerciales, reembolsos, costos de financiamiento pagados sobre condiciones normales de crédito y las diferencias de cambio (NIC 2, 11).

El costo de los inventarios no debe incluir los desperdicios anormales, los costos de almacenamiento ni los gastos generales de administración no relacionados con la producción.

La identificación específica del costo significa que cada tipo de costo concreto se distribuye entre ciertas partidas identificadas dentro de los inventarios. Este es el tratamiento adecuado para los productos que se segregan por proyectos (24).

FIFO: los inventarios comprados (fabricados) primero, se venden primero
El inventario del balance general se valora a los costos de las unidades compradas (fabricadas) más recientemente.

El método del promedio ponderado requiere que el inventario al final del período refleje el costo promedio ponderado basado en el costo por unidad tanto de:

- ✓ Las unidades en existencias al comienzo del período, como de,
- ✓ Las unidades compradas (fabricadas) durante el período

Los inventarios promedio pueden determinarse:

- ✓ De forma periódica o
- ✓ Sobre la base de promedio móvil (cada vez que se reciba inventario)

La NIC 2 permite elegir la manera de determinar el costo cuando el costo específico no es evidente. Los tratamientos recomendados son el método de primera entrada primera salida (FIFO) o costo promedio ponderado.
No obstante, la NIC 2 excluye determinados inventarios de su alcance: los trabajos en curso en virtud de contratos de construcción, los instrumentos financieros y los activos biológicos.
Los métodos del costo estándar y de los minoristas pueden usarse para la medición del costo, siempre que los resultados se aproximen al costo real.

El método última entrada primera salida (LIFO), que estaba permitido antes de la revisión 2003 de la NIC 2, ya no está permitido.

Se debe usar el mismo método de costo para todos los inventarios con características similares con respecto a su naturaleza y uso para la empresa. Para los grupos de inventarios con características diferentes, puede estar justificada la utilización de métodos de costo también diferentes.
Cualquier rebaja de valor hasta alcanzar el VNR debe reconocerse como gasto en el período en que ocurra la rebaja.
Las existencias, se deben registrar a VNR si los costos de las existencias no son recuperables por:
a) Daños; b) Obsolescencia; c) Reducción del Precio de Mercado; d) Aumento no previsto de costos estimados de venta.

Reconocimiento de gastos (NIC 2, 34 y 35)

- Cuando los inventarios sean vendidos, el importe en libros de los mismos se reconocerán como gastos. El importe de cualquier rebaja de valor, hasta alcanzar el valor neto realizable, así como todas las demás pérdidas en los inventarios, será reconocido en el periodo en que ocurra.
- El costo de ciertos inventarios, puede ser incorporado a la propiedad, planta y equipo de la entidad y se reconocerá en la medida que se distribuya la vida útil del bien.

2.1.5 Estado de Flujos de Efectivo - NIC 7

Esta norma exige que una empresa presente estados de flujo de efectivo como parte integral de sus estados financieros (NIC 7, 1).

Los flujos de efectivo deben presentarse clasificados en tres rubros principales (NIC 7, 10):

a) Actividades de operación

- Cobros procedentes de las ventas de bienes y la prestación de servicios;
- Cobros procedentes de regalías, cuotas, comisiones y otros ingresos de actividades ordinarias;
- Pagos a proveedores por el suministro de bienes y servicios;
- Pagos a y por cuenta de los empleados;
- Cobros y pagos de las entidades de seguros por primas y prestaciones, anualidades y otras obligaciones derivadas de las pólizas suscritas;
- Pagos o devoluciones de impuestos sobre las ganancias, a menos que estos puedan clasificarse específicamente dentro de las actividades de inversión o financiación; y
- Cobros y pagos derivados de contratos que se tienen para intermediación o para negociar con ellos.

b) Actividades de inversión

- Pagos por la adquisición de propiedades, planta y equipo, activos intangibles y otros activos a largo plazo. Estos pagos incluyen aquellos relacionados con los costos de desarrollo capitalizados y las propiedades, planta y equipo construidos por la entidad para sí misma;

- Cobros por ventas de propiedades, planta y equipo, activos intangibles y otros activos a largo plazo;
- Pagos por la adquisición de instrumentos de pasivo o de patrimonio, emitidos por otras entidades, así como participaciones en negocios conjuntos (distintos de los pagos por esos mismos títulos e instrumentos que sean considerados efectivo y equivalentes al efectivo, y de los que se tengan para intermediación u otros acuerdos comerciales habituales);
- Cobros por venta y reembolso de instrumentos de pasivo o de capital emitidos por otras entidades, así como participaciones en negocios conjuntos (distintos de los cobros por esos mismos títulos e instrumentos que sean considerados efectivo y otros equivalentes al efectivo, y de los que se posean para intermediación u otros acuerdos comerciales habituales);
- Anticipos de efectivo y préstamos a terceros (distintos de las operaciones de ese tipo hechas por entidades financieras);
- Cobros derivados del reembolso de anticipos y préstamos a terceros (distintos de las operaciones de este tipo hechas por entidades financieras);
- Pagos derivados de contratos a término, de futuro, de opciones y de permuta financiera, excepto cuando dichos contratos se mantengan por motivos de intermediación u otros acuerdos comerciales habituales, o bien cuando los anteriores pagos se clasifiquen como actividades de financiación; y
- Cobros procedentes de contratos a término, a futuro, de opciones y de permuta financiera, excepto cuando dichos contratos se mantengan por motivos de intermediación u otros acuerdos comerciales habituales, o bien cuando los anteriores cobros se clasifiquen como actividades de financiación.

c) Actividades de financiación

- Cobros procedentes de la emisión de acciones u otros instrumentos de capital;
- Pagos a los propietarios por adquirir o rescatar las acciones de la entidad;
- Cobros procedentes de la emisión de obligaciones sin garantía, préstamos, bonos, cédulas hipotecarias y otros fondos tomados en préstamo, ya sea a largo o a corto plazo;
- Reembolsos en efectivo de fondos tomados en préstamo; y
- Pagos realizados por el arrendatario para reducir la deuda pendiente procedente de un arrendamiento financiero.

El estado de flujo debe conciliar el "efectivo y los equivalentes de efectivo". Los equivalentes de efectivo se definen vagamente como inversiones a corto plazo de gran liquidez que son fácilmente convertibles en importes determinados de efectivo, pero no existe un límite exacto sobre las fechas de vencimiento de dichas inversiones.

Los flujos de efectivo pueden calcularse por el método directo, observando los cobros y pagos en efectivo, o por el método indirecto, ajustando conceptos tales como las transacciones no monetarias (NIC 7, 18).

Las tasas de cambio reales o promedio deben utilizase para los flujos de efectivo de una subsidiaria extranjera (NIC 7, 26).

Los flujos de efectivo recibidos o pagados de intereses o dividendos pueden clasificarse como flujos de operación, de inversión o de financiación (NIC 7, 31).

Los flujos de efectivo procedentes de pagos relacionados con el impuesto a las ganancias deben revelarse por separado, y deben ser clasificados como flujos de efectivo procedentes de actividades de operación, a menos que puedan ser específicamente asociados con actividades de inversión o de financiación (NIC 7, 35).

Las transacciones no monetarias no deben incluirse en el estado de flujo de efectivo, pero deben revelarse en las notas (NIC 7, 43).

Los flujos de efectivo correspondientes tanto a los intereses recibidos y pagados como a los dividendos percibidos y satisfechos deben ser revelados por separado. Cada una de las anteriores partidas debe ser clasificada de forma coherente, periodo a periodo, como perteneciente a actividades de operación, de inversión o de financiación.

2.1.6 Políticas Contables, Cambios en las Estimaciones Contables y Errores - NIC 8

La estructura básica de una norma contempla tres partes:

Reconocimiento de una partida	Medición o Valuación	Revelación o Exposición (Notas a los Estados Financieros)

El objetivo de esta norma es establecer los criterios para seleccionar y cambiar las políticas contables, junto con el tratamiento contable y sus revelaciones de (NIC 8, 5):

1) Los cambios en las políticas contables: "Las políticas contables son los principios específicos, las bases, reglas y prácticas aplicadas por una entidad al preparar y presentar los estados financieros".
2) Los cambios en las estimaciones contables: "Es un ajuste del valor libro de un activo o pasivo, o el monto del consumo periódico de un activo, que resulta de la evaluación de la situación actual de activos y pasivos, además de los futuros beneficios y obligaciones asociados".
3) Las correcciones de los errores del ejercicio: "Son omisiones o inexactitudes en los estados financieros de la entidad para uno o más períodos anteriores, que resultaron porque no se utilizó, o se utilizó de forma incorrecta, información confiable.

En ausencia de una Norma o Interpretación, la gerencia deberá usar su juicio en el desarrollo y aplicación de una política contable, a fin de suministrar información que sea relevante y fiable.

Las definiciones, así como los requisitos de reconocimiento y medición, establecidos para activos, pasivos, ingresos y gastos en el Marco Conceptual (NIC 8, 11).

La gerencia también podrá tener en cuenta las declaraciones más recientes de otras organizaciones encargadas de la elaboración de normas que usan un marco conceptual similar para desarrollar normas de contabilidad, otra bibliografía contable y prácticas de la industria aceptadas, siempre que no contradigan la (NIC 8, 11).

La entidad seleccionará y aplicará sus políticas contables de manera uniforme para transacciones, otros eventos y condiciones que sean similares.

La entidad podrá cambiar una política contable solo si tal cambio:

- Es requerido por una norma o interpretación; o
- Lleva a que los estados financieros suministren información más fiable y relevante.

Registro de los cambios en las políticas contables:

1) Si el cambio en la política contable nace de la aplicación inicial de una norma o interpretación, esta se contabilizará de acuerdo con las disposiciones transitorias específicas de la Norma o Interpretación (en caso que las hubiere).
2) La naturaleza e importe de cada una de ellas debe ser objeto de información por separado en la Cuenta de Resultados o en las notas.

3) El hecho de que sea calificado como "extraordinario" viene determinado más por la naturaleza del suceso o transacción que por su frecuencia.

Tenemos que señalar que hay limitaciones a la aplicación retroactiva de una política contable, que se puede determinar cuando sea impracticable determinar los efectos de este cambio en cada ejercicio específico o cuando sea impracticable determinar su efecto acumulado (NIC 8 párrafo 43 al 48).

El efecto de un cambio en una estimación contable se reconocerá de forma prospectiva, incluyéndolo en el resultado del:

- ✓ Período en que tiene lugar el cambio, si afecta a un solo período; o
- ✓ Período en que tiene lugar el cambio y los futuros períodos, si afecta a varios períodos.

Ejemplos de estimaciones contables son (NIC 8, 32):

- ✓ Vida útil de inmovilizado material
- ✓ Obsolescencia de los inventarios
- ✓ El valor razonable de activos o pasivos financieros
- ✓ Provisiones.

No obstante, si un cambio en una estimación contable genera un cambio en los activos y pasivos, o se relaciona con una partida del patrimonio neto, dicho cambio se reconocerá ajustando el importe en libros del activo, el pasivo o la partida del patrimonio neto en cuestión, en el período del cambio (NIC 8, 37).

El principio general de la NIC 8 es que la entidad debe corregir todos los errores materiales de períodos anteriores, de forma retroactiva, en los primeros estados financieros formulados después de la detección del error (NIC 8, 42):

1) Reformulando la información comparativa para el período o períodos anteriores en los que se originó el error; o
2) Si el error ocurrió con anterioridad al período más antiguo para el que se presenta información, ajustando los saldos iniciales de activos, pasivos y patrimonio neto para dicho período.

Para la NIC 8 y comprender los montos materiales que afectan esta norma y se deba afectar los cambios retrospectivos tenemos que comentar como se puede calcular la materialidad

La Materialidad o Importancia relativa, se definen como la magnitud de una omisión o error en la información contable que, a la luz de las circunstancias presentes, hace probable que el criterio de una persona razonable que confíe en la información podría cambiar o verse influido por esa omisión o error. Los errores de montos relativamente pequeños detectados por el auditor pueden tener un efecto significativo sobre los estados financieros.

Para la determinación de la materialidad definiremos el siguiente método:

Resultado antes de impuestos

Este indicador se utilizara cuando la entidad y sus resultados en periodos consecutivos o históricos sean positivos, cuando la entidad se encuentre consolidada en el mercado nacional, internacional y en su industria, que posee buenos indicadores económicos y financieros. Para efectos de la determinación de la materialidad no se utilizarán los resultados antes de impuestos negativos que posea la entidad.

El cálculo de la materialidad será un 5% de la utilidad antes de impuestos.

Total de activos o total de ingresos de explotación

Este indicador se utilizará cuando la entidad no posee una consolidación en los resultados del ejercicio de periodos consecutivos y del estado financiero en cuestión, esto quiere decir que ha obtenido pérdidas recurrentes del ejercicio o que ha generado pérdidas y ganancias durante un periodo de tiempo determinado, cuando la entidad posee posibles problemas de empresa en marcha o índices financieros y económicos deficientes.

El cálculo de la materialidad será un 0,5% del monto mayor entre el total de activo y el total de los ingresos de explotación del estado financiero en cuestión.

En los estados financieros también podemos considerar dos conceptos importantes que son:

Límites de error tolerable

Para calcular cuál es el monto de error tolerable, del cual no se debe efectuar un cambio retrospectivo, debemos aplicar un 75% de la materialidad para efectos de los estados financieros en cuestión.

Umbral de Error

Son los montos expresados como sin importancia están sujetos a juicio profesional. Específicamente, el juicio es que no resultaría un error e irregularidad importante en los estados financieros.

No se requiere aplicar en forma retroactiva el cambio de una política contable si se encuentra por debajo del Umbral de Error. Sin embargo, se deben considerar sus aspectos cualitativos.

La consideración cualitativa de tales diferencias sin importancia normalmente se limita a una consideración de si dichas diferencias:

Para calcular cuál es el monto de Umbral de Error, del cual no se debe efectuar un cambio retrospectivo, debemos aplicar un 5% de la materialidad para efectos de los estados financieros en cuestión.

Planilla de cálculo de materialidad, Límite de error tolerable, Umbral de Error

Materialidad

Detalle	Monto	%	Materialidad
Utilidad Antes de Impuestos		5%	
Total de Activos		0,5%	
Total de Ingresos de actividades ordinarios		0,5%	

Límite de error tolerable

Detalle	Monto	%	Límite de Error Tolerable
Materialidad		75%	

Umbral de Error

Detalle	Monto	%	Umbral de Error
Materialidad		5%	

Ejercicios NIC 8.

Se encuentra en una entidad en la cual se tiene un cambio en la política contable, determine cuáles son los montos materiales en los cuales se debe efectuar un cambio retrospectivo, asumiendo cada uno de los balances que se les facilita detallando los tres últimos años de la entidad.

1) Se efectuó un cambio de política contable, donde el ajuste a desarrollar corresponde a 5.000, comente:

Detalle	Año 1	Año 2	Año 3	Concepto	Monto
Total de Activos	2.150.000	2.180.000	2.200.000	Materialidad	
Total de Ingresos	1.550.000	1.452.000	1.800.000	Límite de Error Tolerable	
Utilidad (Pérdida) antes de impuesto	1.522.000	(200.000)	1.548.000	Umbral de Error	

2) Se efectuó un cambio de política contable, donde el ajuste a desarrollar corresponde a 18.000, comente:

Detalle	Año 1	Año 2	Año 3	Concepto	Monto
Total de Activos	1.500.000	2.800.000	2.900.000	Materialidad	
Total de Ingresos	2.000.000	2.500.000	1.500.000	Límite de Error Tolerable	
Utilidad (Pérdida) antes de impuesto	250.000	280.000	260.0000	Umbral de Error	

3) Se efectuó un cambio de política contable, donde el ajuste a desarrollar corresponde a 35.000, comente:

Detalle	Año 1	Año 2	Año 3	Concepto	Monto
Total de Activos	4.500.000	9.500.000	8.000.000	Materialidad	
Total de Ingresos	900.000	200.000	100.000	Límite de Error Tolerable	
Utilidad (Pérdida) antes de impuesto	(300.000)	300.000	(500.0000)	Umbral de Error	

✍ Desarrollo NIC 8.

1) Se efectuó un cambio de política contable, donde el ajuste a desarrollar corresponde a 5.000, comente:

Detalle	Año 1	Año 2	Año 3	Concepto	Monto
Total de Activos	2.150.000	2.180.000	2.200.000	Materialidad	11.000
Total de Ingresos	1.550.000	1.452.000	1.800.000	Límite de Error Tolerable	8.250
Utilidad (Pérdida) antes de impuesto	1.522.000	(200.000)	1.548.000	Umbral de Error	413

Como la entidad no tiene utilidades constantes registrando una pérdida el año 2, se debe efectuar el cálculo sobre el total de Activos o Ingresos, el que sea mayor. En este caso el mayor es el activo, por lo cual se multiplican los 2.200.000 por un 0,5% quedando la materialidad en 11.000.

El monto del ajuste al estar por debajo del límite de error tolerable. No se debe efectuar el ajuste de cambio de política en forma retrospectiva.

2) Se efectuó un cambio de política contable, donde el ajuste a desarrollar corresponde a 18.000, comente:

Detalle	Año 1	Año 2	Año 3	Concepto	Monto
Total de Activos	1.500.000	2.800.000	2.900.000	Materialidad	13.000
Total de Ingresos	2.000.000	2.500.000	1.500.000	Límite de Error Tolerable	9.750
Utilidad (Pérdida) antes de impuesto	250.000	280.000	260.0000	Umbral de Error	487

Como la entidad tiene utilidades constantes, se debe efectuar el cálculo sobre este concepto, por lo cual se multiplican los 260.000 por un 5% quedando la materialidad en 13.000.
El monto del ajuste está por sobre la materialidad, por lo cual se debe efectuar el ajuste de cambio de política en forma retrospectiva.

3) Se efectuó un cambio de política contable, donde el ajuste a desarrollar corresponde a 500, comente:

Detalle	Año 1	Año 2	Año 3	Concepto	Monto
Total de Activos	4.500.000	9.500.000	8.000.000	Materialidad	40.000
Total de Ingresos	900.000	200.000	100.000	Límite de Error Tolerable	30.000
Utilidad (Pérdida) antes de impuesto	(300.000)	300.000	(500.0000)	Umbral de Error	1.500

Como la entidad no tiene utilidades constantes registrando una pérdida el año 1 y 3, se debe efectuar el cálculo sobre el total de Activos o Ingresos, el que sea mayor. En este caso el mayor es el activo, por lo cual se multiplican los 8.000.000 por un 0,5% quedando la materialidad en 40.000.
El monto del ajuste al estar por debajo del umbral de error. No se debe efectuar el ajuste de cambio de política en forma retrospectiva.

2.1.7 Hechos ocurridos después del periodo sobre el que se informa – NIC 10

La norma identifica dos tipos de hechos que ocurren después de la fecha de presentación de la información. En primer lugar, los hechos que implican ajuste, que son aquellos que suministran información relativa a condiciones que existían ya en la fecha de presentación de la información. Estos hechos generarán cambios en el reconocimiento, es decir, la modificación de los números del estado de situación financiera. El segundo tipo de hecho posterior a la fecha de presentación de la información son los hechos que no implican ajustes. (NIC 10 párrafos 3, 8 y 10).

Un ejemplo de un hecho que implica ajuste es contar con mejor información sobre la situación de los clientes en la fecha de presentación de la información, lo que le permite a una entidad medir con mayor precisión el monto de sus cuentas por cobrar. Un ejemplo de un hecho que no implica ajuste sería la destrucción de algún activo de una entidad en forma accidental, quizá a causa de un incendio, después de la fecha de presentación de la información (NIC 10, 22).

Los dividendos propuestos sobre acciones ordinarias, pero no declarados, después de la fecha de presentación de la información no deben ser reconocidos como pasivo (NIC 10, 12).

Para determinar si una empresa es una empresa en funcionamiento la evaluación debe realizarse en el momento en que se preparan los estados financieros, que es, obviamente, después de la fecha de presentación de la información.

Si se determina que una empresa no es una empresa en funcionamiento, entonces los registros contables deben prepararse en base al valor patrimonial proporcional aunque los hechos que dieron lugar a tal conclusión hayan ocurrido después de la fecha de presentación de la información (NIC 10, 14).

Ejemplos de hechos ocurridos después del periodo sobre el que se informa que no implican ajuste que por lo general darían lugar a revelar información (NIC 10, 22):

a. Una combinación de negocios importante que haya tenido lugar después del cierre.
b. El anuncio de un plan para discontinuar definitivamente una operación.
c. Las compras de activos significativas, la clasificación de activos como mantenidos para la venta de acuerdo con la NIIF 5.
d. La destrucción por incendio de una planta importante de producción posterior al cierre.
e. El anuncio o el comienzo de la ejecución de una reestructuración importante.
f. Transacciones importantes realizadas o potenciales con acciones ordinarias, después del periodo sobre el que se informa.
g. Las variaciones anormalmente grandes, después del periodo sobre el que se informa, en los precios de los activos o en las tasas de cambio de alguna moneda extranjera.

h. Las variaciones en las tasas impositivas o en las leyes fiscales aprobadas o anunciadas después del periodo sobre el que se informa.
i. La aceptación de compromisos o pasivos contingentes de cierta importancia, por ejemplo, al otorgar garantías por importe significativo.
j. El inicio de litigios importantes, surgidos exclusivamente como consecuencia de eventos ocurridos después del periodo sobre el que se informa.

2.1.8 Impuesto a las Ganancias – NIC 12

Esta norma se refiere principalmente a la contabilización del impuesto diferido. Cambió la base del cálculo por la de "diferencias temporales", que se calculan haciendo referencia a la diferencia entre la base imponible y la base de la información financiera de los activos y pasivos, en lugar de usar las "diferencias de oportunidad", que se basan en las diferencias entre la base imponible y el importe en libros de los ingresos y los gastos (NIC 12, 5).

Los activos por impuestos diferidos deben ser reconocidos de manera similar, suponiendo que es probable que haya una ganancia fiscal futura. Los activos por impuestos diferidos incluyen, obviamente, aquellos emergentes de compensaciones de pérdidas fiscales con ganancias fiscales de períodos posteriores (NIC 12 párrafos 24 y 34).

DIFERENCIAS TEMPORARIAS DEDUCIBLES

Partida Financiera		Partida Tributaria	Diferencia Tributaria	Origina
Activo Financiero	<	Activo Tributario	Deducible	Activo por Impuesto Diferido
Pasivo Financiero	>	Pasivo Tributario	Deducible	Activo por Impuesto Diferido

Los pasivos por impuestos diferidos deben ser reconocidos con respecto a todas las diferencias temporales, salvo en relación con la amortización de la plusvalía no deducible y el reconocimiento inicial de determinados activos y pasivos en transacciones que no afectan ni el beneficio contable ni la ganancia fiscal.

DIFERENCIAS TEMPORARIAS IMPONIBLES

Partida Financiera		Partida Tributaria	Diferencia Tributaria	Origina
Activo Financiero	>	Activo Tributario	Imponible	Pasivo por Impuesto Diferido
Pasivo Financiero	<	Pasivo Tributario	Imponible	Pasivo por Impuesto Diferido

También hay reglas especiales para las inversiones en subsidiarias, empresas asociadas y negocios conjuntos. Establecen que no es necesario contabilizar las diferencias temporales que probablemente no se revertirán en los casos en que el inversor tiene el control de dicho proceso (por ejemplo, porque puede suspender el pago de dividendos) (NIC 12 párrafos 39 y 44).

La medición de los activos y pasivos por impuestos diferidos debe basarse en las tasas impositivas que se espera sean de aplicación; por lo general, esto significa las tasas impositivas vigentes, aunque pueden usarse tasas futuras en los casos en que se hayan aprobado (NIC 12 párrafos 47 y 51).

Los importes por impuestos diferidos no deben ser descontados. A primera vista, esto parece sorprendente porque hay otros pasivos que deben ser descontados (ver NIC 37). No obstante, el descuento requeriría tener conocimiento de cuándo se revertirían las diferencias temporales, lo cual a su vez implicaría tener que hacer muchas conjeturas (NIC 12, 53).

- "Diferencia temporal: Diferencia entre el importe en libros de un activo o pasivo y su base impositiva".

- "Diferencia temporal sujeta a impuestos: Diferencia temporal que generará importes sujetos a impuestos en el futuro cuando el importe en libros del activo se recupere o el pasivo se liquide".

- "Diferencia temporal deducible: Diferencia temporal que generará importes deducibles de impuestos en el futuro cuando el importe en libros del activo se recupere o el pasivo se liquide".

La doble entrada para crear activos y pasivos por impuestos diferidos debe registrarse en el resultado o directamente en el patrimonio neto, y revelarse en el estado de ingresos totales (NIC 12 párrafos 58 y 61).

Los activos por impuestos diferidos deben presentarse en el estado de situación financiera separados de los pasivos por impuestos diferidos (NIC 12 párrafos 69 y 74).

Los Activos y Pasivos por Impuestos Corrientes solo se pueden compensar si:

- La empresa tiene un derecho legal de compensarlos.
- La entidad tiene la intención de cancelar en términos netos, o realizar el activo y liquidar el pasivo de manera simultánea.

Pérdidas y créditos fiscales no utilizados

Debe reconocerse un activo por impuestos diferidos, siempre que se puedan compensar, con ganancias fiscales de ejercicios posteriores, pérdidas o créditos fiscales no utilizados hasta el momento, pero solo en la medida en que sea probable la disponibilidad de ganancias fiscales futuras, contra los cuales cargar esas pérdidas o créditos fiscales no utilizados.

Cálculo del Impuesto Diferido – 5 pasos

1	Determinar los conceptos contables
2	Determinar los montos financieros y tributarios
3	Determinar si corresponde a una diferencia imponible o deducible
4	Multiplicarlas por la tasa vigente de impuesto que se espera que aplique
5	Determinar si debe reconocerse una ganancia o pérdida por concepto de impuestos diferidos

2.1.9 Propiedades, Planta y Equipo - NIC 16

El objetivo de esta norma es rescribir el tratamiento contable de propiedades, plantas y equipos.

Un activo debe reconocerse, inicialmente, a su costo, lo que incluye todos los costos relacionados con la ubicación del activo en el lugar y en las condiciones actuales, listo para darle un uso productivo (NIC 16, 16):

- Su precio de adquisición, incluidos los aranceles de importación y los impuestos no recuperables.
- Todos los costos atribuibles a la ubicación del activo.
- La estimación inicial de los costos de desmantelamiento y retiro del elemento.

Los costos atribuibles directamente a la propiedad, planta y equipo son (NIC 16, 17):

a) Los costos de beneficios a los empleados que procedan de la construcción
b) Los costos de preparación del emplazamiento físico
c) Los costos de entrega inicial y los de manipulación o transporte posterior
d) Los costos de instalación y montaje
e) Los costos de comprobación que el activo funciona adecuadamente
f) Los honorarios profesionales

La capitalización de los desembolsos posteriores debe realizarse cuando es probable que el activo produzca beneficios futuros que superarán el estándar de rendimiento estimado originalmente.

La actualización de la norma señala que las plantas productoras se contabilizan de la misma forma que los elementos de propiedades, planta y equipo construidos por la propia entidad antes de que están en la ubicación y condiciones necesarias para ser capaces de operar en la forma prevista (NIC 16, 22a).

Posteriormente, la entidad puede seguir usando el costo, pero los activos pueden revaluarse al valor razonable. Esta alternativa debe usarse en todas las fechas de presentación de la información y se debe aplicar a una clase entera de activos y no a un activo solo.

Clases de Propiedades, Plantas y Equipos (NIC 16, 37):

- Terrenos; Edificios; Maquinarias; Buques; Aeronaves; Vehículos de Motor; Mobiliarios y Enseres; Equipos de Oficina; Plantas productoras

La frecuencia de las revaluaciones dependerá de los cambios que experimenten los valores razonables de los elementos de propiedades, planta y equipo que se estén revaluando. Tales revaluaciones frecuentes serán innecesarias para elementos de propiedades, planta y equipo con variaciones insignificantes en su valor razonable. Para estos, pueden ser suficientes las revaluaciones hechas cada tres o cinco años (NIC 16, 34).

La norma en su párrafo 35 recomienda que al efectuarse una revaluación y el valor del activo aumente o disminuya, se tienen que aumentar o disminuir la depreciación acumulada que mantenga la cuenta contable.

Las ganancias y pérdidas por revaluación deben contabilizarse en otros ingresos totales y dentro de la cuenta de superávit de revaluación (otras reservas). Hay algunas reglas especiales cuando se produce una pérdida por revaluación en casos en los que anteriormente hubo una ganancia por revaluación, en el cual se debe dar de baja primero el monto que se tiene en superávit de revaluación (otras reservas) y después pasara por resultados (pérdidas por deterioro) (NIC 16, 39 y 40).

Depreciación, la entidad estará obligada a comenzar la depreciación cuanto esté disponible para su uso y continuará depreciándolo hasta que sea dado de baja en cuentas, incluso si durante dicho periodo dicha partida ha estado sin utilizar.

La ganancia o pérdida obtenida por la disposición de un activo se calcula como la diferencia entre el producido y el importe en libros. Dado que el importe en libros puede basarse en el costo o en la revaluación, la ganancia obtenida de la venta sería inferior si el valor de un activo hubiera aumentado debido a la revaluación.

La vida útil de un activo se definirá en términos de la utilidad que se espere que aporte a la entidad. La política de gestión de activos llevada a cabo por la entidad podría implicar la disposición de los activos después de un periodo específico de utilización, o tras haber consumido una cierta proporción de los beneficios económicos incorporados a los mismos. Por tanto, la vida útil de un activo puede ser inferior a su vida económica. La estimación de la vida útil de un activo es una cuestión de criterio, basado en la experiencia que la entidad tenga con activos similares. (NIC 16, 57).

Los terrenos y los edificios son activos separados y se contabilizarán por separado, incluso si han sido adquiridos de forma conjunta. Con algunas excepciones, tales como minas, canteras y vertederos, los terrenos tienen una vida útil ilimitada, y por tanto no se deprecian.

Si el costo de un terreno incluye los costos de desmantelamiento, traslado y rehabilitación, la porción que corresponda a la rehabilitación del terreno se depreciará a lo largo del periodo en el que se obtengan los beneficios por haber incurrido en esos costos. En algunos casos, el terreno en sí mismo puede tener una vida útil limitada, en cuyo caso se depreciará de forma que refleje los beneficios que se van a derivar del mismo. (NIC 16, 59).

Con respecto a la depreciación, no es apropiado un método de depreciación en base a los ingresos, ya que los ingresos pueden verse afectados por la inflación, la cual no tiene relación con la forma en que se consume el activo.

IASB decidió que las plantas productivas deben contabilizarse de la misma forma que la propiedad, planta y equipo en la NIC 16 Propiedades, Planta y Equipo, ya que su funcionamiento es similar al de fabricación. En consecuencia, las modificaciones se incluyen dentro del alcance de la NIC 16, en lugar de la NIC 41. Los productos que crecen en las plantas productivas se mantendrán dentro del alcance de la NIC 41.

2.1.10 Beneficios a los empleados – NIC 19

Esta norma es aplicable a todos los beneficios a los empleados, no solamente a las pensiones, salvo los beneficios regidos por la NIIF 2 "Pagos Basados en Acciones" (NIC 19, 1).

La norma trata temas tales como la contabilización de las ausencias compensadas acumulables y de los planes de bonos. En cada caso, la norma requiere que la empresa establezca si existe un pasivo a la fecha de presentación de la información y que contabilice todo pasivo existente.

En los países que cuentan con modalidades especiales para los sistemas de beneficios a los empleados, tales como planes de empleador múltiple y planes del gobierno, estos deben ser contabilizados como otros planes sobre la base de sus disposiciones legales e institucionales (NIC 19 párrafos 29 y 36).

Los planes de aportaciones definidas (en donde la obligación de la entidad para cada periodo de presentación de la información consiste simplemente en el monto que debe ser aportado para dicho periodo) no presentan demasiadas dificultades en cuanto a su contabilización, pero la norma los menciona de todos modos (NIC 19, 44).

Los planes de beneficios definidos presentan mayores complicaciones, por lo que gran parte de la norma está enfocada en ellos. Las obligaciones implícitas, así como también las obligaciones contractuales por escrito, deben ser contabilizadas.

Los pasivos por beneficios a los empleados se miden en función de la suma aritmética de cuatro elementos. El primero es el valor presente de la obligación menos el valor razonable de los activos del plan. Pero existen otros dos elementos que inciden en la medición del pasivo en virtud de otros requisitos de la norma. El pasivo comprende las ganancias actuariales no reconocidas menos los costos por servicios pasados no reconocidos (NIC 19, 54).

Bajo ciertas circunstancias, un activo procedente de beneficios a los empleados puede ser reconocido, pero existen límites con respecto al monto de dichos activos (NIC 19, 58).

"El principio básico de la NIC 19 consiste en que: El costo de los beneficios a los empleados debe ser reconocido en el período en el que dicho beneficio es adquirido por el empleado, en lugar del período en el que el beneficio es pagado o se torna pagadero".

Para calcular el valor de la obligación, que es el primer elemento que conforma el pasivo, según mencionamos anteriormente, deberá utilizarse el método de la unidad de crédito proyectada, y una tasa de descuento determinada en función de las tasas de interés de los bonos corporativos de alta calidad (NIC 19 párrafos 64 y 78).

Las ganancias y pérdidas actuariales pueden ser reconocidas en forma inmediata o permanecer como no reconocidas, siempre y cuando no excedan el 10% del valor que resulte mayor entre la obligación y el fondo (NIC 19, 92).

Si dichas ganancias y pérdidas superan ese 10%, deberán ser reconocidas en función del período promedio restante de servicio de los empleados que participan del plan (NIC 19, 93).

2.1.11 Contabilización de las Subvenciones del Gobierno e Información a Revelar sobre Ayudas Gubernamentales – NIC 20

"El objetivo de la NIC 20 es prescribir la manera de contabilizar y la información a revelar de las subvenciones del gobierno y otras formas de ayudas gubernamentales".

La NIC 20 establece que las subvenciones del gobierno deben reconocerse solo si existe un razonable grado de seguridad de que la entidad cumplirá las condiciones asociadas a su aprovechamiento y de que se recibirán las subvenciones (NIC 20, 7).

Una vez reconocida la subvención del gobierno, todo eventual activo contingente relacionado con ella será tratado de acuerdo con la NIC 37.

Las subvenciones deben reconocerse como ingresos a lo largo de los períodos necesarios para compensarlas con los costos relacionados y no deben reconocerse directamente en el patrimonio neto (NIC 20, 12).

Existen dos métodos para contabilizar las subvenciones del gobierno, el método del capital y el método de la renta (NIC 20, 14 y 15).

Una subvención del gobierno a recibir en compensación por gastos o pérdidas ya incurridos, o bien con el propósito de prestar apoyo financiero inmediato a la entidad, sin costos posteriores relacionados, se reconocerá en el resultado del periodo en que se convierta en exigible (NIC 20, 20).

Las subvenciones relacionadas con activos deben presentarse en el estado de situación financiera como ingreso diferido o como una deducción de los activos con los que se relacionan (NIC 20, 24).

Se consideran alternativas aceptables para la presentación de subvenciones (o partes apropiadas de las mismas) relacionadas con activos dos métodos diferentes de presentación en los estados financieros (NIC 20, 25).

Un método reconoce las subvenciones como ingreso diferido, que se reconoce en resultados sobre una base sistemática a lo largo de la vida útil del correspondiente activo (NIC 20, 26).

El otro método deduce la subvención al calcular el importe en libros del correspondiente activo. La subvención se reconoce en resultados a lo largo de la vida de un activo (NIC 20, 27).

Las subvenciones relacionadas con los ingresos se presentan como parte del resultado del periodo ya sea de forma separada o bajo denominaciones generales tales como "Otros Ingresos", alternativamente, pueden aparecer como deducciones de los gastos con los que se relacionan (NIC 20, 29).

2.1.12 Efectos de las variaciones en las tasas de cambio de la moneda Extranjera - NIC 21

"El objetivo de la NIC 21 es prescribir cómo se incorporan, en los estados financieros de una entidad, las transacciones en moneda extranjera y los negocios en el extranjero, y cómo convertir los estados financieros a la moneda de presentación elegida".

Moneda funcional se define como la moneda del entorno económico principal en el que opera la entidad. El término "moneda funcional" se utiliza en la revisión de la NIC 21 de 2003 en lugar de "moneda de medición", pero prácticamente con el mismo significado.

Moneda de presentación: La moneda en la cual se presentan los estados financieros.

Diferencia de cambio: La diferencia que surge al convertir un determinado número de unidades de una moneda a otra moneda, utilizando tasas de cambio diferentes.

Negocio en el extranjero: Una subsidiaria, empresa asociada, negocio conjunto o sucursal cuyas actividades tienen lugar en un país que no sea el de la empresa que presenta la información. Es importante distinguir entre las transacciones en moneda extranjera y la conversión de los estados financieros de las empresas extranjeras participadas en moneda extranjera.

Toda transacción en moneda extranjera se registrará a la tasa de cambio que rija a la fecha de la transacción. Posteriormente, todos los conceptos no monetarios continuarán registrándose a esa tasa de cambio (NIC 21 párrafos 20 y 21).
Los conceptos monetarios que surjan de transacciones anteriores se convertirán a la tasa de cambio de cierre a la fecha de presentación de la información correspondiente, y las ganancias y pérdidas resultantes deben contabilizarse en la cuenta de resultados inmediatamente (NIC 21, 23).

Determinación de la moneda funcional

Para determinar la moneda funcional se deben considerar los factores primarios y secundarios.

Factores primarios

1. Que influya fundamentalmente en los precios de venta de los bienes y servicios (con frecuencia será la moneda en la cual se denominen y liquiden los precios de venta de sus bienes y servicios); y
2. La moneda del país cuyas fuerzas competitivas y regulaciones determinen fundamentalmente los precios de venta de sus bienes y servicios.
3. La moneda que influya fundamentalmente en los costos de mano de obra, de los materiales y de otros costos de producir los bienes o suministrar los servicios (con frecuencia será la moneda en la cual se denominen y liquiden tales costos).

Los siguientes factores también podrán proporcionar una evidencia acerca de la moneda funcional de una entidad:

A. *Financiamiento.* La moneda en la cual se generan los fondos de las actividades de financiación (esto es, la que corresponda a los instrumentos de deuda y de patrimonio neto emitidos).

B. *Importes Cobrados.* La moneda en que se mantengan los importes cobrados por las actividades de explotación.

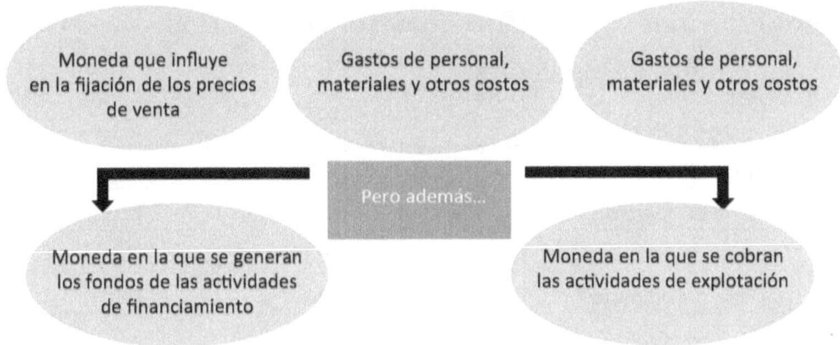

Debe reflejar la sustancia económica de los hechos y circunstancias relevantes para la empresa, dando prioridad a los factores primarios antes de considerar los secundarios, ya que estos están diseñados para facilitar evidencia adicional.

Factores secundarios

1) Si una entidad extranjera es una extensión de las operaciones de la matriz y si opera en forma independiente.
2) Nivel de transacciones con la matriz de una entidad extranjera.
3) Si los flujos de caja de una entidad extranjera incluyen directamente los flujos de caja de la matriz.
4) Si los flujos generados por una entidad extranjera son suficientes para el financiamiento de esta.

Cuando los factores primarios y secundarios sean contradictorios, la dirección empleará su juicio para determinar la moneda funcional.

Los activos y pasivos se convierten a la tasa de cambio de cierre. Los ingresos y gastos, a la tasa de cambio de la fecha de la transacción (se acepta la tasa promedio). Las diferencias de cambio se reconocerán como un componente separado del patrimonio neto.

Las cuentas patrimoniales se deben tomar en consideración el tipo de cambio inicial o el de la fecha del aporte.

Ejercicio moneda funcional

La sociedad que se encuentra en Chile con moneda funcional peso, debe enviar información a Europa, para su consolidación, La moneda que influye en los precios de venta de los bienes y servicios de la entidad en Europa es el dólar, todos los otros factores, tantos primarios y secundarios se establecen que es el Euro.

Los tipos de cambio son los siguientes:

Detalle	T/C USD	T/C euro
T/C cierre del ejercicio	520	710
T/C promedio del ejercicio	530	690
T/C inicial del ejercicio	400	700

N°	Cuentas	Debe	Haber
1	Activos en leasing	320.000.000	
2	Amortización Acumulada Propiedad Intelectual		50.000.000
3	Boletas en garantías	1.250.000	
4	Caja dólar	30.000.000	
5	Capital social		500.000.000
6	Cerdos corto plazo	12.000.000	
7	Clientes	300.000.000	
8	Crédito Sence	20.000.000	
9	Depreciación Acumulada Activos en leasing		25.000.000
10	Deterioro cuentas por cobrar		250.000.000
11	Dividendos provisorios		90.000.000
12	Forward	60.000.000	
13	Intereses diferidos por leasing	40.000.000	
14	Inventarios	18.000.000	
15	Inversiones para negociar	15.000.000	
16	Inversiones 1 director de 5	300.000.000	
17	Línea de crédito utilizada		60.000.000
18	Obligaciones por leasing		270.000.000
19	Propiedad intelectual	600.000.000	
20	Proveedores		290.000.000
21	Provisión Indemnización trabajadores C/P		300.000.000
22	Provisión vacaciones		40.000.000
23	Revalorización Capital		250.000.000
24	Sueldos por pagar		20.000.000
25	Terrenos en arrendamiento	757.500.000	
26	Utilidad del ejercicio		328.750.000
Totales		2.473.750.000	2.473.750.000

Ingresos	350.000.000
Gastos por beneficios a los empleados	(250.000.000)
Otros gastos por naturaleza	(60.000.000)
Ingresos financieros	238.550.000
Ganancia o pérdida antes de impuesto	278.550.000
Impuesto a la renta	50.200.000
Utilidad del ejercicio	328.750.000

Desarrollo

ACTIVOS			
Activos Corrientes			
Efectivo y equivalentes al efectivo	30.000.000		42.253,52
Caja dólar	30.000.000	710,00	42.253,52
Otros activos financieros, Corrientes	75.000.000		105.634
Forward	60.000.000	710,00	84.507,04
Inversión mantenidas para negociar	15.000.000	710,00	21.126,76
Otros activos no financieros, corrientes	1.250.000		1.760,56
Boleta en garantía	1.250.000	710,00	1.760,56
Deudores comerciales y otras cuentas por cobrar	50.000.000		70.422,53
Clientes	300.000.000	710,00	422.535,21
Deterioro cuentas por cobrar	(250.000.000)	710,00	(352.112,68)
Inventarios	18.000.000		25.352,11
Inventarios	18.000.000	710,00	25.352,11
Activos biológicos Corrientes	12.000.000		16.901,41
Cerdos corto plazo	12.000.000	710,00	16.901,41
Activos por impuestos Corrientes	20.000.000		28.169,01
Crédito Sence	20.000.000	710,00	28.169,01
Total de Activos Corrientes	206.250.000		290.492,94
Activos no Corrientes			
Inversiones contabilizadas utilizando el método de la participación	300.000.000		422.535,21
Inversiones 1 directores de 5	300.000.000	710,00	422.535,21
Activos intangibles distintos de la plusvalía	550.000.000		774.647,88
Propiedad intelectual	600.000.000	710,00	845.070,42
Amortización acumulada propiedad intelectual	(50.000.000)	710,00	(70.422,54)
Propiedades, planta y equipo	295.000.000		415.492,96
Activos en leasing	320.000.000	710,00	450.704,23
Depreciación acumulada activos en leasing	(25.000.000)	710,00	(35.211,27)
Propiedades de inversión	757.500.000		1.066.901,41
Terrenos en arrendamiento	757.500.000	710,00	1.066.901,41
Total de Activos no Corrientes	1.902.500.000		2.679.577,46
TOTAL DE ACTIVOS	2.108.750.000		2.970.070,40

PASIVOS			
Pasivos Corrientes			
Otros pasivos financieros, Corrientes	290.000.000		408.450,70
Intereses diferidos por leasing	(40.000.000)	710,00	(56.338,03)
Línea de crédito utilizada	60.000.000	710,00	84.507,04
Obligaciones por leasing	270.000.000	710,00	380.281,69
Cuentas por pagar comerciales y otras cuentas por pagar	350.000.000		492.957,74
Proveedores	290.000.000	710,00	408.450,70
Provisión vacaciones	40.000.000	710,00	56.338,03
Sueldos por pagar	20.000.000	710,00	28.169,01
Otras provisiones corrientes	90.000.000		126.760,56
Dividendos Provisorios	90.000.000	710,00	126.760,56
Provisiones corrientes por beneficios a los empleados	300.000.000		422.535,21
Provisión Indemnización trabajadores C/P	300.000.000	710,00	422.535,21
Total de Pasivos Corrientes	1.030.000.000		1.450.704,21
Total de Pasivos No Corrientes	0		0,00
TOTAL DE PASIVOS	1.030.000.000		1.450.704,21
Patrimonio	1.078.750.000		1.519.366,19
Capital Emitido	750.000.000		1.071.428,57
Capital Social	500.000.000	700	714.285,71
Revalorización de Capital propio	250.000.000	700	357.142,86
Ganancia (pérdida) del ejercicio	328.750.000		476.449,28
Reservas con Conversión			(28.511,66)
TOTAL DE PATRIMONIO Y PASIVOS	2.108.750.000		2.970.070,40
INGRESOS	350.000.000	690	507.246,38
GASTOS POR BENEFICIOS A LOS EMPLEADOS	(250.000.000)	690	-362.318,84
OTROS GASTOS POR NATURALEZA	(60.000.000)	690	-86.956,52
INGRESOS FINANCIEROS	238.550.000	690	345.724,64
GANANCIA O PÉRDIDA ANTES DE IMPUESTO	278.550.000	690	403.695,66
IMPUESTO	50.200.000	690	72.753,62
UTILIDAD O PÉRDIDA DEL EJERCICIO	328.750.000		476.449,28

2.1.13 Información financiera en economías hiperinflacionarias - NIC 29

Esta norma debe aplicarse por una empresa cuya información financiera se presenta en la moneda de una economía hiperinflacionaria. No se define a la hiperinflación específicamente, pero un indicio sería la presencia de una tasa acumulada de inflación del cien por ciento o más a lo largo de tres años. Actualmente, esto no sucede en la mayoría de los países. Sin embargo, es posible que haya grupos que tengan una subsidiaria en un país de esas características, que es el motivo por el cual esta norma se incluyó en este módulo sobre contabilidad de grupos.

Los principales elementos de esta norma son los siguientes:

- ✓ La NIC 29 requiere que los estados financieros de una empresa hiperinflacionaria se reformulen en unidades de medida corriente (NIC 29, 8).
- ✓ Si la empresa está utilizando estados financieros de costo histórico, esto sugiere la aplicación de un índice general de precios a los conceptos no monetarios. Aun aquellas empresas que utilicen contabilidad a valores corrientes deben reformular determinadas cifras usando una unidad de medida corriente a la fecha del balance.
- ✓ La ganancia o pérdida sobre la posición monetaria neta debe incluirse en el ingreso neto y revelarse en forma separada (NIC 29, 9).

Cuando una economía deje de ser hiperinflacionaria y una entidad cese en la preparación y presentación de estados financieros elaborados conforme a lo establecido en esta Norma, debe tratar las cifras expresadas en la unidad de medida corriente al final del periodo previo como base para los importes en libros de las partidas en sus estados financieros subsiguientes (NIC 29, 38).

El estado de hiperinflación viene indicado por las características del entorno económico del país, entre las cuales se incluyen, de forma no exhaustiva, las siguientes:

a) La población en general prefiere conservar su riqueza en forma de activos no monetarios, o bien en una moneda extranjera relativamente estable. Las cantidades de moneda local obtenidas son invertidas inmediatamente para mantener la capacidad adquisitiva de la misma;

b) La población en general no toma en consideración las cantidades monetarias en términos de moneda local, sino que las ve en términos de otra moneda extranjera relativamente estable. Los precios pueden establecerse en esta otra moneda;

c) Las ventas y compras a crédito tienen lugar a precios que compensan la pérdida de poder adquisitivo esperada durante el aplazamiento, incluso cuando el periodo es corto;
d) Las tasas de interés, salarios y precios se ligan a la evolución de un índice de precios; y
e) La tasa acumulada de inflación en tres años se aproxima o sobrepasa el 100%.

2.1.14 Costos por Préstamos - NIC 23

Esta norma analiza si los costos por intereses deben sumarse al costo capitalizado de un activo. Por ejemplo, si una empresa está construyendo su propio edificio de oficinas, ¿cuáles son los "costos"? Es evidente, en virtud de la NIC 16 que estos costos incluirían los ladrillos, la mano de obra para colocar los ladrillos, los honorarios del arquitecto, y así sucesivamente. Pero, ¿incluyen el costo por intereses del dinero que se toma prestado para construir el edificio?

Los costos por intereses que sean directamente atribuibles a la adquisición, construcción o producción de activos que cumplan las condiciones correspondientes forman parte del costo de ese activo y, por lo tanto, deben capitalizarse, mientras que los demás costos por intereses se reconocen como un gasto (NIC 23, 8).

Cuando una empresa toma un préstamo para financiar un proyecto específicamente, los costos por intereses capitalizables serán los incurridos realmente (NIC 23, 12). Cuando una entidad toma un préstamo de fondos en forma general, el monto capitalizable con respecto a la construcción de un activo específico debe calcularse aplicando el costo promedio ponderado de los intereses al desembolso realizado en relación con dicho activo específicamente (NIC 23, 14).

La NIC 23 contiene una guía detallada acerca del momento en que una entidad deber comenzar y cesar la capitalización de los costos por intereses (NIC 23 párrafos 17, 20 y 22).

Inicio de la capitalización: La entidad debe comenzar la capitalización de los costos por préstamos como parte de los costos de un activo apto en la fecha de inicio. La de fecha de inicio para la capitalización es aquella en que la entidad cumple por primera vez todas y cada una de las siguientes condiciones:

a) Incurre en desembolsos en relación con el activo.
b) Incurre en costos por préstamos.

c) Lleva a cabo las actividades necesarias para preparar al activo para el uso al que está destinado o para su venta.

Suspensión de la capitalización: Una entidad suspenderá la capitalización de los costos por préstamos durante los periodos en los que se haya suspendido el desarrollo de actividades de un activo apto, si estos periodos se extienden en el tiempo.

Fin de la capitalización: Una entidad cesará la capitalización de los costos por préstamos cuando se hayan completado todas y prácticamente todas las actividades necesarias para preparar al activo apto para el uso que va destinado o para su venta.

Cuando una entidad complete la construcción de un activo apto por partes, y cada parte se pueda utilizar por separado mientras continúa la construcción de las restantes, dicha entidad cesará la capitalización de los costos por préstamos cuando estén terminadas, sustancialmente, todas las actividades necesarias para preparar esa parte para su uso al que está destinado o para su venta (NIC 23, 24).

2.1.15 Información a revelar sobre partes relacionadas - NIC 24

Esta Norma requiere revelar información sobre las relaciones entre partes relacionadas, transacciones, saldos pendientes, incluyendo compromisos, en los estados financieros consolidados y separados de una controladora o inversores con control conjunto de una participada o influencia significativa sobre esta, presentados de acuerdo con la NIIF 10 Estados Financieros Consolidados o la NIC 27 Estados Financieros Separados.

Una parte relacionada se define en términos de control o de influencia significativa, pero existen varios tipos de exenciones, en particular para relaciones dentro de un grupo (NIC 24, 5-7).

La norma requiere la revelación de transacciones entre partes relacionadas. Las transacciones incluyen aquellas que se realizan en condiciones de independencia mutua (NIC 24, 12-22).

Las relaciones entre controladoras y subsidiarias deben revelarse, independientemente de si han realizado transacciones entre sí (NIC 24, 12).

Una entidad revelará las remuneraciones del personal clave de la gerencia en total y para cada una de las siguientes categorías (NIC 24, 17):

a) Beneficios a los empleados a corto plazo.
b) Beneficios post-empleo.
c) Otros beneficios a largo plazo.
d) Beneficios por terminación.
e) Pagos basados en acciones.

Se revelarán los importes incurridos por la entidad para la provisión de servicios de personal clave de la gerencia que se presten por una entidad de gestión separada (NIC 24, 18 a):

Los siguientes son ejemplos de transacciones que se revelan si se han producido con una parte relacionada (NIC 24, 21):

- Compras o ventas de bienes (terminados o no).
- Compras o ventas de inmuebles y otros activos.
- Prestación o recepción de servicios.
- Arrendamientos.
- Transferencias de investigación y desarrollo.
- Transferencias en función de acuerdos sobre licencias.
- Transferencias realizadas en función de acuerdos de financiación (incluyendo préstamos y aportaciones de patrimonio en efectivo o en especie).
- Otorgamiento de garantías colaterales y avales.
- Compromisos de hacer algo si ocurre o no un suceso concreto en el futuro, incluyendo contratos por ejecutar (reconocidos y sin reconocer).
- La liquidación de pasivos en nombre de la entidad, o por la entidad en nombre de esa parte relacionada.

2.1.16 Ganancias por Acción - NIC 33

Al igual que la NIIF 8, esta norma solo es obligatoria para aquellas empresas cuyos valores cotizan públicamente, y las empresas controladoras pueden estar exentas de la presentación de esta información (NIC 33 párrafos 2 y 3).

"Ganancias" se define como la ganancia neta del estado de resultados, después de la deducción de dividendos sobre acciones preferentes (NIC 33, 11).

La revelación de ganancias por acción debe hacerse sobre la base de un cálculo "básico" y un cálculo "diluido".

Para el cálculo "básico", las ganancias deben dividirse por la cantidad promedio ponderada de acciones ordinarias en circulación durante el período (NIC 33, 19). Este se ajustará por los hechos, como por ejemplo (NIC 33, 21):

- Las acciones ordinarias con desembolso en efectivo se incluirán cuando el efectivo sea exigible.
- Las acciones ordinarias emitidas por la reinversión voluntaria de dividendos procedentes de acciones ordinarias o preferentes se incluirán en el momento del acuerdo de reinversión de dichos dividendos.
- Las acciones ordinarias emitidas como resultado de la conversión de un instrumento de pasivo en acciones ordinarias se incluirán desde el momento en que cese la acumulación (o el devengo) del interés asociado a la deuda.
- Las acciones ordinarias emitidas a cambio del interés o del principal de otros instrumentos financieros se incluirán desde el momento en que cese la acumulación (o el devengo) del interés correspondiente.
- Las acciones ordinarias emitidas para la cancelación de una deuda de la entidad se incluirán desde la fecha de cancelación de la misma.
- Las acciones ordinarias emitidas como contrapartida en la adquisición de un activo distinto del efectivo, se incluirán desde el momento en que se contabilice la adquisición.
- Las acciones ordinarias emitidas a cambio de la prestación de servicios a la entidad se incluirán a medida que dichos servicios sean prestados.

Las ganancias por acción diluidas se calculan dividiendo las ganancias por la cantidad de acciones ajustadas por todas las acciones ordinarias potenciales con efectos dilusivos (NIC 33 párrafos 26 a 29). Las acciones son dilusivas cuando su conversión reduciría la ganancia neta por acción (NIC 33, 41).

Las ganancias por acción deben revelarse aunque la cantidad sea negativa (NIC 33, 69).

2.1.17 Información financiera intermedia - NIC 34

Esta norma no es obligatoria y no se indica la frecuencia con la que se proporciona la información no debe afectar (NIC 34, 1). La norma está diseñada para ser utilizada por aquellas empresas a las que las autoridades reglamentarias o las bolsas de valores les exigen presentar información intermedia en forma semestral o trimestral.

La NIC 34 requiere que se revelen versiones condensadas de los cuatro estados principales (ver NIC 1), y las ganancias por acción (NIC 34 párrafos 8 y 11).

Lo siguiente es una lista de sucesos y transacciones para los cuales se requeriría información a revelar si fueran significativos: la lista no es exhaustiva (NIC 34, 15 b).

- La rebaja del importe en libros de los inventarios hasta su valor neto realizable, así como la reversión de dicha corrección.
- El reconocimiento de una pérdida por deterioro del valor de activos financieros, propiedades, planta y equipo, activos intangibles o de otros activos, así como la reversión de dicha pérdida por deterioro.
- La reversión de cualquier provisión por costos de reestructuración.
- Las adquisiciones y disposiciones de elementos de propiedades, planta y equipo.
- Los compromisos de compra de elementos de propiedades, planta y equipo.
- Cancelaciones de pagos por litigios.
- Las correcciones de errores de periodos anteriores.
- Cambios en las circunstancias económicas o de negocio que afectan al valor razonable de los activos financieros y pasivos financieros de la entidad, tanto si esos activos o pasivos están reconocidos al valor razonable como si lo están al costo amortizado.
- Cualquier incumplimiento u otra infracción de un acuerdo de préstamo que no haya sido corregida al final del periodo sobre el que se informa, o antes del mismo.
- Las transacciones con partes relacionadas.
- Transferencias entre niveles de la jerarquía del valor razonable utilizada para medir el valor razonable de los instrumentos financieros.
- Cambios en la clasificación de los activos financieros como resultado de un cambio en el propósito o uso de esos activos.
- Cambios en los pasivos contingentes o activos contingentes.

Se especifican las cifras comparativas para los períodos intermedios anteriores y para los ejercicios completos anteriores. Esto es bastante complicado en el caso de suministro de información trimestral (NIC 34, 20).

En la información intermedia, se requieren las mismas políticas contables que para la información anual, aunque los cambios en la política contable podrían hacerse en la etapa intermedia en lugar de esperar a que termine el año. No debe permitirse que la frecuencia con la que se proporciona la información intermedia no deba afectar el resultado anual (NIC 34, 28).

Para la información intermedia, se requiere el uso de las prácticas de final de ejercicio con respecto a si se deben anticipar o diferir las partidas (NIC 34 párrafos 37 y 39). Es decir, los informes intermedios deben mayormente considerarse como períodos por derecho propio.

2.1.18 Deterioro del valor de los activos - NIC 36

Esta norma se aplica a la mayoría de los activos, salvo a los inventarios, que se miden al costo o al valor neto realizable, según cual sea menor, y este método ya toma en cuenta cualquier pérdida de valor (NIC 36, 1).

Para aplicar esta norma, primero se debe analizar cada activo al cierre de cada período de presentación de información para determinar si hay algún indicio de deterioro de su valor, como daño material o caída del precio de venta del producto fabricado con el activo (NIC 36, 9).

Normalmente, no se esperaría encontrar ningún indicio de deterioro del valor, pero en caso de que existiera tal indicio, la entidad debe comprobar si tal disminución existe realmente. Esto implica comparar el "importe en libros" del activo con su "importe recuperable", que es el mayor entre su valor razonable menos los costos de venta y su valor de uso.

El valor de uso es el valor descontado presente de los flujos netos de efectivo futuros que se espera obtener de un activo o unidad generadora de efectivo. Una unidad generadora de efectivo es simplemente el elemento más pequeño de una empresa que puede generar ingresos ordinarios/flujos de efectivo en forma independiente (NIC 36, 6).

Con respecto a muchos activos, puede resultar imposible medir los flujos de efectivo específicos que se obtienen de ellos, por lo cual es necesario realizar el ejercicio con el grupo de activos más pequeño que genera flujos de efectivo independientes que pueden medirse.

Este grupo de activos se denomina "unidad generadora de efectivo" (NIC 36, 6).

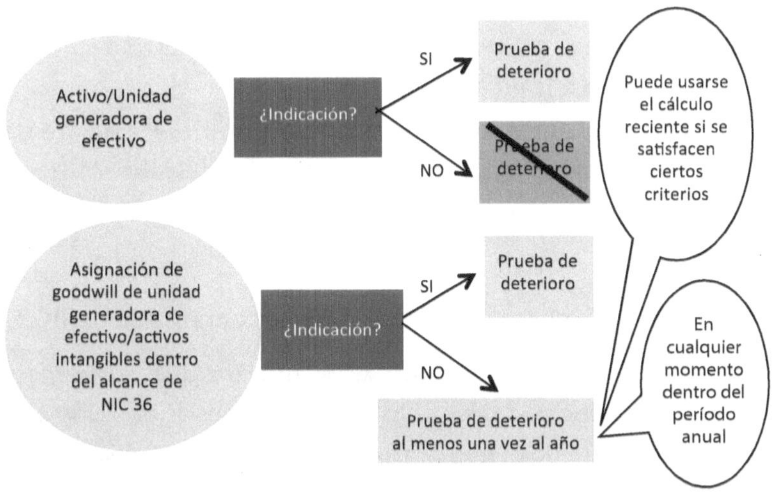

Hay una serie de reglas sobre las proyecciones de los flujos de efectivo diseñadas para evitar que las empresas sean demasiado optimistas (NIC 36 párrafos 33, 39, 44, 50 y 52). Los flujos de efectivo, obviamente, deben descontarse y la tasa de descuento debe ser antes de impuestos y específica para cada activo (NIC 36, 55).

Flujos de Efectivo	Tasa de descuento
No se deben incluir actividades de financiamiento.	El financiamiento se considera en el proceso de descuento.
Si los flujos de efectivo se ajustan por riesgos específicos.	La tasa de descuento no debe reflejar dichos riesgos.
Los flujos de efectivo se estiman en la moneda en que se generan los flujos.	Se debe usar la tasa de descuento apropiada para dicha moneda.
Si se usan los flujos de efectivo antes de impuestos.	Debe aplicarse la tasa de descuento antes de impuestos.
Si se usan los flujos de efectivo después de impuestos.	Debe aplicarse la tasa de descuento después de impuestos.
Si se usan los flujos de efectivo nominales (incluyen la inflación esperada).	Debe aplicarse la tasa de descuento nominal.
Si se usan los flujos de efectivo reales (excluyen la inflación esperada).	Debe aplicarse la tasa de descuento real.

Cuando el importe en libros de un activo excede su importe recuperable, esa diferencia constituye la pérdida por deterioro del valor. Esta pérdida debe registrarse inmediatamente en el estado de resultados (NIC 36, 60).No obstante, hay algunas reglas especiales con respecto a los activos cuyo valor hubiera aumentado previamente debido a una revaluación.

Las pérdidas por deterioro del valor deben revertirse si se hubiese producido un cambio en las estimaciones usadas para determinar los importes recuperables (NIC 36, 99). Esto no se aplica a la plusvalía.

Para asignar la pérdida por deterioro del valor a los distintos elementos de una unidad generadora de efectivo, se debe comenzar por la plusvalía y luego seguir, en forma proporcional, con los demás activos de la unidad (NIC 36, 104).

2.1.19 Provisiones, pasivos contingentes y activos contingentes - NIC 37

Define las provisiones como pasivos con respecto a los que existe incertidumbre acerca de su cuantía o época de pago. Es decir, una provisión debe ajustarse a la definición de pasivo contenida en el Marco Conceptual, la cual establece que debe preverse una salida de:

- ✓ recursos,
- ✓ un suceso pasado,
- ✓ y en la fecha de presentación de la información existe una obligación legalmente exigible ante un tercero o una obligación implícita (NIC 37, 10).

Las provisiones pueden distinguirse de las obligaciones acumuladas o cuentas por pagar (o devengadas) que son objeto de estimación, por la existencia de incertidumbre del vencimiento tenemos por ejemplo que señalar dos situaciones clara que enmarca la normativa (NIC 37, 11):

1) Las cuentas por pagar por bienes o servicios que han sido suministrados o recibidos por la entidad, y además han sido objeto de facturación o acuerdo formal con el proveedor;
2) Son cuentas por pagar los suministro o recepción de bienes o servicios que no han sido pagados, facturados o acordados formalmente con el proveedor, e incluyen las partidas que se deben a los empleados (por ejemplo a causa de las partes proporcional de las vacaciones)

Se debe reconocer una provisión en el estado de situación financiera cuando se ajusta a la definición de pasivo, cuando hay una probable salida de recursos y, como característica adicional habitual para el reconocimiento de activos y pasivos, cuando se deba poder hacer una estimación fiable (NIC 37, 14).

En casi todos los casos quedará claro si el suceso, ocurrido en el pasado, ha producido o no el nacimiento de la obligación presente. En casos excepcionales, por ejemplo cuando están en curso procesos judiciales, puede estar en duda la ocurrencia o no de ciertos sucesos, o si de tales sucesos se deriva la existencia de una obligación en el momento presente (NIC 37, 15 y 16).

El suceso pasado del que se deriva la obligación se denomina suceso que da origen a la obligación. Para que un suceso sea de esta naturaleza, es preciso que la entidad no tenga, como consecuencia del mismo, otra alternativa más realista que atender al pago de la obligación creada por tal suceso. Este será el caso solo si (NIC 37, 17-22):

- ✓ El pago de la obligación viene exigida por ley, o bien,
- ✓ El hecho crea expectativas válidas en terceros de que la entidad va a liquidar las obligaciones.

Ejemplos de provisiones de obligaciones pasadas (NIC 37, 19)

- Multas medioambientales.
- Costos de reparaciones de daños medioambientales.
- Costos por retiro de una instalación de extracción de petróleo o central nuclear.
- Causas de tipo comercial.
- Causas de tipo legal.

Una vez reconocida la provisión, se debe medir según la mejor estimación del desembolso futuro. Esto significa que también es necesario descontar los importes si ello resultara material, a las tasas de descuento antes de impuestos suponiendo que la provisión se mide antes de impuestos (NIC 37 párrafos 36, 45 y 47).

Cualquier ganancia que se prevea obtener de la disposición de activos en relación con la constitución de provisiones debe ignorarse, pero los rembolsos, por ejemplo de contratos de seguros, se deben contabilizar (NIC 37 párrafos 51 y 53).

No se deben constituir provisiones para pérdidas operativas futuras, pero puede haber una provisión para contratos onerosos (NIC 37, 63).

Hay varias explicaciones con respecto a las provisiones para restructuración en el contexto de esta norma, pero dejan en claro que dicha provisión no debe crearse a menos que exista una obligación a la fecha de cierre del período de presentación de la información (NIC 37, 72).

Un pasivo contingente puede definirse de dos maneras:

- ✓ Incluye posibles obligaciones.
- ✓ Obligaciones existentes a la fecha de presentación de la información pero no reconocibles.

Ello es así porque estos pasivos probablemente no generarán una salida de recursos o no resulta posible medirlos en forma fiable (NIC 37, 10).

Los pasivos contingentes deben ser revelados cuando representen una cantidad material y no sean remotos.

Las ganancias contingentes no deben ser reconocidas, pero deben incluirse en las notas cuando representen una cantidad material (NIC 37, 31).

Criterios de Registro – ¿Activo, Pasivo o Contingencia?

ACTIVO	PROBABILIDAD	REGISTRO
Activo Contingente (no se registran)	Probable mayor a 50%	Revelación
	Posible menor o igual a 50%	No Revelación
	Remoto menor al 10%	No Revelación
Pasivos/ Provisión	Prácticamente Seguro mayor al 90%	Registro
	Probable mayor al 50%	Registro
Pasivo Contingente (no se registran)	Probable mayor a 50%	Revelación
	Posible menor o igual a 50%	Revelación
	Remoto menor al 10%	No Revelación

2.1.20 Activos intangibles - NIC 38

Como cualquier otro activo, los elementos intangibles deben reconocerse cuando haya un probable beneficio futuro que pueda ser medido en forma fiable (NIC 38, 21). Con los activos intangibles, esto puede resultar más difícil que con los activos tangibles. Por lo tanto, determinados elementos no se reconocen. Por ejemplo, con respecto a la plusvalía generada internamente, no se puede saber fácilmente de qué transacción proviene y, por ello, el costo o el valor es difícil de medir; ni siquiera es claro si la empresa tiene control sobre ella, por lo cual no se reconoce como un activo (NIC 38, 48). Los desembolsos por investigación tampoco pueden capitalizarse por razones similares (NIC 38, 54). Lo mismo se aplica a varios otros activos generados internamente, como las marcas, listas de clientes generados internamente (NIC 38, 63).

Para considerar la valoración inicial de los activos intangibles es necesario diferenciar entre:

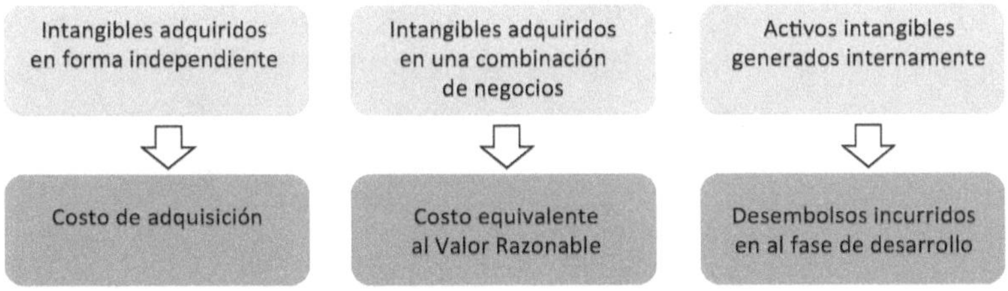

Los desembolsos por desarrollo que cumplen determinados requisitos deben capitalizarse. Una de las condiciones es que debe tratarse de un proyecto técnicamente viable, que pueda medirse por separado (NIC 38, 57).

En algunos países, determinados conceptos, como los gastos legales y otros gastos que se incurren para organizar una empresa, se capitalizan, pero esto no está permitido en virtud de la NIC 38 porque no son un activo (NIC 38, 66).

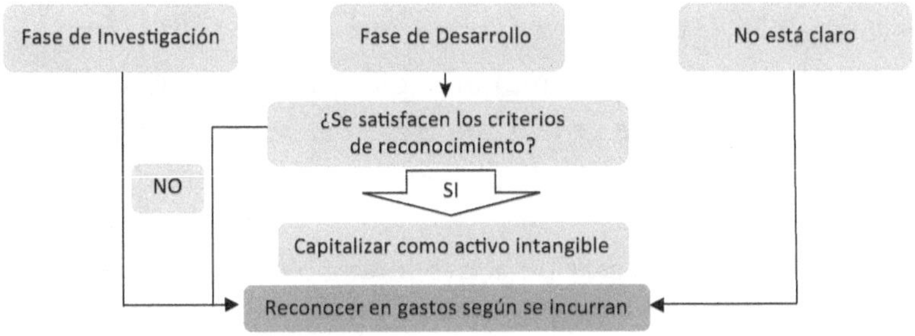

Tal como los activos tangibles se pueden revaluar en virtud de la NIC 16, los activos intangibles también se pueden revaluar, con sujeción a determinadas restricciones. Los activos intangibles sólo pueden revaluarse haciendo referencia a un mercado activo, que es aquel en el que se pueden encontrar muchos compradores y vendedores, y los precios son de conocimiento público (NIC 38, 75). Esto hace que, en la práctica, resulte difícil revaluar la mayoría de los activos intangibles.

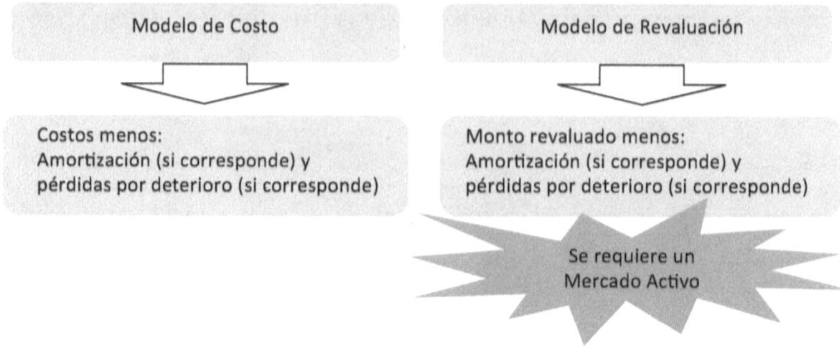

Si se incrementa el importe en libros de un activo intangible como consecuencia de una revaluación, dicho aumento se reconocerá en el patrimonio en una cuenta de superávit de revaluación (Otras Reservas) (NIC 38, 85).

Los ajustes por revaluación o deterioro se desarrollaran contra un aumento de la amortización acumulada o una disminución, en el caso de ser el activo mayor a su adquisición se debe aumentar su diferencia al valor del activo (NIC 38, 80).

Cualquier disminución del intangible, se llevara a una cuenta de resultados de deterioro. Si la entidad mantiene saldo en otras reservas, se deberá dar de baja esos montos antes de pasar por resultado (NIC 38, 86)

Los activos intangibles se clasifican de la siguiente manera (NIC 38 p88):

- Vida indefinida: no existe un límite previsible al período a lo largo del cual se espera que el activo genere entradas de efectivo netas para la entidad.
- Vida finita: período limitado de beneficios para la entidad.

El costo menos el valor residual de un activo intangible con una vida útil finita debe amortizarse a lo largo de dicha vida útil (NIC 38, 97):

El método de amortización debe reflejar el patrón de beneficios.

El período de amortización debe revisarse, como mínimo, una vez por año (NIC 38, 104).

También se debe evaluar si se ha deteriorado el valor del activo de conformidad con la NIC 36 (NIC 38, 111).

Los activos intangibles con una vida útil indefinida no deben amortizarse (NIC 38, 107). Su vida útil debe revisarse cada período de presentación de información para determinar si existen hechos y circunstancias que permitan seguir manteniendo una vida útil indefinida para ese activo. De lo contrario, el cambio en la vida útil de indefinida a finita se contabilizará como un cambio en una estimación contable

(NIC 38, 109). También se debe evaluar si se ha deteriorado el valor del activo de conformidad con la NIC 36 (NIC 38, 111).

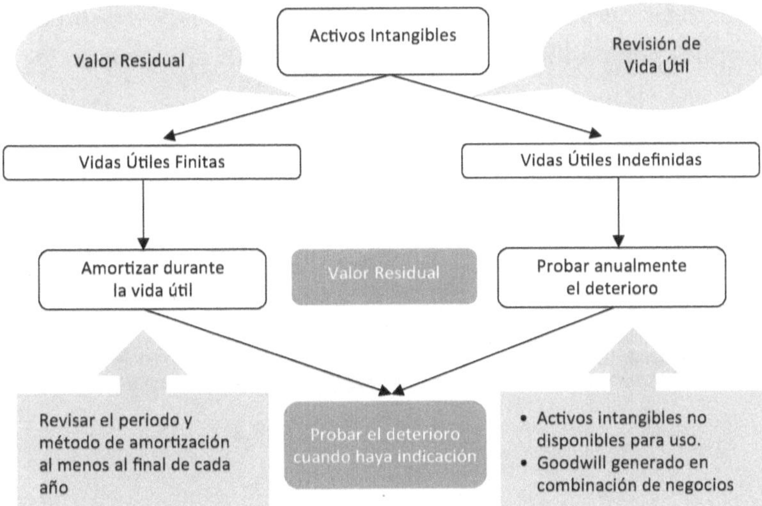

En el caso de un derecho readquirido en una combinación de negocios que se revenda posteriormente a un tercero, el importe en libros relacionado, si lo hubiera, se deberá utilizar para determinar la ganancia o pérdida de la reventa (NIC 38, 115 a).

El importe de la contraprestación a incluir en la ganancia o pérdida que surge de la baja en cuentas de una partida de propiedades, planta y equipo se determina de acuerdo con los requerimientos para determinar el precio de la transacción de los párrafos 47 a 72 de la NIIF 15. Los cambios posteriores al importe estimado de la contraprestación incluida en la ganancia o pérdida se contabilizarán de acuerdo con los requerimientos para cambios en el precio de la transacción de la NIIF 15 (NIC 38, 116 a).

2.1.21 Propiedades de Inversión - NIC 40

La NIC 40 trata el tema de las propiedades de inversión, que son aquellas propiedades destinadas a obtener rentas o una ganancia de capital, más que para ser ocupadas por su dueño. Los párrafos 8 y 9 analizan en mayor detalle esta definición, al proporcionar ejemplos de elementos que constituyen propiedades de inversión. La norma no se aplica a los activos biológicos ni a los derechos minerales (NIC 40, 4). La entidad debe decidir si desea seguir el modelo del costo o el modelo del valor razonable para todas sus propiedades de inversión (NIC 40, 30). El modelo del valor razonable implica contabilizar las ganancias y pérdidas en la cuenta de resultados (NIC 40, 35).

Ocupadas por dueño NIC 16	Inventarios NIC 2	Desarrollo Inicial NIC 16
↓	↓	↓
Propiedad para inversión	Propiedad para inversión	Propiedad para inversión
↓	↓	↓
Valor Razonable (Reevaluación)	Valor Razonable (Estados de Resultados)	Valor Razonable (Estados de Resultados)

Al determinar el importe en libros de una propiedad de inversión según el modelo del valor razonable, una entidad no duplicará la contabilización de activos o pasivos que se reconozcan como activos y pasivos separados.

Equipos, tales como ascensores o aire acondicionado, que son frecuentemente parte integrante de un edificio, y se reconocerán, por lo general, dentro de la propiedad de inversión, en lugar de estar reconocidos de forma separada como propiedades, planta y equipo.

Si una oficina se alquila amueblada, el valor razonable de la oficina incluirá por lo general el valor razonable del mobiliario, debido a que el ingreso por arrendamiento deriva de la oficina con los muebles.

El valor razonable de una propiedad de inversión excluirá ingresos por rentas anticipadas o a cobrar de arrendamientos operativos, ya que la entidad reconoce éstos como pasivos o activos separados.

El valor razonable de las propiedades de inversión mantenidas en arrendamiento reflejará los flujos de efectivo esperados (incluyendo las cuotas contingentes que se espera den lugar a las correspondientes cuentas por pagar).

En el modelo del valor razonable, aquellas propiedades cuyo valor razonable no pueda medirse en forma fiable también deben medirse al costo (NIC 40, 53). Hasta la fecha en la que las propiedades ocupadas por el dueño se conviertan en propiedades de inversión, contabilizadas por su valor razonable, la entidad continuará amortizando la propiedad. La entidad tratará cualquier diferencia en esa fecha, entre el importe en libros de la propiedad determinado aplicando la NIC 16, y su valor razonable, de la misma forma que una revaluación en la NIC 16, el tratamiento es el siguiente: (NIC 40, 62).

a) Cualquier disminución, se reconocerá en el resultado. Sin embargo, en la medida en que el importe esté incluido en el superávit de revaluación de esa propiedad, la disminución se reducirá el superávit de revaluación en el patrimonio.
b) Cualquier aumento que tenga lugar en el importe en libros será tratado como sigue:
   i. El aumento se reconocerá en el resultado del periodo.
   ii. Cualquier remanente del aumento se reconocerá en otro resultado integral e incrementa el superávit de revaluación dentro del patrimonio. Los superávit de revaluación incluidos en el patrimonio pueden ser transferidos a las ganancias acumuladas. Esta transferencia del superávit de revaluación a las ganancias acumuladas no se hará a través de los resultados.

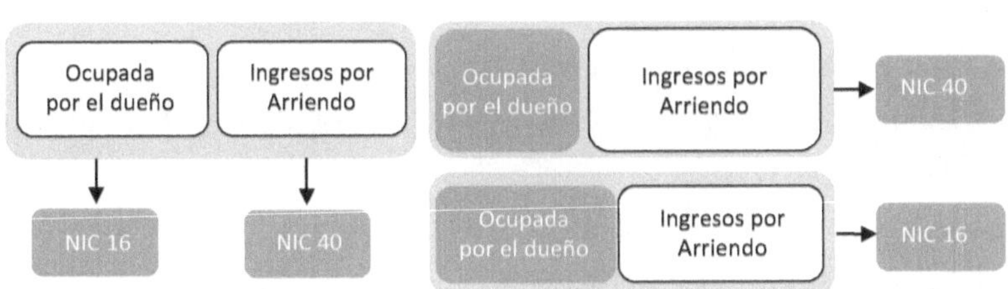

La pérdida o ganancia resultante del retiro o la disposición de una propiedad de inversión, se determinarán como la diferencia entre los ingresos netos de la transacción y el importe en libros del activo, y se reconocerá en el resultado del periodo en que tenga lugar el retiro o la disposición (a menos que la NIC 17 exija otra cosa, en el caso de una venta con arrendamiento posterior) (NIC 40, 69).

Cuando una propiedad pase de ser propiedad de inversión a estar ocupada por su dueño o pase a formar parte de los inventarios, el costo de la propiedad para los estados posteriores debe ser su valor razonable a la fecha del cambio de uso (NIC 40, 74).

Para las empresas que eligen el modelo del costo, se debe revelar el valor razonable en las notas (NIC 40, 75) y la entidad debe aplicar el modelo elegido a todas sus propiedades de inversión.

2.1.22 Agricultura – NIC 41

Cubre todo lo que se encuentre relacionado con la actividad agrícola, activos biológicos, productos agrícolas en su punto de cosecha o recolección y subvenciones de gobiernos, no está en su alcance las plantas productoras (NIC 41 párrafo 1).
Los siguientes elementos no son plantas productoras (NIC 41 p15 (a)):

a. plantas cultivadas para ser cosechadas como productos agrícolas (por ejemplo, árboles cultivados para su uso como madera);
b. plantas cultivadas para generar productos agrícolas cuando existe más que una probabilidad remota de que la entidad cosechará también y venderá la planta como producto agrícola, de forma distinta a la venta incidental del producido de raleos y podas (por ejemplo, árboles que se cultivan por sus frutos o su madera); y
c. cosecha anual (por ejemplo, maíz y trigo).

Los activos biológicos se miden en la fecha de cierre de cada período de presentación de la información a sus valores razonables menos los costos en el punto de venta (NIC 41, 12).
El producto agrícola se mide en el punto de la cosecha al valor razonable menos los costos en el punto de venta. A partir de entonces, pasa a ser el costo de los inventarios (NIC 41, 13).
La tabla siguiente presenta ejemplos de activos biológicos, productos agrícolas y productos que resultan del procesamiento con posterioridad a su cosecha:

Activos biológicos	Productos agrícolas	Productos resultantes del procesamiento con posterioridad a su cosecha o recolección
Ovejas	Lana	Hilo de lana, alfombras
Árboles de plantación Forestal	Árboles talados	Madera, tronco
Ganado lechero	Leche	Queso
Cerdos	Reses sacrificadas	Salchichas, jamones
Plantas de algodón	Algodón cosechado	Hilo de algodón, vestimentas
Caña de azúcar	Caña cortada	Azúcar
Plantas de tabaco	Hojas recolectadas	Tabaco curado

(continuación)

Activos biológicos	Productos agrícolas	Productos resultantes del procesamiento con posterioridad a su cosecha o recolección
Matas de té	Hojas recolectadas	Té
Viñedos	Uvas vendimiadas	Vino
Árboles frutales	Fruta recolectada	Fruta procesada
Palmas aceiteras	Fruta recolectada	Aceite de palma
Árboles de caucho	Látex recolectado	Productos de caucho

Algunas plantas, por ejemplo, matas de té, viñedos, palmas aceiteras y árboles de caucho, habitualmente cumplen la definición de una planta productora y están en el alcance de la NIC 16. Sin embargo, los productos que se desarrollan en las plantas productoras, por ejemplo, las hojas de té, uvas, el fruto de la palma aceitera y el látex, están dentro del alcance de la NIC 41.

2.1.23 Pagos basados en acciones – NIIF 2

Un pago basado en acciones es una transacción en la cual la empresa recibió bienes o servicios a cambio de capital accionario o incurrió en un pasivo basado en las acciones de la empresa, por ejemplo, un pago en efectivo basado en el cambio en el precio de las acciones de la empresa.

Esta norma aplicará a las transacciones con pagos basados en acciones en las que una entidad adquiera o reciba bienes o servicios. Entre esos bienes se incluyen inventarios, consumibles, propiedades, planta y equipo, activos intangibles y otros activos no financieros (NIIF 2, 5).

Es importante distinguir las acciones emitidas para adquirir una empresa, que se contabilizan de acuerdo con la NIIF 3, 'Combinaciones de Negocios', de las acciones emitidas por servicios de los empleados, que se contabilizan según lo prescrito por la NIIF 2 (NIIF 2, 5).

Normalmente, las acciones, las opciones sobre acciones u otros instrumentos de patrimonio conceden a los empleados como parte de su paquete de remuneración, en adición a un sueldo efectivo y otras prestaciones para los mismos. Las acciones o las opciones sobre acciones se concederán a menudo como parte de un abono acordado, y no como parte de la retribución básica; por ejemplo, es habitual encontrarlas como un incentivo a los empleados que continúen prestando sus servicios a la entidad o para recompensarles por los esfuerzos realizados en la mejora del rendimiento de la entidad (NIIF 2, 12).

En las transacciones con terceros distintos de los empleados, existirá una presunción refutable de que el valor razonable de los bienes o servicios recibidos puede estimarse con fiabilidad. Dicho valor razonable se medirá en la fecha en que la entidad obtenga os bienes o a contraparte preste los servicios (NIIF 2, 13).

Para las transacciones con pagos basados en acciones liquidadas en efectivo, la entidad medirá los bienes o servicios adquiridos y el pasivo en el que haya incurrido, al valor razonable del pasivo. Hasta que el pasivo se liquide, la entidad volverá a medir el valor razonable del pasivo al final de cada periodo sobre el que se informa, así como en la fecha de liquidación, reconociendo cualquier cambio en el valor razonable en el resultado del periodo (NIIF 2, 30).

Por ejemplo, la entidad podría conceder a los empleados derechos sobre la revalorización de las acciones como parte de su remuneración, por lo cual los empleados adquirirán el derecho a un pago futuro de efectivo (más que el derecho a un instrumento de patrimonio), que se basará en el incremento del precio de la acción de la entidad a partir de un determinado nivel, a lo largo de un periodo de tiempo determinado. O bien, la entidad podría conceder a sus empleados el derecho a recibir un pago de efectivo futuro, mediante la concesión de un derecho sobre acciones (incluyendo acciones a emitir al ejercitar las opciones sobre acciones) que sean canjeables por efectivo, ya sea de manera obligatoria (por ejemplo, al cese del empleo) o a elección del empleado (NIIF 2, 31).

2.1.24 Combinaciones de negocios – NIIF 3

El 10 de enero de 2008, el Consejo de Normas Internacionales de Contabilidad (IASB) publicó una versión revisada de la NIIF 3.

La NIIF 3 anterior adoptaba un enfoque de modelo mixto con respecto al tratamiento contable de las combinaciones de empresas. De acuerdo con la versión anterior de la NIIF 3, la plusvalía se medía en la fecha de la adquisición como el excedente del costo de la combinación de empresas sobre la participación de la adquirente en el valor razonable de los activos netos de la adquirida. Efectivamente, solo se reconocía la porción de la "plusvalía adquirida" y por lo tanto "de propiedad" del adquirente.

Esto contrastaba con uno de los principios básicos de las NIIF (y con la teoría de la entidad económica): la entidad controladora debe consolidar plenamente la totalidad de activos controlados y pasivos asumidos, no solo en función del porcentaje de titularidad (consolidación proporcional o prorrateada).

Durante la revisión de la NIIF 3, el IASB llegó a la conclusión de que la "plusvalía básica" se ajusta a la definición de activo del Marco Conceptual y, por lo tanto, es un recurso controlado por la entidad. En consecuencia, no existen motivos para justificar por qué no debería estar plenamente consolidado como sucede con cualquier otro activo controlado por la entidad.

La versión revisada de la NIIF 3 ahora ha introducido el enfoque de la plusvalía total como alternativa al enfoque de la plusvalía adquirida. El enfoque de la plusvalía total implica el reconocimiento de toda la plusvalía de la empresa adquirida, y no solo la parte de la plusvalía de la adquirente, como requería la versión anterior de la NIIF 3.

Una combinación de empresas es la unión de entidades o negocios separados en una única entidad que presenta información (NIIF 3, 3).

Todas las combinaciones de empresas dentro del alcance de la NIIF 3 deben contabilizarse usando el método de adquisición (NIIF 3, 4). Ello requiere la identificación del adquirente y la determinación de la fecha de adquisición. La adquirente es la entidad que obtiene el control.

La adquirente reconoce la plusvalía a la fecha de la adquisición, medida como el excedente de la contraprestación transferida más el monto de toda participación no controladora en la adquirida sobre el monto de los activos identificables adquiridos y pasivos asumidos (NIIF 3, 32).

La contraprestación trasferida se medirá al valor razonable (NIIF 3, 37).

Los activos identificables adquiridos y los pasivos asumidos deben medirse al valor razonable (NIIF 3, 18). En general los activos identificables adquiridos y los pasivos asumidos deben corresponder a la definición de activos y pasivos establecida en el marco conceptual (NIIF 3, 11).

Existen limitadas excepciones a los principios generales de reconocimiento y medición mencionados, en virtud de las cuales algunas partidas serán reconocidas a un importe distinto del valor razonable a la fecha de adquisición, y con resultados que difieren de la aplicación de las condiciones y principios de reconocimiento habituales (NIIF 3 párrafos 21 a 31). Por ejemplo, la adquirente en una combinación de negocios reconoce un pasivo contingente asumido aun cuando no resulta probable que exista una salida de recursos económicos, lo que resulta contrario a los lineamientos establecidos en la NIC 37.

En virtud de la NIIF 3 revisada, se espera que más activos intangibles sean reconocidos. A los efectos de una combinación de negocios, la versión revisada de la NIIF 3 elimina la fiabilidad de la medición como condición de reconocimiento y, por lo tanto, requiere que la adquirente reconozca activos identificables adquiridos, independientemente del grado de probabilidad de una entrada de beneficios económicos. Esto llevará, por ejemplo, al reconocimiento de investigación y desarrollo generados en forma interna como un activo que antes había sido imputado como gasto por la adquirida por no cumplir con los criterios para el reconocimiento establecidos por la NIC 38.

Las participaciones no controladoras pueden medirse siguiendo una de las dos metodologías alternativas:

- ✓ al valor razonable (lo cual da lugar al enfoque de la plusvalía total), o
- ✓ a la parte proporcional de la participación no controladora de los activos netos identificables de la adquirida (lo cual da lugar al enfoque de la plusvalía adquirida, según la metodología de la NIIF 3 anterior).

Se debe evaluar anualmente el deterioro del valor de la plusvalía, de conformidad con la NIC 36, Deterioro del Valor de los Activos.

La "plusvalía negativa" debe reconocerse inmediatamente como ganancia en el estado de resultados. Sin embargo, antes de llegar a la conclusión de que existe una "plusvalía negativa", la NIIF 3 requiere que la adquirente revalúe la situación para garantizar la exactitud de la plusvalía negativa (NIIF 3, 34).

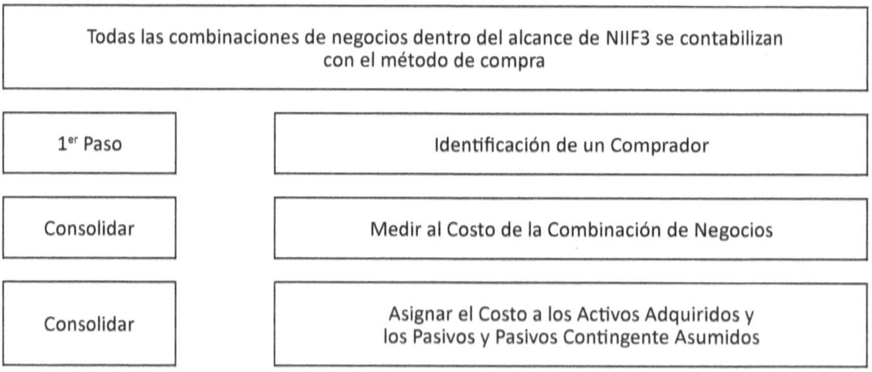

2.1.25 Contratos de seguro - NIIF 4

El IASB publicó la NIIF 4 porque detectó la necesidad de revelar los contratos de seguros de manera más efectiva, y de mejorar las prácticas de reconocimiento y medición, a tiempo para que las empresas que cotizaban en bolsa en toda Europa y en cualquier otro lugar adoptaran las NIIF en 2005.

El objetivo de esta norma es regular los contratos de seguros, el consejo se encuentra en el desarrollo de una segunda fase que requiere mejoras en su contabilización y aumentar la revelación de los estados financieros (NIIF 4, 1).

Esta norma se aplicara a todos los contratos de seguros y reaseguros, la revelación se requerirá según lo dispuesto en la NIIF 7.

Los siguientes son ejemplos de contratos que cumplen las condiciones para ser contratos de seguro, siempre que la transferencia de riesgo de seguro resulte significativa (NIIF 4 b18):

a. Seguro contra el robo o los daños en la propiedad.
b. Seguro de responsabilidad (productos, profesional, civil o gastos de defensa jurídica).
c. Seguro de vida y de decesos.
d. Seguro de rentas vitalicias y pensiones.
e. Discapacidad y asistencia sanitaria.
f. Bonos de caución, bonos de fidelidad, bonos de rendimiento y bonos de aval para licitaciones.
g. Seguro de crédito.
h. Garantías de productos.
i. Seguros por vicios ocultos en los títulos de propiedad.
j. Asistencia en viaje.
k. Bonos de catástrofe.
l. Permutas de seguro y otros contratos que establecen pagos basados en cambios climáticos, geológicos u otras variables de tipo físico que sean específicas para una de las partes del contrato.
m. Contratos de reaseguro.

Contabilidad tácita

En algunos modelos contables, las pérdidas o ganancias realizadas de los activos de la aseguradora tienen un efecto directo en la medición de todas o algunas de las siguientes partidas: (a) sus pasivos por contratos de seguro, (b) los costos de adquisición diferidos conexos y (c) los activos intangibles también conexos, según se describen estas partidas en los párrafos 31 y 32. Se permite, pero no se requiere, a la aseguradora cambiar sus políticas contables de forma que la pérdida o ganancia reconocida pero no realizada, en los activos, afecte a dichas mediciones de la misma forma que la pérdida o ganancia realizada. El ajuste correspondiente en el pasivo por contratos de seguro (o en los costos de adquisición diferidos o en los activos intangibles) se reconocerá en otro resultado integral si y solo si las ganancias o pérdidas no realizadas se reconocen en otro resultado integral. Esta práctica se denomina en ocasiones "contabilización tácita".

2.1.26 Activos no corrientes mantenidos para la venta - NIIF 5

La NIIF 5 establece el tratamiento contable y requisitos de revelación aplicables cuando una parte de la empresa se encuentra a la venta o ya ha sido sometida a disposición.

En el estado de situación financiera, la NIIF 5 establece una clasificación para activos no corrientes "mantenidos para la venta".

En general, se deben cumplir las siguientes condiciones para que un activo (o "grupo de disposición) pueda ser clasificado como mantenido para la venta (NIIF 5 párrafo 6-8):

- ✓ La gerencia está comprometida con un plan para vender.
- ✓ El activo está disponible para su venta inmediata.
- ✓ Se inicia un programa para encontrar un comprador de forma activa.
- ✓ La venta es altamente probable, dentro de un plazo de 12 meses desde la clasificación como mantenido para la venta (con sujeción a limitadas excepciones).
- ✓ La venta del activo se está negociando activamente a un precio razonable, en relación con su valor razonable.
- ✓ Las acciones exigidas para completar el plan indican que es improbable que el plan sufra cambios significativos o que vaya a ser retirado.

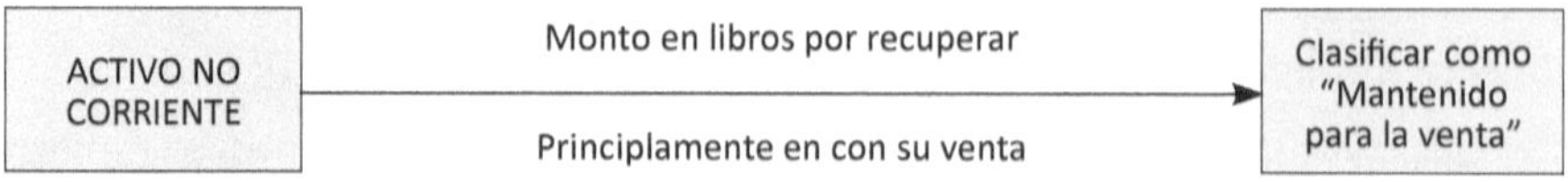

Un "grupo de disposición" es un grupo de activos, posiblemente con algunos pasivos asociados, de los que la entidad tiene la intención de disponer mediante una única transacción.

Inmediatamente antes de la clasificación inicial del activo como mantenido para la venta, el importe en libros del activo se debe medir de conformidad con la NIIF aplicable (p. ej.: si el activo se mantiene en PPE al monto revaluado de acuerdo con la NIC 16, entonces debería ser revaluado antes de aplicar la NIIF 5).

Después de la clasificación como mantenidos para la venta, los activos no corrientes o los grupos de disposición que se clasifiquen como mantenidos para la venta se miden, al menor valor entre su importe en libros y su valor razonable menos los costos de venta (NIIF 5 párrafo 15).

El deterioro del valor debe comprobarse en el momento de la clasificación como mantenido para la venta y a partir de entonces:

- ✓ Los activos no corrientes o los grupos de disposición que se clasifiquen como mantenidos para la venta no deben depreciarse (NIIF 5 párrafo 25).
- ✓ Los activos clasificados como mantenidos para la venta, y los activos y pasivos incluidos en un grupo de disposición clasificados como mantenidos para la venta, deben presentarse por separado en el estado de situación financiera.

Una operación discontinuada es un componente de la entidad que ha sido vendido o se ha dispuesto de él por otra vía, o bien que ha sido clasificado como mantenido para la venta, y (NIIF párrafo 32):

- ✓ Representa una línea de negocio o un área geográfica de operaciones que es significativa y puede considerarse separada del resto.
- ✓ Forma parte de un plan individual y coordinado para disponer de una línea de negocio o de un área geográfica de operaciones que sea significativa y pueda considerarse separada del resto, o
- ✓ Es una entidad subsidiaria adquirida exclusivamente con la finalidad de revenderla.

Se debe revelar información detallada sobre las operaciones discontinuadas (NIIF 5 párrafo 33). El principal requisito consiste en que en el estado de ingresos totales, el resultado de la operación discontinuada, combinado con toda ganancia o pérdida derivada de la disposición, o de una nueva medición de los activos mantenidos para la venta, sea revelado en forma separada de los resultados de las operaciones continuas.

UNA OPERACIÓN DESCONTINUADA ES:

Un componente = Operaciones y flujos de efectivo que se distinguen en las operaciones y para fines de emisión de informes financieros (una Unidad generadora de efectivo o un grupo de Unidades generadoras de efectivo)

QUE SE:

Elimina o se clasifica como "mantenido para la venta"

Y REPRESENTA UNA:

Línea de negocios o área geográfica importante por separado

O

Parte de un plan para eliminar una línea de negocios o área geográfica importante por separado

O

Subsidiaria adquirida exclusivamente con fines de revenderla

CLASIFICACIÓN COMO MANTENIDO PARA LA VENTA DE UN ACTIVO NO CORRIENTE O GRUPO ENAJENABLE DE ELEMENTOS RECIÉN ADQUIRIDOS

Activo no corriente o grupo enajenable de elementos recién adquiridos

Se requiere exclusivamente

Para venderse

Criterios detallados

Clasificar como "mantenido para la venta"

Se espera efectuar la venta un año a partir de la fecha de clasificación como mantenido para la venta (puede extenderse en ciertas circunstancias) y

Se han satisfecho ya otros criterios o es sumamente probable que se satisfagan en un período breve (normalmente dentro de tres meses)

2.1.27 Exploración y evaluación de recursos minerales – NIIF 6

La NIIF 6 exige que las entidades que reconocen activos para la exploración y evaluación realicen comprobaciones del deterioro del valor sobre ellos, cuando los hechos y circunstancias sugieran que el importe en libros de los activos excede su importe recuperable.

La NIIF 6 requiere que se revele la información que permita identificar y explicar los importes reconocidos en sus estados financieros que procedan de la exploración y evaluación de recursos minerales, a saber:

- ✓ Sus políticas contables para los desembolsos efectuados en relación con la exploración y evaluación, incluso el reconocimiento de los activos de exploración y evaluación.

- ✓ Los importes de activos, pasivos, ingresos y gastos, y los flujos de efectivo de operación y de inversión originados por dichos activos.

Ejemplos de desembolsos que podrían incluirse en la medición inicial de los activos para exploración y evaluación (NIIF 6, 9):

- adquisición de derechos de exploración;
- estudios topográficos, geológicos, geoquímicos y geofísicos;
- perforaciones exploratorias;
- excavaciones de zanjas y trincheras;
- toma de muestras; y
- actividades relacionadas con la evaluación de la factibilidad técnica y la viabilidad comercial de la extracción de un recurso mineral.

Los desembolsos relacionados con el desarrollo de los recursos minerales no se reconocerán como activos para exploración y evaluación. El Marco Conceptual 1 y la NIC 38 Activos Intangibles suministran guías sobre el reconocimiento de activos que surjan de este desarrollo (NIIF 6, 10).

De acuerdo con la NIC 37 Provisiones, Pasivos Contingentes y Activos Contingentes, una entidad reconocerá cualquier obligación por desmantelamiento y restauración como consecuencia de haber llevado a cabo actividades de exploración y evaluación de recursos minerales (NIIF 6, 11).

Algunos activos para exploración y evaluación se tratan como intangibles (por ejemplo, los derechos de perforación), mientras que otros son tangibles (por ejemplo, vehículos y equipos de perforación) (NIIF 6, 16).

Hechos y circunstancias que indican que la entidad debería comprobar el deterioro:

- El término durante el que la entidad tiene el derecho a explorar en un área específica ha expirado durante el período, y no se espera que sea renovado.
- No se han presupuestado ni planeado desembolsos significativos para la exploración y evaluación posterior de los recursos minerales en esa área específica.
- La exploración y evaluación de recursos minerales en un área específica no han conducido al descubrimiento de cantidades comercialmente viables de recursos minerales.
- Importe en libros del activo para exploración y evaluación pueda ser recuperado.

2.1.28 Segmentos de operación – NIIF 8

Esta norma se ocupa de las revelaciones en notas basadas en segmentos. Es obligatoria para aquellas empresas con valores que cotizan públicamente (NIIF 8, 2), pero sólo se exige para los estados financieros consolidados en aquellos casos en que los estados de la controladora y los consolidados están en el mismo documento (NIIF 8, 4).

Con frecuencia, los segmentos de operación con características económicas similares muestran un rendimiento financiero a largo plazo que es similar. Por ejemplo, cabría esperar promedios de márgenes brutos a largo plazo similares en dos segmentos de operación con características económicas similares. Pueden agregarse dos o más segmentos de operación en uno solo cuando la agregación resulte coherente con el principio básico de esta NIIF y los segmentos tengan características económicas parecidas y sean similares en cada uno de los siguientes aspectos:

a) La naturaleza de los productos y servicios.
b) La naturaleza de los procesos de producción.
c) El tipo o categoría de clientes a los que se destina sus productos y servicios.
d) Los métodos usados para distribuir sus productos o prestar los servicios.
e) Si fuera aplicable, la naturaleza del marco normativo, por ejemplo, bancario o seguros.

La norma requiere que las entidades presenten información financiera para los sectores del negocio cuyos resultados operativos son analizados en forma regular por el principal responsable de las decisiones operativas (NIIF 8, 13). El objetivo consiste en que este "enfoque de gestión" para la identificación de los segmentos genere que las entidades presenten información utilizada internamente en forma regular para evaluar el rendimiento de los segmentos y decidir cómo asignar los recursos a los segmentos de operación.

Se debe presentar información de un segmento si éste comprende, por lo menos, el 10 % de los ingresos totales o el resultado total o los activos totales (NIIF 8, 13). Asimismo, los ingresos totales de todos los segmentos de operación sobre los que se presenta información deben constituir al menos el 75 % de los ingresos totales de la entidad (NIIF 8, 15). Algunos segmentos de operación podrán, por lo tanto, ser incluidos como segmentos sobre los que se debe informar aun cuando no cumplen con el requisito del límite del 10 %.

Para cada segmento, la entidad debe informar la medición del resultado y el total de activos. La medición del pasivo, además de otras cifras clave, incluidos los ingresos y el costo de los intereses, deben ser informados si son analizados regularmente por el principal responsable de las decisiones operativas (NIIF 8, 23).

La información revelada con respecto a los segmentos se basa en información utilizada de manera interna, que puede diferir de la utilizada para la preparación del estado de resultados y el estado de situación financiera. Por lo tanto, la NIIF 8 requiere explicaciones de la base sobre la cual se prepara la información del segmento (NIIF 8, 28).

La NIIF 8 entró en vigencia el 1 de enero de 2009. Reemplaza a la NIC 14 y alinea la presentación de la información financiera por segmentos con los requisitos de la norma contable equivalente en los Estados Unidos.

2.1.29 Estados financieros separados – NIC 27

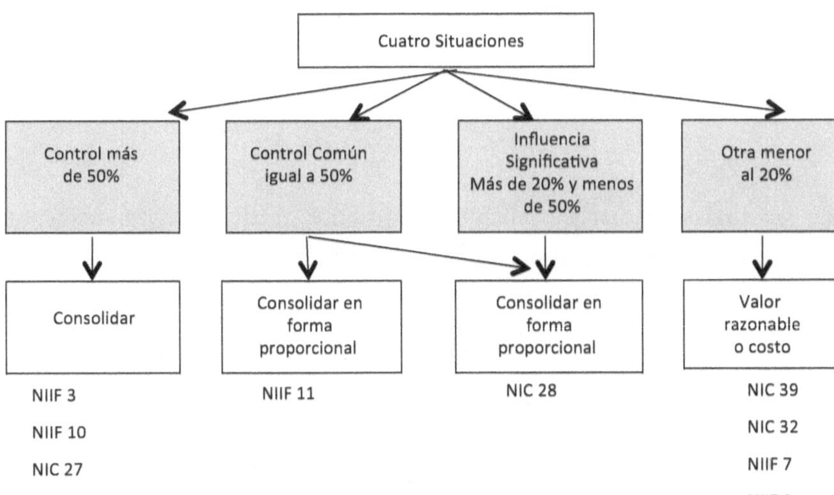

Una "subsidiaria" se define como una empresa controlada por otra. Obviamente, el control lo tiene un inversor si él no tiene solo poder sobre la participada y exposición o derecho a rendimientos variables procedentes de su implicación en la participada, sino que también tiene la capacidad de utilizar su poder para influir en el rendimiento del inversor como consecuencia de dicha implicación en la participada (NIIF 10, 17).

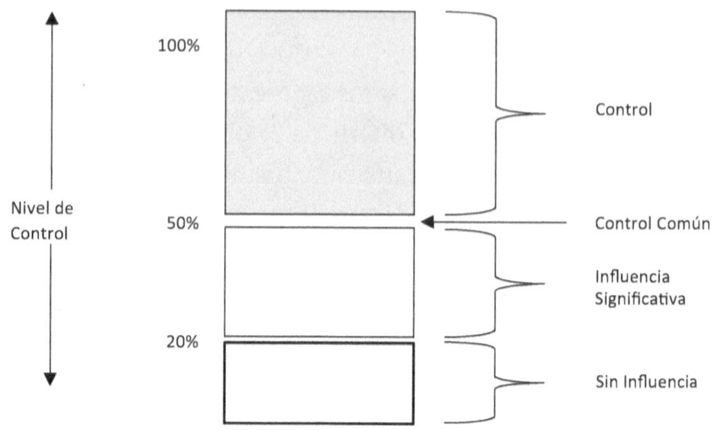

Una entidad que esté exenta de acuerdo con el párrafo 4(a) de la NIIF 10 de la consolidación o con el párrafo 17 de la NIC 28 (modificada en 2011) de aplicar el método de la participación puede presentar estados financieros separados como sus únicos estados financieros. (NIC 27, 9).

Párrafo 4(a) de la NIIF 10

- ✓ Es una subsidiaria total o parcialmente participada por otra entidad y todos sus otros propietarios, incluyendo los titulares de acciones sin derecho a voto, han sido informados de que la controladora no presentará estados financieros consolidados y no han manifestado objeción en ello.
- ✓ Sus instrumentos de deuda o de patrimonio no se negocian en un mercado público (ya sea una bolsa de valores nacional o extranjera, o un mercado no organizado, incluyendo mercados locales o regionales).
- ✓ No registra, ni está en proceso de hacerlo, sus estados financieros en una comisión de valores u otra organización reguladora, con el propósito de emitir algún tipo de instrumentos en un mercado público; y
- ✓ Su controladora última, o alguna de las controladoras intermedias elabora estados financieros consolidados que se encuentran disponibles para uso público y cumplen con las NIIF.

Cuando una entidad elabore estados financieros separados, contabilizará las inversiones en subsidiarias, negocios conjuntos y asociadas:

a) al costo, o
b) de acuerdo con la NIIF 9,
c) utilizando el método de la participación tal como lo describe la NIC 28.

La entidad aplicará el mismo tratamiento contable a cada categoría de inversión. Las inversiones contabilizadas al costo se reconocerán de acuerdo con la NIIF 5 Activos No Corrientes Mantenidos para la Venta y Operaciones Discontinuadas en aquellos casos en que estas se clasifiquen como mantenidas para la venta (o se incluyan en un grupo de activos para su disposición que se clasifique como mantenido para la venta). En estas circunstancias, no se modificará la medición de las inversiones contabilizadas de acuerdo con la NIIF 9 (NIC 27, 10).

Si una entidad opta, de acuerdo con el párrafo 18 de la NIC 28 (modificada en 2011), por medir sus inversiones en asociadas o negocios conjuntos a valor razonable con cambios en resultados de acuerdo con la NIIF 9, contabilizará también esas inversiones de la misma forma en sus estados financieros separados (NIC 27, 11).

Una entidad reconocerá un dividendo procedente de una subsidiaria, negocio conjunto o asociada en el resultado de periodo en sus estados financieros separados cuando se establezca su derecho a recibirlo (NIC 27, 12).

2.1.30 Inversiones en asociadas – NIC 28

Se presume que la entidad ejerce influencia significativa si posee, directa o indirectamente (por ejemplo, a través de subsidiarias), el 20 por ciento o más del poder de voto de la participada, a menos que pueda demostrarse claramente que tal influencia no existe. A la inversa, se presume que la entidad no ejerce influencia significativa si posee, directa o indirectamente (por ejemplo, a través de subsidiarias), menos del 20 por ciento del poder de voto de la participada, a menos que pueda demostrarse claramente que existe tal influencia. La existencia de otro inversor, que posea una participación mayoritaria o sustancial, no impide necesariamente que una entidad ejerza influencia significativa (NIC 28, 5).

La existencia de la influencia significativa por una entidad se pone en evidencia, habitualmente, a través de una o varias de las siguientes vías:

a) Representación en el consejo de administración, u órgano equivalente de dirección de la entidad participada.
b) Participación en los procesos de fijación de políticas, entre los que se incluyen las participaciones en las decisiones sobre dividendos y otras distribuciones.

c) Transacciones de importancia relativa entre la entidad y la participada.
d) Intercambio de personal directive.
e) Suministro de información técnica esencial.

Las empresas asociadas deben incluirse en los estados financieros consolidados usando el método de la participación (NIC 28, 10).

Según el método de la participación, en el reconocimiento inicial la inversión en una asociada o negocio conjunto se registrará al costo, y el importe en libros se incrementará o disminuirá para reconocer la parte del inversor en el resultado del periodo de la participada, después de la fecha de adquisición. La parte del inversor en el resultado del periodo de la participada se reconocerá, en el resultado del periodo del inversor. Las distribuciones recibidas de la participada reducirán el importe en libros de la inversión. Podría ser necesaria la realización de ajustes al importe por cambios en la participación proporcional del inversor en la participada que surja por cambios en el otro resultado integral de la participada. Estos cambios incluyen los que surjan de la revaluación de las propiedades, planta y equipo y de las diferencias de conversión de la moneda extranjera. La parte que corresponda al inversor en esos cambios se reconocerá en el otro resultado integral de este (véase la NIC 1 Presentación de Estados Financieros).

Cambios en la participación en la propiedad

Si una participación en la propiedad de una asociada o negocio conjunto se reduce, pero la entidad continúa aplicando el método de la participación, la entidad reclasificará al resultado del periodo la proporción de la ganancia o pérdida que había anteriormente sido reconocida en otro resultado integral relativo a esa reducción en la participación en la propiedad en el caso de que esa ganancia o pérdida requiriera reclasificarse al resultado del periodo en el momento de la disposición de los activos o pasivos relacionados. (NIC 28, 25).

2.1.31 Estados financieros consolidados – NIIF 10

El objetivo de esta NIIF es establecer los principios para la presentación y preparación de estados financieros consolidados cuando una entidad controla una o más entidades distintas (NIIF10, 1).

CONTROL BAJO NIIF 10

Un inversor, independientemente de la naturaleza de su implicación en una entidad (la participada), determinará si es una controladora mediante la evaluación de su control sobre la participada. (NIIF 10, 5).

Un inversor controla una participada cuando está expuesto, o tiene derecho, a rendimientos variables procedentes de su implicación en la participada y tiene la capacidad de influir en esos rendimientos a través de su poder sobre esta (NIIF 10, 6).

Características de control

a) Poder sobre la participada.
b) Exposición, o derecho, a rendimientos variables.
c) Capacidad de utilizar su poder sobre la participada para influir en rendimientos.

Poder

Un inversor tiene poder sobre una participada cuando éste posee derechos que le otorgan la capacidad presente de dirigir las actividades relevantes, es decir, las actividades que afectan de forma significativa a los rendimientos de la participada. (NIIF 10, 10).

El poder surge de derechos. En ocasiones la evaluación del poder es sencilla, tal como cuando el poder sobre una participada se obtiene de forma directa y únicamente de los derechos de voto concedidos por los instrumentos de patrimonio, tales como acciones y pueden ser evaluados mediante la consideración de los derechos de voto procedentes del accionariado (NIIF 10, 11).

Rendimientos

Un inversor está expuesto, o tiene derecho, a rendimientos variables procedentes de su implicación en la participada cuando los rendimientos del inversor procedentes de dicha implicación tienen el potencial de variar como consecuencia del rendimiento de la participada. Los rendimientos del inversor pueden solo ser positivos, solo negativos o ambos, positivos y negativos (NIIF 10, 15).

Vinculación entre poder y rendimiento

Un inversor controla una participada si el inversor no tiene solo poder sobre la participada y exposición o derecho a rendimientos variables procedentes de su implicación en la participada, sino que también tiene la capacidad de utilizar su poder para influir en el rendimiento del inversor como consecuencia de dicha implicación en la participada.

Requerimientos de contabilización

Una controladora elaborará estados financieros consolidados utilizando políticas contables uniformes para transacciones y otros sucesos que, siendo similares, se hayan producido en circunstancias parecidas (NIIF 10, 19).

Procedimientos de consolidación (NIIF 10 GA 86)

a) Combinan partidas similares de activos, pasivos, patrimonio, ingresos y gastos y flujos de efectivo de la controladora con los de sus subsidiarias.
b) Compensan (eliminan) el importe en libros de la inversión de la controladora en cada subsidiaria y la parte de la controladora en el patrimonio de cada subsidiaria (la NIIF 3 explica la forma de contabilizar la plusvalía relacionada).
c) Eliminan en su totalidad los activos y pasivos, patrimonio, ingresos, gastos y flujos de efectivo intragrupo relacionados con transacciones entre las entidades del grupo (resultados del periodo procedente de transacciones intragrupo que están reconocidos en activos, tales como inventarios y activos fijos, se eliminan totalmente). Las pérdidas intragrupo pueden indicar un deterioro de valor, que requerirá su reconocimiento en los estados financieros consolidados. La NIC 12 Impuesto a las Ganancias se aplicará a las diferencias temporarias que surjan como consecuencia de la eliminación del resultado del periodo procedente de las transacciones intragrupo.

Pérdida de control (NIIF 10 GA 98)

Cuando una controladora pierda el control de una subsidiaria:

a) Dará de baja en cuentas:
   i) Los activos (incluyendo la plusvalía) y pasivos de la subsidiaria por su importe en libros en la fecha en que se perdió el control; y
   ii) El importe en libros de todas las participaciones no controladoras en la anterior subsidiaria en la fecha en que se pierda el control (incluyendo todos los componentes de otro resultado integral atribuible a las mismas).

b) Reconocerá:
   i) El valor razonable de la contraprestación recibida, si la hubiera, por la transacción, suceso o circunstancias que diera lugar a la pérdida de control;
   ii) Cuando la transacción, suceso o circunstancia que dé lugar a la pérdida de control conlleve una distribución de acciones de la subsidiaria a los propietarios en su condición de tales, dicha distribución; y
   iii) La inversión conservada en la que anteriormente fue subsidiaria por su valor razonable en la fecha en que se pierda el control.

c) Reclasificará el resultado del periodo, o transferirá directamente a ganancias acumuladas si se requiere por otras NIIF, los importes reconocidos en otro resultado integral en relación con la subsidiaria.

d) Reconocerá toda diferencia resultante como ganancia o pérdida en el resultado del periodo atribuible a la controladora.

2.1.32 Acuerdos conjuntos – NIIF 11

Esta Normativa sustituye a las siguientes NIIF:

- NIC 31 Participaciones en Negocios Conjuntos
- SIC-13 Entidades Controladas Conjuntamente – Aportaciones No Monetarias de los Participantes

El objetivo de esta NIIF es establecer los principios para la presentación de información financiera por entidades que tengan una participación en acuerdos que son controlados conjuntamente (NIIF 11, 1).

Control conjunto es el reparto del control contractualmente decidido de un acuerdo, que existe solo cuando las decisiones sobre las actividades relevantes requieren el consentimiento unánime de las partes que comparten el control (NIIF 11, 7).

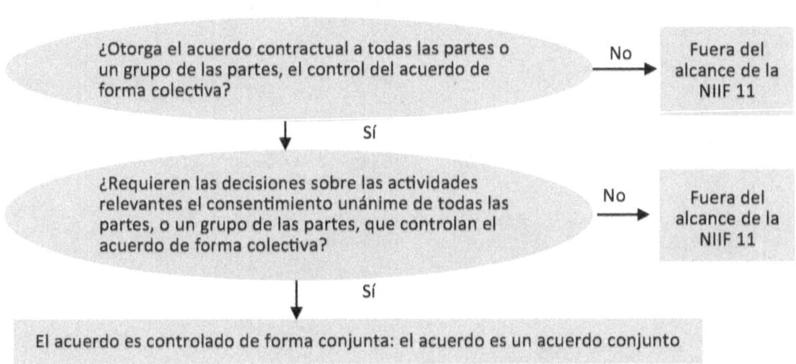

Cuando un acuerdo queda al margen del alcance de la NIIF 11, una entidad contabilizará su participación en dicho acuerdo según las NIIF correspondientes, tales como la NIIF 10, NIC 28 (modificada en 2011) o NIIF 9.

Al evaluar si una entidad tiene el control conjunto de un acuerdo, una entidad evaluará en primer lugar si todas las partes, o un grupo de las partes, controlan el acuerdo. La NIIF 10 define el control y se utilizará para determinar si todas las partes, o un grupo de las partes, están expuestas, o tienen derecho, a los rendimientos variables por su participación en el acuerdo y tienen la capacidad de influir en esos rendimientos mediante su poder sobre el acuerdo. Cuando todas las partes, o un grupo de las partes, consideradas de forma colectiva, son capaces de dirigir las actividades que afectan de forma significativa a los rendimientos del acuerdo (es decir las actividades relevantes), las partes controlan el acuerdo colectivamente (NIIF 11 GA5).

Tipos de acuerdo conjunto

Una entidad determinará el tipo de acuerdo conjunto en el que está involucrada. La clasificación de un acuerdo conjunto como una operación conjunta o un negocio conjunto dependerá de los derechos y obligaciones de las partes con respecto al acuerdo (NIIF 11, 14).

Una operación conjunta es un acuerdo conjunto mediante el cual las partes que tienen control conjunto del acuerdo tienen derecho a los activos y obligaciones con respecto a los pasivos, relacionados con el acuerdo. Esas partes se denominan operadores conjuntos (NIIF 11, 15).

Un negocio conjunto es un acuerdo conjunto mediante el cual las partes que tienen control conjunto del acuerdo tienen derecho a los activos netos del acuerdo. Esas partes se denominan partícipes de un negocio conjunto (NIIF 11, 16).

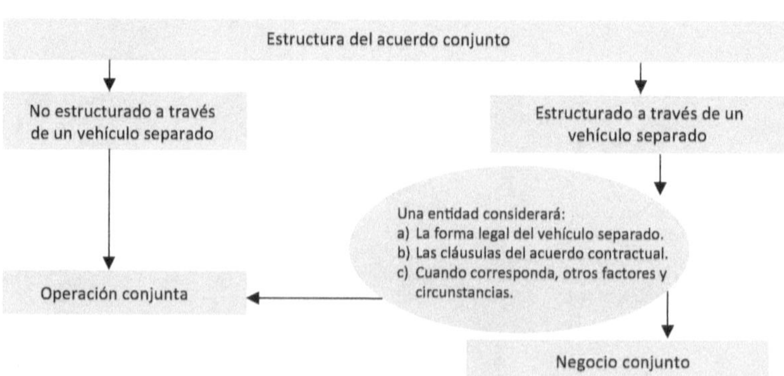

Acuerdos conjuntos no estructurados a través de un vehículo separado

Un acuerdo conjunto que no está estructurado a través de un vehículo separado es una operación conjunta. En estos casos, el acuerdo contractual establece los derechos de las partes a los activos y las obligaciones con respecto a los pasivos relativos al acuerdo, y los derechos a los ingresos de actividades ordinarias y las obligaciones con respecto a los gastos que correspondan a las partes.

Acuerdos conjuntos estructurados a través de un vehículo separado

Un acuerdo conjunto en el que los activos y pasivos relacionados con el acuerdo se mantienen en un vehículo separado puede ser un negocio conjunto o una operación conjunta.

La siguiente tabla compara las condiciones comunes en acuerdos contractuales entre partes de una operación conjunta y las condiciones comunes en acuerdos contractuales entre partes de un negocio conjunto. Los ejemplos de condiciones contractuales facilitados en la siguiente tabla no son exhaustivos (NIIF 11 GA27).

	Operación conjunta	**Negocio conjunto**
Las condiciones del acuerdo contractual	El acuerdo contractual proporciona a las partes del acuerdo conjunto derecho a los activos y obligaciones con respecto a los pasivos relacionados con el acuerdo.	El acuerdo contractual proporciona a las partes del acuerdo conjunto derecho a los activos netos del acuerdo (es decir, es el vehículo separado, no las partes, quien tiene derecho a los activos y obligaciones con respecto a los pasivos, relacionados con el acuerdo).
Derecho a los activos	El acuerdo contractual establece que las partes del acuerdo conjunto comparten todos los intereses (por ejemplo derechos, titularidad o propiedad) sobre los activos relacionados con el acuerdo en una proporción especificada (por ejemplo en proporción a la participación en la propiedad de las partes en el acuerdo o en proporción a la actividad realizada a través del acuerdo que se les atribuye directamente).	El acuerdo contractual establece que los activos comprados en el acuerdo o adquiridos con posterioridad por el acuerdo conjunto son activos del acuerdo. Las partes no tienen participación (es decir, no tienen derechos, titularidad o propiedad) sobre los activos del acuerdo.

Continuación

	Operación conjunta	Negocio conjunto
Obligaciones con respecto a los pasivos	El acuerdo contractual establece que las partes del acuerdo conjunto comparten todos los pasivos, obligaciones, costos y gastos en una proporción especificada (por ejemplo en proporción a la participación en la propiedad de las partes en el acuerdo o en proporción a la actividad realizada a través del acuerdo que se les atribuye directamente). El acuerdo contractual establece que las partes del acuerdo conjunto son responsables de las demandas planteadas por terceros.	El acuerdo contractual establece que el acuerdo conjunto es responsable de las deudas y obligaciones del acuerdo. El acuerdo contractual establece que las partes del acuerdo conjunto son responsables del acuerdo solo en la medida de sus inversiones respectivas en el acuerdo o de sus respectivas obligaciones a aportar el capital adicional o no pagado al acuerdo, o ambos. El acuerdo contractual señala que los acreedores del acuerdo conjunto no tienen derecho de recurso contra ninguna parte con respecto a deudas u obligaciones del acuerdo.
Ingresos de actividades ordinarias, gastos y resultados del periodo	El acuerdo contractual establece la distribución de los ingresos de actividades ordinarias y gastos sobre la base del rendimiento relativo de cada parte en el acuerdo conjunto. Por ejemplo, el acuerdo contractual puede establecer que los ingresos de actividades ordinarias y gastos se distribuyen sobre la base de la capacidad que cada parte utiliza de la planta operada conjuntamente, que podría diferir de su participación en la propiedad del acuerdo conjunto.	El acuerdo contractual establece la participación de cada parte en el resultado del periodo relacionado con las actividades del acuerdo.
Garantías	Normalmente, se requiere que las partes de los acuerdos conjuntos proporcionen garantías a terceros de que, por ejemplo, recibirán un servicio del acuerdo conjunto, o proporcionarán financiación a este. La provisión de estas garantías, o el compromiso de las partes de proporcionarlas, no determinan, por sí misma, que el acuerdo conjunto sea una operación conjunta. La característica que determina si el acuerdo conjunto es una operación conjunta o un negocio conjunto es si las partes tienen obligaciones con respecto a los pasivos relacionados con el acuerdo (para algunos de los cuales las partes pueden, o no, haber proporcionado una garantía).	

Evaluación de otros factores y circunstancias

Cuando las cláusulas del acuerdo contractual no especifican que las partes tienen derecho a los activos y obligaciones con respecto a los pasivos, relacionados con el acuerdo, las partes considerarán otros factores y circunstancias para evaluar si el acuerdo es una operación conjunta o un negocio conjunto (NIIF 11 GA30).

Un acuerdo conjunto puede estructurarse en un vehículo separado cuya forma legal confiere separación entre las partes y el vehículo separado. Las cláusulas contractuales acordadas entre las partes pueden no especificar los derechos de las partes a los activos y las obligaciones con respecto a los pasivos, no obstante, la consideración de otros factores y circunstancias pueden conducir a que tal acuerdo sea clasificado como una operación conjunta. Este será el caso cuando otros factores y circunstancias otorguen a las partes derecho a los activos y obligaciones con respecto a los pasivos relacionados con el acuerdo (NIIF 11 GA31).

Cuando las actividades de un acuerdo están diseñadas principalmente para proporcionar un producto a las partes, esto indica que las partes tienen derecho de forma sustancial a todos los beneficios económicos de los activos del acuerdo. Las partes de estos acuerdos a menudo aseguran su acceso a los productos proporcionados por el acuerdo impidiendo que el acuerdo venda el producto a terceros (NIIF 11 GA32).

El siguiente diagrama refleja la evaluación que una entidad sigue para clasificar un acuerdo cuando el acuerdo conjunto se estructura a través de un vehículo separado:

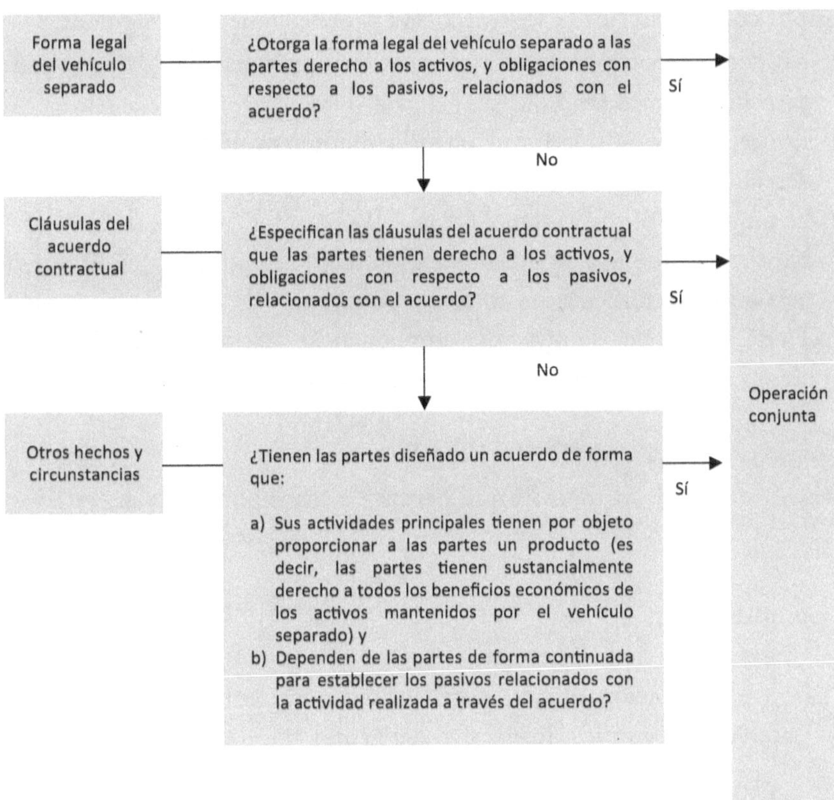

2.1.33 Información a revelar sobre participaciones en otras entidades – NIIF 12

El objetivo de esta NIIF es requerir que una entidad revele información que permita a los usuarios de sus estados financieros evaluar (NIIF 12, 1):

a) La naturaleza de sus participaciones en otras entidades y los riesgos asociados con estas.
b) Los efectos de esas participaciones en su situación financiera, rendimiento financiero y flujos de efectivo.

La entidad debe efectuar la revelación de la siguiente información:

1. Que tiene el control de otra entidad, bajo los parámetros de NIIF 10.
2. Que tiene el control conjunto o influencia significativa de una entidad.
3. El tipo de acuerdo conjunto.

Para cumplir con lo anterior la sociedad deberá dar detalle de lo siguiente:

- No controla otra entidad aún cuando mantenga más de la mitad de los derechos de voto de esta.
- Controla otra entidad aún cuando mantenga menos de la mitad de los derechos de voto de esta.
- Es un agente o un principal (véanse los párrafos 58 a 72 de la NIIF 10).
- No tiene influencia significativa aún cuando mantengan el 20 por ciento o más de los derechos de voto de otra entidad.
- Tiene influencia significativa aún cuando mantenga menos del 20 por ciento de los derechos de voto de otra entidad.

Participaciones en subsidiarias (NIIF 12, 10)

Una entidad revelará información que permita a los usuarios de sus estados financieros:

a) Comprender:
   i) La composición del grupo.
   ii) La participación que las participaciones no controladoras tienen en las actividades y flujos de efectivo del grupo.

b) Evaluar:
   i) La naturaleza y alcance de restricciones significativas sobre su capacidad para acceder o utilizar activos, y liquidar pasivos, del grupo.

ii) La naturaleza de los riesgos asociados con su participación en entidades estructuradas consolidadas y los cambios en estas.
iii) Las consecuencias de cambios en su participación en la propiedad de una subsidiaria que no dan lugar a una pérdida del control.
iv) Las consecuencias de la pérdida de control de una subsidiaria durante el periodo sobre el que se informa.

Participaciones en acuerdos conjuntos y asociadas (NIIF 12, 20)
Una entidad revelará información que permita a los usuarios de sus estados financieros evaluar:

a) La naturaleza, alcance y efectos financieros de sus participaciones en acuerdos conjuntos y asociadas, incluyendo la naturaleza y efectos de su relación contractual con los otros inversores con control conjunto de los acuerdos conjuntos y asociadas o influencia significativa sobre estos.
b) La naturaleza de los riesgos asociados con sus participaciones en negocios conjuntos y asociadas y los cambios en estos.

Participaciones en entidades estructuradas no consolidadas (NIIF 12, 24)
Una entidad revelará información que permita a los usuarios de sus estados financieros:

- Comprender la naturaleza de sus participaciones en entidades no consolidadas.
- Evaluar la naturaleza de los riesgos asociados con sus participaciones en entidades estructuradas no consolidadas y los cambios en estas.

La entidad presentará información de forma separada para participaciones en:

✓ Subsidiarias.
✓ Negocios conjuntos.
✓ Operaciones conjuntas.
✓ Asociadas.
✓ Entidades estructuradas no consolidadas.

Para determinar si agregar la información, una entidad considerará la información cuantitativa y cualitativa sobre el riesgo diferente y características del rendimiento de cada entidad que se está considerando en la acumulación y la importancia de cada entidad para la entidad que informa. La entidad presentará la información a revelar de una forma que explique con claridad a los usuarios de los estados financieros la naturaleza y alcance de sus participaciones (NIIF 12, GA 5).

Ejemplos de niveles de acumulación dentro de las clases de entidades establecidas en el párrafo que pueden ser apropiadas son (NIIF 12, GA 6):

1) La naturaleza de actividades (por ejemplo entidad de investigación y desarrollo, una entidad de titulización de tarjetas de crédito rotativo).
2) La clasificación industrial.
3) La geografía (por ejemplo país o región).

Cuando la participación de una entidad en una subsidiaria, un negocio conjunto o una asociada (o un parte de su participación en un negocio conjunto o asociada) se clasifique como mantenido para la venta de acuerdo con la NIIF 5 Activos no Corrientes Mantenidos para la Venta y Operaciones Discontinuadas, no se requiere que la entidad revele información financiera resumida para esa subsidiaria, negocio conjunto o asociada de acuerdo con los párrafos (NIIF 12, GA 17).

2.1.34 Instrumentos financieros

El tema de los instrumentos financieros es bastante complicado, y fue necesario dividirlo en cuatro normas.

- La NIC 32 trata las cuestiones relacionadas con la presentación (es decir, dónde registrar las partidas en el estado de resultados y el estado de situación financiera).
- La NIC 39 trata lo referente al reconocimiento y a la medición (es decir, dónde registrar una partida en los estados financieros y a qué valor).
- La NIIF 7 trata la información a revelar (toda la información extra que debe ser proporcionada con respecto a los instrumentos financieros además de las cifras reflejadas en los estados financieros principales).
- La NIIF 9 Trata lo referente al reconocimiento y a la medición y sustituirá la NIC 39, en donde se desarrolló en tres fases (fase 1: Clasificación y medición de los activos y pasivos financieros; Fase 2: Metodología del deterioro; Fase 3: Contabilidad de coberturas.)

Debe tenerse en cuenta que las inversiones en subsidiarias, empresas asociadas y negocios conjuntos y las obligaciones relacionadas con beneficios a los empleados quedan excluidas del alcance de las NIC 32 y 39 y de la NIIF 7 y 9.

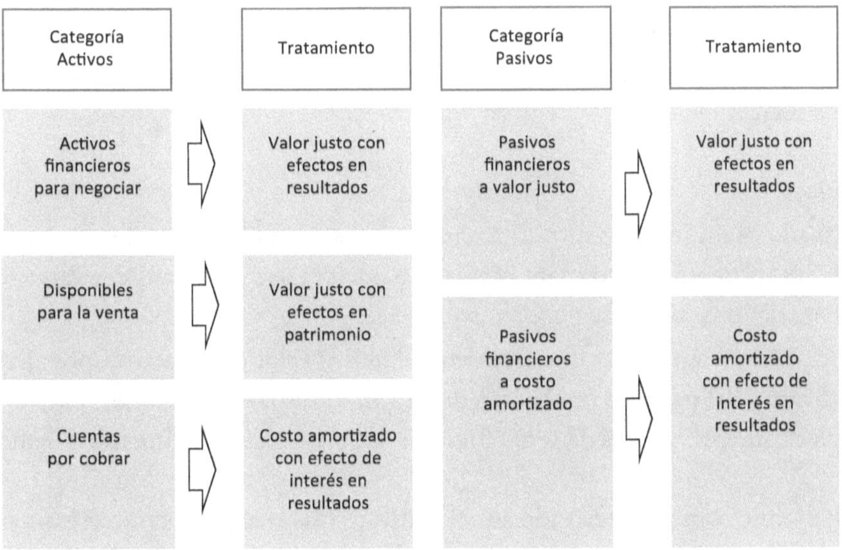

Definiciones

A continuación se proporcionan los elementos claves de las definiciones. Para consultar las definiciones completas, remítase al párrafo 11 de la NIC 32.

- ✓ Activo financiero: efectivo, un instrumento de patrimonio neto de otra entidad (es decir, una inversión), o un derecho contractual a recibir dinero en efectivo (p. ej.: cuentas por cobrar comerciales).
- ✓ Pasivo financiero: una obligación contractual de entregar dinero en efectivo u otro activo financiero a otra entidad.
- ✓ Patrimonio neto: todo contrato que evidencia una parte residual de los activos de una entidad, una vez deducidos todos sus pasivos.
- ✓ Instrumento financiero: todo contrato que genera un activo financiero en una entidad y un pasivo financiero o instrumento de patrimonio neto en otra entidad (p. ej.: los debentures son un instrumento financiero, dado que la entidad emisora tiene un pasivo y la entidad inversora tiene un activo financiero, o derecho de recibir dinero).

Valor razonable:

NIIF 13: "...el precio que sería recibido por vender un activo o pagado por transferir un pasivo en una transacción ordenada entre participantes del mercado en la fecha de medición"

Se supone que el valor razonable puede determinarse prácticamente en todos los casos, los precios de los instrumentos financieros pueden encontrarse listados en distintos mercados:

Derivados:

Un derivado es un instrumento financiero que asegura el precio a futuro de la compra o venta sobre un activo, para prevenir o adelantarse a las posibles variaciones al alza o baja del precio que se generen sobre este.

Su principal característica es que están vinculados al valor de un activo, por ejemplo el precio del oro, del petróleo (en el caso de commodities), o de acciones, índices bursátiles, tasa de interés, valores de renta fija, etc. (en el caso de instrumentos financieros).

NIIF 9: Define como un derivado aquel contrato que cumple 3 características (apéndice A definiciones NIIF 9):

a) Su valor cambia en respuesta a los cambios en una tasa de interés específica, en el precio del instrumento financiero.
b) No requiere de una inversión inicial neta, o solo obliga a realizar una inversión inferior a la que se requeriría.
c) Fecha de vencimiento o liquidación futura.

2.1.35 Instrumentos financieros: Presentación - NIC 32

Los instrumentos financieros de un emisor deben clasificarse en función de su esencia en instrumento de patrimonio o pasivo. Por ejemplo, si una empresa ha emitido acciones preferentes que contienen elementos que se ajustan a la definición de pasivo, (las acciones son rescatables en una fecha específica, de modo que la entidad tiene la obligación de entregar una suma de dinero), la acción debe tratarse como un pasivo pese a su clasificación legal.

Los instrumentos compuestos deben dividirse en las partes que los componen. Por ejemplo, un debenture convertible es, según su esencia económica, en parte una deuda y en parte una acción.

Su precio en el mercado dependerá de la importancia relativa de estas dos partes. De acuerdo con la NIC 32, este debenture debe presentarse en parte como deuda y en parte como patrimonio.

La presentación del rendimiento sobre dichos instrumentos debe cumplir con las clasificaciones precedentes. Por ejemplo, el rendimiento de un instrumento clasificado como deuda debe presentarse como gasto por intereses incluso si legalmente se denomina dividendo.

La compensación de activos y pasivos financieros solo está permitida cuando hay un derecho, legalmente exigible, de compensar, que la empresa tiene la intención de ejercer.

Son ejemplos comunes de activos financieros que representan un derecho contractual a recibir efectivo en el futuro, y de los correspondientes pasivos financieros que representan una obligación contractual de entregar efectivo en el futuro, los siguientes:

a) Cuentas por cobrar y por pagar de origen comercial;
b) Pagarés por cobrar y por pagar;
c) Préstamos por cobrar y por pagar; y
d) Obligaciones o bonos por cobrar y por pagar.

En cada caso, el derecho contractual a recibir (o la obligación de pagar) efectivo que una de las partes tiene, se corresponde.

Los instrumentos financieros comprenden tanto instrumentos primarios (tales como cuentas por cobrar, por pagar o instrumentos de patrimonio) como instrumentos financieros derivados (tales como opciones financieras, futuros y contratos a término, permutas de tasa de interés y de divisas). Los instrumentos financieros derivados cumplen la definición de instrumento financiero y, por tanto, entran dentro del alcance de esta Norma (NIC 32 ga15).

Los instrumentos financieros derivados crean derechos y obligaciones que tienen el efecto de transferir, entre las partes implicadas en el instrumento, uno o varios tipos de riesgos financieros inherentes a un instrumento financiero primario subyacente. Los instrumentos financieros derivados conceden a una parte el derecho contractual a intercambiar activos financieros o pasivos financieros con la otra parte, en condiciones que son potencialmente favorables, o crean la obligación contractual de intercambiar activos financieros o pasivos financieros con la otra parte, en condiciones que son potencialmente desfavorables (NIC 32 ga16).

2.1.36 Instrumentos financieros: NIC 39 y NIIF 9

Una entidad reconocerá un activo o pasivo financiero cuando dicha entidad se convierta en parte obligada al cumplimiento de las disposiciones contractuales del instrumento (cabe destacar que este aspecto difiere del criterio estándar de reconocimiento establecido en el marco conceptual).

A los fines de la medición, los activos financieros se clasifican en tres categorías, las que determinarán su tratamiento en los estados financieros:

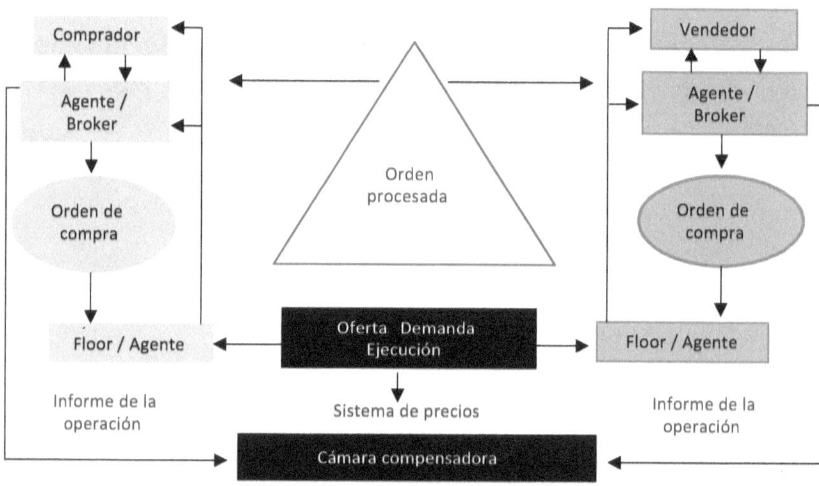

NEGOCIACIÓN

Esta designación, una vez elegida, es irrevocable. El activo financiero debe ser mantenido en esta categoría hasta que es vendido, su madurez o su extinción.

Tratamiento	Valor Razonable
Efecto EEFF	Resultado en el período que ocurren
Cotización	Mercados Activos
Comisiones	Gasto cuando se adquieren

PRÉSTAMOS Y CUENTAS POR COBRAR

Son activos financieros creados por una entidad como resultado de:

- Prestar dinero
- Proveer bienes y servicios
- Participar en préstamos sindicados
- Comprar instrumentos de deuda no cotizados

Tratamiento	⇒	Costo Amortizado
Efecto EEFF	⇒	Resultados
Cotización	⇒	Mercados Activos

DISPONIBLE PARA LA VENTA

Corresponde a activos financieros que no se clasifican como de negociación ni como mantenidos hasta el vencimiento

Se puede cambiar y dejarlos a vencimiento si la administración lo determina

Tratamiento	⇒	Valor Razonable
Efecto EEFF	⇒	Patrimonio del período que ocurren
Cotización	⇒	Mercados Activos
Comisiones	⇒	Aumento de la inversión

Todos los activos financieros se miden inicialmente al valor razonable más los costos de transacción, a excepción de los "activos financieros a valor razonable con cambios en resultados", que se mantienen a valor razonable únicamente (sin costos de transacción).

Después del reconocimiento inicial, los activos financieros deben medirse a su valor razonable a excepción de los siguientes, que deben medirse al costo amortizado:

- ✓ Inversiones mantenidas al costo amortizado.
- ✓ Préstamos y cuentas por cobrar.

Los activos que no tienen un precio de mercado y no se pueden medir de otra manera en forma fiable, se miden al costo.

Las pérdidas y ganancias son registradas con cambios en resultados (es decir, en el estado de resultados), salvo por los siguientes casos, en donde las pérdidas y ganancias son registradas en el patrimonio neto:

- ✓ Inversiones mantenidas al costo amortizado.
- ✓ Activos financieros disponibles para la venta.

Los activos financieros están sujetos a revisión por deterioro del valor en cada fecha de presentación de la información.

Existen dos categorías de pasivo financiero:

- ✓ Derivados o designados "a valor razonable con cambios en resultados".
- ✓ Todo otro pasivo financiero.

Los pasivos financieros se miden inicialmente al valor razonable más costos de transacción, con la excepción de los derivados o "pasivos financieros a valor razonable con cambios en resultados", que son mantenidos al valor razonable únicamente (sin costos de transacción).

Luego del reconocimiento inicial, los derivados o aquellos pasivos designados "a valor razonable con cambios en resultados" son mantenidos a valor razonable, y las ganancias y pérdidas son registradas con cambios en resultados en el estado de resultados. Todos los demás pasivos financieros son mantenidos al costo amortizado.

La contabilización de cobertura constituye un conjunto adicional de normas especiales que pueden ser aplicadas a los instrumentos financieros cuando una entidad realiza un acuerdo de cobertura. Una entidad puede designar un instrumento de cobertura de modo que los cambios en su valor razonable sean compensados con los cambios en el valor razonable de la partida cubierta. Por ejemplo, si una empresa se ha comprometido a abonar una suma en una moneda extranjera dentro de seis meses, puede adquirir dicha divisa en forma anticipada a fin de evitar el riesgo de que el valor de dicha moneda aumente antes de la fecha de pago. La contabilización de cobertura implica designar la compra por anticipado como designada para cumplir con la obligación futura. Se permite cuando se cumplen determinadas condiciones (p. ej.: documentación formal, la cobertura es efectiva).

Hay tres tipos de métodos para contabilidad de coberturas, los cuales consiguen compensar de diferentes formas.

1 → Cobertura de Flujo de Efectivo

2 → Cobertura de Flujo de Efectivo

3 → Cobertura de Inversión en el Extranjero

Calificación de ítems cubiertos

- Un ítem cubierto debe ser un ítem identificado o grupo de ítems, que podrían afectar resultados (pérdida o ganancia) y calificar como Contabilidad de Cobertura bajo NIIF 9.
- Un ítem cubierto puede ser:
  - ✓ Un activo o pasivo reconocido.
  - ✓ Un Compromiso en firme no reconocido.
  - ✓ Una transacción Esperada altamente probable.
  - ✓ Una inversión neta en el extranjero que afecta pérdida y ganancia.
- Es posible designar solo porciones de Flujos de Efectivo a Valor Razonable de instrumentos financieros que califican como ítem cubierto.

Ejemplos de instrumentos derivados que pueden ser designados como instrumentos de cobertura:

- Futuros (comodities)
- Forward (moneda)
- Swaps (moneda y tasa)
- Opciones (tasa)

Un activo o pasivo financiero que no sea derivado, solo puede designarse como instrumento de cobertura en el caso de sea una cobertura de riesgo de moneda extranjera.

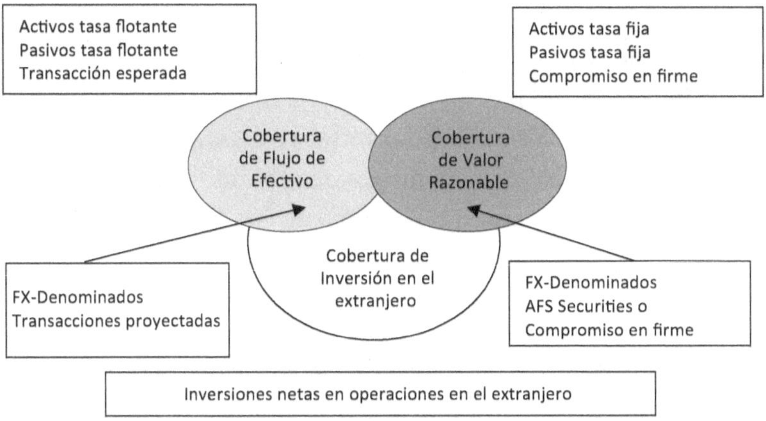

Coberturas de Valor Razonable (NIIF 9):

"Una cobertura de Valor Razonable es una cobertura a la variabilidad que pueda tener el Valor Razonable de un activo o pasivo que se encuentra reconocido en el balance o un compromiso en firme no reconocido previamente por la empresa"

NIIF 9 define Cobertura de Valor Razonable como una cobertura a la exposición a cambios en el Valor Justo de:

- Un activo o pasivo reconocido o un compromiso en firme no reconocido.
- Una porción identificada de un activo, pasivo o compromiso en firme.
- Que pueden ser atribuidos a un riesgo específico y pueden afectar las ganancias o pérdidas.

Algunos ejemplos de partidas cubiertas que pueden ser designados a coberturas de valor justo son:

1. Pasivos a Tasa Fija como los Préstamos
   - Un instrumento de deuda a tasa fija tiene una exposición a Valor Razonable a los cambios en las tasas de interés del mercado.
   - Si las tasas de interés del mercado bajan, el Valor Razonable del instrumento de deuda aumentará. Un Swap de tasa fija a variable será un instrumento de cobertura efectivo.

2. Activos a Tasa Fija como inversiones en Bonos
   - Una inversión en un bono con una tasa de interés fija de 5 %, tiene exposición de Valor Razonable por cambios en las tasas de interés de mercado.
   - Por ejemplo, si las tasas de interés de mercado aumentan, el Valor Razonable del bono disminuirá. Un Swap de tasa fija a variable, será un instrumento de cobertura efectivo.

3. Inversiones en Instrumentos de Rentas variable.
   - El tenedor de inversiones en Instrumentos de Renta Variable tiene una exposición de Valor Razonable a cambios en el valor de mercado de las acciones.

De acuerdo a NIIF 9 las Coberturas de Valor Razonable deben ser contabilizados de la siguiente forma:

- Instrumento de Cobertura: Las ganancias o pérdidas de la remedición del instrumento cubierto a Valor Razonable es reconocido en ganancias o pérdidas según corresponda.
- Partida Cubierta: El valor libro de la partida cubierta se ajusta a Valor Razonable a través de pérdida o ganancia, correspondiente a las ganancias o pérdidas atribuibles al riesgo cubierto.

Coberturas de flujo de efectivo (NIIF 9)

Una cobertura de flujo de efectivo es una cobertura de la exposición a la variabilidad de los flujos que:

- Es atribuida a un riesgo asociado con el reconocimiento de un activo o pasivo (como todos o algunos de los pagos de los intereses futuros sobre intereses de deuda variable) o una transacción altamente probable, y
- Afecta las pérdidas y ganancias.

Una cobertura de flujo de efectivo podría ser una cobertura de pago de interés variable sobre un instrumento de deuda, o la variabilidad en los futuros desembolsos de dinero sobre una transacción esperada para comprar existencias en una moneda extranjera.

Algunos de los más comunes activos, pasivos y transacciones probables cubiertas usando coberturas de flujo de caja son:

1. Deuda a tasa variable como los préstamos por pagar o un Bono Público.
   - Un ejemplo de esto es la cobertura de un instrumento de deuda a tasa variable con un Swap de tasa de interés que cambie la tasa variable a una tasa fija. La cobertura de flujo de efectivo reduce la variabilidad de la tasa de interés sobre los flujos futuros de la deuda.

2. Compras altamente probables
   - Un ejemplo de esto es cubrir una compra pronosticada de 100.000 toneladas de maíz en octubre para ser usado en el proceso de producción de la

entidad, contratando un forward de commodity para comprar la misma cantidad de maíz en octubre.

- Flujos de efectivo de proyectos con gastos o ingresos en una moneda diferente a la moneda funcional de la compañía.

De acuerdo a NIIF 9 las Coberturas de Flujo de Efectivo deben ser contabilizadas de la siguiente forma:

- Porción Efectiva: La porción de ganancia o pérdida sobre el instrumento de cobertura que es determinado efectivo sobre la partida cubierta es presentado en el patrimonio. La porción efectiva se mantiene en patrimonio hasta el vencimiento o desasignación de la cobertura. Cuando uno de estos eventos ocurra, lo que está en patrimonio se reclasifica en resultado.
- Porción Inefectiva: La porción inefectiva de la ganancia o pérdida del instrumento de cobertura es reconocido inmediatamente en resultados.

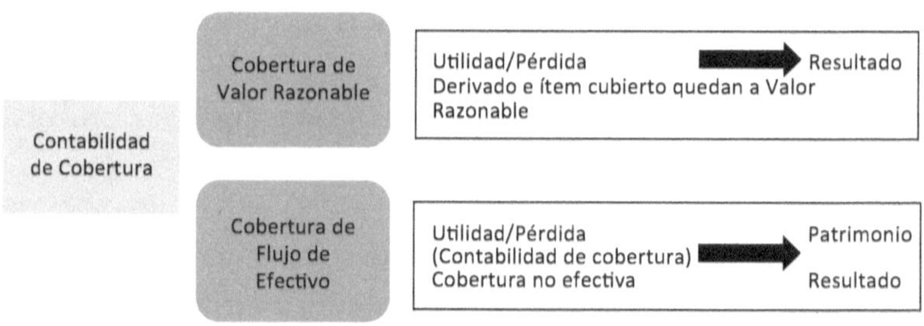

2.1.37 Instrumentos Financieros – NIIF 9

El IASB ha pretendido siempre que la NIIF 9 sustituya a la NIC 39 en su totalidad. Sin embargo, en respuesta a las solicitudes de las partes interesadas de que la contabilidad de instrumentos financieros debía mejorarse con rapidez, el IASB dividió su proyecto para sustituir la NIC 39 en tres fases principales. A medida que el IASB completó cada fase, creó capítulos en la NIIF 9 que sustituyeron los requerimientos correspondientes de la NIC 39.

Las tres fases principales del proyecto del IASB para sustituir la NIC 39 son:

a) Fase 1: clasificación y medición de los activos financieros y pasivos financieros. En noviembre de 2009 el IASB emitió los capítulos de la NIIF 9 relativos a la clasificación y medición de los activos financieros. Dichos capítulos requieren que los activos financieros se clasifiquen sobre la base del modelo de negocio en el que se mantienen y de las características de sus flujos de efectivo contractuales. En octubre de 2010 el IASB añadió a la NIIF 9 los requerimientos relacionados con la clasificación y medición de los pasivos financieros. Esos requerimientos adicionales se describen más adelante en el párrafo IN7. En julio de 2014, el IASB realizó modificaciones limitadas a los requerimientos de clasificación y medición de la NIIF 9 para activos financieros. Esas modificaciones se describen a continuación.

b) Fase 2: metodología del deterioro de valor. En julio de 2014, el IASB añadió a la NIIF 9 los requerimientos de deterioro de valor relacionados con la contabilidad de las pérdidas crediticias esperadas sobre los activos financieros de una entidad y los compromisos de ampliar el crédito. Esos requerimientos se describen más adelante.

c) Fase 3: contabilidad de coberturas. En noviembre de 2013 el IASB añadió a la NIIF 9 los requerimientos relacionados con la contabilidad de coberturas.

Clasificación y medición

En noviembre de 2009 el IASB emitió los capítulos de la NIIF 9 relativos a la clasificación y medición de los activos financieros. Los activos financieros se clasifican sobre la base del modelo de negocio en el que se mantienen y de las características de sus flujos de efectivo contractuales.

En octubre de 2010 el IASB añadió a la NIIF 9 los requerimientos para la clasificación y medición de los pasivos financieros. La mayoría de esos requerimientos se trasladaron sin modificación de la NIC 39. Sin embargo, los requerimientos relativos a la opción del valor razonable para pasivos financieros se cambiaron para abordar el riesgo crediticio propio. Esas mejoras dan respuesta a comentarios congruentes de los usuarios de los estados financieros y otros de que los efectos de cambios en el riesgo crediticio de un pasivo no deben afectar al resultado del periodo a menos que el pasivo se mantengan para negociar. En noviembre de 2013, el IASB modificó la NIIF 9 para permitir que las entidades apliquen de forma anticipada esos requerimientos sin utilizar, al mismo tiempo, los otros de la NIIF 9.

En julio de 2014 el IASB realizó modificaciones limitadas a los requerimientos de la NIIF 9 para la clasificación y medición de los activos financieros. Esas modificaciones abordaban un rango limitado de cuestiones de aplicación e introducían una categoría de medición denominada "valor razonable con cambios en otro resultado integral" para instrumentos de deuda sencillos concretos. La introducción de esa tercera categoría de medición respondía a la información recibida de partes interesadas, incluyendo muchas compañías de seguro, de que esta es la base de medición más relevante para los activos financieros que se mantienen dentro de un modelo de negocio cuyo objetivo se logra tanto mediante la obtención de flujos de efectivo contractuales como vendiendo activos financieros.

Metodología del deterioro de valor

También en julio de 2014, el IASB añadió a la NIIF 9 los requerimientos de deterioro de valor relacionados con la contabilidad de las pérdidas crediticias esperadas sobre los activos financieros de una entidad y los compromisos de ampliar el crédito. Esos requerimientos eliminan el umbral que había en la NIC 39 para el reconocimiento de las pérdidas crediticias. Según el enfoque del deterioro de valor de la NIIF 9, ya no es necesario que ocurra un suceso relacionado con el crédito antes de que se reconozcan las pérdidas crediticias.

En su lugar, una entidad contabilizará siempre las pérdidas crediticias esperadas, así como los cambios en dichas pérdidas crediticias esperadas. El importe de las pérdidas crediticias esperadas se actualiza en cada fecha de presentación para reflejar los cambios en el riesgo crediticio desde el reconocimiento inicial y, por consiguiente, se proporciona información más oportuna sobre las pérdidas crediticias esperadas.

Contabilidad de coberturas

En noviembre de 2013 el IASB añadió a la NIIF 9 los requerimientos relacionados con la contabilidad de coberturas. Estos requerimientos alinean la contabilidad de coberturas más estrechamente con la gestión del riesgo, establecen un enfoque más basado en principios para la contabilidad de coberturas y abordan incongruencias y debilidades del modelo de contabilidad de coberturas de la NIC 39. En sus debates sobre estos requerimientos generales de contabilidad de coberturas, el IASB no trató la contabilidad específica de carteras abiertas o macro coberturas. En su lugar, el IASB está tratando propuestas para dichas partidas como parte de su agenda activa actual, y en abril de 2014 publicó un *Documento de Discusión Contabilización de la Gestión del Riesgo Dinámica: un Enfoque de la Revaluación de Carteras para Macro Coberturas*. Por consiguiente, se continúa aplicando la excepción de la NIC 39 para una cobertura del valor razonable de una exposición a la tasa de interés de una cartera de activos financieros o pasivos financieros. El IASB también proporcionó a las entidades una opción de política contable entre la aplicación de los requerimientos de la contabilidad de coberturas de la NIIF 9 o continuar con la aplicación de los requerimientos de la contabilidad de coberturas existentes de la NIC 39 para toda la contabilidad de coberturas, porque todavía no había completado su proyecto sobre la contabilidad de macro coberturas.

2.1.38 Instrumentos financieros: información a revelar – NIIF 7

La entidad debe agrupar sus instrumentos financieros en clases de instrumentos similares y, cuando deba revelar información, hacerlo según la clase.

Las dos categorías principales de información a revelar requeridas por la NIIF 7 actualizadas por la NIIF 13 son:

A. Información sobre la relevancia de los instrumentos financieros.
B. Información sobre la naturaleza y el alcance de los riesgos que presentan los instrumentos financieros.

Revelación de Valor Razonable

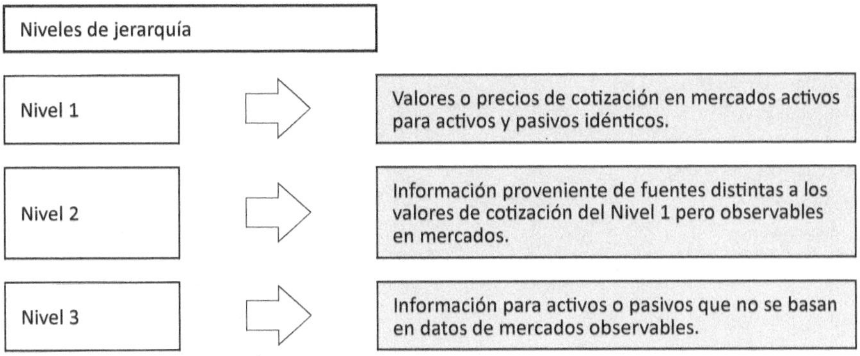

Niveles de jerarquía del Valor Razonable

Fueron medidos en base a las metodologías previstas en la NIIF 13 y clasificados según su jerarquía.

Activos Financieros a valor razonable	Valor Razonable Diciembre MF$	Nivel 1 MF$	Nivel 2 MF$	Nivel 3 MF$
Swap (activo)	4.058	-	4.058	-
Forward	15.462	-	15.462	-
Instrumento de renta fija	52.155	52.155	-	-
Fondos Mutuos	652.700	652.700	-	-
Pasivos Financieros a valor razonable				
Swap (pasivo)	7.934	-	7.934	-
Forward (pasivo)	6.891	-	6.891	-
(MF$) Moneda funcional de la entidad				

La sociedad tiene instrumentos financieros que no se registran a valor razonable. Con el propósito de cumplir con los requerimientos de revelación de valores justos, la sociedad ha valorizado estos instrumentos según el siguiente detalle:

Activos Financieros	Valor libro MF$	Valor Razonable MF$
Instrumento de renta fija	52.155	52.155
Swap (activo)	4.058	-
Forward	15.462	-
Otros activos financieros	1.171	1.171
Pasivos Financieros		
Bonos emitidos en dólares	2.374.258	2.527.933
Bonos emitidos en UF	997.094	1.028.993
Préstamos en dólares	375.309	364.751
Préstamos en otras monedas	22.247	22.247
Arriendo Financiero	768	768
Acreedores otras cxp	362.162	362.162
(MF$) Moneda funcional de la entidad		

TIPOS DE RIESGOS INHERENTES EN ACTIVOS FINANCIEROS

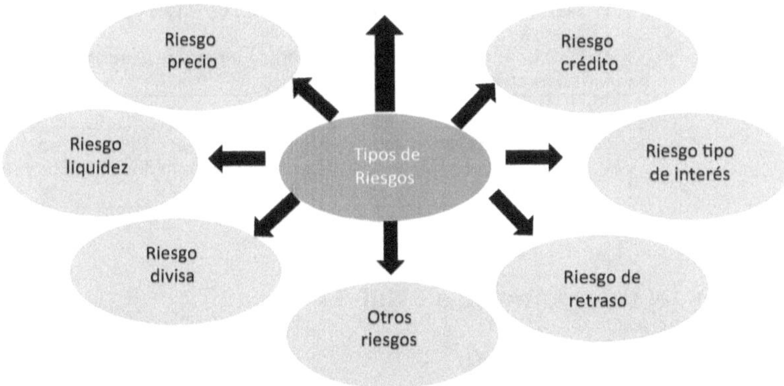

Revelación de Riesgo de Mercado

Revelaciones cuantitativas – ejemplo – riesgo de interés

La siguiente tabla muestra la sensibilidad de cambios en las obligaciones financieras que no están cubiertas frente a variaciones en las tasas de interés. Estos cambios son considerados razonablemente posibles basados en condiciones de mercados actuales.

VALOR TOTAL CARTERA MF$		
Valor Total Cartera MF$	**Variación de valor MF$**	**Variación de tasa %**
411.753.819	(7.376.697)	2,00%
415.442.168	(3.688.349)	1,00%
417.286.342	(1.844.174)	0,50%
420.974.691	1.844.174	(0,50%)
422.818.865	3.688.349	(1,00%)
426.507.213	7.376.697	(2,00%)
Valor total Cartera en el balance	419.130.516	
436.026.929	16.896.413	10,00%
427.578.723	8.448.206	5,00%
410.682.310	(8.448.206)	(5,00%)
402.234.104	(16.896.413)	(10,00%)
(MF$) Moneda funcional de la entidad		

Revelación de Riesgo de Crédito (revelaciones cuantitativas)

Riesgo de crédito

- Máxima exposición al riesgo de crédito de clases de instrumentos financieros
- El valor libro de los activos caerían en mora o se deteriorarían si no se hubieran renegociado.

- Análisis antigüedad activos financieros en mora, pero no deteriorados.
- Análisis activos financieros determinados como deteriorados y factores considerados.

2.1.39 Medición del Valor Razonable – NIIF 13

Esta nueva normativa define el valor razonable y cambia la definición de todas las normativas que se señalaba la definición de este.

Esta nueva NIIF se aplicara en los periodos anuales que comiencen a partir del 1 de enero de 2013, su aplicación se efectuara de forma prospectiva a partir del comienzo del periodo anual en que se aplique inicialmente.

La NIIF 13, define el valor razonable y se centra en los activos y pasivos porque son un objeto principal de la medición en la contabilidad, su definición es la siguiente forma (NIIF 13, 9):

Es el precio que sería recibido por vender un activo o pagado por transferir un pasivo en una transacción ordenada entre participantes de mercado en la fecha de la medición.

El objetivo de una medición del valor razonable es estimar el precio al que una transacción ordenada de venta del activo o de transferencia del pasivo tendría lugar entre participantes de mercado en la fecha de la medición en las condiciones de mercado presentes. Una medición del valor razonable requiere que una entidad determine todos los elementos siguientes (GA 2):

a) El activo o pasivo concreto que es el objeto de la medición.
b) Para un activo no financiero, la premisa de valoración que es adecuada para la medición.
c) El mercado principal (o más ventajoso) para el activo o pasivo.
d) Las técnicas de valoración adecuadas para la medición, considerando la disponibilidad de datos con los cuales desarrollar variables que representen los supuestos que los participantes de mercado utilizarían al fijar el precio del activo o pasivo y el nivel de la jerarquía del valor razonable en la que se clasifican las variables.

Para incrementar la coherencia y comparabilidad de las mediciones del valor razonable e información a revelar relacionada, esta NIIF establece una jerarquía del valor razonable que clasifica en tres niveles las variables de técnicas de valoración utilizadas para medir el valor razonable. La jerarquía del valor razonable concede la prioridad más alta a los precios cotizados (sin ajustar) en mercados activos para activos y pasivos idénticos (variables de Nivel 1) y la prioridad más baja a las variables no observables (variables de Nivel de 3) (NIIF 13, 72):

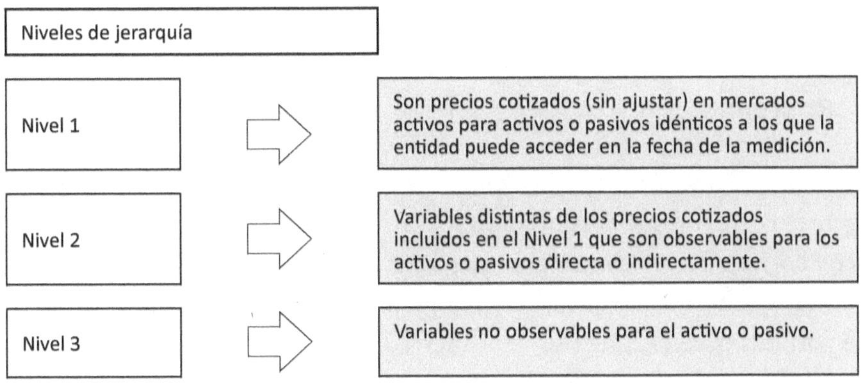

Variables de técnicas de valoración (NIIF 13 GA 34)

Ejemplos de mercados en los que las variables pueden ser observables para algunos activos y pasivos (por ejemplo instrumentos financieros) incluyen los siguientes:

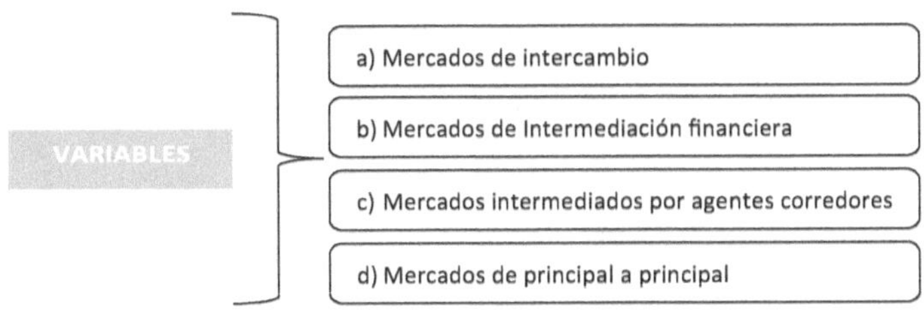

(a) *Mercados de intercambio.* En un mercado de intercambio, los precios de cierre están fácilmente disponibles y son representativos generalmente del valor razonable. Un ejemplo de este mercado es el Mercado de Valores de Londres.

(b) *Mercados de intermediación financiera.* En un mercado de intermediación financiera, los agentes mediadores toman posiciones para negociar (comprar o vender por su cuenta), proporcionando de ese modo liquidez al utilizar su capital para mantener un inventario de las partidas para las que crean un mercado. Habitualmente los precios compradores y vendedores (que representan el precio al que el agente mediador desea comprar y el precio al que desea vender, respectivamente) están disponibles con mayor facilidad que los de cierre. Los mercados no organizados (para los que los precios se informan públicamente) son mercados de intermediación financiera. Mercados de intermediación financiera también existen para algunos otros activos y pasivos, incluyendo algunos instrumentos financieros, materias primas cotizadas y activos físicos (por ejemplo, equipo utilizado).

(c) *Mercados intermediados por agentes corredores.* En un mercado intermediado por agentes corredores, éstos intentan hacer coincidir a compradores y vendedores pero no toman posiciones para negociar por su cuenta. En otras palabras, los agentes corredores no utilizan su capital propio para mantener un inventario de partidas para las que crear un mercado. El agente corredor conoce los precios de compra y venta de las respectivas partes pero cada parte habitualmente desconoce los requerimientos de precio de la otra parte. Los precios de transacciones completas están algunas veces disponibles. Los mercados intermediados por agentes corredores incluyen redes de comunicación electrónica, en la que se cruzan las órdenes de compra y venta, y los mercados de propiedad inmobiliaria residencial y comercial.

(d) *Mercados de principal a principal.* En un mercado de principal a principal, las transacciones originales y de reventa, se negocian independientemente sin intermediarios. Sobre esas transacciones puede estar disponible públicamente poca información.

Variables de Nivel 2 (NIIF 13 GA 35)

(a) *Permuta financiera de tasa de interés que paga variable y recibe fijo, basada en la tasa de permuta financiera de la Tasa Ofrecida Interbancaria de Londres (LIBOR).* Una variable de Nivel 2 sería tasa de permuta financiera del LIBOR si esa tasa es observable a intervalos cotizados habitualmente para, sustancialmente, la duración total de la permuta financiera.

(b) *Permuta financiera de tasa de interés que paga variable y recibe fijo, basada en una curva de rendimiento denominada en una moneda extranjera.* Una variable de Nivel 2 sería la tasa de una permuta financiera basada en una curva de rendimiento denominada en una moneda extranjera que es observable a intervalos cotizados de forma habitual para, sustancialmente, la duración total de la permuta financiera. Ese sería el caso si la duración de la permuta financiera es de diez años y esa tasa es observable a intervalos cotizados de forma habitual para nueve años, siempre que cualquier extrapolación razonable de la curva de rendimiento para el año 10 no fuera significativa para la medición del valor razonable de la permuta financiera.

(c) *Permuta financiera de tasa de interés que paga variable y recibe fijo, basada en una tasa de prima de riesgo bancaria específica.* Una variable de Nivel 2 sería una tasa de prima de riesgo bancaria que proviene de una extrapolación si los valores extrapolados se corroboran por datos de mercado observables, por ejemplo, por la correlación con una tasa de interés que es observable a lo largo, sustancialmente, de la duración total de la permuta financiera.

(d) *Opción a tres años sobre acciones negociadas en un mercado de valores.* Una variable de Nivel 2 sería la volatilidad involucrada en las acciones proveniente de la extrapolación a tres años.

(e) *Acuerdos de licencia.* Para un acuerdo de licencia que se adquiera en una combinación de negocios y fuera negociado recientemente con una parte no relacionada por la entidad adquirida (la parte del acuerdo de licencia), una variable de Nivel 2 sería la tasa de regalía en el contrato con la parte no relacionada al comienzo del acuerdo.

(f) *Inventario de productos terminados en una tienda al por menor.* Para un inventario que se adquiera en una combinación de negocios, una variable de Nivel 2 sería un precio a clientes en un mercado minorista en un mercado al por mayor, ajustado por las diferencias entre la condición y localización del inventario (es decir, similares) de forma que la medición del valor razonable refleja el precio que se recibiría en una transacción para vender el inventario a otro minorista que completaría el requisito de esfuerzos de venta.

(g) *Construcción mantenida y utilizada*. Una variable de Nivel 2 sería el precio por metro cuadrado para la construcción (una valoración por múltiplos) que proviene de datos de mercado observables, por ejemplo múltiplos procedentes de precios en transacciones observadas que involucran construcciones comparables en localizaciones similares.

(h) *Unidad generadora de efectivo*. Una variable de Nivel 2 sería una valoración por múltiplos que proviene de datos de mercado observables, por ejemplo múltiplos que provienen de precios en transacciones observadas que involucran negocios comparables (es decir, similares) teniendo en cuenta factores operativos, de mercado, financieros y no financieros.

Variables de Nivel 3 (NIIF 13 GA 36)

(a) *Permuta financiera de moneda extranjera a largo plazo*. Una variable de Nivel 3 sería una tasa de interés en una moneda especificada que no es observable y no puede corroborarse por datos de mercado observables a intervalos cotizados de forma habitual o de otra forma para, sustancialmente, la duración total de la permuta financiera de moneda extranjera. Las tasas de interés en una permuta financiera de moneda extranjera son las tasas de permuta financiera calculadas a partir de las curvas de rendimiento de los países respectivos.

(b) *Opción a tres años sobre acciones negociadas en un mercado de valores*. Una variable de Nivel 3 sería la volatilidad histórica, es decir, la volatilidad de acciones que proviene de precios históricos de acciones. La volatilidad histórica habitual no representa las expectativas de los participantes de mercado presentes sobre la volatilidad futura, incluso si es la única información disponible para fijar el precio de una opción.

(c) *Permuta de tasas de interés*. Una variable de Nivel 3 sería un ajuste a un precio de consenso de mercado medio (no vinculante) para la permuta financiera desarrollado utilizando datos que no son observables directamente y no puede ser corroborado de otra forma por datos de mercado observables.

(d) *Pasivos por retiro asumidos* en una combinación de negocios. Una variable de Nivel 3 sería una estimación presente utilizando datos propios de la entidad sobre las salidas de efectivo futuras a pagar para satisfacer la obligación (incluyendo las expectativas de los participantes de mercado sobre los costos de satisfacer la obligación y la compensación que un participante de mercado requeriría para cargar con la obligación de desmantelar el activo) si no existe información disponible razonable que indique que los participantes de mercado utilizarían supuestos diferentes. La variable de Nivel 3 sería utilizada en una, técnica de valor presente junto con otras variables, por ejemplo la tasa de interés libre, de riesgo presente o una tasa libre de riesgo ajustada por el crédito si el efecto de la posición de crédito de la entidad sobre el valor razonable del pasivo se refleja en la tasa de descuento en lugar de en la estimación de las salidas de efectivo futura.

(e) *Unidad generadora de efectivo*. Una variable de Nivel 3 sería una previsión financiera (por ejemplo de flujos de efectivo o resultado del periodo) desarrollada utilizando datos propios de la entidad si no existe información disponible razonable que indique que los participantes de mercado utilizarían supuestos diferentes.

La mínima información a revelar según la NIIF 13 es la siguiente (NIIF 13, 93)

A. Las mediciones del valor razonable recurrentes de activos o pasivos son las que requieren o permiten otras NIIF en el estado de situación financiera al final de cada periodo sobre el que se informa. Las mediciones del valor razonable no recurrentes de activos o pasivos son las que requieren o permiten otras NIIF en el estado de situación financiera en circunstancias concretas (por ejemplo, cuando una entidad mide un activo mantenido para la venta a valor razonable menos costos de venta de acuerdo con la NIIF 5 Activos no Corrientes Mantenidos para la Venta y Operaciones Discontinuadas porque el valor razonable de los activos menos los costos de venta es menor que su importe en libros).

B. Las mediciones del valor razonable recurrente y no recurrente, el nivel de la jerarquía del valor razonable dentro del cual se clasifican las mediciones del valor razonable en su totalidad (Nivel 1, 2 o 3).

C. Para activos y pasivos mantenidos al final del periodo sobre el que se informa que se miden al valor razonable sobre una base recurrente, los importes de las transferencias entre el Nivel 1 y el Nivel 2 de la jerarquía del valor razonable, las razones de esas transferencias y la política de la entidad para determinar cuándo se atribuye que han tenido lugar las transferencia entre niveles.

D. Para las mediciones valor razonable recurrente y no recurrente clasificadas dentro del Nivel 2 y Nivel 3 de la jerarquía del valor razonable, una descripción de las técnicas de valoración y las variables utilizadas en la medición del valor razonable. Si ha habido un cambio en la técnica de valoración (por ejemplo, cambiando de un enfoque de mercado a un enfoque de ingreso o el uso de una técnica de valoración adicional), la entidad revelará ese cambio y las razones para realizarlo. Para mediciones del valor razonable clasificadas en el Nivel 3 de la jerarquía del valor razonable, una entidad proporcionará información cuantitativa sobre las variables no observables significativas utilizadas en la medición del valor razonable.

E. Para mediciones del valor razonable recurrentes clasificadas en el Nivel 3, de la jerarquía de valor razonable, una conciliación de los saldos de apertura con los saldos de cierre, revelando por separado los cambios durante el periodo.

F. Para mediciones del valor razonable recurrentes clasificadas en el Nivel 3 de la jerarquía del valor razonable, el importe de las ganancias o pérdidas totales para el periodo en incluidas en el resultado del periodo que es atribuible al cambio en ganancias o pérdidas no realizadas relacionadas con esos activos y pasivos mantenidos al final del periodo sobre el que se informa, y las partidas del resultado del periodo en el que se reconocen esas ganancias o pérdidas no realizadas.

G. Para mediciones del valor razonable recurrentes y no recurrentes clasificadas en el Nivel 3 de la jerarquía del valor razonable, una descripción de los procesos de valoración utilizados por la entidad (incluyendo, por ejemplo, la forma en que una entidad decide sus políticas y procedimientos de valoración y analiza los cambios en las mediciones del valor razonable de periodo a periodo).

H. Para las mediciones del valor razonable recurrentes clasificadas en el Nivel 3 de la jerarquía del valor razonable detalle sensitivo.

I. Para las mediciones del valor razonable recurrentes y no recurrentes, si el máximo y major uso de un activo no financiero difiere de su utilización presente, una entidad revelará ese hecho y la razón por la que el activo no corriente se está utilizando de una forma que difiere de su máximo y mejor uso.

2.1.40 Cuentas de diferimientos de actividades reguladas – NIIF 14

El objetivo de esta Norma es especificar los requerimientos de información financiera para los saldos de las cuentas de diferimientos de actividades reguladas que surgen cuando una entidad proporciona bienes o servicios a clientes a un precio tarifa que está sujeto a regulación de tarifas.

Una entidad que tiene actividades con tarifas reguladas y que queda dentro del alcance de esta Norma, y que decida implementarla, aplicará los párrafos 10 y 12 de la NIC 8 al desarrollar sus políticas contables para el reconocimiento, medición, deterioro de valor y baja en cuentas de los saldos de las cuentas de diferimientos de actividades reguladas.

Las entidades deberán presentar por separado los saldos deudores de cuentas de diferimiento y los saldos acreedores de las actividades reguladas. (NIIF 14, 20).

La NIIF 14, describe los saldos de las cuentas de diferimientos de actividades reguladas como los importes de gasto o ingreso que no se reconocerían como activos o pasivos de acuerdo con otras normas, pero que cumplen los requisitos para ser diferidos de acuerdo con esta Norma, porque el importe se incluye, o se espera incluir, por el regulador de la tarifa al establecer los precios que una entidad puede cargar a los clientes por bienes o servicios con tarifas reguladas.

Cuando una entidad presenta, en su estado de situación financiera, los activos corrientes y no corrientes y los pasivos corrientes y no corrientes como clasificaciones separadas, no clasificará los totales de los saldos de las cuentas de diferimientos de actividades reguladas como corrientes o no corrientes. En su lugar, las partidas separadas requeridas por el párrafo 20 se diferenciarán de los activos y pasivos que se presenten de acuerdo con otras normas mediante el uso de subtotales, que se determinarán antes de que se presenten los saldos de las cuentas de diferimientos de actividades reguladas.

2.1.41 Ingresos de actividades ordinarias procedentes de contratos con clientes – NIIF 15

El IASB y el FASB lograron su meta de lograr las mismas conclusiones en todos los requerimientos para la contabilización de los ingresos de actividades ordinarias procedentes de contratos con clientes.

El objetivo de esta Norma es establecer los principios que aplicará una entidad para presentar información útil a los usuarios de los estados financieros sobre la naturaleza, importe, calendario e incertidumbre de los ingresos de actividades ordinarias y flujos de efectivo que surgen de un contrato con un cliente.

Principales características

Una entidad reconoce los ingresos de actividades ordinarias de acuerdo con ese principio básico mediante la aplicación de las siguientes etapas:

a) Etapa 1: Identificar el contrato (o contratos) con el cliente: un contrato es un acuerdo entre dos o más partes que crea derechos y obligaciones exigibles.
b) Etapa 2: Identificar las obligaciones de desempeño en el contrato: un contrato incluye compromisos de transferir bienes o servicios a un cliente.
c) Etapa 3: Determinar el precio de la transacción: el precio de la transacción es el importe de la contraprestación en un contrato al que una entidad espera tener derecho a cambio de la transferencia de los bienes o servicios comprometidos con el cliente.
d) Etapa 4: Asignar el precio de la transacción entre las obligaciones de desempeño del contrato: una entidad habitualmente asignará el precio de la transacción a cada obligación de desempeño sobre la base de los precios de venta independientes relativos de cada bien o servicio distinto comprometido en el contrato.
e) Etapa 5: Reconocer el ingreso de actividades ordinarias cuando la entidad satisface una obligación de desempeño: una entidad reconocerá el ingreso de actividades ordinarias cuando satisface una obligación de desempeño mediante la transferencia de un bien o servicio comprometido con el cliente.

Identificación de un contrato.

Criterios de reconocimiento de bajo NIIF 15 (NIIF 15 p9):

a) Las partes del contrato han aprobado el contrato y se comprometen a cumplir con sus respectivas obligaciones.
b) La entidad puede identificar los derechos de cada parte con respecto a los bienes o servicios a transferir.

c) La entidad puede identificar las condiciones de pago con respecto a los bienes o servicios a transferir.
d) El contrato tiene fundamento comercial.
e) Es probable que la entidad recaude la contraprestación a la que tendrá derecho a cambio de los bienes o servicios que se transferirán al cliente.

Diferencias con la NIC 18:

- ✓ Elimina inconsistencias y deficiencias en las normas existentes.
- ✓ Provee un marco de referencia más sólido y clara para evaluar las cuestiones relacionadas con reconocimiento de ingresos.
- ✓ Provee información más útil a los usuarios a través de requerimientos mejorados de revelación.
- ✓ Simplifica la preparación de los estados financieros.
- ✓ Norma desarrollada por el IASB y FASB.

L*os bienes o servicios que pueden transar son los siguientes (NIIF 15, 26):*

a) Venta de bienes producidos por una entidad.
b) Reventa de bienes comprados por una entidad.
c) Reventa de derechos, previamente adquiridos por una entidad, sobre bienes o servicios.
d) Realización de una tarea.
e) Suministro de un servicio de disponibilidad permanente para proporcionar bienes o servicios.
f) Suministro de un servicio de organización para que otra parte transfiera bienes o servicios al cliente.
g) Concesión de derechos a bienes o servicios a proporcionar en el futuro que un cliente puede revender o proporcionar a su cliente.
h) Construcción, fabricación o desarrollo de un activo por cuenta de un cliente.
i) Concesión de licencias.
j) Concesión de opciones a comprar bienes o servicios adicionales.

2.1.42 Arrendamientos – NIIF 16

En enero de 2016 el IASB emitió la NIIF 16 Arrendamientos, la cual reemplaza a las NIC 17, CINIIF 4, SIC 15 y SIC 27.

La NIIF 16 se aplica a periodos anuales que comiencen a partir del 1de enero de 2019 y se permite la aplicación anticipada.

Esta Norma introduce un modelo de contabilización de los arrendamientos único y requiere que un arrendatario reconózcalos activos y pasivos de todos los arrendamientos con una duración superior a 12 meses a menos que el activo tenga un valor bajo. Los activos y pasivos que surgen de un arrendamiento se miden inicialmente sobre una base de valor presente.

El modelo de contabilización en la NIC 17, requería que los arrendatarios y arrendadores clasificaran sus arrendamientos como arrendamientos financieros o arrendamientos operativos y que se contabilizaran estos dos tipos de arrendamientos de forma diferente. No requería que los arrendatarios reconocieran los activos y pasivos que surgen de los arrendamientos operativos, sino que los arrendatarios reconocieran los activos y pasivos que surgen de los arrendamientos financieros. El IASB junto con el emisor nacional de normas de los EE.UU., el Consejo de Normas de Contabilidad Financiera (FASB) (conjuntamente "los Consejos"), iniciaron un proyecto conjunto para mejorar la información financiera de las actividades de arrendamiento según las IFRS y los Principios de Contabilidad Generalmente Aceptados de los EE.UU. (PCGA de los EE.UU) a la luz de las críticas de que el modelo contabilidad anterior para arrendamientos no había satisfecho las necesidades de los usuarios de los estados financieros.

"La NIIF 16 se aplica a todos los arrendamientos incluyendo los subarrendamientos, a excepción de aquellos contratos de arrendamiento por minerales, petróleo, gas natural y recursos regenerativos similares, y los contratos de licencia por películas, videos, obras de teatro, manuscritos, patentes, derechos de autor y conceptos similares"

La NIIF 16 exige en la fecha de comienzo, un arrendatario reconocerá un activo por derecho de uso y un pasivo por arrendamiento (NIIF 16 p22).

El arrendatario medirá el pasivo por arrendamiento al valor presente de los pagos por arrendamiento que no se hayan pagado en esa fecha. Los pagos por arrendamiento se descontarán usando la tasa de interés implícita en el arrendamiento, si no puede determinarse la tasa, se utilizara la tasa incremental por préstamos del arrendatario (p26).

La NIIF 16 introduce un modelo de contabilización de los arrendamientos único y requiere que un arrendatario reconozca los activos y pasivos de todos los arrendamientos con una duración superior a 12 meses, a menos que el activo subyacente sea de bajo valor. Se requiere que un arrendatario reconozca un activo por derecho de uso que representa su derecho a usar el activo arrendado subyacente y un pasivo por arrendamiento que representa su obligación para hacer pagos por arrendamiento.

Un arrendamiento financiero es aquel que transfiere sustancialmente todos los riesgos y ventajas asociados con el activo arrendado al arrendatario (NIIF 16, 62).

ARRENDAMIENTO

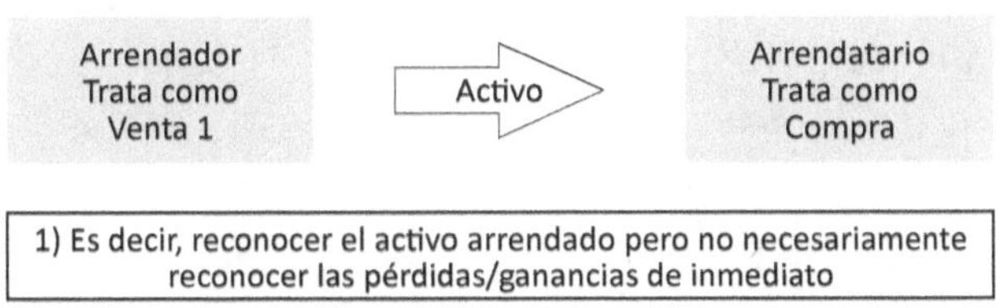

En el reconocimiento inicial, se reconocerá como un activo y un pasivo por el mismo importe, igual al valor razonable del bien arrendado, o bien al valor presente de los pagos mínimos por el arrendamiento.

Cuentas	Debe	Haber
Activos en Leasing	xxx	
Obligaciones por Leasing		xxx

Todos los costos atribuibles para llevar a cabo la transacción, se reconocerán como parte del activo reconocido.

Cada una de las cuotas del arrendamiento se dividirá en dos partes que representan, respectivamente, las cargas financieras y la reducción de la deuda viva.

Cuentas	Debe	Haber
Intereses Financieros (devengados)	xxx	
Obligaciones por Leasing		xxx
Reconocimiento de los intereses devengados		

Obligaciones por Leasing	xxx	
Banco		xxx
Pago de las cuotas, se reconocerán en la medida que se desarrolle el pago.		

Como regla general, el período de depreciación para los activos arrendados capitalizados debe ser coherente con el de cualquier otro activo en virtud de la NIC 16. Sin embargo, a menos que exista una certeza razonable de que el arrendatario conservará la propiedad del activo al término del plazo del arrendamiento, el activo deberá depreciarse a lo largo del período que resulte menor entre el plazo del arrendamiento y la vida útil económica (NIIF16, 32).

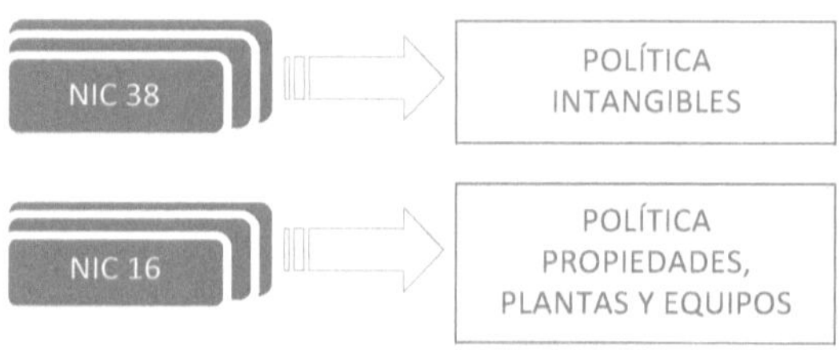

Cuentas	Debe	Haber
Depreciación Activos en Leasing	xxx	
Depreciación Acumulada activos en Leasing		xxx
Cargo por depreciación		

Los arrendamientos operativos (aquellos que no son financieros) deben tratarse como alquileres. Los pagos de rentas de arrendamientos operativos deben reconocerse en forma lineal a lo largo de la vigencia del arrendamiento, aunque el arrendamiento contemple rentas bajas al comienzo y rentas altas luego (NIIF 16).

ARRENDAMIENTO OPERATIVO

Arrendamiento que no transfiere sustancialmente todos los riesgos y beneficios al arrendatario

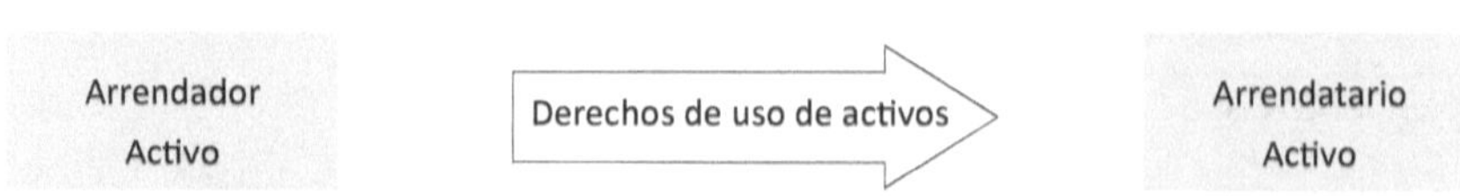

Los arrendadores deben reconocer un arrendamiento como financiero u operativo en forma refleja. Por consiguiente, si bien el arrendador es el dueño de los activos objeto de un arrendamiento financiero, el estado de situación financiera refleja una cuenta por cobrar en lugar del activo arrendado.
Si una transacción de venta con arrendamiento posterior da lugar a un arrendamiento financiero, sustancialmente no se ha producido ninguna venta. En lugar de reconocer una ganancia sobre la disposición del activo, los ingresos obtenidos deben diferirse y amortizarse a lo largo del plazo del arrendamiento.

Ejercicio Leasing Financiero

La entidad el 30 de noviembre de 2019 efectúa un arriendo con las siguientes condiciones:

- Máquina en arrendamiento
- Duración 96 meses
- Cuotas de 110 UF
- Opción de compra por 60 UF
- Pago primera cuota a la firma del contrato
- Tasa de interés del contrato de un 10%
- Vida útil de 12 años
- Tasa de interés de mercado de un 15%
- Corrección monetaria de un 3%
- Tasa de impuesto a la renta de un 25%

Mes	UF
Octubre	26.500
Noviembre	26.800
Diciembre	27.000

Se pide efectuar las contabilizaciones al 31 de diciembre de 2019.

$$\text{Tasa mensual (i)} = (1 + i)^{1/12} - 1$$

$$\text{Valor actual} = \text{Cuota} + \text{Cuota} \times \frac{(1 + i)^{N} - 1}{i(1+i)^{N}} + \frac{\text{Opción de compra}}{(1+i)^{N+1}}$$

Cuota → Pago a la firma del contrato

$\text{Cuota} \times \frac{(1 + i)^{N} - 1}{i(1+i)^{N}} + \frac{\text{Opción de compra}}{(1+i)^{N+1}}$ → Valor descontado → Capital (VD)

Nº	Cuota	Interés	Amortización	Capital
0	–	–	–	VD
1				

✍ Desarrollo Ejercicio Leasing Financiero

1) Se debe aplicar la tasa de interés más alta entre la del contrato y la de mercado, en este caso la más alta es la de mercado.

$$\text{Tasa mensual (i)} = [1 - \text{interés}]^{1/12} - 1$$

$$\text{Tasa mensual (i)} = [1 + 0{,}15]^{1/12} - 1$$

$$\text{Tasa mensual (i)} = 0{,}0117$$

$$\text{Valor actual} = 110 + 110 \times \frac{(1 + 0{,}0117)^{95} - 1}{0{,}0117x(1+0{,}0117)^{95}} + \frac{60}{(1+0{,}0117)^{96}}$$

$$\text{Valor actual} = 110 + 110 \times 57{,}162825 + 19{,}64$$

$$\text{Valor actual} = 110 + 6.287{,}91 + 19{,}64$$

$6.287{,}91 + 19{,}64$ → Valor descontado = 6.307,55

$$\text{Valor actual} = 6.417{,}55$$

1) Desarrollo del contrato al 30 de noviembre de 2019

Valor actual	=	6.417,55 UF	Activo en leasing

Mes	UF
Octubre	26.500
Noviembre	26.800
Diciembre	27.000

6.417,55 x 26.800 = 171.990.340

Cuota inicio contrato	=	110 UF

110 x 26.800 = 2.948.000

Cuentas	Debe	Haber
Maquinaria en Leasing	171.990.340	
Obligaciones por Leasing		169.042.340
Banco		2.948.000
Contrato de leasing en noviembre en moneda distinta a la funcional		

Obligaciones por Leasing	=	95 cuotas por 100UF	=	10.450
		Opción de compra 60UF		60
				10.510UF

10.510 UF x 26.800	281.668.000
Intereses Diferidos por Leasing (4.202,45 UF)	(112.625.660)
Obligaciones por leasing	169.042.340

2) Actualización de obligación en diciembre.

UF Noviembre	26.800
UF Diciembre	27.000
Aumento	200

10.510 UF x 200 Obligaciones por Leasing	2.102.000
Intereses Diferidos por Leasing (4.202,45 UF x 200)	840.490
Actualización Obligaciones por Leasing	1.261.510

Cuentas	Debe	Haber
Resultados por unidades de reajuste	1.261.510	
Obligaciones por Leasing		1.261.510
Actualización obligaciones por leasing, al estar en una moneda distinta a la funcional		

3) Devengar de intereses

N°	Cuota	Interés 1,117%	Amortización	Capital
0	-	-	-	6.307,55
1	110,00	73,80	36,20	6.271,35

Cuentas	Debe	Haber
Intereses Devengados	977.400	
Obligaciones por Leasing		977.400
Se devengan los intereses independiente de que se efectué el pago (73,80 x 27.000)		

4) Pago de Cuotas mes de diciembre

Cuentas	Debe	Haber
Obligaciones por Leasing	2.970.000	
Banco		2.970.000
Se paga cuota por 110 UF (110 x 27.000)		

5) Depreciación: Si no existiese certeza razonable de que el arrendatario obtendrá la propiedad al término del plazo del arrendamiento, el activo se depreciará totalmente a lo largo de su vida útil o en el plazo del arrendamiento, según cuál sea menor.

Depreciación 12 años	Monto
Activo = 171.990.340 / 144 meses	1.194.377

Cuentas	Debe	Haber
Depreciación Activos en Leasing	1.194.377	
Depreciación Acumulad		1.194.377
Depreciación mes de diciembre		

Maquinarias en Leasing

171.990.340	
171.990.340	
SD	171.990.340

Obligaciones por Leasing

2.970.000	169.042.340
	1.261.510
	977.400
2.970.000	170.303.850
167.333.850	SA

Depreciación acumulada

	1.194.377
-	1.194.377
1.194.377	SA

6) Impuesto diferido: Se desarrolla el cálculo sobre el valor neto del activo en leasing.

Detalle	Monto
Activos en Leasing	171.990.340
Obligaciones por Leasing	(167.333.850)
Depreciación Acumulada	(1.194.377)
Neto	3.462.113

Cuentas	Debe	Haber
Impuesto a la Renta	865.528	
Pasivo por Impuestos Diferidos		865.528
Se genera una diferencia temporaria imponible, por lo cual se crea un pasivo por impuestos diferidos multiplicando por la tasa de impuesto a la renta (25%)		

Ejercicio Leasing Operativo

La entidad el 30 de noviembre de 2018 arrienda por 5 años una planta de un edificio, con una opción de ampliación por 4 años. Los pagos por arrendamientos se fijan en 100 UF por año y de 120 UF por año durante el periodo opcional. Para obtener el arrendamiento se incurre en unos costos iniciales de 20 UF, los cuales están relacionadas con la comisión pagada al agente inmobiliario.

- El arrendatario al comienzo del arriendo concluye que no hay certeza razonable de que ejerza la opción de ampliar el arrendamiento.
- La tasa de interés de mercado por operaciones similares es del 15% anual.
- Se paga el año completo el mes de diciembre de cada año.

Mes	UF
Octubre	26.500
Noviembre	26.800
Diciembre	27.000

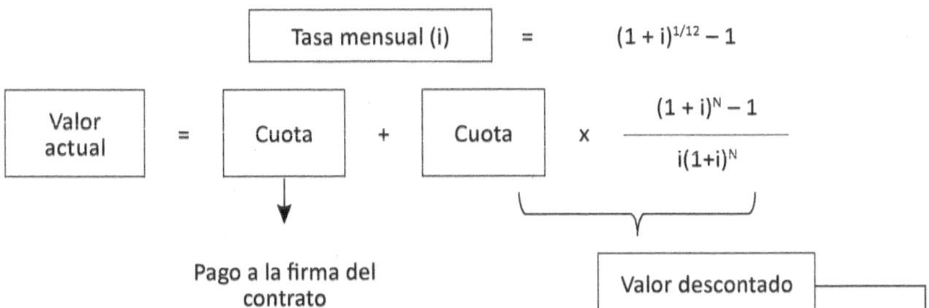

Nº	Cuota	Interés	Amortización	Capital
0	–	–	–	VD
1				

✍ Desarrollo Arrendamiento Operativo

$$\text{Valor actual} = 0 + 100 \times \frac{(1+0{,}15)^5 - 1}{0{,}15x(1+0{,}15)^5}$$

$$\text{Valor actual} = 100 \times 3{,}35215509$$

$$\text{Valor actual} = 335{,}22 = \text{Valor descontado}$$

1) Contrato arrendamiento operativo

Cuentas	Debe	Haber
Oficina en arriendo (Activo)	8.983.896	
Obligaciones por Arriendo		8.983.896
El valor actual se multiplica por la UF del contrato 335,22 x 26.800		

2) Pago Comisión por arriendo

Cuentas	Debe	Haber
Oficina en arriendo (Activo)	536.000	
Caja / Banco		536.000
Comisión de 20UF x 26.800		

3) Tablas de Amortización.

Obligaciones por arriendo en UF				
Año	Cuota	Interés	Amortización	Capital
-	-	-	-	335,22
1	100,00	50,28	49,72	285,50
2	100,00	42,83	57,17	228,33
3	100,00	34,25	65,75	162,58
4	100,00	24,39	75,61	86,97
5	100,00	13,03	86,97	-

Obligaciones por arriendo MF$				
Año	Cuota	Interés	Amortización	Capital
-	-	-	-	9.050.940
1	2.700.000	1.357.641	1.342.359	7.708.581
2	2.700.000	1.156.287	1.543.713	6.164.868
3	2.700.000	924.730	1.775.270	4.389.598
4	2.700.000	658.440	2.041.560	2.348.038
5	2.700.000	351.962	2.348.038	-

Activos en MF$		
Activo	**Depreciación**	**Saldo Final**
9.519.896	1.903.979	7.615.917
9.519.896	1.903.979	5.711.938
9.519.896	1.903.979	3.807.959
9.519.896	1.903.979	1.903.980
9.519.896	1.903.979	-

4) Diferencias entre NIC 17 V/S NIIF 16.

	Años					
Detalle	**0**	**1**	**2**	**3**	**4**	**5**
BALANCE						
NIC 17	-	-	-	-	-	-
	-	-	-	-	-	-
NIIF 16						
Activos Leasing	9.519.896	7.615.917	5.711.938	3.807.959	1.903.980	-
Obligaciones Leasing	9.050.940	7.708.581	6.164.868	4.389.598	2.348.038	-

ESTADOS DE RESULTADOS

	Años					
NIC 17	**0**	**1**	**2**	**3**	**4**	**5**
ARRIENDOS	536.000	2.700.000	2.700.000	2.700.000	2.700.000	2.700.000
NIIF 16						
INTERESES	-	1.357.641	1.156.287	924.730	658.440	351.962
DEPRECIACIÓN	-	1.903.979	1.903.979	1.903.979	1.903.979	1.903.979

CAPÍTULO III

Propuesta manual NIIF

3.1 Finalidades

La finalidad del Plan Contable General para Empresas según Normativa NIIF es:

- ✓ Diseñar parámetros y lineamientos a las entidades que apliquen la Normativa Internacional, con un plan de cuentas general para dar a conocer los rubros contables bajo NIIF, y tener un entendimiento sobre la información y reconocimiento de los hechos económicos que las entidades deben reconocer en el desarrollo de las actividades que realicen, con una estructura formal.
- ✓ Dar a conocer a las entidades formalidades contables para el registro de sus transacciones, que les permitan tener un grado de análisis adecuado y con base en ello, obtener estados financieros que reflejen la situación financiera de la entidad.
- ✓ Estandarizar las bases de clasificación y lineamiento, para que las entidades se puedan comparar una a otra.

3.2 Normas de preparación de los Estados Financieros bajo NIIF

Los Estados Financieros deberán prepararse de acuerdo con las disposiciones establecidas en las Normas Internacionales de Contabilidad, en las Normas Internacionales de Información Financiera y en sus correspondientes interpretaciones, todas las cuales conforman el cuerpo normativo emitido por el International Accounting Standards Board (IASB).

3.3 Desarrollos generales

Para efectuar una aplicación del Plan de Cuentas bajo NIIF, se debe aplicar lo que señalan las NIIF y NIC. También se debe considerar las normas regulatorias emitidas por la Superintendencia de Valores y Seguros, como también cualquier ley que aplique una exigencia a una entidad.

3.3.1 Desarrollos generales a considerar:

- ✓ La contabilidad de las entidades debe encontrarse detallada para permitir el reconocimiento contable de todos los hechos económicos a los cuales se ve expuesta la entidad.
- ✓ Las operaciones se reconocerán en cuentas que correspondan a las que dieron el origen al hecho económico.
- ✓ Las entidades deben establecer sus planes contables y ser parametrizable a rubros bajo la Normativa Internacional.
- ✓ El registro de los hechos económicos no está supeditado a la existencia de un documento formal. En los casos en que la esencia de la operación se haya efectuado según lo señalado en el Marco Conceptual para la preparación y presentación de los estados financieros.

• **Elementos estructurales**

Los elementos estructurales que se registran en el balance son los siguientes:

- ✓ **Activos:** bienes, derechos y otros recursos controlados económicamente por la empresa (MC, 57), resultante de sucesos pasados (MC, 58), de los que se espera que la empresa obtenga beneficios o rendimientos económicos en el futuro (MC, 53).
- ✓ **Pasivos:** obligaciones actuales (MC, 60). surgidas como consecuencia de sucesos pasados (MC, 63), para cuya extinción la empresa espera desprenderse de recursos que puedan producir beneficios o rendimientos económicos en el futuro (MC, 62). A estos efectos, se entienden incluidas las provisiones.
- ✓ **Patrimonio neto:** constituye la parte residual de los activos de la empresa (MC, 65), una vez deducidos todos sus pasivos. Incluye las aportaciones

realizadas, ya sea en el momento de su constitución o en otros posteriores, por sus socios o propietarios, que no tengan la consideración de pasivos, así como los resultados acumulados u otras variaciones que le afecten.

- ✓ **Ingresos:** incrementos en el patrimonio neto de la empresa durante el ejercicio, ya sea en forma de entradas o aumentos en el valor de los activos, o de disminución de los pasivos, siempre que no tengan su origen en aportaciones, monetarias o no, de los socios o propietarios (MC, 74).
- ✓ **Gastos:** decrementos en el patrimonio neto de la empresa durante el ejercicio, ya sea en forma de salidas o disminuciones en el valor de los activos, o de reconocimiento o aumento del valor de los pasivos, siempre que no tengan su origen en distribuciones, monetarias o no, a los socios o propietarios en su condición de tales (MC, 78).

CAPÍTULO IV

Clasificación y plan contable NIIF

4.1 Estructura 1: Cuadro Clasificación de Rubros de Activos

REFERENCIA	ESTRUCTURA 1	N° Ref.
MARCO CONCEPTUAL	ACTIVOS	
NIC 1	Activos Corrientes	5.2.1
NIC 7.45, NIC 1.54 i, NIIF 12 B13 a	Efectivo y equivalentes al efectivo	5.2.2
NIC 1.54 d	Otros activos financieros, corrientes	5.2.3
NIC 1.55	Otros activos no financieros, corrientes	5.2.4
NIC 1.54 h, NIC 1.78 b	Deudores comerciales y otras cuentas por cobrar corrientes	5.2.5
NIC 1.78 b	Cuentas por cobrar a entidades relacionadas, corrientes	5.2.6
NIC 1.54 g, NIC 1.68, NIC 2.36 b	Inventarios	5.2.7
NIC 1.54 f	Activos biológicos corrientes	5.2.8
NIC 1.54 n	Activos por impuestos corrientes	5.2.9
NIC 1.66	Total de activos corrientes distintos de los activos o grupos de activos para su disposición clasificados como mantenidos para la venta o como mantenidos para distribuir a los propietarios	
NIIF 5.38	Activos no corrientes o grupos de activos para su disposición clasificados como mantenidos para la venta	
NIIF 5.38, NIIF 5.5a	Activos no corrientes o grupos de activos para su disposición clasificados como mantenidos para distribuir a los propietarios	
NIC 1.54 j, NIIF 5.5A	Activos no corrientes o grupos de activos para su disposición clasificados como mantenidos para la venta o como mantenidos para distribuir a los propietarios	
NIIF 12 b10, NIC 1.66	Total de Activos Corrientes	
NIC 1	Activos no Corrientes	5.2.10
NIC 1.54 d	Otros activos financieros no corrientes	5.2.11
NIC 1.55	Otros activos no financieros no corrientes	5.2.12
NIC 1.54 h, NIC 1.78 b	Cuentas por cobrar no corrientes	5.2.13
NIC 1.54 g	Inventarios, no corrientes	
NIC 1.78 b	Cuentas por cobrar a entidades relacionadas, no corrientes	5.2.14
NIIF 8.24 a NIIF 12 b16, NIC 1.54 e	Inversiones contabilizadas utilizando el método de la participación	5.2.15
NIC 1.54 c, NIC 38.118 e	Activos intangibles distintos de la plusvalía	5.2.16
NIIF 3 b67, NIC 36.135 a, NIC1.54 c	Plusvalía	5.2.17
NIC 1.54a, NIC 16.73 e	Propiedades, planta y equipo	5.2.18
NIC 1.54 f	Activos biológicos, no corrientes	5.2.8

(continuación 4.1)

REFERENCIA	ESTRUCTURA 1	N° Ref.
NIC 1.54 n	Activos por impuestos corrientes, no corrientes	
NIC 12.81 g i, NIC 1.56, NIC 1.54 o	Activos por impuestos diferidos	5.2.20
NIC 1.66	Total de Activos no Corrientes	
NIC 1.55, NIIF 8.28 c, NIIF 13.93 a b	TOTAL DE ACTIVOS	

Fuente: Anexo 1. Elaboración Propia.

4.2 Estructura 2: Cuadro Clasificación de Rubros de Pasivos

REFERENCIA	ESTRUCTURA 2	N° Ref.
MARCO CONCEPTUAL	PASIVOS	
NIC 1	Pasivos Corrientes	5.3.1
NIC 1.54 m, NIIF 12 b13 b	Otros pasivos financieros, corrientes	5.3.2
NIC 1.54 k	Cuentas por pagar comerciales y otras cuentas por pagar	5.3.3
NIC 1.78 b	Cuentas por pagar a entidades relacionadas, corrientes	5.3.4
NIC 1.78 d	Otras provisiones corrientes	5.3.5
NIC 1.54 n	Pasivos por impuestos, corrientes	5.3.6
NIC 1.78 d	Provisiones corrientes por beneficios a los empleados	5.3.7
NIC 1.55	Otros pasivos no financieros, corrientes	5.3.8
NIC 1.69	Total de pasivos corrientes distintos de los pasivos incluidos en grupos de activos para su disposición clasificados como mantenidos para la venta	
NIIF 5.38, NIC 1.54 p	Pasivos incluidos en grupos de activos para su disposición clasificados como mantenidos para la venta	
NIC 1.69	Total de Pasivos Corrientes	
NIC 1	Pasivos No Corrientes	5.3.9
NIC 1.54 m, NIIF 12 b13 c	Otros pasivos financieros, no corrientes	5.3.10
NIC 1.54 k	Cuentas por pagar, no corrientes	5.3.11
NIC 1.78 b	Cuentas por pagar a entidades relacionadas, no corrientes	5.3.12
NIC 1.78 d	Otras provisiones no corrientes	5.3.13
NIC 1.54 o, NIC 1,56, NIC 12.81 g i	Pasivo por impuestos diferidos	5.3.14
NIC 1.78 d	Provisiones no corrientes por beneficios a los empleados	5.3.15
NIC 1.55	Otros pasivos no financieros, no corrientes	5.3.16
NIC 1.69	Total de Pasivos No Corrientes	
NIC 1.55, NIIF 13,93, NIIF 8.93	TOTAL DE PASIVOS	

Fuente: Anexo 2. Elaboración Propia.

4.3 Estructura 3: Cuadro Clasificación de Rubros de Patrimonio

REFERENCIA	ESTRUCTURA 3	N° Ref.
NIC 1	Patrimonio	5.4.1
NIC 1.78 e	Capital emitido	5.4.2
NIC 1.54 r	Ganancias (pérdidas) acumuladas	5.4.3
NIC 1.54 r	Primas de emisión	5.4.4
NIC 1.54 r	Acciones propias en cartera	5.4.5
NIC 1.54 r	Otras participaciones en el patrimonio	5.4.6
NIC 1.54 r	Otras reservas	5.4.7
NIC 1.54 r	Patrimonio atribuible a los propietarios de la controladora	
NIC 1	Participaciones no controladoras	
NIC 1	Patrimonio Total	
	TOTAL DE PATRIMONIO Y PASIVOS	

Fuente: Anexo 3. Elaboración Propia.

4.4 Estructura 4 y 5: Cuadro Clasificación de Rubros de Ingresos y Gastos

REFERENCIA	SVS Estado de Resultados por Naturaleza	N° Ref.
MARCO CONCEPTUAL	Estado de Resultados	5.5
MARCO CONCEPTUAL	Ganancia (pérdida)	
NIC 1.82 a	Ingresos de actividades ordinarias	5.5.1
NIC 1.82 aa	Ganancias que surgen de la baja en cuentas de activos financieros medidos al costo amortizado	5.5.2
NIC 1.82 aa	Pérdidas que surgen de la baja en cuentas de activos financieros medidos al costo amortizado	5.5.2
NIC 1.103	Otros ingresos, por naturaleza	5.5.3
NIC 1.102	Cambios en inventarios de productos terminados y en proceso	5.5.4
NIC 1.102	Materias primas y consumibles utilizados	5.5.5
NIC 1.102	Gastos por beneficios a los empleados	5.5.6
NIC 1.102	Gasto por depreciación y amortización	5.5.7
NIIF 7.20	Reversión de pérdidas por deterioro de valor (pérdidas por deterioro de valor) reconocidas en el resultado de período	5.5.8
NIC 1.103	Otros gastos, por naturaleza	5.5.9
NIC 1.102, NIC1.103	Otras ganancias (pérdidas)	5.5.10
NIIF 7 IG7	Ingresos financieros	5.5.11
NIC 1.82 b	Costos financieros	5.5.12
NIC 1.82 c	Participación en las ganancias (pérdidas) de asociadas y negocios conjuntos que se contabilicen utilizando el método de la participación	5.5.13
NIC 1.85 b, NIC 21,52 a	Diferencia de cambio	5.5.14
NIC 21	Resultado por unidades de reajuste	5.5.15
NIC 1.82 ca	Ganancias (pérdidas) que surgen de la diferencia entre el valor libro anterior y el valor justo de activos financieros reclasificados medidos a valor razonable	5.5.16
NIIF 8.23	Ganancia (pérdida), antes de impuestos	
NIC 1.82 d	Gasto por impuesto a las ganancias	5.5.17
NIC 1.82 f	Ganancia (pérdida) procedente de operaciones continuadas	
NIC 1.82 e i	Ganancia (pérdida) procedente de operaciones discontinuadas	
NIIF 8.23	Ganancia (pérdida)	

Fuente: Anexo 4. Elaboración Propia.

CAPÍTULO V

Descripción de cuentas y rubros contables

5.1 Introducción a la descripción

La descripción, se desarrolla dando la definición de cada uno de los rubros contables y cuáles son las cuentas contables más recomendables para clasificar, para cumplir con todos los parámetros de las normas internacionales, desarrollando su clasificación con los siguientes formatos:

- ✓ Contenido: Brinda una descripción del Rubro.
- ✓ Reconocimiento y medición: Se resume lo establecido por las NIIF aplicables, sobre estos aspectos del tratamiento contable.
- ✓ Dinámica de la cuenta: Describe las transacciones más comunes o generales débitos y créditos.
- ✓ Comentarios: Buscan orientar la aplicación de las cuentas contables con respecto a la Norma Internacional de Contabilidad.
- ✓ NIIF e Interpretaciones referidas: Se citan las NIIF e Interpretaciones aplicables en cada cuenta, para facilitar la consulta con el modelo contable de las NIIF.

5.2 Estructura 1: Rubro de Activos

5.2.1 Activos Corrientes

Incluye aquellos activos que se espere realizar o se pretenda vender o consumir en el transcurso del ciclo normal de la operación de la entidad; o se mantenga fundamentalmente con fines de negociación; o se espere realizar dentro del período de doce meses posteriores a la fecha del balance; o se trate de efectivo u otro medio equivalente al efectivo, cuya utilización no esté restringida, para ser intercambiado o usado para cancelar un pasivo, al menos dentro de los doce meses siguientes a la fecha del balance (NIC 1, párrafo 66).

> "Ciclo normal de la operación de una entidad es el periodo comprendido entre la adquisición de los activos que entran en proceso productivo, y su realización en efectivo o equivalente al efectivo".

5.2.2 Efectivos y equivalentes al efectivo

El efectivo comprende tanto la caja como los depósitos bancarios a la vista. El efectivo equivalente son inversiones a corto plazo de gran liquidez, que son fácilmente convertibles en importes determinados de efectivo, estando sujetos a un riesgo poco significativo de cambios en su valor, lo cuales se tienen para cumplir los compromisos de pago a corto plazo (NIC 7, párrafo 6).

- ✓ Caja moneda funcional.
- ✓ Caja (moneda extranjera).
- ✓ Efectivo en Tránsito.
- ✓ Cuenta Corriente en instituciones financieras (moneda funcional).
- ✓ Cuenta Corriente instituciones financieras (moneda extranjera).
- ✓ Depósitos a plazo en instituciones financieras.
- ✓ Fondos Mutuos.

- **Definiciones:**
  - **Caja Moneda Funcional:** Efectivo en Caja con moneda igual de la moneda funcional.
  - **Caja (moneda extranjera):** Efectivo en Caja con moneda distinta de la moneda funcional (NIC 21).
  - **Efectivo en Tránsito:** Fondos en movimiento entre los distintos establecimientos de la entidad, así como los que se encuentren en poder de las instituciones transportadoras de efectivo.
  - **Cuenta Corriente en Instituciones Financieras (moneda funcional):** Saldos de efectivo de la misma moneda funcional de la entidad en cuentas corrientes de disponibilidad inmediata.

- **Cuenta Corriente Instituciones Financieras (moneda extranjera):** Saldos de efectivo con distinta moneda funcional de la entidad en cuentas corrientes de disponibilidad inmediata.
- **Depósitos a Plazo en Instituciones Financieras:** Depósitos en ahorros y a un vencimiento de tres meses o menos (NIC 7, 7).
- **Fondos Mutuos:** Inversiones que sean fácilmente convertible en una cantidad de determinada de efectivo y estar sujeta a un riesgo insignificante de cambios en su valor (NIC 7, 7).

• **Reconocimiento y medición:**

Las transacciones se reconocen a su valor nominal y los saldos de moneda extranjera se expresarán en moneda nacional al tipo de cambio al que se liquidarían las transacciones a las fecha de los estados financieros que se preparen.

Débito	Crédito
• Las entradas de efectivo. • Los depósitos en cheques en instituciones financieras. • Las entradas de efectivo por medios electrónicos. • Otras formas de ingreso de efectivo. • La diferencia de cambio, si se incrementa el tipo de cambio de la moneda extranjera. • Los abonos emitidos por instituciones financieras.	• Las salidas de efectivo por pagos a través de caja o bancos. • Los pagos por medios de cheques. • Los pagos por medios electrónicos u otras formas de transferencia. • La diferencia de cambio, si disminuye el tipo de cambio de la moneda extranjera. • Las notas de cargos emitidas por instituciones financieras.

• **Comentarios:**

La entidad debe revelar en sus estados financieros, acompañado de un comentario por parte de la gerencia, cualquier importe significativo de sus saldos de efectivos y equivalentes de efectivo que no esté disponible para ser utilizado por ella misma o al grupo que pertenece (NIC 7, 48).

Cabe destacar que los Fondos por Rendir, Fondos Fijos y Caja Chica, no se clasifican en este rubro, ya que difieren tanto con el marco conceptual (reconocimiento de activo) como en la definición de este rubro.

NIC, NIIF e Interpretaciones Referidas
NIC 21 Efecto de las variaciones de los tipos de cambio de monedas extranjeras. NIC 32 Instrumentos financieros: presentación. NIC 39 Instrumentos financieros: Reconocimiento y medición. NIIF 7 Instrumentos financieros: Información a revelar. NIC 7 Estados de Flujo de Efectivo.

• Nota de efectivo y equivalente de efectivo

La composición de este rubro al 31 de diciembre de 20X1, 31 de diciembre 20X0 y 1 de enero de 20X0 es la siguiente:

Efectivo y Equivalente de Efectivo	Moneda		Saldos al		
			31/12/20X1	31/12/20X0	01/01/20X0
			MF$	MF$	MF$
Efectivo en caja(a)	Funcional		100	90	80
Saldo en Bancos * (a)	Funcional		90	80	70
Depósitos a plazo * (b)	Funcional		80	70	60
Fondos Mutuos (b)	Funcional		70	60	50
Totales			340	300	260

(a) Al mantener la sociedad distintos tipos de monedas la entidad tiene que dar el detalle de las distintas monedas que se mantienen según el tipo de cambio de la moneda funcional.

Moneda	Saldos al		
	31/12/20X1	31/12/20X0	01/01/20X0
	MF$	MF$	MF$
Dólar	10	10	5
Real	20	10	5
Sol	10	10	10
Bolívar	10	10	10
Euro	10	10	10
Yuan	10	10	10
Yen	10	10	10
Rupia	10	10	10
Totales	90	80	70

*(b) La sociedad, debe revelar en los estados financieros un detalle de los depósitos a plazo y fondos mutuos que mantengan con las distintas instituciones financieras, en la revelación se debe detallar, Institución financiera, moneda, el capital de la transacción que dio origen, tasa anual, días de vencimiento y los intereses devengados del depósito a plazo o fondo mutuo.

• Depósitos a plazo

Tipo de Inversión / institucion	Moneda	Capital Moneda de Origen (miles)	Tasa Anual Promedio	Días Promedio al Vencimiento	Capital Moneda Local MF$	Intereses Devengados Moneda Local MF$	Periodo Actual 31/12/X1 MF$
Banco JK	MF	58	4,94%	25 días	58	2	60
Banco CH	MF	19	3,42%	60 días	19	1	20
Total							80

5.2.3 Otros Activos Financieros, Corrientes

Incluye inversiones en instrumentos financieros cuya tenencia responde a la intención de obtener ganancias en el corto plazo (mantenidas para negociación), y las que han sido designadas específicamente como disponibles para la venta.

Además, esta cuenta contiene los instrumentos financieros derivados, cuando son reconocidos en la fecha de contratación del instrumento (NIC 32, párrafo 4).

- ✓ Inversiones al Valor Razonable.
- ✓ Futuros.
- ✓ Forwards.
- ✓ Swaps.
- ✓ Options.
- ✓ Caps. / Floors.
- ✓ Fondos Mutuos.
- ✓ Depósitos a Plazo.
- ✓ Inversiones Disponibles para la Venta.
- ✓ Activos Financieros – Compromiso de Compra.

- **Definiciones:**
  - **Inversiones al Valor Razonable:** Las que se compran con el objetivo de venderlas en el futuro cercano. Los cambios en el valor razonable se reconocen en el resultado del período "esta designación, una vez elegida, es irrevocable. El activo financiero debe ser mantenido en esta categoría hasta que es vendido, su madurez o su extinción", su cotización se debe efectuar en mercados activos.
  - **Inversiones Disponibles para la Venta:** Acumula los instrumentos financieros que, en un momento a su adquisición u origen, fueron designados para la venta "se puede cambiar y dejarlos a vencimiento si la administración lo determina", su cotización debe ser de mercados activos.
  - **Activos Financieros – Compromiso de Compra:** Incluye los activos financieros para los que existe un compromiso.

• **Reconocimiento y medición:**

Las inversiones, a valor razonable y disponible para la venta, y las relacionadas con compromisos de compra, se reconocen inicialmente al costo de adquisición. Con posterioridad a su reconocimiento inicial, las inversiones se medirán a su valor razonable y las que no tengan un precio de mercado activo y cuyo valor razonable no pueda ser medido con fiabilidad, se medirán al costo. Cuando se trata de inversiones a valor razonable y disponible para la venta, la pérdida o ganancia resultante de la medición posterior al valor razonable se reconoce en el rubro de gastos financieros o ingresos financieros, respectivamente. Las variaciones por medición al valor razonable para activos financieros con compromiso de compra se registraran en el rubro de resultados no realizados.

Se debe reconocer la inversión en instrumentos financieros derivados según:

- ✓ La fecha de contratación, que es la fecha en la que se compromete a comprar o vender un activo o;
- ✓ La fecha de liquidación, que es aquella en la que se termina la transacción.

Débito	Crédito
• El costo de adquisición de las inversiones. • Los dividendos en acciones. • La diferencia de cambio si se incrementa el tipo de cambio por un derivado financiero. • El incremento del valor por la aplicación del valor razonable.	• El costo de las inversiones vendidas. • La diferencia de cambio si disminuye el tipo de cambio. • La reducción de valor por la aplicación del valor razonable.

• **Comentarios:**

Principios Clave Valor Razonable

NIIF 13 establece los principios para determinar el Valor Razonable de instrumentos financieros refiriéndose a tres categorías:

Mercados Activos = Precio listado, tasa listada.

Mercados Activos = Uso de técnicas de valuación.

Mercados no Activos = Uso de técnicas de valuación sin cotización de mercado.

Se puede observar que el método de medición que se debe adoptar, dependerá de la naturaleza del activo y de la posibilidad de que dicho activo cuente con un mercado Activo.

Riesgo

El riesgo de mercado mide la volatilidad de un subyacente y permite modelar la máxima exposición frente a variaciones en los precios de mercado.

Una buena estimación del valor razonable de un subyacente dependerá de la profundidad de mercado.

NIC, NIIF e Interpretaciones Referidas
NIC 1 Presentación de estados financieros (en lo referido a la compensación de cuentas). NIC 32 Instrumentos financieros: presentación. NIC 39 Instrumentos financieros: reconocimiento y medición. NIIF 7 Instrumentos financieros: Información a revelar. NIC 7 Estado de Flujos de Efectivo. NIC 21 Efecto de las variaciones en los tipos de cambio de monedas extranjeras.

• Nota Otros Activos Financieros, Corrientes

La composición de este rubro al 31 de diciembre de 20X1, 31 de diciembre 20X0 y 1 de enero de 20X0 es la siguiente:

Otros Activos Financieros	Moneda	Saldos al		
		31/12/20X1	31/12/20X0	01/01/20X0
		MF$	MF$	MF$
Inversiones al Valor Razonable.	Funcional	100	90	80
Futuros.	Funcional	90	80	70
Forwards. (A)	Funcional	80	70	60
Swaps.	Funcional	70	60	50
Options.	Funcional	60	50	40
Caps./Floors.	Funcional	50	40	30
Fondos Mutuos.	Funcional	40	30	20
Depósitos a Plazo.	Funcional	30	20	10
Disponibles para la Venta.	Funcional	20	10	10
Totales		540	450	370

*(a) Al mantener distintos Forward, tanto de flujo de caja como de cobertura, en distintas monedas, se deben detallar las distintas monedas y convertirlas a peso.

Moneda	Saldos al		
	31/12/20X1	31/12/20X0	01/01/20X0
	MF$	MF$	MF$
Dólar	10	10	5
Real	20	10	5
Sol	10	10	10
Bolívar	10	10	10
Euro	10	10	10
Yuan	10	10	10
Yen	5	5	5
Rupia	5	5	5
Totales	80	70	60

*(b) La sociedad debe revelar los instrumentos financieros que se encuentran con el propósito de cobertura.

(b)	FORWARDS DE COBERTURA						
Tipo de Inversión / Banco	Tipo de cobertura	Moneda	Días Promedio al Vencimiento	Monto asegurado	Reserva de patrimonio MF$	Resultado del ejercicio MF$	Periodo Actual 31/12/X1 MF$
Banco JK	Patrimonio	Euro	167 días	8	2	-	10
Banco	Flujo	Dólar	200 días	7	-	3	10

Ejercicio inversiones

• Al 20 de octubre la sociedad FC compra acciones de Peor es nada, con la intención de mantenerlas para la venta y acciones de Azul Azul y Blanco y Negro para negociar. Las acciones de UC se adquieren con la intención de mantenerlas a costo amortizado.

Inversión	Comisiones de Adquisición	Costo de Adquisición (20.10.17)	Valor al Cierre (31.12.17)
Acciones peor es nada	500.000	5.000.000	5.300.000
Acciones Azul Azul	1.000.000	10.000.000	9.000.000
Inversión UC		9.000.000	10.000.000
Acciones Blanco y Negro	2.000.000	20.000.000	23.000.000

• Al 30 de junio para la auditoría preliminar y por los malos resultados de las acciones de Peor es Nada, esta se deteriora al valor que mantiene la inversión al 31 de diciembre de 2017.

• El detalle de la inversión al 31 de diciembre de 2018 es el siguiente:

Inversión	Valor al Cierre (31.12.18)
Acciones Peor es nada	6.000.000
Acciones Azul Azul	7.000.000
Inversión UC	5.000.000
Acciones Blanco y Negro	18.000.000

- La inversión de UC se encuentra deteriorada en un 20%

✍ Desarrollo ejercicio

- El 20 de octubre, FC compra las siguientes inversiones durante el 2017:

Inversión	Comisiones	Comisiones corresponde a gastos	Comisiones corresponde a inversión	Costo de Adquisición
Acciones Peor es nada	500.000	x		5.000.000
Acciones Azul Azul	1.000.000		x	10.000.000
Inversión UC		N/A	N/A	9.000.000
Acciones Blanco y Negro	2.000.000		x	20.000.000

Las comisiones en las inversiones disponibles para la venta aumentan el valor de la inversión, en cambio en las inversiones para negociar son gastos. Con respecto a las inversiones medidas al costo amortizado, por lo general no tienen comisiones en la compra al no estar registradas en bolsa de valores.

CUENTA	CUENTAS	DEBE	HABER
Activo	Acciones Peor es nada	5.500.000	
Activo	Banco		5.500.000
En la adquisición de una inversión disponible para la venta se debe activar el valor correspondiente a las comisiones.			
Activo	Acciones Azul Azul	10.000.000	
Pérdida	Comisiones	1.000.000	
Activo	Banco		11.000.000
En la adquisición de una inversión para negociar se debe registrar en gasto el valor correspondiente a las comisiones.			
Activo	Inversiones UC	9.000.000	
Activo	Banco		9.000.000
La adquisición de una inversión mantenida al costo amortizado, se deberá clasificar en otros activos no financieros no corrientes y estará sujeta a deterioro en todos los cierres de los estados financieros.			
Activo	Acciones Blanco y Negro	20.000.000	
Pérdida	Comisiones	2.000.000	
Activo	Banco		22.000.000
En la adquisición de una inversión para negociar se debe registrar en gasto el valor correspondiente a las comisiones.			

• Al 31 de diciembre se debe dejar a valor razonable las inversiones.

Inversión	Valor Contabilizado	Valor al Cierre (31.12.17)	Diferencia se ajusta
Acciones Peor es nada	5.500.000	5.300.000	(200.000)
Acciones Azul Azul	10.000.000	9.000.000	(1.000.000)
Inversión UC	9.000.000	10.000.000	1.000.000
Acciones Blanco y Negro	20.000.000	23.000.000	3.000.000

La disminución o aumento de las inversiones disponibles para la venta afectan patrimonio de la entidad, solo afectarán resultados pérdida en la medida que se encuentren deterioradas (acciones Peor es nada).

CUENTA	CUENTAS	DEBE	HABER
Patrimonio	Otras Reservas Acciones Peor es nada	200.000	
Activo	Acciones Peor es nada		200.000
La medición al valor razonable de la inversión crea una rebaja de 200.000 que se ajusta contra una cuenta patrimonial "Otras Reservas" 5.300.000-5.500.000 diferencia 200.000			

La disminución o aumento de las inversiones para negociar, afectan el resultado de la entidad, (Acciones Azul Azul y Blanco y Negro).

CUENTA	CUENTAS	DEBE	HABER
Pérdida	Pérdida por Medición de Activos y Pasivos Financieros al Valor Razonable.	1.000.000	
Activo	Acciones Azul Azul		1.000.000
La medición al valor razonable de la inversión crea una rebaja de 1.000.000 que se ajusta contra una de resultado pérdida "Pérdida por Medición de Activos y Pasivos Financieros al Valor Razonable" 9.000.000-10.000.000 diferencia 1.000.000.			
Activo	Acciones Blanco y Negro	3.000.000	
Ganancia	Ganancia por Medición de Activos y Pasivos Financieros al Valor Razonable.		3.000.000
La medición al valor razonable de la inversión crea un aumento de 3.000.000 que se ajusta contra una de resultado pérdida "Ganancia por Medición de Activos y Pasivos Financieros al Valor Razonable" 23.000.000-20.000.000 diferencia 3.000.000.			

Las inversiones al costo amortizado independiente de que aumente solo se contabilizaran a su costo de adquisición y estarán sujetas a deterioro en todos los cierres de los estados financieros, en este caso no se debe efectuar ningún ajuste.

• Al 30 de junio del 2018, para la auditoría preliminar y por los malos resultados de las acciones de Peor es nada, esta se deteriora al valor que mantiene la inversión al 31 de diciembre de 2017.

Inversión	Valor Contabilizado	Valor al Cierre (31.12.17)	Diferencia en Patrimonio
Acciones Peor es nada	5.500.000	5.300.000	(200.000)

CUENTA	CUENTAS		DEBE	HABER
Pérdida	Pérdidas por medición de activos y pasivos financieros al valor razonable		200.000	
Patrimonio		Otras Reservas Acciones Peor es nada		200.000
Se debe efectuar la reversa que se encuentra en deterioro y llevar a una cuenta de deterioro de la inversión, este monto no podrá ser reversado en ningún periodo.				

• El detalle de la inversión al 31 de diciembre de 2018 es el siguiente:

Inversión	Valor Contable	Valor al Cierre (31.12.18)	Diferencia a ajustar
Acciones Peor es nada	5.300.000	6.000.000	700.000
Acciones Azul Azul	9.000.000	7.000.000	(2.000.000)
Inversión UC (#)	9.000.000	5.000.000	(1.800.000)
Acciones Blanco y Negro	23.000.000	18.000.000	(5.000.000)

La Inversión de UC se encuentra deteriorada en un 20% (9.000.000 por el 20% igual 1.800.000)

CUENTA	CUENTAS		DEBE	HABER
Activo	Acciones Peor es nada		700.000	
Patrimonio		Otras Reservas Acciones Peor es nada		700.000
No se puede reversar el monto que se llevó a deterioro, por lo cual se debe ajustar el aumento o disminución a una cuenta Patrimonial "Otras Reservas"				
Pérdida	Pérdida por Medición de Activos y Pasivos Financieros al Valor Razonable.		2.000.000	
Activo		Acciones Azul Azul		2.000.000
Todas las disminuciones del valor razonable de las inversiones para negociar se efectúan en una cuenta de pérdida "Pérdida por Medición de Activos y Pasivos Financieros al Valor Razonable"				
Pérdida	Pérdida por Medición de Activos y Pasivos Financieros al Valor Razonable.		5.000.000	
Activo		Acciones Blanco y Negro		5.000.000
Todas las disminuciones del valor razonable de las inversiones para negociar se efectúan en una cuenta de pérdida "Pérdida por Medición de Activos y Pasivos Financieros al Valor Razonable"				
Patrimonio	Pérdidas que surgen de la baja en cuentas de activos financieros medidos al costo amortizado		1.800.000	
Activo		Inversiones UC		1.800.000
Las inversiones medidas al costo amortizado solo pueden disminuir cuando estas se encuentren deteriorados, en este caso tiene una disminución de un 20% del monto de adquisición.				

Recordar para las inversiones lo siguiente:

NEGOCIACIÓN

Tratamiento	Valor Razonable
Efecto EEFF	Resultado en el período que ocurren
Comisiones	Gasto cuando se adquieren

COSTO AMORTIZADO

Tratamiento	Costo Amortizado
Efecto EEFF	Deterioro a Resultados

DISPONIBLE PARA LA VENTA

Tratamiento	Valor Razonable
Efecto EEFF	Patrimonio del período que ocurren
Comisiones	Aumenta Valor de Inversión

Ejercicio forwards

La sociedad FC acuerda con el Banco CF, al cabo de seis meses, intercambiar monedas fijado en un contrato, en lo cual se señala lo siguiente:
FC comprara USD 1.000.000 al banco por un tipo de cambio de $ 500 al 31.12.2017.

Desarrolle el ejercicio con los siguientes datos:

MES	Valor SPOT	Valor Futuro al 31.12.2017
30.06.2017	450	500
30.07.2017	480	550
30.08.2017	470	540
30.09.2017	455	500
30.10.2017	475	510
30.11.2017	490	520
31.12.2017	600	600

- **Recordar lo siguiente:**

FORWARDS: Acuerdo mediante el cual el comprador se compromete a comprar una determinada cantidad de un activo a un precio fijado de antemano y a una fecha futura estipulada en el momento del acuerdo, su parte el vendedor se compromete a entregar el activo en dicha fecha futura.

Características del contrato:

1. No exige desembolso inicial.
2. Al vencimiento del contrato hay flujos monetarios, derivados de la entrega del activo o de la liquidación por diferencias.
3. El riesgo de contraparte suele ser elevado como consecuencia de la inexistencia de una cámara compensadora.

✍ Desarrollo ejercicio forward

FECHA	CUENTAS	DEBE	HABER
	CONTRATO		
Al contratar el for wards al inicio no hay ninguna contabilización, ya que el valor razonable del instrumento financiero es de USD 1.000.000 equivalente a $ 500.000.000 "Bajo NIIF solo se debe considerar el valor futuro".			

MES / JULIO	Contratado	Valor Futuro al 31.12.2017
30.07.2017	500	550

CUENTA	CUENTAS	DEBE	HABER
Activo	Forward	50.000.000	
Ganancia	Ganancia por Medición de Activos y Pasivos Financieros al Valor Razonable		50.000.000
En julio el valor futuro del Forward tiene un aumento de 50 por cada dólar, por lo cual la entidad debe reflejar una ganancia comparando el valor razonable versus el valor contratado 550.000.000 – 500.000.000 se obtiene una ganancia de 50.000.000.			

MES / AGOSTO	Contabilizado	Valor Futuro al 31.12.2017
30.08.2017	550	540

CUENTA	CUENTAS	DEBE	HABER
Activo	Pérdida por Medición de Activos y Pasivos Financieros al Valor Razonable	10.000.000	
Ganancia	Forward		10.000.000
En agosto el valor futuro del Forward tiene una disminución de 10 por cada dólar con respecto al mes anterior, por lo cual la entidad debe reflejar una pérdida comparando el valor contable versus el valor razonable 550.000.000 – 540.000.000 se obtiene una pérdida de 10.000.000.			

MES T SEPTIEMBRE	Contabilizado	Valor Futuro al 31.12.2017
30.09.2017	540	500

CUENTA	CUENTAS	DEBE	HABER
Activo	Pérdida por Medición de Activos y Pasivos Financieros al Valor Razonable.	40.000.000	
Ganancia	Forward		40.000.000
En septiembre el valor futuro del Forward tiene una disminución de 40 por cada dólar con respecto al mes anterior, por lo cual la entidad debe reflejar una pérdida comparando el valor contable versus el valor razonable 540.000.000 – 500.000.000 se obtiene una pérdida de 40.000.000.			

MES /OCTUBRE	Contabilizado	Valor Futuro al 31.12.2017
30.10.2017	500	510

CUENTA	CUENTAS	DEBE	HABER
Activo	Forward	10.000.000	
Ganancia	Ganancia por Medición de Activos y Pasivos Financieros al Valor Razonable		10.000.000
En octubre el valor futuro del Forward tiene un aumento de 10 por cada dólar, por lo cual la entidad debe reflejar una ganancia comparando el valor razonable versus el valor contable 510.000.000 – 500.000.000 se obtiene una ganancia de 10.000.000.			

MES / NOVIEMBRE	Contabilizado	Valor Futuro al 31.12.2017
30.11.2017	510	520

CUENTA	CUENTAS	DEBE	HABER
Activo	Forward	10.000.000	
Ganancia	Ganancia por Medición de Activos y Pasivos Financieros al Valor Razonable		10.000.000
En noviembre el valor futuro del Forward tiene un aumento de 10 por cada dólar, por lo cual la entidad debe reflejar una ganancia comparando el valor razonable versus el valor contable 520.000.000 – 510.000.000 se obtiene una ganancia de 10.000.000.			

MES / DICIEMBRE	Contabilizado	Valor Futuro al 31.12.2017
31.12.2017	520	600

CUENTA	CUENTAS		DEBE	HABER
Activo	Forward		80.000.000	
Ganancia		Ganancia por Medición de Activos y Pasivos Financieros al Valor Razonable		80.000.000
En diciembre el valor futuro del Forward tiene un aumento de 80 por cada dólar, por lo cual la entidad debe reflejar una ganancia comparando el valor razonable versus el valor contable 600.000.000 – 520.000.000 se obtiene una ganancia de 80.000.000.				

Forward

	Debe	Haber
julio	50.000.000	
agosto		10.000.000
septiembre		40.000.000
octubre	10.000.000	
noviembre	10.000.000	
diciembre	80.000.000	
Totales	150.000.000	50.000.000
	Saldo deudor	100.000.000

La entidad por tomar un Forward tiene un ganancia de 100.000.000, el cual puede tomar una contabilización por liquidación que solo le pase el banco su ganancia o pedir los montos fijados en el contrato.

CUENTA	CUENTAS	DEBE	HABER
Activo	Caja	100.000.000	
Activo	Forward		100.000.000
Liquidación por la ganancia.			

Ejercicio registro inicial en la fecha de contratación o de liquidación

- El 10 de diciembre de 2017, la Entidad se compromete a adquirir un activo financiero por USD 100.000 (incluyendo costes de transacción), que es el valor razonable en la fecha de contratación.
- El 31 de diciembre de 2017 y el 20 de enero de 2018 (fecha de liquidación) el valor razonable del activo es USD 102.000 y USD 105.000, respectivamente.

Se pide:

Determinar los asientos contables a registrar bajo el escenario de fecha de liquidación o fecha de compromiso y asumiendo en cada una que el activo se clasifica, disponible para la venta, negociación y medidos al costo amortizado

Datos:

Compras o ventas convencionales de activos financieros

Una compra o venta convencional de activos financieros se reconocerá y dará de baja, según corresponda, aplicando la contabilidad de la fecha de contratación o la de la fecha de liquidación (véanse Guía de aplicación B3.1.3 a B3.1.6). (NIIF 9, 3.1.2)

Cuando una entidad utilice la contabilidad de la fecha de liquidación para un activo que sea posteriormente medido al costo amortizado, el activo se reconocerá inicialmente por su valor razonable en la fecha de contratación (NIIF 9, 5.1.2).

Si una entidad reconoce activos financieros utilizando la contabilidad de la fecha de liquidación, no reconocerá los cambios en el valor razonable del activo a recibir durante el periodo entre la fecha de contratación y la fecha de liquidación para activos medidos al costo amortizado. En el caso de los activos medidos al valor razonable, sin embargo, el cambio en el valor razonable se reconocerá en el resultado del periodo. La fecha de contratación deberá considerarse la fecha del reconocimiento inicial a efectos de la aplicación de los requerimientos de deterioro de valor.

Compra o venta convencional de un activo financiero, Guía de aplicación NIIF 9

La fecha de contratación es la fecha en la que una entidad se compromete a comprar o vender un activo. La contabilidad de la fecha de contratación hace referencia a (a) el reconocimiento a la fecha de la contratación del activo a recibir y del pasivo a pagar, y (b) la baja en cuentas del activo que se vende, el reconocimiento de cualquier ganancia o pérdida en la disposición y el reconocimiento de una cuenta por cobrar procedente del comprador en la fecha de contratación.

La fecha de liquidación es la fecha en que un activo se entrega a o por la entidad. La contabilización a la fecha de liquidación hace referencia a (a) el reconocimiento del activo en el día en que lo recibe la entidad, y (b) la baja del activo y el reconocimiento de cualquier ganancia o pérdida por la disposición en el día en que se produce su entrega por parte de la entidad.

✍ Desarrollo ejercicio fecha de liquidación disponible para la venta

- El 10 de diciembre de 2017, la entidad se compromete a adquirir un activo financiero por USD 100.000 (incluyendo costes de transacción), que es el valor razonable en la fecha de contratación.

FECHA	CUENTAS	DEBE	HABER
10.12.2017			
El Instrumentó financiero disponible para la venta, si se designa como fecha de liquidación, al compromiso no se debe efectuar ninguna contabilización.			

- El 31 de diciembre de 2017 el valor razonable del activo es USD 102.000

Dato:

DISPONIBLE PARA LA VENTA

Tratamiento ⇒	Valor razonable
Efecto EEFF ⇒	Patrimonio del período que ocurren
Cotización ⇒	Mercados Activos

FECHA	CUENTAS	DEBE	HABER
31.12.2017	Inversiones Disponibles para la Venta	2.000	
	Otras Reservas		2.000
Como la inversión tiene la designación de disponible para la venta, se debe reconocer su valor justo con efecto en el patrimonio de la entidad.			

- El 20 de enero de 2018 (fecha de liquidación) el valor razonable del activo es USD 105.000.

FECHA	CUENTAS	DEBE	HABER
02.01.2018			
Activo	Inversiones Disponibles para la Venta	103.000	
Patrimonio	Otras reservas		3.000
Activo	Banco		100.000
A la fecha de liquidación, se debe efectuar el pago por el compromiso de 100.000 y reconocer el nuevo valor razonable en Otras Reservas (el instrumento financiero queda valorado a su valor razonable).			

✍ Desarrollo ejercicio fecha de liquidación activos de negociación

- El 10 de diciembre de 2017, la entidad se compromete a adquirir un activo financiero por USD 100.000 (incluyendo costes de transacción), que es el valor razonable en la fecha de contratación.

FECHA	CUENTAS	DEBE	HABER
10.12.2017			
El Instrumentó financiero mantenido para negociación, si se designa como fecha de liquidación, al compromiso no se debe efectuar ninguna contabilización.			

- El 31 de diciembre de 2017 el valor razonable del activo es USD 102.000.

Dato:

		NEGOCIACIÓN
Tratamiento	⇒	Valor razonable
Efecto EEFF	⇒	Resultado en el período que ocurren
Cotización	⇒	Mercados Activos

FECHA	CUENTAS	DEBE	HABER
31.12.2017			
Activo	Inversiones al Valor Razonable	2.000	
Ganancia	Ganancia por Medición de Activos y Pasivos Financieros al Valor Razonable		2.000
Como la inversión tiene la designación de negociación, se debe reconocer su valor razonable con efecto en el resultado de la entidad.			

- El 20 de enero de 2018 (fecha de liquidación) el valor razonable del activo es USD 105.000.

FECHA	CUENTAS	DEBE	HABER
20.01.2018			
Activo	Inversiones al Valor Razonable	103.000	
Activo	Banco		100.000
Ganancia	Ganancia por Medición de Activos y Pasivos Financieros al Valor Razonable		3.000
A la fecha de liquidación, se debe efectuar el pago por el compromiso de 100.000 y reconocer el nuevo valor razonable en Resultados (el instrumento financiero queda valorado a su valor razonable).			

Desarrollo ejercicio registro inicial en la fecha de liquidación costo amortizado

- El 20 de diciembre de 2017, la entidad se compromete a adquirir un activo financiero por USD 100.000 (incluyendo costes de transacción), que es el valor razonable en la fecha de contratación.

FECHA	CUENTAS	DEBE	HABER
10.12.2017			
No hay registro, en la fecha de compromiso ya que la designación se da en la fecha de liquidación.			

- El 31 de diciembre de 2017 el valor razonable del activo es USD 102.000.

Dato:

COSTO AMORTIZADO

Tratamiento	⇨	Costo Amortizado
Cotización	⇨	Mercados No Activos

FECHA	CUENTAS	DEBE	HABER
31.12.2017			
Las inversiones medidas al costo amortizado se reconocen al valor razonable en la fecha de liquidación, por lo cual cuando tenga un cambio su valor razonable, no afectara a la inversión en fechas intermedias.			

- El 20 de enero de 2018 (fecha de liquidación) el valor razonable del activo es USD 105.000.

FECHA	CUENTAS	DEBE	HABER
20.01.2018			
Activo	Inversiones al Costo Amortizado	105.000	
Activo	Banco		100.000
Ganancia	Ganancia por Medición de Activos y Pasivos Financieros al Valor Razonable		5.000
A la fecha de liquidación, se debe efectuar la contabilización de la inversión por el valor razonable y la diferencia se registra en una cuenta de resultados.			

✍ Desarrollo ejercicio registro inicial en la fecha de contratación al costo amortizado

- El 20 de diciembre de 2017, la entidad se compromete a adquirir un activo financiero por USD 100.000 (incluyendo costes de transacción), que es el valor razonable en la fecha de contratación.

FECHA	CUENTAS	DEBE	HABER
20.12.2017			
Activo	Inversiones al Costo Amortizado	100.000	
Pasivo	Acreedores Varios		100.000
Al compromiso, se debe contabilizar la inversión y las obligaciones sobre el pago que se efectuara en la fecha de liquidación.			

- El 31 de diciembre de 2017 el valor razonable del activo es USD 102.000.

Dato:

COSTO AMORTIZADO

Tratamiento	⇨	Costo Amortizado
Cotización	⇨	Mercados No Activos

FECHA	CUENTAS	DEBE	HABER
31.12.2017			
Las inversiones al costo amortizado se reconocen al costo no al valor razonable, por lo cual cuando tenga un cambio su valor razonable, no afectara a la inversión.			

- El 20 de enero de 2018 (fecha de liquidación) el valor razonable del activo es USD 105.000.

FECHA	CUENTAS	DEBE	HABER
20.01.2018			
Activo	Inversiones al Costo Amortizado	5.000	
Pasivo	Acreedores Varios	100.000	
Activo	Banco		100.000
Ganancia	Ganancia por Medición de Activos y Pasivos Financieros al Valor Razonable		5.000
A la fecha de liquidación, se debe efectuar la contabilización de la inversión por el valor razonable de la fecha de compromiso.			

✍ Desarrollo ejercicio fecha de contratación disponible para la venta

- El 20 de diciembre de 2017, la entidad se compromete a adquirir un activo financiero por USD 100.000 (incluyendo costes de transacción), que es el valor razonable en la fecha de contratación.

FECHA	CUENTAS	DEBE	HABER
20.12.2017			
Activo	Inversiones Disponibles para la Venta	100.000	
Pasivo	Acreedores Varios		100.000
El Instrumentó financiero mantenido para negociación, si se designa como fecha de liquidación, al compromiso se debe efectuar la contabilización de la obligación de pago.			

- El 31 de diciembre de 2017 el valor razonable del activo es USD 102.000.

Dato:

DISPONIBLE PARA LA VENTA

Tratamiento	⇨	Valor razonable
Efecto EEFF	⇨	Patrimonio del período en que ocurren
Cotización	⇨	Mercados Activos

FECHA	CUENTAS	DEBE	HABER
31.12.2017			
Activo	Inversiones Disponibles para la Venta	2.000	
Patrimonio	Otras Reservas		2.000
Como la inversión tiene la designación de disponible para la venta, se debe reconocer su valor razonable con efecto en el patrimonio de la entidad.			

- El 20 de enero de 2018 (fecha de liquidación) el valor razonable del activo es USD 105.000.

FECHA	CUENTAS	DEBE	HABER
20.01.2018			
Activo	Inversiones Disponibles para la Venta	3.000	
Pasivo	Acreedores Varios	100.000	
Activo	Banco		100.000
Patrimonio	Otras Reservas		3.000
A la fecha de liquidación, se debe efectuar la contabilización de la inversión por el valor razonable de la fecha de compromiso.			

✍ Desarrollo ejercicio fecha de contratación activos de negociación

- El 20 de diciembre de 2017, una Sociedad se compromete a adquirir un activo financiero por USD 100.000 (incluyendo costes de transacción), que es el valor razonable en la fecha de contratación.

FECHA	CUENTAS	DEBE	HABER
20.12.2017			
Activo	Inversiones al Valor Razonable	100.000	
Pasivo	Acreedores Varios		100.000
El Instrumentó financiero mantenido para negociación, si se designa como fecha de liquidación, al compromiso se debe efectuar la contabilización de su obligación de pago.			

- El 31 de diciembre de 2017 el valor razonable del activo es USD 102.000.

Dato:

	NEGOCIACIÓN
Tratamiento ⇨	Valor razonable
Efecto EEFF ⇨	Resultado en el período que ocurren
Cotización ⇨	Mercados Activos

FECHA	CUENTAS	DEBE	HABER
31.12.2017			
Activo	Inversiones al Valor Razonable	2.000	
Ganancia	Ganancia por Medición de Activos y Pasivos Financieros al Valor Razonable		2.000
Como la inversión tiene la designación de negociación, se debe reconocer su valor razonable con efecto en el resultado de la entidad.			

- El 20 de enero de 2018 (fecha de liquidación) el valor razonable del activo es USD 105.000.

FECHA	CUENTAS	DEBE	HABER
20.01.2018			
Activo	Inversiones al Valor Razonable	3.000	
Pasivo	Acreedores Varios	100.000	
Activo	Banco		100.000
Ganancia	Ganancia por Medición de Activos y Pasivos Financieros al Valor Razonable		3.000
A la fecha de liquidación, se debe efectuar el pago por la obligación de 100.000 y reconocer el nuevo valor razonable en Resultados (el instrumento financiero queda valorado a su valor razonable).			

Ejercicio de cobertura de valor razonable

- Al 31 de diciembre de 2017 la Entidad FC emite una deuda por 10.000.000, a un tipo de interés fijo del 5% semestral por dos años, pagadero cada seis meses.
- La Entidad pretende cubrir el valor del pasivo por lo que contrata un Swap (de tasa fija a variable).
- La Entidad está expuesta a tipos variables. A medida que fluctúa el mercado, el valor de la deuda a tipo fijo y del swap fluctúa en direcciones opuestas.
  - El 30 de junio de 2018 el tipo de interés variable es de 4,5%
  - El 31 de diciembre de 2018 el tipo de interés variable es de 5,5%
  - El 30 de junio de 2019 el tipo de interés variable es de 5,0%
  - El 31 de diciembre de 2019 el tipo de interés variable es de 4,0%

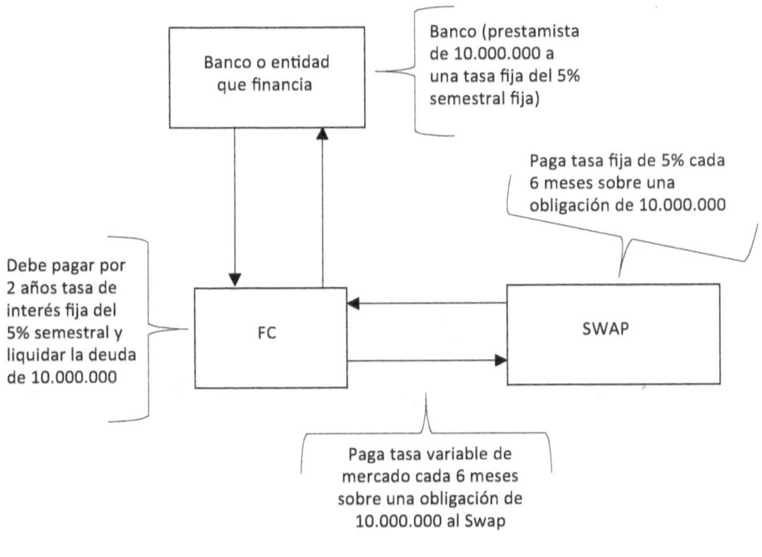

Desarrollo ejercicio de cobertura de valor razonable

FECHA	CUENTAS	DEBE	HABER
31.12.2017			
Activo	Banco	10.000.000	
Pasivo	Obligaciones Emitidas		10.000.000
Al 31 de diciembre de 2017 la Entidad FC emite una deuda por 10.000.000.			

- El 30 de junio de 2018 el tipo de interés variable es de 4,5%, de igual forma se tiene que pagar al prestamista la obligación de los intereses por el 5,0% y el Swaps compensar la diferencia.

Flujos de efectivo	Montos
FC paga 5% al Banco (10.000.000 por 5%)	500.000
Recibe 5% del Swap (10.000.000 por 5%)	(500.000)
FC paga 4,5% al Swap (10.000.000 por 4,5%)	450.000
Salida de Efectivo	450.000

FECHA	CUENTAS	DEBE	HABER
30.06.2018			
Pérdida	Intereses	450.000	
Activo	Banco (Swap)	50.000	
Activo	Banco (intereses obligación)		500.000
Registro de los intereses correspondiente a la cobertura y la obligación.			

- Si las tasas de interés de mercado aumentan, el Valor Razonable del bono disminuirá. Un Swap de tasa fija a variable, será un instrumento de cobertura efectivo. "En este caso disminuyo la tasa, por lo cual el valor justo del bono aumentara".

Flujos de efectivo	Montos
Intereses 5% por 4 vencimientos (5 x 4 = 20%)	2.000.000
Swap 4,5 por 4 vencimientos (4,5 x 4 = 18%)	1.800.000
Diferencia	200.000

- En junio se dejó de pagar 50.000, por lo cual el valor razonable del Swap al 30.06.2018, después del pago de intereses es de 150.000 y el valor razonable de la obligación es de 10.150.000.

FECHA	CUENTAS	DEBE	HABER
30.06.2018			
Activo	Swap	150.000	
Ganancia	Ganancia por Medición de Activos y Pasivos Financieros al Valor Razonable		150.000
Se registra un Swap con saldo deudor ya que al tomar el Swap y actualizarlo por todas las cuotas se pagaran menos intereses en este instrumento.			

FECHA	CUENTAS	DEBE	HABER
30.06.2018			
Pérdida	Pérdida por Medición de Activos y Pasivos Financieros al Valor Razonable	150.000	
Pasivo	Obligaciones Emitidas		150.000
Como se trata de una cobertura de Valor razonable se debe llevar las obligaciones a su valor razonable en cada actualización de intereses.			

- El 31 de diciembre de 2018 el tipo de interés variable es de 5,5%, de igual forma se tiene que pagar al prestamista la obligación de los intereses por el 5,0% y el Swaps pagar la diferencia en este caso, ya que el interés variable es superior a la fijada con el banco.

Flujos de efectivo	**Montos**
FC paga 5% al Banco (10.000.000 por 5%)	500.000
Recibe 5% del Swap (10.000.000 por 5%)	(500.000)
FC paga 5,5% al Swap (10.000.000 por 5,5%)	550.000
Salida de Efectivo	550.000

FECHA	**CUENTAS**	**DEBE**	**HABER**
31.12.2018			
Pérdida	Intereses	550.000	
Activo	Banco (Swap)		50.000
Activo	Banco (intereses obligación)		500.000
Registro de los intereses correspondiente a la cobertura, como el interés variable es mayor al fijo se tiene que compensar la diferencia al Swap.			

- Si las tasas de interés de mercado aumentan, el Valor Razonable del bono disminuirá. Un Swap de tasa fija a variable, será un instrumento de cobertura efectivo.

Flujos de efectivo	Montos
Intereses 5% por 3 vencimientos (5 x 3 = 15%)	1.500.000
Swap 5,5 por 3 vencimientos (5,5 x 3 = 16,5%)	1.650.000
Diferencia	150.000

FECHA	**CUENTAS**	**DEBE**	**HABER**
31.12.2018			
Pérdida	Pérdida por Medición de Activos y Pasivos Financieros al Valor Razonable	250.000	
Activo	Swap		250.000
Se registra un Swap con saldo deudor ya que al tomar el Swap y actualizarlo por todas las cuotas se pagaran menos intereses en este instrumento.			

FECHA	**CUENTAS**	**DEBE**	**HABER**
30.06.2018			
Pasivo	Obligaciones Emitidas	250.000	
Ganancia	Ganancia por Medición de Activos y Pasivos Financieros al Valor Razonable		250.000
Como se trata de una cobertura de Valor razonable se debe llevar las obligaciones a su valor razonable en cada actualización de intereses.			

- El 30 de junio de 2019 el tipo de interés variable es de 5,0%, y el fijo es de 5,0% en este caso el interés fijo con el variable es igual por lo cual no se debe efectuar pago al Swap.

Flujos de efectivo	Montos
FC paga 5% al Banco (10.000.000 por 5%)	500.000
Recibe 5% del Swap (10.000.000 por 5%)	(500.000)
FC paga 5% al Swap (10.000.000 por 5%)	500.000
Salida de Efectivo	500.000

FECHA	CUENTAS	DEBE	HABER
30.06.2019			
Pérdida	Intereses	500.000	
Activo	Banco (intereses obligación)		500.000
Registro de los intereses correspondiente a la cobertura.			

Flujos de efectivo	Montos
Intereses 5% por 2 vencimientos (5 x 2 = 10%)	1.000.000
Swap 5% por 2 vencimientos (5 x 2 = 10%)	1.000.000
Diferencia	-

- El valor del Swap tiene un saldo acreedor de 100.000, el cual hay que dejarlo en 0.

	Swap	
30.06.2018	150.000	
31.12.2018		250.000
Totales	150.000	250.000
	Saldo Acreedor	100.000

FECHA	CUENTAS	DEBE	HABER
30.06.2019			
Activo	Swap	100.000	
Ganancia	Ganancia por Medición de Activos y Pasivos Financieros al Valor Razonable		100.000
Se registra un Swap con saldo deudor ya que al tomar el Swap y actualizarlo por todas las cuotas se pagarán menos intereses en este instrumento.			

FECHA	CUENTAS	DEBE	HABER
30.06.2019			
Pérdida	Pérdida por Medición de Activos y Pasivos Financieros al Valor Razonable	100.000	
Pasivo	Obligaciones Emitidas		100.000
Como se trata de una cobertura de Valor Razonable se debe llevar las obligaciones a su valor razonable en cada actualización de intereses.			

- El 31 de diciembre de 2019 el tipo de interés variable es de 4,0%, de igual forma se tiene que pagar al prestamista la obligación de los intereses por el 5,0% y el Swaps compensar la diferencia.

Flujos de efectivo	Montos
FC paga 5% al Banco (10.000.000 por 5%)	500.000
Recibe 5% del Swap (10.000.000 por 5%)	(500.000)
FC paga 4% al Swap (10.000.000 por 5%)	400.000
Salida de Efectivo	400.000

FECHA	CUENTAS	DEBE	HABER
31.12.2019			
Pérdida	Intereses	400.000	
Activo	Banco (Swap)	100.000	
Activo	Banco (intereses obligación)		500.000
Registro de los intereses correspondiente a la cobertura.			

FECHA	CUENTAS	DEBE	HABER
31.12.2019			
Pasivo	Obligaciones Emitidas	10.000.000	
Activo	Banco (Pago Obligación)		10.000.000
Registro de los intereses correspondiente a la cobertura.			

Ejercicio de cobertura de flujo de efectivo

- Al 31 de diciembre de 2017 la Entidad FC emite una deuda por 20.000.000, a un tipo de interés variable semestral por dos años, pagadero cada seis meses.
- La entidad pretende cubrir el valor del pasivo por lo que contrata un Swap (de tasa fija de 5%).
- La entidad FC está expuesta a la fluctuación de tipos de interés. Está expuesta a las fluctuaciones de flujo de efectivo por tener una deuda a tipo variable.
  - El 30 de junio de 2018 el tipo de interés variable es de 4,5%
  - El 31 de diciembre de 2018 el tipo de interés variable es de 5,5%
  - El 30 de junio de 2019 el tipo de interés variable es de 6,0%
  - El 31 de diciembre de 2019 el tipo de interés variable es de 4,0%

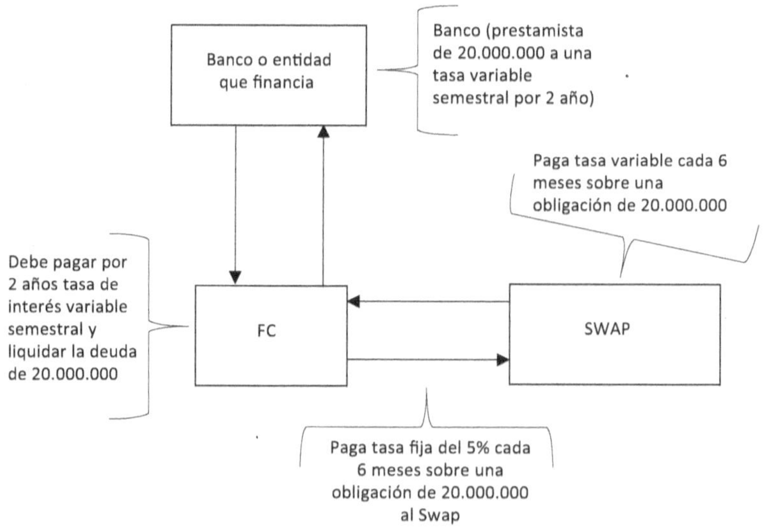

Desarrollo ejercicio de cobertura de flujo de efectivo

FECHA	CUENTAS	DEBE	HABER
31.12.2017			
Activo	Banco	20.000.000	
Pasivo	Obligaciones Emitidas		20.000.000
Al 31 de diciembre de 2017 la Entidad FC emite una deuda por 20.000.000.			

- El 30 de junio de 2018 el tipo de interés variable es de 4,5%, de igual forma se tiene que pagar al Swap los intereses por el 5%.

Flujos de efectivo	Montos
FC paga 4,5% al Banco (20.000.000 por 4,5%)	900.000
Recibe 4,5% del Swap (10.000.000 por 4,5%)	(900.000)
FC paga 5,0% al Swap (10.000.000 por 5,0%)	1.000.000
Salida de Efectivo	1.000.000

FECHA	CUENTAS	DEBE	HABER
30.06.2018			
Pérdida	Intereses	900.000	
Activo	Banco (intereses obligación)		900.000
Registro de los intereses correspondiente al pago al banco.			
30.06.2018			
Activo	Swap	100.000	
Activo	Banco (Swap)		100.000
Pago al Swap la diferencia de los intereses.			

Flujos de efectivo	Montos
Intereses 4,5% por 4 vencimientos (4,5 x 4 = 18%)	3.600.000
Swap 5,0% por 4 vencimientos (5,0% x 4 = 20%)	4.000.000
Diferencia	400.000

- En junio se pagó al Swap 100.000, por lo cual el Swap al 30.06.2018, después del pago de intereses es de 300.000 saldo acreedor y el valor obligación se mantiene, ya que no se encuentra a valor razonable.

FECHA	CUENTAS	DEBE	HABER
30.06.2018			
Patrimonio	Otras Reservas (pérdida del Swap)	400.000	
Activo	Swap		400.000
Registro de los intereses correspondiente al pago al banco.			
30.06.2018			
Pérdidas	Intereses	100.000	
Patrimonio	Otras Reservas		100.000
El valor del pasivo no se ha modificado. Sin embargo, el pasivo global incluyendo el swap ha aumentado. Esto es debido a que FC ha modificado los flujos de efectivo a tipo fijo. El tipo fijo del 5% es mayor que la tasa variable del 4,5% por lo que el valor razonable del riesgo global ha aumentado.			

- El 31 de diciembre de 2018 el tipo de interés variable es de 5,5%, por lo cual en este caso el Swap nos compensara la diferencia del 0,5% por la cobertura.

Flujos de efectivo	Montos
FC paga 5,5% al Banco (20.000.000 por 5,5%)	1.100.000
Recibe 5,5% del Swap (10.000.000 por 5,5%)	(1.100.000)
FC paga 5,0% al Swap (10.000.000 por 5,0%)	1.000.000
Salida de Efectivo	1.000.000

FECHA	CUENTAS	DEBE	HABER
31.12.2018			
Pérdida	Intereses	1.100.000	
Activo	Banco (intereses obligación)		1.100.000
Registro de los intereses correspondiente al pago al banco.			
31.12.2018			
Activo	Banco (Swap)	100.000	
Activo	Swap		100.000
Compensación del Swap por la diferencia de tasa			

Flujos de efectivo	Montos
Intereses 5,5% por 3 vencimientos (5,5 x 3 = 16,5%)	3.300.000
Swap 5,0% por 3 vencimientos (5,0% x 3 = 15,0%)	3.000.000
Diferencia	300.000

- En diciembre el Swap pagó a FC 100.000, por lo cual el Swap al 31.12.2018, después del pago de intereses es de 200.000, saldo deudor y el valor obligación se mantiene, ya que no se encuentra a valor razonable.

	Swap	
30.06.2018	100.000	400.000
31.12.2018		100.000
Totales	100.000	500.000
	Saldo Acreedor	400.000

FECHA	CUENTAS	DEBE	HABER
31.12.2018			
Activo	Swap	600.000	
Patrimonio	Otras Reservas		600.000
Se registra un Swap con saldo deudor, ya que la tasa de interés fija es menor a la tasa de interés variable.			
31.12.2018			
Patrimonio	Otras Reservas	100.000	
Pérdida	Intereses		100.000
El valor del pasivo no se ha modificado. Sin embargo, el pasivo global incluyendo el Swap ha disminuido. Esto es debido a que FC ha modificado los flujos de efectivo a tipo fijo. El tipo fijo del 5% es menor que la tasa variable del 5,5% por lo que el valor razonable del riesgo global ha disminuido.			

	Swap		
30.06.2018	100.000	400.000	
31.12.2018	600.000	100.000	
Totales	700.000	500.000	
	200.000	Saldo Deudor	

- El 30 de junio de 2019 el tipo de interés variable es de 6,0%, por lo cual en este caso el Swap nos compensara la diferencia del 0,5% por la cobertura.

Flujos de efectivo	Montos
FC paga 6,0% al Banco (20.000.000 por 6,0%)	1.200.000
Recibe 6,0% del Swap (10.000.000 por 6,0%)	(1.200.000)
FC paga 5,0% al Swap (10.000.000 por 5,0%)	1.000.000
Salida de Efectivo	1.000.000

FECHA	CUENTAS	DEBE	HABER
30.06.2019			
Pérdida	Intereses	1.200.000	
Activo	Banco (intereses obligación)		1.200.000
Registro de los intereses correspondiente al pago al banco.			
30.06.2019			
Activo	Banco (Swap)	200.000	
Activo	Swap		200.000
Compensación del Swap por la diferencia de tasa.			

Flujos de efectivo	Montos
Intereses 6,0% por 2 vencimientos (6,0 x 2 = 12,0%)	2.400.000
Swap 5,0% por 3 vencimientos (5,0% x 2 = 10,0%)	2.000.000
Diferencia	400.000

- En junio el Swap pagó a FC 200.000, por lo cual el Swap al 30.06.2019, después del pago de intereses es de 200.000, saldo deudor y el valor obligación se mantiene, ya que no se encuentra a valor razonable.

	Swap	
30.06.2018	100.000	400.000
31.12.2018	600.000	100.000
30.06.2019		200.000
Totales	700.000	700.000

FECHA	CUENTAS	DEBE	HABER
30.06.2019			
Activo	Swap	200.000	
Patrimonio	Otras Reservas		200.000
Se registra un Swap con saldo deudor, ya que la tasa de interés fija es menor a la tasa de interés variable.			

FECHA	CUENTAS	DEBE	HABER
30.06.2019			
Patrimonio	Otras Reservas	200.000	
Pérdida	Intereses		200.000
El valor del pasivo no se ha modificado. Sin embargo, el pasivo global incluyendo el swap ha disminuido. Esto es debido a que FC ha modificado los flujos de efectivo a tipo fijo. El tipo fijo del 5% es menor que la tasa variable del 6,0% por lo que el valor razonable del riesgo global ha disminuido.			

- El 31 de diciembre de 2019 el tipo de interés variable es de 4,0%, de igual forma se tiene que pagar al Swap los intereses por el 5%.

Flujos de efectivo	Montos
FC paga 4,0% al Banco (20.000.000 por 4,0%)	800.000
Recibe 4,0% del Swap (10.000.000 por 4,0%)	(800.000)
FC paga 5,0% al Swap (10.000.000 por 5,0%)	1.000.000
Salida de Efectivo	1.000.000

FECHA	CUENTAS	DEBE	HABER
31.12.2019			
Pérdida	Intereses	800.000	
Activo	Banco (intereses obligación)		800.000
Registro de los intereses correspondiente al pago al banco.			
31.12.2019			
Activo	Swap	200.000	
Activo	Banco (Swap)		200.000
Compensación del Swap por la diferencia de tasa			
31.12.2019			
Pérdida	Intereses	200.000	
Patrimonio	Otras Reservas		200.000
El valor del pasivo no se ha modificado. Sin embargo, el pasivo global incluyendo el swap ha disminuido. Esto es debido a que FC ha modificado los flujos de efectivo a tipo fijo. El tipo fijo del 5% es menor que la tasa variable del 6,0% por lo que el valor razonable del riesgo global ha disminuido.			

Swap

30.06.2018	100.000	400.000
31.12.2018	600.000	100.000
30.06.2019	200.000	200.000
31.12.2019	200.000	
Totales	1.100.000	700.000
SD		400.000

Otras Reservas

30.06.2018	400.000	100.000
31.12.2018	100.000	600.000
30.06.2019	200.000	200.000
31.12.2019		200.000
Totales	700.000	1.100.000
SA	400.000	

FECHA	CUENTAS	DEBE	HABER
31.12.2019			
Pérdida	Otras Reservas	400.000	
Activo	Swap		400.000
Se ajusta el Swap y se liquida finalmente			
31.12.2019			
Activo	Obligaciones	20.000.000	
Activo	Banco (Obligaciones)		20.000.000
Se paga la obligación al banco.			

5.2.4 Otros Activos no Financieros, Corrientes y No corrientes

Se incluyen los servicios adquiridos amortizables durante el período de tiempo pactado para recibirlos, generalmente se consideran activos corrientes y corresponde a gastos anticipados.

En el No Corriente Se incluyen los servicios adquiridos amortizables durante el período de tiempo pactado para recibirlos y corresponde a gastos anticipados que son amortizables en un periodo superior a un año, también se incluyen inversiones que se midan al costo amortizado, las cuales formarán parte del no corriente.

- ✓ Seguros Anticipados.
- ✓ Servicios Publicitarios.
- ✓ Garantía de Arriendos.
- ✓ Arriendos Anticipados.
- ✓ Gastos Pagados por Anticipado.
- ✓ Boleta en Garantía.
- ✓ Gastos por Remodelación.
- ✓ Inversiones al costo amortizado.

Definiciones:

- **Seguros Anticipados:** Comprende el monto contratado con las compañías aseguradoras por las primas de seguro, por coberturas a recibir en el futuro.
- **Servicios Publicitarios:** Servicio adquirido amortizable durante el período de tiempo pactado para revivirlo, se considera activo corriente si se amortiza en un año o en el ciclo operacional.

- **Garantía de Arriendos:** Aval que mantiene la entidad, por futuras pérdidas asociadas a una propiedad de la entidad.
- **Arriendos Anticipados:** Comprende el arriendo de bienes muebles e inmuebles, cuya utilización se efectuará en el futuro.
- **Gastos Pagados por Anticipado:** Se contabilizará cualquier servicio a ser devengado luego de la fecha de los estados financieros, cuyo registro no corresponde incluir en cuentas anteriores.
- **Boleta en Garantía:** Aval que mantiene la entidad, por futuras pérdidas asociadas a una propiedad de la entidad.
- **Gastos por Remodelación:** Remodelación que mantiene la entidad considerando que es probable que la Sociedad obtenga los beneficios económicos futuros derivados del uso del mismo y el costo de este activo para la entidad puede ser valorado en forma fiable (NIC 16, párrafo 7).
- **Inversiones al costo amortizado:** Corresponde a las inversiones que no se tienen control y tampoco influencia significativa, se lleva al costo de adquisición y se le debe efectuar el deterioro en todos los periodos.

Reconocimiento y medición:

Se efectuará una diferenciación entre cargo diferido y gasto anticipado, ya que las entidades se confunden cotidianamente y desvirtúan los conceptos, por carencia de claridad conceptual sobre el particular, lo cual se traduce en alterar la razonabilidad de los estados financieros.

El siguiente cuadro resume y explica las notables diferencias, claramente marcadas, que existen en la teoría y en la normativa contable nacional e internacional:

GASTOS ANTICIPADOS	CARGOS DIFERIDOS
Servicios adquiridos amortizables durante el período de tiempo pactado para recibirlos.	Bienes o servicios amortizables durante el tiempo estimado de recuperación de la erogación o de obtención de los beneficios esperados.
Generalmente se consideran activo corriente, si se amortizan en un año o en el ciclo operacional.	Generalmente se consideran activo no corriente y su tiempo de amortización excede un año o ciclo operacional. La porción amortizable en el siguiente período contable se clasifica en diferidos en el activo corriente, junto con los gastos pagados por anticipado corriente.

GASTOS ANTICIPADOS	CARGOS DIFERIDOS
Si la relación contractual se resciende o cancela parcial o totalmente, en forma anticipada a su vencimiento, son recuperables en la alícuota no causada.	Generalmente no son recuperables, pues no existe un término exacto de amortización por no tener la característica de un "gasto anticipado". En algunas ocasiones se recuperan parcialmente por valores de recuperación.
El tiempo de amortización es exacto y está establecido contractualmente.	El tiempo de amortización no es exacto, es estimado, y como tal puede amortizarse en el tiempo estimado, o acelerarse o prolongarse prospectivamente, condicionada a ciertos factores específicos.
Se amortiza por línea recta, siendo su valor constante o fijo durante su vigencia.	Su amortización puede hacerse en forma lineal, por suma de los dígitos de los años estimados de amortización en el tiempo estimado, o acelerarse o prolongarse prospectivamente, condicionada a ciertos factores específicos.
En el contexto de norma internacional se clasifican en el rubro otros activos no financieros.	En el contexto de Normas Internacionales no se consideran activos por no reunir las dos condiciones exigidas en la NIC 1 1) que la entidad tenga el control, 2) que genere rendimientos económicos futuros. Solamente se activan conceptos de desarrollo que conlleven al reconocimiento de activos intangibles. De lo contrario todos los conceptos que actualmente en Chile, cargamos y amortizamos en este rubro se considerarán gastos del período en que se incurran.

Cuadro Preparado Castillo, 2005.

Débito	Crédito
• El reconocimiento de un servicio adquirido amortizable en el tiempo. • Aval para la entidad en el caso de un compromiso de un tercero por el arrendamiento de una estructura física. • Los intereses descontados por anticipado en operación de financiamiento recibido. • Los montos por servicios contratados asociados a beneficios económicos futuros. • Incremento en la medición a valor razonable de las primas pagadas.	• Al amortizarse el servicio en el transcurso del tiempo. • Al cancelar a un tercero la garantía dejada en la entidad. • Devengamiento de intereses. • Consumo de los servicios contratados. • Liquidación de las opciones contratadas o disminución por medición al valor razonable.

Comentarios:

Es importante señalar que se debe efectuar la comparación de un cargo diferido con un gasto anticipado, ya que el cargo diferido se ajustará a resultados en el momento en que se incurra, por no tener un periodo de amortización cierta.

NIC, NIIF e Interpretaciones Referidas
NIC 1 Presentación de estados financieros (en lo referido a la compensación de cuentas). NIC 32 Instrumentos financieros: presentación. NIC 39 Instrumentos financieros: reconocimiento y medición. NIIF 7 Instrumentos financieros: información a revelar. Marco Conceptual de las NIIF (en lo concerniente a concepto de beneficio económico futuro esperado y al postulado de Devengado).

Nota a los Estados Financieros:

Otros Activos no Financieros, Corrientes

La composición de este rubro al 31 de diciembre de 20X1, 31 de diciembre 20X0 y 1 de enero de 20X0 es la siguiente:

Concepto	Corriente			No Corriente		
	Saldos al			Saldos al		
	31/12/20X1	31/12/20X0	01/01/20X0	31/12/20X1	31/12/20X0	01/01/20X0
	MF$	MF$	MF$	MF$	MF$	MF$
Seguros anticipados	90	80	70	-	-	-
Servicios publicitarios	80	70	60	-	-	-
Garantía de arriendos	70	60	50	-	-	-
Gastos por remodelación	10	10	-	-	-	-
Arriendos anticipados	50	40	40	-	-	-
Gastos pagados por anticipado	50	40	30	-	-	-
Boletas en garantía	40	30	20	-	-	-
Inversión al costo amortizado (*)	-	-	-	30	30	30
Totales	390	330	270	30	30	30

El detalle de la inversión al vencimiento que mantiene la entidad es la siguiente:

Nombre sociedad	Porcentaje participación	31/12/20X1 MF$	31/12/20X0 MF$	01/01/20X0 MF$
Empresa ABC	3,56%	30	30	30

Ejercicio inversiones al costo amortizado

La Sociedad FC adquiere el 30% de la sociedad ABC al 31.12.2017:

Patrimonio de ABC

DETALLE	MONTO
Capital	4.000.000
Resultados Acumulados	4.000.000
Utilidad del Ejercicio	2.000.000
Total Patrimonio	10.000.000

- El precio pagado por el 30% es de 5.000.000.
- La utilidad de B en el año 2018 es de 10.000.000.

Se pide: Realizar los asientos contables relativos a esta transacción al 31.12.2017 y 31.12.2018.

Dato:

INVERSIONES AL COSTO AMORTIZADO

Corresponde a activos financieros con montos fijos y determinables, y una fecha de madurez, que la entidad tiene la intención y habilidad de mantenerla hasta la madurez.

La intención y la habilidad de mantener el activo hasta su madurez son evaluadas cada fecha del balance.

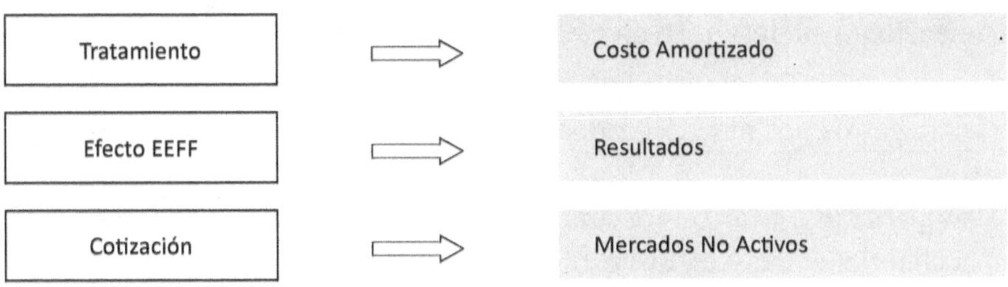

Desarrollo ejercicio inversiones al costo amortizado

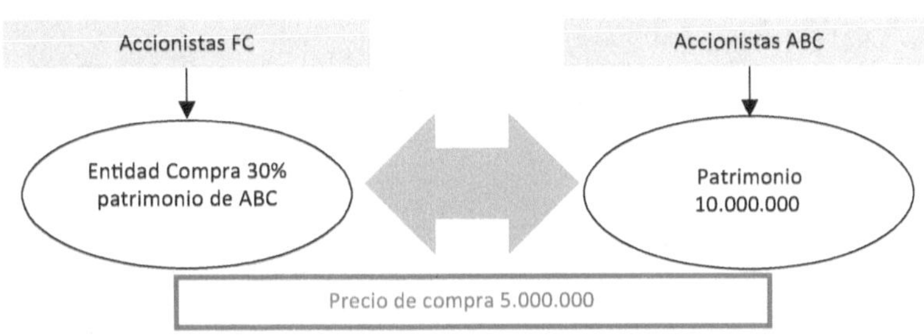

FECHA	CUENTAS	DEBE	HABER
Año 1			
Activo	Inversiones al costo amortizado	5.000.000	
Pasivo	Acreedores por pagar		5.000.000
Se contabiliza al precio de compra independiente del valor razonable del 30% sobre los 10.000.000.			

Se evaluará su deterioro en cada periodo de cierre de ejercicio.

El año 2 la entidad tiene una utilidad de 10.000.000.

DETALLE	MONTO
Capital	4.000.000
Resultados Acumulados	6.000.000
Utilidad del Ejercicio	10.000.000
Total Patrimonio	20.000.000

FECHA	CUENTAS	DEBE	HABER
Año 2			
Se lleva la inversión al costo, por lo cual un aumento o disminución de la inversión, no influyen en el valor de esta.			

Se evaluará su deterioro en cada periodo de cierre de ejercicio.

Ejercicio gastos por remodelación

- La Compañía FC, realizó una completa remodelación de sus oficinas en Galápagos, la cual tiene una vida útil económica de 12 años. La fecha de expiración del contrato de arrendamiento es en 10 años más, pero su renovación no está clara.
- El gasto efectuado es de 1.000.000.
    - Efectuar la contabilización inicial
    - ¿Es posible activar dicha remodelación?
    - ¿Cuál sería la vida útil asignada a la misma?
    - Desarrollar la amortización de 1 mes.

✍ Desarrollo Ejercicio Gastos por Remodelación

¿Es posible activar dicha remodelación?

Sí, es posible activar la remodelación considerando que es probable que la Sociedad obtenga los beneficios económicos futuros derivados del uso del mismo y el costo de este activo para la entidad puede ser valorado en forma fiable (NIC 16, párrafo 7)

¿Cuál sería la vida útil asignada a la misma?

La vida útil asignada para el cálculo de la depreciación sería de diez años, por cuanto no es probable que la Compañía pueda seguir recibiendo los beneficios económicos de dicho activo, luego que expire el plazo de arrendamiento de la sucursal.

La vida útil de un activo se definirá en términos de la utilidad que se espere que aporte a la entidad. La política de gestión de activos llevada a cabo por la entidad podría implicar la enajenación o disposición por otra vía de los activos después de un periodo específico de utilización, o tras haber consumido una cierta proporción de los beneficios económicos incorporados a los mismos. Por tanto, la vida útil de un activo puede ser inferior a su vida económica. La estimación de la vida útil de un activo, es una cuestión de criterio, basado en la experiencia que la entidad tenga con activos similares (NIC 16, párrafo 57).

Contabilización Inicial

Dato	CUENTAS	DEBE	HABER
Activo	Gastos por remodelación corriente	100.000	
Activo	Gastos por remodelación no corriente	900.000	
Pasivo	Acreedores		1.000.000
Se debe contabilizar la porción de corriente y no corriente.			

¿Desarrollar la amortización de un mes?

Dato	CUENTAS	DEBE	HABER
Pérdida	Mantención y reparaciones	8.333	
Activo	Gastos por remodelación corriente		8.333
Contabilización de la amortización de un mes.			

Dato	CUENTAS	DEBE	HABER
Activo	Gastos por remodelación corriente	8.333	
Activo	Gastos por remodelación no corriente		8.333
Traspasar al corto plazo el vencimiento de un mes.			

5.2.5 Deudores Comerciales y Otras Cuentas por Cobrar Corrientes

Activos financieros no derivados cuyos cobros son fijos o determinables, que no se negocian en un mercado activo, y que son distintos de aquellos clasificados como mantenidos para negociar o de aquellos que la entidad en el momento del reconocimiento inicial los haya designado para su contabilización al valor razonable con cambios en resultados o como disponibles para la venta.

- ✓ Fondos fijos.
- ✓ Facturas, boletas y otros comprobantes por cobrar.
- ✓ Anticipo de clientes.
- ✓ Letras por cobrar.
- ✓ Documentos financieros por cobrar.
- ✓ Cobranza bancaria.
- ✓ Deudores varios.
- ✓ Préstamos.
- ✓ Intereses y dividendos.
- ✓ CxC de activo mantenido para la venta.
- ✓ Fondos por rendir.
- ✓ Cuentas por cobrar personal.
    - Personal.
    - Socios (accionistas).
    - Directores.
    - Gerentes.
- ✓ Deterioro de cuentas por cobrar.
- ✓ Deterioro facturas, boletas por cobrar.
- ✓ Deterioro cobranza bancaria.
- ✓ Deterioro deudores varios.
- ✓ Deterioro cuentas por cobrar personal.
- ✓ IVA crédito fiscal.
- ✓ Ingresos diferidos (se presentan negativos).

Definiciones:

- **Fondos Fijos:** Efectivo establecido sobre un monto fijo determinado (NIC 32, GA4).
- **Facturas, Boletas y otros Comprobantes por Cobrar:** Créditos otorgados por venta de bienes o prestación de servicios. En caso no se haya emitido el

documento, pero sí devengado el ingreso y la cuenta por cobrar correspondiente, se debe registrar el derecho exigible (NIC 32, GA4).

- **Anticipo de Clientes:** Montos anticipados por clientes a cuenta de ventas posteriores. Es de naturaleza acreedora (se clasificara en este rubro en la medida que el monto sea inferior al valor de los Clientes, en el caso que sea superior al valor de los clientes se debe clasificar en cuentas por pagar) (NIC 32, GA4).
- **Letras por Cobrar:** Créditos que se formalizan con letras aceptadas en canje de facturas, boleta u otros comprobantes por cobrar (NIC 32, GA5).
- **Documentos Financieros por Cobrar:** Créditos que se formalizan con cheques en canje de facturas, boletas u otros comprobantes por cobrar (NIC 32, GA5).
- **Cobranzas Bancarias:** Créditos que se formalizan con letras aceptadas en canje de facturas, boleta u otros comprobantes por cobrar (NIC 32, GA5).
- **Deudores Varios:** Agrupa cuentas que representan derechos de cobro a terceros por transacciones distintas a la del objeto del negocio de la entidad (NIC 32, GA7).
- **Préstamos:** Comprende los créditos no comerciales entregados a terceros (NIC 32, GA4).
- **Intereses y Dividendos:** Incluye los derechos de cobro por intereses y dividendos en efectivo declarados por las empresas donde se mantienen las inversiones (NIC 32, GA37).
- **CxC de Activo Mantenido para la Venta:** Derechos de cobro por venta de inversión mobiliaria, inversión inmobiliaria, inmuebles, maquinaria y equipo, y otros activos de largo plazo (NIC 32, GA4).
- **Fondos por Rendir:** Incluye las entrega a rendir cuentas efectuadas a terceros y cualquier otra cuenta por cobrar.
- **Cuentas por Cobrar Personal:** Agrupa las cuentas adeudadas por el personal, socios (accionistas), directores y gerentes, diferente de las cuentas por cobrar comerciales, así como las suscripciones de capital pendiente de pago (NIC 32, GA4).
    - *Personal:* Cuentas por cobrar al personal por préstamos, adelantos o entregas a rendir cuenta, excepto al personal de gerencia.
    - *Socios (accionistas):* Cuentas por cobrar por acciones suscritas y no pagadas, o préstamos que se les haya otorgado.
    - *Directores:* Cuentas por cobrar por gastos a rendir u otros conceptos.
    - *Gerentes:* Incluye las cuentas por cobrar al personal de gerencia.

- **Deterioro de Cuentas por Cobrar:** Agrupa las cuentas acumuladas de deterioro de cuenta de dudoso cobro (NIIF 9 b5.5.35).
- **Deterioro Facturas, Boletas por Cobrar:** Incorpora el deterioro de las cuentas por cobrar de los clientes.
- **Deterioro Cobranza Bancaria:** Incorpora el deterioro de las cuentas que se encuentran en cobranza bancaria.
- **Deterioro Deudores Varios:** Incorpora el deterioro de los derechos de cobro a terceros, diferentes de los del objeto del negocio, cuya recuperación es considerado incierta por la empresa.
- **Deterioro Cuentas por Cobrar Personal:** Incorpora el deterioro de créditos otorgados a personal, accionistas, directores y gerentes, cuya recuperación e considerada por la entidad como incierta.
- **IVA Crédito Fiscal:** Impuestos por compensar con débitos fiscales.
- **Ingresos diferidos:** Ingresos anticipados que se compensan con las cuentas por cobrar que no se encuentran devengadas (NIC 32, GA 38a).

Reconocimiento y medición:

Una entidad puede utilizar soluciones prácticas para medir las pérdidas crediticias esperadas. Un ejemplo de una solución práctica es el cálculo de las pérdidas crediticias esperadas sobre cuentas por cobrar comerciales utilizando una matriz de provisiones. La entidad utilizaría su experiencia de pérdidas crediticias histórica para cuentas por cobrar comerciales para estimar las pérdidas crediticias de 12 meses o las pérdidas crediticias esperadas durante el tiempo de vida del activo sobre los activos financieros según corresponda. Una matriz de provisiones. En función de la diversidad de su base de clientes, la entidad utilizaría las agrupaciones apropiadas si su experiencia de pérdidas crediticias históricas muestra patrones de pérdidas diferentes significativas para distintos segmentos de clientes. Ejemplos de criterios que pueden utilizarse para agrupar activos incluyen región geográfica, tipo de producto, calificación del cliente, garantía colateral o seguro de crédito comercial y tipo de cliente (tal como mayorista o minorista) (NIIF 9, b5.5.35).

Débito	Crédito
• Los derechos de cobro a que dan lugar la venta de bienes o la prestación de servicios inherentes al giro del negocio. • El traslado entre cuentas internas, como es el caso del canje de facturas con letras, o el cambio de condición de letras emitidas a cobranza o descuento. • La disminución o aplicación de los anticipos recibidos. • La diferencia de cambio, si se incrementa el tipo de cambio de la moneda extranjera. • Los préstamos otorgados. • Los dividendos por cobrar. • Los préstamos otorgados al personal, gerente, directores y accionistas. • Los aportes pendientes de cobro.	• El cobro parcial o total de los derechos. • El traslado entre cuentas internas, como es el caso del canje de facturas con letras, o el cambio de condición de letras emitidas a cobranza o descuento. • Los anticipos recibidos por ventas futuras. • La disminución del derecho de cobro por las devoluciones de mercaderías. • Los descuentos, bonificaciones y rebajas concedidas, posteriores a la venta. • El castigo de cuentas por cobrar consideradas deterioradas. • La diferencia de cambio si disminuye el tipo de cambio de la moneda extranjera. • Los pagos recibidos del personal, gerente, directores y socios.

Comentarios:

Los saldos presentados que resulten acreedores deben ser presentados como parte del pasivo.

Intereses y dividendos, registran intereses conforme se van devengando en concordancia con los términos del contrato que les dio origen, y los dividendos en la fecha que es reconocido el derecho del accionista a recibir el pago respectivamente.

El saldo correspondiente a capital por enterar a socios o accionistas, se presentará en el balance clasificado, deduciendo la cuenta capital.

Para el deterioro de las cuentas por cobrar sobre el modelo esperado, no se necesitan identificar todos los posibles escenarios, se debe hacer un cálculo aunque dicha posibilidad sea muy baja (NIIF 9, 5.5.18).

Evidencia objetiva de deterioro (NIIF 9, GA b5.5.17)

a) Cambios en los indicadores del riesgo crediticio.
b) Incremento de las garantías.
c) Cambios en los indicadores de mercado externos del riesgo crediticio.
d) Un cambio real o esperado en la calificación crediticia.
e) Una disminución de la calificación crediticia.
f) Los cambios de condiciones económicas o financieras.
g) Un cambio real o esperado en los resultados operativos del prestatario.
h) Incrementos en el riesgo crediticio del prestatario.
i) Un cambio adverso significativo de regulación, económico o tecnológico del prestatario.

j) Cambios en el valor de la garantía colateral que apoya la obligación.
k) Un cambio en la calidad de la garantía proporcionada por un accionista.
l) reducciones en el apoyo financiero de una entidad controladora.
m) Periodos de gracia para el pago de intereses.
n) un incremento de los pagos contractuales.
o) Cambios en el enfoque de gestión del crédito.
p) Morosidad.

Una entidad no necesita llevar a cabo una búsqueda exhaustiva de información, sino que considerará toda la información razonable y sustentable que esté disponible sin esfuerzo o costo desproporcionado.

Modelo para contabilizar el deterioro de valor de las cuentas por cobrar bajo un modelo de pérdida incurrida y esperada

Este modelo principalmente exige que una entidad debe reconocer las pérdidas por las cuentas por cobrar en la medida que provengan de un hecho pasado y circunstancias futuras, por lo cual usando estimaciones actuales de flujos de efectivo de las cuentas por cobrar medidas al costo amortizado. La entidad tendrá que reconocer dichas pérdidas como un fondo para incumplimientos o morosidad del deudor en una cuenta de pérdida en los estados financieros.

En este modelo el reconocimiento de pérdidas por incumplimiento o morosidad se efectuará de acuerdo a una matriz, de la cual tomaremos la información de la entidad en tres periodos financieros cerrados para que la entidad amplíe el rango de la información, al momento de evaluar el riesgo de incobrabilidad, esta matriz estará basada en la historia de la entidad bajo una política contable, de la cual se desprenderá el monto mejor estimado para provisionar el deterioro contable según la morosidad detallada por el vencimiento, de la cual se deberá detallar en la matriz de incumplimiento o morosidad lo siguiente:

- Detalle identificación del deudor "ID".
- Detalle por nombre deudor "Cliente".
- Detalle del monto de la deuda.
- Detalle del vencimiento de la deuda.
- Deuda menor a 90 días, 5%.
- Deuda entre 90 y 180 días se provisionara un 20%.
- Deuda entre 181 y 365 días se provisionara un 50%.
- Deuda para más de 365 días se provisionara un 100%.

				Vencimiento en días			
			Vencimiento	0 a 90	90 a 180	181 a 365	<365
ID	Cliente	Monto	Deuda	5%	20%	50%	100%

Ejemplo:				Vencimiento en días			
			Vencimiento	0 a 90	90 a 180	181 a 365	<365
ID	Cliente	Monto	Deuda	5%	20%	50%	100%
70.000.000-1	FC	100.000	31.12.X0	5.000	-	-	-
70.000.000-2	ABC	200.000	20.09.X0	-	40.000	-	-
70.000.000-3	CF	300.000	20.05.X0	-	-	150.000	-
70.000.000-4	MN	400.000	31.12.X0-1	-	-	-	400.000
Totales				5.000	40.000	150.000	400.000
Deterioro en Base a una Matriz			595.000				

Deudores Comerciales y Otras Cuentas por Cobrar Corrientes y No Corrientes

Concepto	**Corriente**				**No Corriente**		
	31/12/20X1				**31/12/20X1**		
	Valor Bruto MF$	**Deterioro Incobrable MF$**	**Valor Neto MF$**		**Valor Bruto MF$**	**Deterioro Incobrable MF$**	**Valor Neto MF$**
Fondos fijos	100	-	100		-	-	-
Facturas, boletas por cobrar	90	(60)	30		100	-	100
Anticipo de clientes	(90)	-	(90)		-	-	-
Letras por cobrar	80	(20)	60		-	-	-
Documentos financieros por cobrar	50	(10)	40		-	-	-
Cobranza bancaria	60	(60)	-		-	-	-
Deudores varios	100	(20)	80		-	-	-
Préstamos	60	-	60		-	-	-
Intereses y dividendos	50	-	50		-	-	-
CxC de activo mantenido para la venta	40	-	40		-	-	-
Fondos por rendir	40	-	40		-	-	-
Cuentas por cobrar personal	30	-	30		-	-	-
Personal	50	-	50		-	-	-
IVA crédito fiscal	20	-	20		-	-	-
Ingresos diferidos (se presentan negativos)	(20)	-	(20)		-	-	-
Total	660	(170)	490		100	-	100

Se debe detallar el vencimiento de los deudores comerciales y otras cuentas por cobrar:

Deudores comerciales y otras cuentas por cobrar por vencer	**Periodo Actual 31-12-20X1 MF$**
Con vencimiento menor de Tres meses	60
Con vencimiento entre Tres y Seis Meses	200
Con vencimiento entre Seis y Doce Meses	200
Con vencimiento Mayor a Doce Meses	100
Total Deudores Comerciales por Vencer cobrar Vencidos y No pagados	560
Con vencimiento menor de tres meses	30
Con vencimiento entre Tres y Seis Meses	40
Con vencimiento entre Seis y Doce Meses	30
Con vencimiento Mayor a Doce Meses	100
Total Deudores Comerciales Vencidos	200
Total valor bruto	760

Se debe revelar el movimiento del deterioro del rubro:

Reversión de pérdidas por deterioro de valor (pérdidas por deterioro de valor) reconocidas en el resultado de período (*)	Ejercicio actual 31-12-20X1 MF$	Ejercicio anterior 31-12-20X0 MF$
Deterioro de cuentas por cobrar.	(10)	(10)
Deterioro facturas, boletas por cobrar.	(10)	-
Deterioro cobranza bancaria.	(50)	(10)
Deterioro deudores varios.	-	-
Deterioro cuentas por cobrar personal.	-	-
Total	(70)	(20)
Movimiento del Deterioro de Deudores Comerciales y Otras Cuentas por Cobrar	Periodo Actual 31-12-20X1 MF$	Periodo Anterior 31-12-20X0 MF$
Saldo Inicial (negativo)	(120)	(100)
Recuperación deterioro créditos	20	-
Baja de activos financieros deteriorados del período	(70)	(20)
Aumento o disminución del período	(50)	(20)
Saldo Final	(170)	(120)

Ejercicio deterioro cuentas por cobrar

- La Entidad "FC" está transformando sus estados financieros que se encuentran bajo principios locales a Normas Internacionales, por lo cual se revisará la provisión de incobrable que mantiene. Cabe destacar que esta estimación se lleva a cabo en las sociedades para determinar un menor valor de sus activos, esta no corresponde a los conceptos de provisiones que trata la NIC 37; corresponde a lo planteado en la NIIF 9 y NIIF 15 del deterioro de las cuentas por cobrar medidas al costo amortizado.
- Para tener en cuenta la entidad efectúa el reconocimiento de deterioro de cuentas por cobrar, al 100% de la deuda al tercer mes de mora y las deudas sin vencimiento, se les aplica un 10%.
- La información que se entrega para que usted evalúe el deterioro del balance es la siguiente:

RUT	Saldo al 31.12.2016		RUT	Saldo al 31.12.2017
1	5.000.000		9	10.000.000
2	9.900.000		10	20.000.000
3	1.000.000		11	9.500.000
4	7.000.000		12	15.000.000
9	15.000.000		13	5.000.000
10	10.000.000		14	4.000.000
11	9.000.000		15	5.000.000
12	10.000.000		16	4.000.000
Totales	66.900.000		Totales	72.500.000

RUT	Saldo al 31.12.2018		RUT	Saldo al 31.12.2019
13	2.000.000		13	5.000.000
14	10.000.000		16	25.000.000
15	5.000.000		25	4.000.000
16	25.000.000		26	4.000.000
10	20.000.000		56	10.000.000
25	2.000.000		45	8.000.000
26	2.000.000		46	4.000.000
29	3.000.000		47	2.000.000
Totales	69.000.000		Totales	62.000.000

- Se pide desarrollar el asiento de primera adopción bajo NIIF 1 al 01.01.2020, asumiendo que la entidad tienen provisionado como deterioro de cuentas por cobrar 62.000.000.

✍ Desarrollo ejercicio deterioro cuentas por cobrar

- Tasa de recuperación 1

RUT	Saldo al 31.12.2016
1	5.000.000
2	9.900.000
3	1.000.000
4	7.000.000
9	15.000.000
10	10.000.000
11	9.000.000
12	10.000.000
Totales	66.900.000

RUT	Saldo al 31.12.2017
-	-
-	-
-	-
-	-
9	10.000.000
10	20.000.000
11	9.500.000
12	15.000.000
Totales	72.500.000

Tasa de Recuperación	
	5.000.000
	9.900.000
	1.000.000
	7.000.000
	5.000.000
	-
	-
	-
41,70%	27.900.000

- Tasa de recuperación 2

RUT	Saldo al 31.12.2017
9	10.000.000
10	20.000.000
11	9.500.000
12	15.000.000
13	5.000.000
14	4.000.000
15	5.000.000
16	4.000.000
Totales	72.500.000

RUT	Saldo al 31.12.2018
-	-
10	20.000.000
-	-
-	-
13	2.000.000
14	10.000.000
15	5.000.000
16	25.000.000
Totales	69.000.000

Tasa de Recuperación	
	10.000.000
	-
	9.500.000
	15.000.000
	3.000.000
	-
	-
	-
51,72%	37.500.000

- Tasa de recuperación 3

RUT	Saldo al 31.12.2018
10	20.000.000
13	2.000.000
14	10.000.000
15	5.000.000
16	25.000.000
25	2.000.000
26	2.000.000
29	3.000.000
Totales	69.000.000

RUT	Saldo al 31.12.2019
-	-
13	5.000.000
-	-
-	-
16	25.000.000
25	4.000.000
26	4.000.000
-	-
Totales	62.000.000

Tasa de Recuperación	
	20.000.000
	-
	10.000.000
	5.000.000
	-
	-
	-
	3.000.000
55,07%	38.000.000

- Basado en los hechos de comparación estadística tomadas del año 2017, 2018 y 2019 se tiene que la tasa de recuperación del deterioro de cuentas por cobrar es:

Año	% de recuperación
2016	41,70
2017	51,72
2018	55,07
Totales	49,50

- Ajuste a la política contable por la tasa de recuperación:

RUT	Saldo al 31.12.2019
13	5.000.000
16	25.000.000
25	4.000.000
26	4.000.000
56	10.000.000
45	8.000.000
46	4.000.000
47	2.000.000
Totales	62.000.000

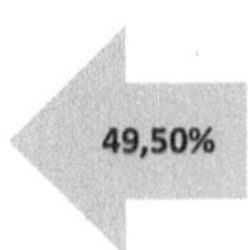

62.000.000	49,50%
30.690.000	Tasa de Recuperación
31.310.000	Saldo en Balance

- Se pide desarrollar el asiento de primera adopción bajo NIIF 1 al 01.01.2020.

Dato	CUENTAS	DEBE	HABER
Pasivo	Deterioro Cuentas por Cobrar	30.690.000	
Patrimonio	Resultados Acumulados		30.690.000
Contabilización adopción a las NIIF			

II Ejercicio deterioro cuentas por cobrar

- La entidad tiene como política una matriz de provisiones dependiendo del vencimiento; Deuda menor a 90 días un 5%, Deuda entre 90 y 180 días un 20%, deuda entre un 181 y 365 días un 50%, deuda mayor a un año el 100%, efectué el deterioro de las cuentas por cobrar bajo NIIF 9, supuesto que la entidad nunca calculo deterioro para efectuar el asiento.

Vcto	ID	Saldo al 31.12.2015
30/10/12	1.422.532	200.000
30/10/15	1.771.044	300.000
30/09/15	4.913.994	400.000
30/10/13	5.712.849	350.000
25/11/15	7.818.903	250.000
14/03/15	10.634.939	250.000
15/04/15	12.164.577	50.000
20/08/11	77.113.090	300.000
20/08/11	77.148.040	400.000
25/12/15	78.370.090	350.000
30/12/12	78.197.490	40.000
30/12/12	8.637.441	120.000
30/10/15	90.703.000	600.000
30/10/15	96.869.690	300.000
	Totales	3.910.000

Vcto	ID	Saldo al 31.12.2016
30/12/12	1.422.532	150.000
25/05/16	4.744.109	200.000
30/09/15	4.913.994	150.000
20/08/11	77.113.090	200.000
20/08/11	77.148.040	200.000
25/12/16	78.370.090	350.000
25/05/17	79.597.800	500.000
30/12/12	8.637.441	120.000
25/05/16	89.524.400	50.000
25/05/16	90.635.000	80.000
30/10/15	90.703.000	300.000
30/10/16	92.535.000	120.000
30/10/16	92.580.000	60.000
30/10/16	93.666.000	40.000
30/10/16	96.672.150	50.000
30/08/16	96.799.250	60.000
30/08/15	96.869.690	200.000
20/09/16	96.939.500	30.000
20/09/16	96.958.610	100.000
20/09/16	96.997.730	200.000
	Totales	3.160.000

Vcto	ID	Saldo al 31.12.2017
30/12/12	1.422.532	70.000
30/09/15	4.913.994	150.000
30/04/17	5.398.705	200.000
30/04/17	6.868.560	250.000
30/04/17	61.219.000	150.000
30/04/17	7.547.207	80.000
30/04/17	76.033.640	60.000
30/04/17	76.563.090	500.000
20/08/11	77.113.090	100.000
20/08/11	77.148.040	100.000
25/12/15	78.370.090	350.000
30/08/17	78.536.950	400.000
30/12/12	8.637.441	120.000
30/08/17	82.623.500	40.000
25/05/16	90.635.000	60.000
30/11/17	91.144.000	50.000
30/10/16	92.535.000	40.000
30/10/16	92.580.000	60.000
30/11/17	96.584.930	30.000
30/10/15	96.869.690	400.000
	Totales	3.230.000

Vcto	ID	Saldo al 31.12.2018
30/12/12	1.422.532	70.000
20/09/18	4.913.994	100.000
20/04/18	53.003.850	500.000
20/04/18	6.874.129	350.000
30/04/17	7.547.207	40.000
20/04/18	70.706.000	200.000
30/04/17	76.033.640	20.000
30/04/17	76.563.090	300.000
20/08/11	77.113.090	50.000
20/08/11	77.148.040	40.000
25/12/15	78.370.090	300.000
20/11/18	90.635.000	100.000
30/10/16	92.535.000	40.000
30/10/16	92.580.000	60.000
30/07/17	96.584.930	30.000
20/07/18	96.713.220	450.000
20/09/18	96.799.250	200.000
20/05/17	96.810.550	10.000
20/09/18	96.869.690	80.000
	Totales	2.940.000

✍ II Desarrollo ejercicio deterioro cuentas por cobrar

Primero desarrollar la política contable de deterioro cuentas por cobrar.

Matriz deterioro 2015			Vencimientos			
ID	Vencimiento	Monto	0 a 90	90 a 180	181 a 365	<365
1.422.532	30/10/12	200.000	-	-	-	200.000
1.771.044	30/10/15	300.000	15.000	-	-	-
4.913.994	30/09/15	400.000	-	80.000	-	-
5.712.849	30/10/13	350.000	-	-	-	350.000
7.818.903	25/11/15	250.000	12.500	-	-	-
10.634.939	14/03/15	250.000	-	-	125.000	-
12.164.577	15/04/15	50.000	-	-	25.000	-
77.113.090	20/08/11	300.000	-	-	-	300.000
77.148.040	20/08/11	400.000	-	-	-	400.000
78.370.090	25/12/15	350.000	17.500	-	-	-
78.197.490	30/12/12	40.000	-	-	-	40.000
8.637.441	30/12/12	120.000	-	-	-	120.000
90.703.000	30/10/15	600.000	30.000	-	-	-
96.869.690	30/10/15	300.000	15.000	-	-	-
Total Clientes		3.900.000				
Total Deterioro		1.730.000	90.000	80.000	150.000	1.410.000

Matriz deterioro 2016			Vencimientos			
ID	**Vencimiento**	**Monto**	**0 a 90**	**90 a 180**	**181 a 365**	**<365**
1.422.532	30/12/12	150.000	-	-	-	150.000
4.744.109	25/05/16	200.000	-	-	100.000	-
4.913.994	30/09/15	150.000	-	-	-	150.000
77.113.090	20/08/11	200.000	-	-	-	200.000
77.148.040	20/08/11	200.000	-	-	-	200.000
78.370.090	25/12/16	350.000	17.500	-	-	-
79.597.800	25/05/17	500.000	25.000	-	-	-
8.637.441	30/12/12	120.000	-	-	-	120.000
89.524.400	25/05/16	50.000	-	-	25.000	-
90.635.000	25/05/16	80.000	-	-	40.000	-
90.703.000	30/10/15	300.000	-	-	-	300.000
92.535.000	30/10/16	120.000	6.000	-	-	-
92.580.000	30/10/16	60.000	3.000	-	-	-
93.666.000	30/10/16	40.000	2.000	-	-	-
96.672.150	30/10/16	50.000	2.500	-	-	-
96.799.250	30/08/16	60.000	-	12.000	-	-
96.869.690	30/08/15	200.000	-	-	-	200.000
96.939.500	20/09/16	30.000	-	6.000	-	-
96.958.610	20/09/16	100.000	-	20.000	-	-
96.997.730	20/09/16	200.000	-	40.000	-	-
Total Clientes		3.160.000				
Total Deterioro		1.619.000	56.000	78.000	165.000	1.410.000

Matriz deterioro 2017			Vencimientos			
ID	**Vencimiento**	**Monto**	**0 a 90**	**90 a 180**	**181 a 365**	**<365**
1.422.532	30/12/12	70.000	-	-	-	70.000
4.913.994	30/09/15	150.000	-	-	-	150.000
5.398.705	30/04/17	200.000	-	-	100.000	-
6.868.560	30/04/17	250.000	-	-	125.000	-
61.219.000	30/04/17	150.000	-	-	75.000	-
7.547.207	30/04/17	80.000	-	-	40.000	-
76.033.640	30/04/17	60.000	-	-	30.000	-
76.563.090	30/04/17	500.000	-	-	250.000	-
77.113.090	20/08/11	100.000	-	-	-	100.000
77.148.040	20/08/11	100.000	-	-	-	100.000
78.370.090	25/12/15	350.000	-	-	-	350.000
78.536.950	30/08/17	400.000	-	80.000	-	-
8.637.441	30/12/12	120.000	-	-	-	120.000
82.623.500	30/08/17	40.000	-	8.000	-	-
90.635.000	25/05/16	60.000	-	-	-	60.000
91.144.000	30/11/17	50.000	2.500	-	-	-
92.535.000	30/10/16	40.000	-	-	-	40.000
92.580.000	30/10/16	60.000	-	-	-	60.000
96.584.930	30/11/17	30.000	1.500	-	-	-
96.869.690	30/10/15	400.000	-	-	-	400.000
Total Clientes		3.230.000				
Total Deterioro		2.162.000	4.000	88.000	620.000	1.450.000

Matriz deterioro 2018			Vencimientos			
ID	**Vencimiento**	**Monto**	**0 a 90**	**90 a 180**	**181 a 365**	**<365**
1.422.532	30/12/12	70.000				70.000
4.913.994	20/09/18	100.000	5.000			
53.003.850	20/04/18	500.000			250.000	
6.874.129	20/04/18	350.000			175.000	
7.547.207	30/04/17	40.000				40.000
70.706.000	20/04/18	200.000			100.000	
76.033.640	30/04/17	20.000				20.000
76.563.090	30/04/17	300.000				300.000
77.113.090	20/08/11	50.000				50.000
77.148.040	20/08/11	40.000				40.000
78.370.090	25/12/15	300.000				300.000
90.635.000	20/11/18	100.000	5.000			
92.535.000	30/10/16	40.000				40.000
92.580.000	30/10/16	60.000				60.000
96.584.930	30/07/17	30.000				30.000
96.713.220	20/07/18	450.000		90.000		
96.799.250	20/09/18	200.000	10.000			
96.810.550	20/05/17	10.000				10.000
96.869.690	20/09/18	80.000	4.000			
Total Clientes		2.940.000				
Total Deterioro		1.599.000	24.000	90.000	525.000	960.000

- Tasa de recuperación 1

Matriz 2015	
ID	**Monto**
1.422.532	200.000
1.771.044	15.000
4.913.994	80.000
5.712.849	350.000
7.818.903	12.500
10.634.939	125.000
12.164.577	25.000
77.113.090	300.000
77.148.040	400.000
78.370.090	17.500
78.197.490	40.000
8.637.441	120.000
90.703.000	30.000
96.869.690	15.000
	1.730.000

TR 53,04

Matriz 2016	
ID	**Monto**
1.422.532	150.000
4.744.109	100.000
4.913.994	150.000
77.113.090	200.000
77.148.040	200.000
78.370.090	17.500
79.597.800	25.000
8.637.441	120.000
89.524.400	25.000
90.635.000	40.000
90.703.000	300.000
92.535.000	6.000
92.580.000	3.000
93.666.000	2.000
96.672.150	2.500
96.799.250	12.000
96.869.690	200.000
96.939.500	6.000
96.958.610	20.000
96.997.730	40.000
	1.619.000

Tasa de Recuperación
50.000
15.000
-
350.000
12.500
125.000
25.000
100.000
200.000
-
40.000
-
-
-
917.500

- Tasa de recuperación 2

Matriz 2016	
ID	Monto
1.422.532	150.000
4.744.109	100.000
4.913.994	150.000
77.113.090	200.000
77.148.040	200.000
78.370.090	17.500
79.597.800	25.000
8.637.441	120.000
89.524.400	25.000
90.635.000	40.000
90.703.000	300.000
92.535.000	6.000
92.580.000	3.000
93.666.000	2.000
96.672.150	2.500
96.799.250	12.000
96.869.690	200.000
96.939.500	6.000
96.958.610	20.000
96.997.730	40.000
	1.619.000
TR	50,19

Matriz 2017	
ID	Monto
1.422.532	70.000
4.913.994	150.000
5.398.705	100.000
6.868.560	125.000
61.219.000	75.000
7.547.207	40.000
76.033.640	30.000
76.563.090	250.000
77.113.090	100.000
77.148.040	100.000
78.370.090	350.000
78.536.950	80.000
8.637.441	120.000
82.623.500	8.000
90.635.000	60.000
91.144.000	2.500
92.535.000	40.000
92.580.000	60.000
96.584.930	1.500
96.869.690	400.000
	2.162.000

Tasa de
Recuperación
80.000
100.000
-
100.000
100.000
-
25.000
-
25.000
-
300.000
-
-
2.000
2.500
12.000
-
6.000
20.000
40.000
812.500

- Tasa de recuperación 3

Matriz 2017	
ID	Monto
1.422.532	70.000
4.913.994	150.000
5.398.705	100.000
6.868.560	125.000
61.219.000	75.000
7.547.207	40.000
76.033.640	30.000
76.563.090	250.000
77.113.090	100.000
77.148.040	100.000
78.370.090	350.000
78.536.950	80.000
8.637.441	120.000
82.623.500	8.000
90.635.000	60.000
91.144.000	2.500
92.535.000	40.000
92.580.000	60.000
96.584.930	1.500
96.869.690	400.000
	2.162.000
TR	59,04

Matriz 2018	
ID	Monto
1.422.532	70.000
4.913.994	5.000
53.003.850	250.000
6.874.129	175.000
7.547.207	40.000
70.706.000	100.000
76.033.640	20.000
76.563.090	300.000
77.113.090	50.000
77.148.040	40.000
78.370.090	300.000
90.635.000	5.000
92.535.000	40.000
92.580.000	60.000
96.584.930	30.000
96.713.220	90.000
96.799.250	10.000
96.810.550	10.000
96.869.690	4.000
	1.599.000

Tasa de Recuperación
-
145.000
100.000
125.000
75.000
-
10.000
-
50.000
60.000
50.000
80.000
120.000
8.000
55.000
2.500
-
-
-
396.000
1.276.500

Año	% de recuperación
2015	53,04
2016	50,19
2017	59,04
Promedio	54,09

1.599.000	54,09%
864.899	Tasa de Recuperación
734.101	Saldo en Balance

- Desarrollo ajuste contable al deterioro.

Dato	CUENTAS	DEBE	HABER
Pérdida	Pérdidas por Deterioro	734.101	
Pasivo	Deterioro de Cuentas por Cobrar		734.101
Contabilización deterioro cuentas por cobrar, asumiendo que nunca se efectuó contabilización por este concepto.			

5.2.6 Cuentas por Cobrar a Entidades Relacionadas, Corrientes

Cuentas por cobrar a entidades relacionadas, que provengan o no, de operaciones comerciales y cuyo plazo de recuperación no excede a un año a contar de la fecha de los estados financieros.

- ✓ Facturas, Boletas y otros Comprobantes por Cobrar.
- ✓ Anticipo.
- ✓ Letras por Cobrar.
- ✓ Documentos Financieros por Cobrar.
- ✓ Deudores Varios.
- ✓ Préstamos.
- ✓ CXC de Activo Mantenido para la Venta.
- ✓ Deterioro Cuentas por Cobrar Empresas Relacionadas.

Definiciones:

- **Facturas, Boletas y otros Comprobantes por Cobrar:** Créditos otorgados por venta de bienes o prestación de servicios. En caso no se haya emitido el documento, pero sí devengado el ingreso y la cuenta por cobrar correspondiente, se debe registrar el derecho exigible (NIC 32, párrafo GA4).
- **Anticipo de Relacionadas:** Montos anticipados por relacionadas a cuenta de ventas posteriores. Es de naturaleza acreedora (NIC 32, párrafo GA4).
- **Letras por Cobrar:** Créditos que se formalizan con letras aceptadas en canje de facturas, boleta u otros comprobantes por cobrar (NIC 32, párrafo GA5).
- **Documentos Financieros por Cobrar:** Créditos que se formalizan con cheques en canje de facturas, boletas u otros comprobantes por cobrar(NIC 32, párrafo GA5).
- **Deudores Varios:** Agrupa cuentas que representan derechos de cobro a relacionadas por transacciones distintas a la del objeto del negocio de la entidad (NIC 32, párrafo GA7).
- **Préstamos:** Comprende los créditos no comerciales entregados a relacionadas (NIC 32, párrafo GA4).
- **CxC de Activo Mantenido para la Venta:** Derechos de cobro por venta de inversión mobiliaria, inversión inmobiliaria, inmuebles, maquinaria y equipo, y otros activos de largo plazo (NIC 32, párrafo GA4).

- **Deterioro de Cuentas por Cobrar:** Agrupa las cuentas acumuladas de deterioro de cuenta de dudoso cobro (NIIF 9).
- **Deterioro Facturas, Boletas por Cobrar:** Incorpora el deterioro de las cuentas por cobrar de las relacionadas.
- **Deterioro Deudores Varios:** Incorpora el deterioro de los derechos de cobro a relacionadas, diferentes de los del objeto del negocio, cuya recuperación es considerado incierta por la empresa.

Reconocimiento y medición:

Las cuentas por cobrar se reconocerán inicialmente a su valor razonable, que es generalmente igual al costo. Después de su reconocimiento inicial se medirán al costo amortizado (NIIF 9).

Las cuentas por cobrar en moneda extranjera pendientes de cobro a la fecha de los estados financieros, se expresará al tipo de cambio aplicable a las transacciones a dicha fecha (NIC 21, párrafo 39).

Débito	Crédito
• Los derechos de cobro a que dan lugar la venta de bienes o la prestación de servicios inherentes al giro del negocio. • El traslado entre cuentas internas, como es el caso del canje de facturas con letras, o el cambio de condición de letras emitidas a cobranza o descuento. • La disminución o aplicación de los anticipos recibidos. • La diferencia de cambio, si se incrementa el tipo de cambio de la moneda extranjera.	• El cobro parcial o total de los derechos. • El traslado entre cuentas internas, como es el caso del canje de facturas con letras, o el cambio de condición de letras emitidas a cobranza o descuento. • Los anticipos recibidos por ventas futuras. • La disminución del derecho de cobro por las devoluciones de mercaderías. • El castigo de las cuentas por cobrar consideradas deterioradas. • La diferencia de cambio si disminuye el tipo de cambio de la moneda extranjera.

Comentarios:

Los saldos presentados que resulten acreedores deben ser presentados como parte del pasivo.

NIC, NIIF e Interpretaciones Referidas	
NIC 21	Efecto de las variaciones de los tipos de cambio de monedas extranjeras.
NIC 32	Instrumentos financieros: presentación.
NIC 39	Instrumentos financieros: Reconocimiento y medición.
NIIF 7	Instrumentos financieros: Información a revelar.
NIIF 15	Ingresos.
NIC 24	Revelaciones sobre partes relacionadas

Nota a los Estados Financieros:

Cuentas por Cobrar a Entidades Relacionadas, Corrientes y No Corrientes

Entidad	RUT	Transacción	País de origen	Relación	Origen	Vcto Días	Corriente 31-12-20X1 MF$	No Corriente 31-12-20X1 MF$
ABC	10-1	Facturas	Ecuador	Asociadas	Servicios	30	100	-
ABC	10-1	Letras	Perú	Asociadas	Servicios	45	20	-
ABC	10-1	Préstamos	Chile	Asociadas	Servicios	25	10	-
EFG	10-K	Facturas	Bolivia	Asociadas	Servicios	90	20	-
AA	12-1	Facturas	Chile	Matriz	Servicios	120	20	-
BBB	14-1	Préstamos	México	Asociadas	Servicios	150	50	100
Totales							220	100

Transacciones entre empresas relacionadas

El detalle de transacciones entre empresas relacionadas se detalla a continuación:

Entidad	RUT	Relación	Origen de la transacción	31-12-20X1	
				Monto MF$	Efecto en resultado (cargo) abono MF$
ABC	10-1	Asociadas	Servicios percibido	5	5
EFG	10-K	Asociadas	Servicios percibido	4	(4)
AA	12-1	Asociadas	Servicios percibido	10	(6)
BBB	14-1	Asociadas	Servicios percibido	100	90

Inventarios

Activos mantenidos para ser vendidos en el curso normal de la operación (NIC 2, párrafo 6 a); en proceso de producción con vistas a esa venta (NIC 2, párrafo 6 b); o en forma de materiales o suministros, para ser consumidos en el proceso de producción, o en la prestación de servicios (NIC 2, párrafo 6 c), el detalle de las cuentas contables asociadas a este rubro son las siguientes:

- ✓ Mercaderías
  - Mercaderías manufacturadas.
  - Mercaderías de extracción.
  - Mercaderías agropecuarias.

- Mercaderías inmuebles.
- Otras mercaderías.
- Deterioro mercaderías.

✓ Productos terminados

- Productos manufacturados.
- Productos de extracción terminados.
- Productos agropecuarios.
- Productos inmuebles.
- Existencias de servicios terminados.
- Otros productos terminados.
- Costo de financiación – Productos terminados.
- Deterioro productos terminados.

✓ Subproductos, desechos y desperdicios

- Subproductos.
- Desechos y desperdicios.
- Deterioro sub productos.

✓ Productos en proceso

- Productos en proceso de manufactura.
- Productos extraídos en proceso de transformación.
- Productos agropecuarios en proceso.
- Productos inmuebles en proceso.
- Existencias de servicios en proceso.
- Otros productos en proceso.
- Costo de financiación – Productos en proceso.
- Deterioro productos en proceso.

✓ Materias primas

- Materias primas para productos manufacturados.
- Materias primas para productos de extracción.
- Materias primas para productos agropecuarios.
- Materias primas para inmuebles.
- Deterioro materias primas.

✓ Materiales, suministros y repuestos

- Materiales auxiliares.
- Suministros.
- Repuestos.

    - Deterioro materiales, suministros y repuestos.
- ✓ Envases y embalajes
    - Envases.
    - Embalajes.
    - Deterioro envases y embalajes.

Definiciones:

- **Mercaderías:** Representa los bienes adquiridos por la entidad para ser destinados a la venta, sin someterlos a proceso de transformación.
    - *Mercaderías Manufacturadas:* Productos adquiridos, ya elaboras y listos para su venta
    - *Mercaderías de Extracción:* Productos originados en recursos naturales extraídos, que han sido adquiridos para su venta sin haber sido transformados.
    - *Mercaderías Agropecuarias:* Productos de origen animal y vegetal que se adquieren con el objetivo de venderlos sin transformarlos.
    - *Mercaderías Inmuebles:* Activos inmobiliarios que se adquieren con el propósito de su venta.
    - *Otras Mercaderías:* Mercaderías adquiridas para la venta que no se contemplan en las cuentas anteriores.
    - *Deterioro Mercaderías:* Reconocimiento del deterioro de las mercaderías al cierre de los estados financieros.

- **Productos Terminados:** Representa los bienes manufacturados por la entidad destinados a la venta.
    - *Productos Manufacturados:* Productos que resultan de procesos de fabricación.
    - *Productos de Extracción Terminados:* Obtenidos a partir del procesamiento de recursos naturales.
    - *Productos Agropecuarios:* Productos de origen animal y vegetal que han sufrido algún proceso de cambio por la entidad.
    - *Productos Inmuebles:* Edificaciones que la empresa ha construido o modificado para su venta. Incluye también terrenos sobre los que se construyen estas edificaciones y cuya propiedad se transferirá conjuntamente con la venta de la edificación.

- *Otras Productos Terminados:* Productos terminados que la entidad ha procesado, que no se contempla en las cuentas anteriores.
- *Costos de Financiación – Productos Terminados:* Costos de financiación incorporados en el valor de los activos de productos terminados, generados hasta el momento que las existencias se encuentren listas para su comercialización (NIC 2, párrafo 17).
- *Deterioro Productos Terminados:* El monto invertido en productos terminados cuyo valor ha sido deteriorado.

- **Subproductos, Desechos y Desperdicios:** Representa los productos accesorios obtenidos en la producción de los bienes del giro de la empresa. Asimismo, se incluyen los residuos o mermas de producción de toda naturaleza, originadas en los procesos productivos, pero que mantienen algún valor en su realización.
  - *Subproductos:* Productos obtenidos accesoriamente en el proceso de producción. Resultan de la producción conjunta donde el subproducto tiene un valor reducido respecto del producto o de los productos principales.
  - *Desechos y Desperdicios:* Materiales desechados por presentar defectos o que resultan no utilizables en el proceso de transformación.
  - *Deterioro Subproductos:* El monto cuyo valor en libro se encuentre deteriorado.

- **Productos en Proceso:** Representa aquellos bienes que se encuentran en proceso de producción, a la fecha de los estados financieros.
  - *Productos en Proceso de Manufactura:* Productos que se encuentran en proceso de transformación.
  - *Productos Extraídos en Proceso de Transformación:* Productos que habiendo sido extraídos de la naturaleza, se encuentran en proceso de transformación.
  - *Productos Agropecuarios en Proceso:* Productos de origen animal y vegetal que se encuentran en proceso de producción.
  - *Productos Inmuebles en Proceso:* Inmuebles que se encuentran en proceso de construcción, cuando los inmuebles son destinados a la venta.
  - *Existencias de Servicios en Proceso:* Se compone de la mano de obra y otros costos involucrados en la prestación del servicio mientras este no se ha concluido.
  - *Otras Productos en Proceso:* Productos en etapa de transformación o fabricación que no se contemplan en las cuentas anteriores.

- *Costos de Financiación – Productos en Proceso:* Costos de financiación incorporados en el valor de los activos de productos en procesos, generados hasta el momento en que tales productos se transfieren a productos terminados (NIC 2, párrafo 17).
- *Deterioro Productos en Proceso:* El monto invertido en productos en proceso cuyo valor ha sido deteriorado.

- **Materias Primas:** Representa aquellos insumos que intervienen directamente en los procesos de fabricación, para la obtención de los productos terminados y que quedan incorporados en estos últimos.
  - *Materias Primas para Productos Manufacturados:* Adquiridas para su posterior ingreso al proceso productivo.
  - *Materias Primas para Productos de Extracción:* Recursos extraídos que sirven de materia prima para su posterior transformación.
  - *Materias Primas para Productos Agropecuarios:* Incluye los productos agropecuarios que luego van a ser transformado.
  - *Materias Primas para Inmuebles:* Incluye las materias primas necesarias para la construcción de inmuebles.
  - *Deterioro Materias Primas:* El monto invertido en materias primas cuyo valor ha sido deteriorado.

- **Materiales, Suministros y Repuestos:** Representan los materiales diferentes de los insumos principales (materias primas) y los suministros que intervienen en el proceso de fabricación. Asimismo, incluye los repuestos que no califican como bienes inmovilizados.
  - *Materiales Auxiliares:* Materiales destinados para el proceso de fabricación, complementarios a las materias primas.
  - *Suministros:* Insumos que intervienen en los procesos de producción o comercialización, o procesos complementarios, como el de mantenimiento
  - *Repuestos:* Partes y piezas a ser destinadas a su montaje en instalaciones, equipos o máquinas en sustitución de otras semejantes.
  - *Deterioro Materiales, Suministros y Repuestos:* Monto invertido en materiales auxiliares, suministros y repuestos cuyo valor en libros se encuentra deteriorado.

- **Envases y embalajes:** Representan los bienes complementarios para la presentación y comercialización del producto.
    - *Envases:* Recipientes o vasijas, destinados a contener el producto que se comercializa.
    - *Embalajes:* Cubiertas o envolturas, destinadas a guardar productos o mercaderías al momento de transportarlas o almacenarlas.
    - *Deterioro Envases y Embalajes:* Monto invertido en Envases y embalajes cuyo valor en libros se encuentra deteriorado.

Reconocimiento y medición:

Las mercaderías, productos terminados, materias primas, materiales auxiliares, envases y embalajes se registraran a su costo de adquisición, incluyendo todos los costos necesarios para que la mercarías tengan su condición y ubicación actuales (NIC 2, párrafo 10).

El costo de los inventarios se asignará utilizando los métodos de primera entrada primera salida (the first-in, first-out, FIFO, por sus siglas en inglés) o costo promedio ponderado. La entidad utilizará la misma fórmula de costo para todos sus inventarios (NIC 2, párrafo 25).

Para los efectos de la medición al cierre del período que se reporta, se aplica la regla de valuación de costo de adquisición o valor neto de realización, el menor (NIC 2, párrafo 9).La excepción a esta regla corresponde a los productos agrícolas y forestales en la oportunidad de su cosecha o recolección, y a las materias primas que los intermediarios miden de acuerdo con su cotización internacional; mercaderías en ambos casos, que se miden a su valor razonable (NIC 2, párrafo 20).

Las diferencias de cambio originadas en pasivos en moneda extranjera serán aplicadas a resultados. En el caso de los intereses, estos pueden ser activados siempre y cuando se traten de activos calificados, de acuerdo a lo estipulado por la NIC 23 Costos de financiación.

Débito	Crédito
Mercaderías	
• El costo de las mercaderías adquiridas. • El costo de las mercaderías devueltas por los clientes. • La reclasificación entre diferentes cuentas de inventario. • El incremento de valor de las mercaderías que se miden al valor razonable. • Los sobrantes de mercaderías, determinados por referencia a inventarios físicos.	• El costo de las mercaderías vendidas. • El costo de las mercaderías devueltas a proveedores. • La reclasificación entre las cuentas de inventario. • La disminución de valor de las mercaderías que se miden al valor razonable. • Los faltantes de mercaderías, determinados por referencia a inventarios físicos.
Productos Terminados	
• El costo de manufactura de los productos para la venta. • El costo de los productos devueltos por los clientes. • El costo de las existencias de servicios. • Costo de financiamiento, cuando la existencia corresponda a un activo calificado.	• El costo de los productos manufacturados, de los productos naturales extraídos y procesados; el de los agropecuarios procesados, vendidos. • El costo de los servicios prestados, vendidos. • La reclasificación en cuenta.
Productos en Proceso	
• El costo de los productos en proceso, calculado hasta la etapa en que se encuentran. • El costo de la existencia de servicios en proceso. • El incremento de valor de los productos en proceso que se miden a valor razonable.	• La transferencia de saldos al inicio del periodo. • La reclasificación por el reconocimiento de pérdidas por deterioro. • La disminución de valor de los productos en proceso que se miden a valor razonable.
Materias Primas	
• El costo de las materias primas. • El costo de las materias primas devueltas por el centro producción.	• El valor en libros de las materias primas utilizadas en producción. • El costo de las devoluciones de materias primas de proveedores.
Envases y Embalajes	
• El costo de los envases y embalajes adquiridos. • El costo de envases y embalajes devueltos por centros de producción.	• El valor en libros de los envases y embalajes utilizados. • El costo de los envases y embalaje devueltos los proveedores.

Comentarios:

Las mercaderías remitidas en consignación se deben considerar como existencias para el consignador, las que se controlarán en cuentas de orden deudoras.

En el caso de mercaderías recibidas en consignación, demostración o exhibición que pertenecen a terceros, no deben incluirse en este rubro.

La existencia de servicios terminados está relacionada con ingresos aún no reconocidos por la prestación del servicio se reconocen conjuntamente en los resultados del periodo en que se devengan.

Los productos extraídos y los productos agropecuarios en proceso, agrupan los costos de los materiales directos, mano de obra, costos indirectos, contratos de servicios y demás costos en que incurre la entidad en los procesos de extracción y proceso de refinación y recolección de estado (recursos naturales), y de la siembra, desarrollo y recolección de productos agropecuarios.

NIC, NIIF e Interpretaciones Referidas
NIC 2 Existencias NIC 41 Agricultura NIC 23 Costo Financiero

Nota a los Estados Financieros:

Clases de inventario	Periodo Actual		
	31-12-20X1		
	MF$ bruto	MF$ Deterioro	MF$ Neto
Mercaderías	100	(30)	70
Productos terminados	50	(10)	40
Subproductos, desechos y desperdicios	40	(20)	20
Productos en proceso	60	(10)	50
Materias primas	30	(20)	10
Materiales, suministros y repuestos	60	(20)	40
Deterioro Envases y embalajes	50	(10)	40
TOTAL	390	(120)	270

Costos de los Inventarios	Periodo Actual
	31-12-20X1
	MF$ bruto
Costos reconocidos en el periodo	(500)
TOTAL	(500)

5.2.8 Activos Biológicos

Corresponden a animales vivos o a plantas, cuyas transformaciones de carácter biológico son gestionadas por una entidad como parte de una actividad agrícola.

- ✓ Activos Biológicos en producción.
- ✓ Activos Biológicos en desarrollo.

Definiciones:

- **Activos Biológicos en Producción:** Activos de origen animal o vegetal que se encuentran en etapa productiva.
- **Activos biológicos en Desarrollo:** Activos de origen animal o vegetal en crecimiento, que aún no alcanzaron su etapa productiva.

Reconocimiento y medición:

El activo biológico debe ser medido, al momento de su reconocimiento inicial como en la fecha de cada balance, a su valor razonable menos los costos estimados en el punto de venta (NIC 41, párrafo 12). El valor razonable en el reconocimiento inicial es generalmente el costo de adquisición. En el caso de que el valor razonable no pueda ser medido confiablemente, y sólo en el momento de reconocimiento inicial, se puede reconocer y medir el activo biológico al costo menos la depreciación acumulada y menos el deterioro (NIC 41, párrafo 30).

Débito	Crédito
La adquisición del activo biológico. Incrementos por medición a valor razonable.	El retiro o venta de los activos biológicos. Reducción por medición a valor razonable.

Comentarios:

Las ganancias o pérdidas surgidas por causa del reconocimiento inicial de un activo biológico a su valor razonable menos los costos estimados en el punto de venta, así como las surgidas por los cambios sucesivos en el valor razonable menos los costos estimados hasta el punto de venta, deben ser incluidos en la ganancia o pérdida neta del ejercicio en que se produzcan.

NIC, NIIF e Interpretaciones Referidas
NIC 36 Deterioro del valor de los activos NIC 41 Agricultura

Nota a los Estados Financieros:

Clases de Activos Biológicos	Periodo Actual 31-12-20X1 MF$ bruto
En Producción	100
En Desarrollo	50
TOTAL	150

Costos de los Activos Biológicos	Periodo Actual 31-12-20X1 MF$ bruto
Costos reconocidos en el periodo	(300)
TOTAL	(300)

5.2.9 Activos por Impuestos Corrientes

Corresponde incluir en este rubro el concepto de pagos provisionales que exceden a la provisión por impuesto a la renta u otros créditos al impuesto a la renta, tales como gastos de capacitación, donaciones a universidades y el crédito por compras de activo fijo. Adicionalmente, deben incluirse los PPM por recuperar por utilidades absorbidas por pérdidas tributarias.

- ✓ Pagos Provisionales Mensuales.
- ✓ PPM por utilidades absorbidas.
- ✓ Crédito Sence.
- ✓ Crédito Activo Fijo.

Definiciones:

- **Pagos Provisionales Mensuales:** Los Pagos Provisionales Mensuales (PPM), tal como lo indica su nombre, son pagos que deben efectuar los contribuyentes como una provisión contra los impuestos anuales que se determinan a fines del año en que se producen las rentas, y que corresponde pagar hasta el 30 de abril del año siguiente. La definición anterior corresponde a la de Pago Provisional Mensual (PPM) obligatorio, pues también existe un Pago Provisional Mensual Voluntario, que se define como las sumas que los contribuyentes pueden abonar a cuenta de sus impuestos anuales, sin que exista una obligación determinada para hacerlo. (Servicio de Impuestos Internos, 2011).

- **PPM por Utilidades Absorbidas:** La recuperación del impuesto de Primera Categoría como pago provisional por utilidades absorbidas por pérdidas tributarias, se determina aplicando directamente la tasa del impuesto de Primera Categoría que corresponda sobre el monto de las utilidades de los ejercicios anteriores que resulten absorbidas por las pérdidas tributarias, deducidos previamente de tales utilidades los gastos rechazados provisionados al término del ejercicio en el cual se generaron dichas utilidades —dentro de los cuales se comprende el propio impuesto de Primera Categoría— y que fueron pagados durante el período en el cual ocurre la recuperación del mencionado impuesto de Primera Categoría, sin efectuar ningún incremento a las referidas utilidades por concepto de dicho tributo, ya que no existe norma legal alguna que permita efectuar el citado incremento (Servicio de Impuestos Internos, 2011).
- **Crédito Sence:** El crédito por capacitación Sence tiene el carácter de Pago Provisional (PPM), el que es deducible de los impuestos mensuales y anuales, por lo que si la empresa registra pérdidas tendrá derecho a pedir su devolución en forma anual (Servicio de Impuestos Internos, 2011).
- **Crédito Activo Fijo:** Es un beneficio tributario que incentiva la inversión de las empresas que declaren el impuesto de primera categoría sobre renta efectiva determinada según contabilidad completa en bienes físicos del activo inmovilizado, consistente en aplicar un porcentaje a la inversión en este tipo de bienes, de acuerdo a lo establecido en el artículo 33 bis de la Ley de la Renta, el cual pasa a constituir un crédito contra el impuesto de Primera Categoría de la Ley de la Renta.

Reconocimiento y medición:

Las transacciones se reconocen a su valor nominal y los saldos de ajustados por una moneda funcional a la de la entidad, tendrán que registrase en una cuenta de resultados.

Débito	Crédito
• El pago de los Pagos provisionales mensuales. • La diferencia de cambio de la moneda extranjera (Corrección Monetaria). • El crédito asociado a la compra de Propiedad, Planta y Equipos. • El crédito por capacitación del personal.	• Al compensar los impuestos por recuperar con el pago de impuestos. • Devolución de impuestos que cumplan con requisitos normativos establecidos.

Comentarios:

La entidad debe revelar en sus estados financieros, el detalle de cada uno de los impuestos que se mantengan para recuperar en el transcurso del año.

NIC, NIIF e Interpretaciones Referidas
NIC 1 presentación de los Estados Financieros NIC 37 Provisiones, activos y pasivos contingentes Ley de Impuesto a la Renta

Nota a los Estados Financieros:

Activos por Impuestos	Moneda	31/12/20X1 MF$	31/12/20X0 MF$	01/01/20X0 MF$
Pagos Provisionales Mensuales.	Funcional	100	200	40
PPM por utilidades absorbidas.	Funcional	20	10	30
Crédito Sence.	Funcional	30	20	40
Crédito Activo Fijo.	Funcional	300	30	20
Totales		450	260	130

5.2.10 Activos no Corrientes

Se clasifican como no corriente, todas aquellas cuentas que no están contenidas en el Activo Corriente e incluye activos tangibles, intangibles y financieros que por su naturaleza son a largo plazo (NIC 1, párrafo 67).

5.2.11 Otros Activos Financieros, no Corrientes

Incluye inversiones en instrumentos financieros cuya tenencia responde a la intención de obtener ganancias en el largo plazo (mantenidas para negociación), y las que han sido designadas específicamente como disponibles para la venta. Además, esta cuenta contiene los instrumentos financieros derivados, cuando son reconocidos en la fecha de contratación del instrumento (NIC 32, párrafo 4).

5.2.12 Otros Activos no Financieros, no Corrientes

Se incluyen los servicios adquiridos amortizables durante el período de tiempo pactado para recibirlos y corresponde a gastos anticipados que son amortizables en un periodo superior a un año, también se incluyen inversiones que se mantengan hasta el vencimientos, las cuales formarán parte del no corriente.

5.2.13 Derechos por Cobrar no Corrientes

Activos financieros no derivados cuyos cobros son fijos o determinables, que no se negocian en un mercado activo, y que son distintos de aquellos clasificados como mantenidos para negociar o de aquellos que la entidad en el momento del reconocimiento inicial los haya designado para su contabilización al valor razonable con cambios en resultados o como disponibles para la venta, los cuales se encuentran con un plazo de vencimiento superior a un año.

5.2.14 Cuentas por Cobrar Empresas Relacionadas no Corrientes

Cuentas por cobrar a entidades relacionadas, que provengan o no de operaciones comerciales y cuyo plazo de recuperación excede a un año a contar de la fecha de los estados financieros.

5.2.15 Inversiones Contabilizadas con el Método de la Participación

Incluye los instrumentos financieros representativos de derecho patrimonial en otras empresas como las inversiones en asociadas o negocios conjuntos si estos últimos no se consolidaran, la cuenta contable es la siguiente:

- ✓ Inversiones de derecho patrimonial.

Definiciones:

- Inversiones de Derecho Patrimonial: Inversiones en acciones o participaciones, incluyendo a las entidades relacionadas, los certificados de participación de fondos, las participaciones en asociaciones en participación.

Reconocimiento y medición:

Las inversiones en acciones o participaciones en subsidiarias y asociadas, éstas se deben medir al valor de participación patrimonial, con posterioridad a su reconocimiento inicial. En la oportunidad del reconocimiento inicial, debe medirse y registrarse, si existiese, cualquier plusvalía contenida en el costo de adquisición cuando se trata de una combinación de negocios.

Débito	Crédito
• El valor de las acciones recibidas por la compra de una inversión. • El reconocimiento de las utilidades reconocidas con el método de participación proporcional.	• El costo de la inversión vendida. • La reducción del valor por una pérdida en la entidad reconocido con el método de participación proporcional.

Comentarios:

En los estados financieros para la valuación de las inversiones en subsidiarias, negocios conjuntos, se debe aplicar el método de participación patrimonial.

Nota a los Estados Financieros:

Sociedades	RUT	Porcentaje participación	Patrimonio Sociedad MF$	Saldo inversión MF$	Resultado Sociedad MF$	Participación resultados MF$
AA	10-K	30%	100	30	10	3
BB	20-1	40%	1.000	400	100	40
TOTALES				430		43

Ejercicio inversiones contabilizadas con el método de la participación

- La sociedad FC mantiene dos directores y un 40% de participación en la entidad AA. El detalle del patrimonio es el siguiente:

PATRIMONIO	31.12.18 Totales
Capital Resultados Acumulados Utilidad	10.000.000 2.000.000 5.000.000
Total Patrimonio	17.000.000

Se pide:
Realizar los asientos contables relativos a la inversión.

- Al 31.12.2019 la sociedad tiene obtuvo una utilidad del ejercicio de $8.000.000.
- Al 31.12.2020 la sociedad tiene obtuvo una pérdida del ejercicio de $10.000.000.

Desarrollo ejercicioinversiones contabilizadas con el método de la participación

Reconocimiento inversión

La sociedad FC mantiene un 40% de participación en la entidad AA.

PATRIMONIO	31.12.18 Totales
Capital Resultados Acumulados Utilidad	10.000.000 2.000.000 5.000.000
Total Patrimonio	17.000.000

Dato	CUENTAS	DEBE	HABER
	---------------------- 31.12.2018 -----------		
Activo	Inversiones Contabilizadas con el Método de la Participación	6.800.000	
Activo	Banco		6.800.000
Patrimonio 17.000.000 x 40% de participación = 6.800.000			

- Al 31.12.2019 la sociedad tiene obtuvo una utilidad del ejercicio de $8.000.000.

Dato	CUENTAS	DEBE	HABER
	---------------------- 31.12.2019 -----------		
Activo	Inversiones Contabilizadas con el Método de la Participación	3.200.000	
Ganancia	Utilidad inversiones		3.200.000
Utilidad 8.000.000 x 40% de participación = 3.200.000.			

- Al 31.12.2020 la sociedad tiene obtuvo una pérdida del ejercicio de $10.000.000

Dato	CUENTAS	DEBE	HABER
	---------------------- 31.12.2019 -----------		
Pérdida	Pérdida Inversiones	4.000.000	
Activo	Inversiones Contabilizadas con el Método de la Participación		4.000.000
Pérdida 10.000.000 x 40% de participación = 4.000.000.			

5.2.16 Activos Intangibles distintos de la Plusvalía

Un activo identificable, de carácter no monetario y sin apariencia física (NIC 38, párrafo IN5), el cual sea identificable (NIC 38, párrafo IN6).

- ✓ Programas de computación (software).
- ✓ Concesiones, licencias y otros derechos.
- ✓ Patentes y propiedad intelectual.
- ✓ Costos de exploración y desarrollo.
- ✓ Fórmulas, diseños y prototipos.
- ✓ Otros activos intangibles.

Definiciones:

- **Programas de Computación (software):** Costos de inversión en el desarrollo interno o costo de adquisición de programas de procesamiento electrónico de datos.
- **Concesiones, Licencias y otros Derechos:** Incluye los derechos obtenidos para desarrollar proyectos o para explotar recursos naturales, entre otros; permisos para efectuar operaciones específicas, por tiempo limitado o indeterminado; y concesiones (de servicios públicos) adquiridos del Estado.

- **Patentes y Propiedad Intelectual:** Costos de adquisición, desarrollo y registro de patentes y otros activos de propiedad industrial.
- **Costos de Exploración y Desarrollo:** Comprende los costos que representa la búsqueda de reservas de recursos naturales.
- **Formulas, Diseños y Prototipos:** Incluye los costos de desarrollo de fórmulas, diseños y prototipos obtenido con nuevos conocimientos científicos y tecnológicos aprovechables por la empresa, de los que se obtendrán beneficios económicos futuros.
- **Otros Activos Intangibles:** Para cualquier otro intangible que cumpla la definición de intangible, pero que no se encuentre especificado en las cuentas expuestas.

Reconocimiento y medición:

Los intangibles se registran inicialmente al costo de adquisición que incluye todos los desembolsos identificables directamente (NIC 38, párrafo 24).

Después del tratamiento inicial los activos intangibles se miden al costo menos la amortización acumuladas y menos las pérdidas por deterioro (NIC 38, párrafo 74). La entidad, puede optar al modelo de revaluación, las revaluaciones se harán con suficiente regularidad, para asegurar que el importe en libros del activo, al final del periodo sobre el que se informa, no difiera significativamente del que podría determinarse utilizando el valor razonable.

Débito	Crédito
• El costo de adquisición de los activos intangibles. • El valor asignado a los intangibles recibidos como donación o aporte. • La revaluación de activos intangibles.	• El costo de los intangibles vendidos o retirados. • La desvalorización de intangibles hasta por el monto revaluado previamente.

Comentarios:

No se reconocerán activos intangibles surgidos de la investigación (o fase de investigación en proyectos internos). Los desembolsos por investigación se reconocerán como gastos del periodo en el que se incurran (NIC 38, párrafo 54).

La capitalización de los costos de exploración y desarrollo de recursos naturales es permitida, más no exigida, por la NIIF 6 Exploración y evaluación de recursos minerales, sujeta a evaluaciones anuales de pérdidas por desvalorización.

Nota a los Estados Financieros:

Costo	Programas Computación MF$	Licencias y software MF$	Patentes MF$	Costo de desarrollo MF$	Formulas Diseños MF$	Totales MF$
Saldo inicial al 01-01-20X1	100	50	40	60	50	300
Adquisiciones	100	-	50	-	50	200
Desarrollo interno	-	-	-	-	-	-
Bajas	-	(20)	-	-	-	(20)
Saldo final al 31/12/20X1	200	30	90	60	100	480

Pérdidas por Amortización	Programas Computación MF$	Licencias y software MF$	Patentes MF$	Costo de desarrollo MF$	Formulas Diseños MF$	Totales MF$
Saldo inicial al 01-01-20X1	(50)	(10)	(10)	(10)	(20)	(100)
Bajas del período	-	-	-	-	-	-
Amortización del período	(20)	(10)	(10)	(10)	(10)	(60)
Saldo final al 31/12/20X1	(70)	(20)	(20)	(20)	(30)	(160)
Saldo final	130	10	70	40	70	320

Ejercicio Intangible

1) La Entidad "FC" está transformando sus estados financieros que se encuentran bajo principios locales a Normas Internacionales, por lo cual se revisara los Intangibles de la sociedad de lo cual se tiene la siguiente información al 31.12.2017: La Entidad mantiene como un activo intangible la servidumbre de paso, cuya vida útil es indefinida, ya que los contratos no tienen vencimiento, no obstante ello "FC" los han amortizado en el plazo de 40 años.

Detalle	Valores
Otros Activos Intangibles	150.000.000
Amortización Intangibles	(50.000.000)
Totales	100.000.000

2) La Entidad "FC" mantiene en todas sus sucursales y propiedades de servicios una importante red de televisión, que requiere un mantenimiento muy costoso. En la Entidad, la planta gerencial mantienen un software que permite identificar con

facilidad cuándo se encuentra una falla en una sucursal y dónde se encuentra la real falla, esto permite que no se efectué un mantenimiento en general y solo se desarrolle el arreglo al departamento correspondiente.
La Entidad incurrió en 200.000.000 en el desarrollo del software, el cual llevaron a gasto en marzo de 2016, cabe destacar que como la tecnología cambia en el tiempo, se estima una duración del software de 120 meses.
Usted como está transformando los estados financieros de la Entidad "FC" que se encuentran bajo principios locales, al transformar a Normas Internacionales, que le recomendaría a la gerencia, por estas situaciones, desarrollar la adopción al 01 de Enero de 2018.

✍ Desarrollo ejercicio (1) "recordar lo siguiente":

Los activos intangibles con una vida útil indefinida no deben amortizarse (NIC 38, 107). Su vida útil debe revisarse cada período de presentación de información para determinar si existen hechos y circunstancias que permitan seguir manteniendo una vida útil indefinida para ese activo. De lo contrario, el cambio en la vida útil de indefinida a finita se contabilizará como un cambio en una estimación contable (NIC 38, 109). También se debe evaluar si se ha deteriorado el valor del activo de conformidad con la NIC 36 (NIC 38, 111).
Para el caso del intangible referido a la servidumbre de paso, cuya vida útil es indefinida debe ser valorizado al costo de adquisición (o costo atribuido) y eliminar la amortización acumulada con efecto positivo en el patrimonio de la entidad por primera adopción, debe efectuar los siguientes ajustes.

Dato	CUENTAS	DEBE	HABER
Pasivo	Amortización Intangibles	50.000.000	
Patrimonio	Resultados Acumulados		50.000.000
Ajuste por el desreconocimiento de las amortizaciones por ser un intangible con vida útil indefinida, para desarrollar este ajuste se toma en consideración NIC 38, P80 de disminución de su amortización acumulada.			

✍ Desarrollo ejercicio (2) "recordar lo siguiente":

Como cualquier otro activo, los elementos intangibles deben reconocerse cuando haya un probable beneficio futuro que pueda ser medido en forma fiable (NIC 38, 21). Con los activos intangibles, esto puede resultar más difícil que con los activos tangibles. Los desembolsos por investigación no se pueden capitalizarse (NIC 38, 54). Lo mismo se aplica a varios otros activos generados internamente, como las marcas (NIC 38, 63).

Con respecto al software, en su desarrollo, se incurrió como gasto en 200.000.000, el cual lo llevaron a gasto en marzo de 2016, la fecha de adopción del ejercicio a las NIIF, es el 01.01.2018.

Se puede recomendar a la Gerencia que el software reúne los criterios de reconocimiento de Intangible, ya que la Entidad tiene el control del software, además mantienen la propiedad intelectual que el software representa para la Entidad y lo más importante es que el software representa a la sociedad flujos, ya que no tienen que efectuar una mantención a todo el sistema, para encontrar los desperfectos.

	VALOR CONTABLE	VALOR NIIF	AJUSTE
Programas de Computación	-	200.000.000	200.000.000
Amortización	-	(36.666.667)	(36.666.667)

Para este rubro se propone a la Administración que se efectué el reconocimiento del activo intangible (Programas de Computación) por tratarse de un Intangible. El reconocimiento del Intangible por la adopción de las NIIF por primera vez en esta cuenta tiene un efecto positivo en el patrimonio de la sociedad por 200.000.000.

Se debe calcular la Amortización Acumulada por los 22 meses correspondientes 200.000.000 dividido por 120 meses, el valor mensual se multipica por los 22 meses que dan 36.666.667. El ajuste se desarrollara efectuando un aumento de capital a Resultados Acumulados.

Dato	CUENTAS	DEBE	HABER
Activo	Programas de Computación	200.000.000	
Pasivo	Amortización Programas		36.666.667
Patrimonio	Resultados Acumulados		163.333.333
Ajuste por el reconocimiento de los programas de computación y por la amortización por el periodo utilizado por la entidad.			

Ejercicio Intangible (NIC 38)

La Entidad "FC" está transformando sus estados financieros que se encuentran bajo principios locales a Normas Internacionales, por lo cual se revisara los Intangibles, al efectuar la revisión nos encontramos con el siguiente detalle:

Nº	Detalle 31.12.2017	Monto Libro	Amortización	Monto Neto
A	Software	150.000.000	40.000.000	110.000.000
B	Propiedad intelectual	300.000.000	200.000.000	100.000.000
C	Derechos de agua	200.000.000	50.000.000	150.000.000
D	Servidumbre de paso	400.000.000	60.000.000	340.000.000
E	Relaciones comerciales	100.000.000	10.000.000	90.000.000
F	Licencias	200.000.000	40.000.000	160.000.000

Información proporcionada 01.01.2018:

- El Software Contable se tasó con un experto independiente quedando con un valor de mercado de 80.000.000, 10 años vida útil.
- La propiedad Intelectual tiene un valor de mercado de 150.000.000, 10 años vida útil.
- Los derechos de agua y la servidumbre de paso tienen una vida útil indefinida.
- Las relaciones comerciales corresponden al intangible asignado por la adquisición de la entidad de Peor es nada.
- Se investigó los gastos de la empresa y encontramos que la entidad llevo a gasto un software por 250.000.000 que se adquirió el 30.09.2017, el cual genera flujos futuros y se deprecia en 48 meses.
- Las licencias se aplicara el costo atribuido bajo NIIF 1, vida útil 5 años.

Información proporcionada 31.12.2018:

- El 31 de diciembre de 2018, por una obsolescencia tecnológica el software contable queda deteriorado, por lo cual su nuevo valor de mercado es de 10.000.000.
- El 31 de diciembre de 2018, la propiedad intelectual adquiere un valor de mercado de 120.000.000.
- El 31 de diciembre de 2018, la entidad tiene gastos de software generado internamente por 250.000.000, que corresponde a 50.000.000 por gastos de investigación y 200.000.000 por gastos de desarrollo.

Se pide efectuar las contabilizaciones al 01.01.2018, bajo escenario de primera adopción y los asientos correspondientes al 31.12.2018.

Desarrollo Primera Adopción a Las Normas Internacionales bajo NIIF 1 y NIC 38

Nº	Detalle 31.12.2017	Monto Libro	Amortización	Monto Neto
A	Software	150.000.000	40.000.000	110.000.000

- Los software contable se tasaron con un experto independiente quedando con un valor de mercado de 80.000.000, 10 años vida útil.

Dato	CUENTAS	DEBE	HABER
Patrimonio	Resultados Acumulados	30.000.000	
Pasivo	Amortización Acumulada Software		30.000.000
Al disminuir el valor neto del software, se recomienda aumentar el valor de la amortización de los intangibles según lo que señala el párrafo 80 de la NIC 38 y el efecto se ajusta disminuyendo el Patrimonio. En primera adopción a las NIIF, se ocupa la cuenta Resultados Acumulados.			

Nº	Detalle 31.12.2017	Monto Libro	Amortización	Monto Neto
B	Propiedad intelectual	300.000.000	200.000.000	100.000.000

- La Propiedad Intelectual tiene un valor de mercado de 150.000.000, 10 años de vida útil.

Dato	CUENTAS	DEBE	HABER
Pasivo	Amort. Acum. Propiedad Intelectual	50.000.000	
Patrimonio	Otras Reservas propiedad Intelectual		50.000.000
Al aumentar el valor del intangible se disminuye su amortización según las recomendaciones del p80 de la NIC38 y se ajusta contra Otras Reservas según lo que señala la NIC 38 p85.			

Nº	Detalle 31.12.2017	Monto Libro	Amortización	Monto Neto
C	Derechos de agua	200.000.000	50.000.000	150.000.000
D	Servidumbre de paso	400.000.000	60.000.000	340.000.000

- Los derechos de agua y la servidumbre de paso tienen una vida útil indefinida.

Dato	CUENTAS	DEBE	HABER
Pasivo	Amort. Acum. Derechos de Agua	50.000.000	
Pasivo	Amort. Acum. Servidumbre de paso	60.000.000	
Patrimonio	Resultados Acumulados Derechos		50.000.000
Patrimonio	Resultados Acumulados Servidumbre		60.000.000
Se aumenta el valor del intangible con la eliminación de la amortización, se disminuye su amortización según las recomendaciones del p80 de la NIC38 y se ajusta contra Resultados Acumulados, ya que se registraron en gastos las amortizaciones.			

- Las relaciones comerciales corresponden al intangible asignado por la adquisición de la entidad de Peor es nada.

Nº	Detalle 31.12.2017	Monto Libro	Amortización	Monto Neto
E	Relaciones comerciales	100.000.000	10.000.000	90.000.000

Las relaciones comerciales no cumplen con el principio de identificabilidad, en primera adopción a las normas internacionales, se debe desreconocer el activo que mantiene la entidad.

Dato	CUENTAS	DEBE	HABER
Patrimonio	Resultados Acumulados	90.000.000	
Pasivo	Amort. Acum. Relaciones Comerciales	10.000.000	
Activo	Relaciones Comerciales		100.000.000
Desreconocimiento de las relaciones comerciales.			

- Se investigó los gastos de la empresa y encontramos que la entidad llevo a gasto un software por 250.000.000 que se adquirió el 30.09.2017, el cual genera flujos futuros y se deprecia en 48 meses.

Dato	CUENTAS	DEBE	HABER
Activo	Software	250.000.000	
Pasivo	Amort. Acum. Software		15.625.000
Activo	Resultados Acumulados		234.375.000
Reconocimiento de software que cumple los criterios de reconocimiento del intangible. Amortización de 3 meses de Software (250.000.000 / 48 meses) por 3 meses , da un total de amortización del ejercicio de 15.625.000			

- Las licencias se aplicara el costo atribuido bajo NIIF 1, vida útil 5 años.

Quedan valorizados al mismo valor en primera adopción a las normas internacionales con su correspondiente vida útil de 5 años.

Nº	Detalle 01.01.2018	Monto Libro	Amortización	Monto Neto
A	Software	400.000.000	85.625.000	314.375.000
a.1	Contable	150.000.000	70.000.000	80.000.000
a.2	Otro	250.000.000	15.625.000	234.375.000
B	Propiedad intelectual	300.000.000	150.000.000	150.000.000
C	Derechos de agua	200.000.000	-	200.000.000
D	Servidumbre de paso	400.000.000	-	400.000.000
E	Relaciones comerciales	-	-	-
F	Licencias	200.000.000	40.000.000	160.000.000
	Totales	1.500.000.000	275.625.000	1.224.375.000

✍ Desarrollo Ejercicio para el segundo año.

- El 31 de diciembre de 2018, por una obsolescencia tecnológica el software contable queda deteriorado al 40% inicial.

Nº	Detalle 01.01.2018	Monto Libro	Amortización Acumulada	Monto Neto
a.1	Software	150.000.000	70.000.000	80.000.000

Dato	CUENTAS	DEBE	HABER
Resultado	Amortización Software	8.000.000	
Pasivo	Amort. Acum. Software		8.000.000
Amortización de 1 año del software (150.000.000 menos Amortización 70.000.000) = total valor 80.000.000 dividido por su vida útil 10 años, da un total de amortización del ejercicio de 8.000.000.			

Nº	Detalle antes de deterioro	Monto Libro	Amortización Acumulada	Monto Neto
a.1	Software	150.000.000	78.000.000	72.000.000

Dato	CUENTAS	DEBE	HABER
Resultado	Deterioro Software	62.000.000	
Pasivo	Amort. Acum. Software		62.000.000
Al disminuir el valor del intangible, se debe efectuar el mismo método aplicado a la NIC 16 aumentando su amortización cuando disminuye el valor de mercado y disminuyendo la amortización en la medida que aumente su valor.			

Nº	Detalle 01.01.2018	Monto Libro	Amortización Acumulada	Monto Neto
a.2	Software	250.000.000	15.625.000	234.375.000

Dato	CUENTAS	DEBE	HABER
Resultado	Amortización Software	62.500.000	
Pasivo	Amort. Acum. Software		62.500.000
Amortización de 1 año del software (250.000.000 menos Amortización 15.625.000) = total valor 234.375.000 dividido por su vida útil 45 meses, da un total de amortización del ejercicio de 62.500.000.			

- El 31 de diciembre de 2018, la propiedad intelectual adquiere un valor de mercado de 120.000.000.

Nº	Detalle 01.01.2018	Monto Libro	Amortización Acumulada	Monto Neto
B	Propiedad intelectual	300.000.000	150.000.000	150.000.000

Dato	CUENTAS	DEBE	HABER
Resultado	Amortización Propiedad Intelectual	15.000.000	
Pasivo	Amort. Acum. Propiedad Intelectual		15.000.000
(300.000.000 menos Amortización 150.000.000) = total valor 150.000.000 dividido por su vida útil 10 años, da un total de amortización del ejercicio de 15.000.000			

Nº	Detalle antes de deterioro	Monto Libro	Amortización Acumulada	Monto Neto
a.1	Propiedad intelectual	300.000.000	165.000.000	135.000.000

Dato	CUENTAS	DEBE	HABER
Patrimonio	Otras Reservas propiedad Intelectual	15.000.000	
Pasivo	Amort. Acum. Propiedad Intelectual		15.000.000
Al disminuir el valor del intangible, se debe primero rebajar el monto que se tienen en otras reservas, si el deterioro del intangible es mayor a lo que se tienen en otras reservas, en ese momento se debe ocupar una cuenta de resultados por la diferencia.			

Nº	Detalle 01.01.2018	Monto Libro	Amortización Acumulada	Monto Neto
F	Licencias	200.000.000	40.000.000	160.000.000

Dato	CUENTAS	DEBE	HABER
Resultados	Amortización Licencias	32.000.000	
Pasivo	Amort. Acum. Licencias		32.000.000
Amortización de 1 año (200.000.000 menos Amortización 40.000.000) = total valor 160.000.000 dividido por su vida útil 5 años, da un total de amortización del ejercicio de 32.000.000.			

- El 31 de diciembre de 2018, la entidad tiene gastos de software generado internamente por 250.000.000, que corresponde 50.000.000 por gastos de investigación y 200.000.000 por gastos de desarrollo.

Dato	CUENTAS	DEBE	HABER
Resultados	Gastos de Investigación	50.000.000	
Activo	Software Generado Internamente	200.000.000	
Pasivo	Cuentas por Pagar		250.000.000
Bajo NIC 38, solo se pueden activar los software que se encuentran en desarrollo, todos los que se encuentren en fase de investigación son gastos de la entidad.			

Nº	Detalle 31.12.2018	Monto Libro	Amortización	Monto Neto
A	Software	600.000.000	218.125.000	381.875.000
a.1	Contable	150.000.000	140.000.000	10.000.000
a.2	Otro	250.000.000	78.125.000	171.875.000
a.3	Internamente	200.000.000	-	200.000.000
B	Propiedad intelectual	300.000.000	180.000.000	120.000.000
C	Derechos de agua	200.000.000	-	200.000.000
D	Servidumbre de paso	400.000.000	-	400.000.000
E	Relaciones comerciales	-	-	-
F	Licencias	200.000.000	72.000.000	128.000.000
	Totales	1.700.000.000	361.250.000	1.538.750.000

5.2.17 Plusvalía

Corresponde al exceso del costo de la combinación de negocios sobre la participación de la adquirente en el valor razonable neto de los activos, pasivos y pasivos contingentes identificables que se haya reconocido de la subsidiaria, menos las pérdidas por deterioro acumuladas.

Cabe señalar que la plusvalía comprada de una asociada se incluirá en el valor libro de la inversión.

✓ Plusvalía.

Definiciones:

- Plusvalía: Un activo que representa los beneficios económicos futuros que surgen de otros activos adquiridos en una combinación de negocios que no están identificados individualmente no reconocidos de forma separada. (NIIF 3, párrafo A).

Reconocimiento y medición:

La plusvalía generada internamente no se reconocerá como un activo (NIC 38, párrafo 48). La diferencia, en un momento determinado, entre el valor de mercado de la entidad y el importe en libros de sus activos netos identificables, pueden captar una amplia variedad de factores que afectan al valor de la entidad en su conjunto. Sin embargo, no se puede considerar que estas diferencias representen el costo de activos intangibles controlados por la entidad (NIC 38, párrafo 50).

Débito	Crédito
• Exceso del costo de la combinación de negocios sobre la participación de la adquiriente.	• Deterioro de la plusvalía.

Comentarios:

Puede ocurrir que en una combinación de negocios, el valor razonable en la fecha de adquisición de los instrumentos de patrimonio de la adquirida se pueda medir con mayor fiabilidad que el valor razonable en la fecha de adquisición de las participaciones en el patrimonio de la adquiriente. Si es así, la adquiriente determinará el importe de la plusvalía, utilizando el valor razonable en la fecha de adquisición de los instrumentos de patrimonio de la adquirida en lugar del valor razonable en la fecha de adquisición de las participaciones en el patrimonio transferidas. Para determinar el importe de la contraprestación, la adquiriente utilizará el valor razonable de su participación en la adquirida en la fecha de adquisición en lugar del valor razonable en la fecha de adquisición de la contraprestación transferida (NIIF 3, párrafo 33).

EJEMPLOS DE ACTIVOS INTANGIBLES ADQUIRIDOS EN UNA COMBINACIÓN DE NEGOCIOS	
Relacionado con mercadeo	• Marcas comerciales, nombres comerciales, marcas de servicio • Nombres de dominios de Internet • Apariencia comercial (color, forma o diseño de empaque exclusivos) • Acuerdos de no competencia
Relacionados con clientes	• Pedidos de producción • Contratos con clientes y relaciones correspondientes con éstos • Lista de clientes • Relaciones no contractuales con clientes
Relacionados con diseño artístico	• Libros, revistas, periódicos y otros trabajos literarios • Trabajo musical (p.ej., composiciones y anuncios comerciales cantados) • Materiales de vídeo y audiovisuales (p.ej., películas y programas de TV)
Basados en contratos	• Licencias, regalías y acuerdos de estancamiento • Contratos de publicidad, construcción, administración, servicio o abastecimiento • Acuerdos de arrendamiento y franquicia • Permisos de construcción • Derechos de operación y transmisión y ciertos derechos de uso
Basados en tecnología	• Tecnología patentada • Software de computadora y enmascaramiento • Secretos comerciales, tales como fórmulas o procesos secretos • Tecnología no patentada • Bases de datos

NIC, NIIF e Interpretaciones Referidas
NIC 38 Activos Intangibles NIIF 3 Combinación de negocios

Nota a los Estados Financieros:

Sociedad	Saldo al 1/1/20X1 MF$	Adiciones MF$	Bajas MF$	Deterioro MF$	Saldo al 31/12/20X1 MF$
ABC	100	-	-	(10)	90
EEE	90	-	-	-	90
DCA	-	50	-	-	50
Totales	190	50	-	(10)	230

Ejercicio plusvalía

- Al 31.12.2018 La empresa FC compro el 60% del patrimonio de ByN, los detalles son los siguientes:
  - ✓ Precio de compra 200.000.000.
  - ✓ Valor patrimonio de B 200.000.000.
- Al 31.12.2019, la inversión se deterioró en un 50%.

Se pide:

Realizar los asientos contables al 31.12.2018 y al 31.12.2019.

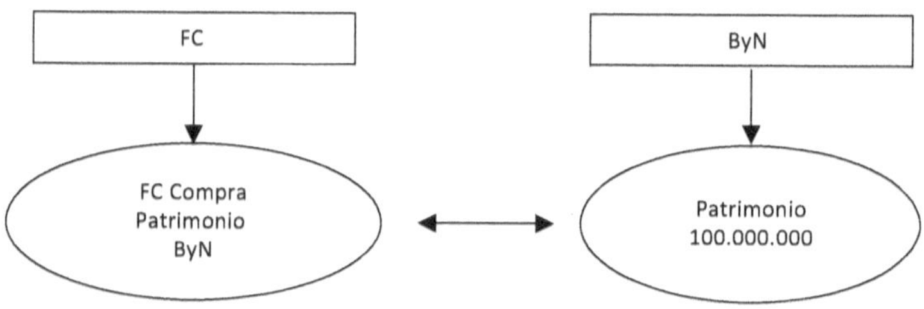

Desarrollo ejercicio plusvalía

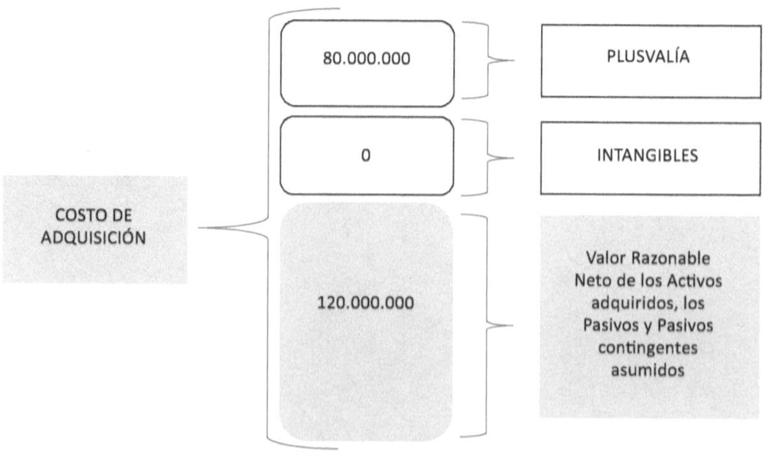

Dato	CUENTAS	DEBE	HABER
Activo	Inversiones de derecho patrimonial	120.000.000	
Activo	Plusvalía	80.000.000	
Activo	Cuentas por Pagar		200.000.000
Patrimonio ByN 200.000.000 X 60% = 120.000.000			

- Al 31.12.2019, la inversión se deterioró en un 50%.

Dato	CUENTAS	DEBE	HABER
Activo	Deterioro Plusvalía	40.000.000	
Activo	Amortización Acumulada Plusvalía		40.000.000
Plusvalía 80.000.000 X 50% = 40.000.000			

5.2.18 Propiedades, planta y equipo

Son los activos tangibles que posee una entidad para su uso en la producción o suministro de bienes y servicios para propósitos administrativos; y que se esperan usar durante más de un período.

- ✓ Terrenos.
- ✓ Edificios.
- ✓ Depreciación acumulada edificios.
- ✓ Maquinarias y equipos.
- ✓ Depreciación acumulada maquinarias y equipos.
- ✓ Equipos de transporte.
- ✓ Depreciación acumulada equipos de transportes.
- ✓ Muebles y enseres.
- ✓ Depreciación acumulada muebles y enseres.
- ✓ Equipos diversos.
- ✓ Depreciación acumulada equipos diversos.
- ✓ Herramientas.
- ✓ Depreciación acumulada herramientas.
- ✓ Construcción y obras en curso.
- ✓ Activos en leasing.
- ✓ Depreciación acumulada de activos en leasing.
- ✓ Plantas productivas.

Definiciones:

- **Terrenos:** Comprende el valor de los terrenos destinados al uso de la entidad.
- **Edificios:** Incluye aquellos que están destinados al proceso productivo o a uso productivo.
- **Maquinarias y Equipos:** Corresponde a las que se utilizan en el proceso productivo.
- **Equipos de Transporte:** Incluye los vehículos motorizados y no motorizados para el transporte de bienes o para uso personal.
- **Muebles y Enseres:** Comprende el mobiliario y los enseres utilizados en todos los procesos empresariales, incluyendo el administrativo.
- **Equipos Diversos:** Incluye los equipos no utilizados directamente en el proceso productivo, además de aquellos para el soporte administrativo.
- **Herramientas:** Contiene herramientas de importancia material.
- **Construcciones y Obras en Curso:** Proceso de construcción, que incluyen las correspondientes a inversiones inmobiliarias, las que una vez concluidas se transfieren a bienes de activos fijos determinados.
- **Depreciaciones Acumuladas:** Es la distribución sistemática del importe amortizable de un activo a lo largo de su vida útil (NIC 16, párrafo 6).
- **Activos en Leasing:** se deberán clasificar según su clase en el rubro propiedades plantas y equipos, si corresponde a un edificio se clasificara en ese rubro. Los activos en leasing, según la NIIF 16 exige la capitalización de los activos y pasivos a valor razonable o valor descontado según cual sea menor.

Reconocimiento y medición:

Los bienes que componen este rubro deben registrarse inicialmente al costo de adquisición o de construcción, o al valor razonable determinado mediante tasación, en el caso de bienes aportados, donados, recibidos en pago de deuda, y otros similares (NIC 16, párrafo 16 a).

El costo incluye el total del valor de compra más todos los gastos necesarios para tener el activo en el lugar y condiciones que permitan su funcionamiento (NIC 16, párrafo 16 b)y uso en las condiciones planeadas. En particular este tipo de bienes incorporan como parte del costo, aquellos relacionados con la instalación y desmantelación de los bienes (NIC 16, párrafo 16 c).

Los intereses devengados durante el período de construcción e instalación de activos calificados de inmuebles, maquinarias y equipos, se capitalizan hasta el momento en que el activo esté en condiciones de entrar en servicio (NIC 23, párrafo 17), independiente de la fecha en que sea trasladado a la respectiva cuenta de inmuebles, maquinaria y equipo. A partir de esta ocurrencia los intereses deben afectarse a los resultados del período.

Los desembolsos posteriores a la adquisición de un bien de inmuebles, maquinarias y equipos, deben añadirse al valor libros del activo cuando sea probable que los mismos se deriven beneficios económicos futuros adicionales a los originalmente evaluados, siguiendo pautas normales de rendimiento para el activo existente.

Con posterioridad a su reconocimiento inicial como un activo, todas las partidas de inmuebles, maquinarias y equipos, deben ser mantenidas en libros como sigue:

A su costo, menos el importe acumulado de las pérdidas por deterioro de valor y menos la depreciación acumulada (NIC 16, párrafo 29).

A su valor revaluado, menos el importe acumulado de las pérdidas por deterioro de valor y menos la depreciación acumulada (NIC 16, párrafo 30).

Se agregan los bienes adquiridos en arrendamiento, los cuales deben registrarse inicialmente por el que resulte menor entre el valor razonable de la propiedad y el valor presente de los pagos mínimos por arrendamiento. Con posterioridad a su reconocimiento inicial, los activos adquiridos en arrendamiento financiero deben seguir las políticas de medición establecidas para cada tipo de activo del que se trate.

Débito	Crédito
• El costo de adquisición, de las construcciones, instalaciones, equipamiento, necesarios para estar en condiciones de ser utilizados. • El valor de los activos, convenidos o determinados mediante tasación de los inmuebles, y avalúo técnico de los otros bienes, recibidos por cesión, donación o aporte otorgado. • Las mejoras capitalizables. • La revaluación de activos. • Las transferencias de cuenta desde propiedades de inversión. • Los costos de financiamiento. • La reclasificación de Construcciones. • El costo de adquisición y otros directamente relacionados en activos adquiridos en arrendamientos.	• El valor de las unidades vendidas, cedidas, o dadas de baja. • El costo de los bienes devuelto a los proveedores. • Las transferencias de cuentas a propiedades de inversión. • La desvalorización de inmuebles, maquinaria y equipo hasta por el monto revaluado previamente. • La venta o devolución del bien. • El traslado de cuenta a propiedades de inversión.

Comentarios:

De acuerdo con el criterio de reconocimiento contenido en la normativa, la entidad reconocerá, en el importe en libros de un elemento de propiedades, planta y equipo, los costos derivados del mantenimiento diario del elemento. Tales costos se reconocerán en el resultado cuando se incurra en ellos. Los costos del mantenimiento diario son principalmente los costos de mano de obra y los consumibles, que pueden incluir el costo de pequeños componentes. El objetivo de estos desembolsos se describe a menudo como "reparaciones y conservación" del elemento propiedades, planta y equipos.

Los inmuebles adquiridos o construidos por una entidad para su comercialización serán clasificados como existencias.

Para determinar si un elemento de propiedades, planta y equipo ha visto deteriorado su valor, la entidad aplicará la NIC 36 Deterioro del valor de los activos. En dicha norma se explica cómo debe proceder la entidad para la revisión del importe en libros de sus activos, cómo ha de determinar el importe recuperable de un activo y cuándo debe proceder a reconocer, o en su caso, revertir, las pérdidas por deterioro del valor.

NIC, NIIF e Interpretaciones Referidas	
NIC 23	Costo de financiamiento
NIC 36	Deterioro del valor de los activos
NIC 16	Propiedades, plantas y equipos
NIIF 16	Arrendamientos
NIIF 5	Activos no corrientes mantenidos para la venta

Nota a los Estados Financieros:

	Terrenos MF$	Edificios MF$	Maquinarias Y Equipos MF$	Equipos de Transportes MF$	Muebles y Enseres MF$	Construcción MF$	Total MF$
Saldo al 01-01-20X1	100	20	50	20	10	100	300
Adquisiciones	10	-	-	20	-	100	130
Bajas y ventas	-	(10)	-	-	-	-	(10)
Saldo al 31-12-20X1	110	10	50	40	10	200	420

Pérdidas por depreciación y deterioro	Terrenos MF$	Edificios MF$	Maquinarias Y Equipos MF$	Equipos de Transportes MF$	Muebles y Enseres MF$	Construcción MF$	Total MF$
Saldo al 01-01-20X1	-	(5)	(10)	(10)	(5)	-	(30)
Bajas y ventas	-	4	-	-		-	4
Depreciación	-	(5)	(10)	(10)	(2)	-	(27)
Saldo al 31-12-20X1	-	(6)	(20)	(20)	(7)	-	(53)

Valores Libros	Terrenos MF$	Edificios MF$	Maquinarias Y Equipos MF$	Equipos de Transportes MF$	Muebles y Enseres MF$	Construcción MF$	Total MF$
Saldo al 31-12-20X1	**110**	**4**	**30**	**20**	**3**	**200**	**385**

Arrendamientos financieros	31-12-20x1 MF$
Terrenos bajo arriendo financiero, neto	110

Valor presente de los pagos futuros por arrendamientos financieros	31-12-20x1		
	Bruto MF$	Interés MF$	Valor presente MF$
Menos de un año	100	(50)	50
Más de un año pero menos de cinco años	200	(100)	100
Más de cinco años	50	(40)	10
Totales	350	(190)	160

Ejercicio propiedades, plantas y equipos

La Sociedad "FC" está transformando sus estados financieros que se encuentran bajo principios locales a Normas Internacionales, por lo cual se revisara los activos fijos que se mantienen en la sociedad, al efectuar la revisión nos encontramos con el siguiente detalle:

Nº	Detalle 31.12.2017	Monto Libro	Depreciación Acumulada	Monto Neto
A	Terrenos	300.000.000	-	300.000.000
B	Edificios	200.000.000	60.000.000	140.000.000
C	Muebles y utiles	20.000.000	10.000.000	10.000.000
D	Vehículos	30.000.000	6.000.000	24.000.000
E	Maquinarias	15.000.000	5.000.000	10.000.000
	Totales	565.000.000	81.000.000	484.000.000

Información proporcionada 01.01.2018

a) Los terrenos se tasaron con un experto independiente quedando con un valor de mercado de 500.000.000.
b) El edificio tiene un valor de mercado de 300.000.000, valor residual 15.000.000 y 20 años de vida útil.
c) Los muebles y útiles se tasaron y quedan con el siguiente detalle:
   - C.1: Escritorios 10.000.000, valor residual 1.500.000 y vida útil de 10 años.
   - C.2: Sillas 7.000.000, valor residual 2.500.000 y vida útil 5 de años.
d) Los vehículos se tasaron y quedan con el siguiente detalle:
   - D.1: Vehículo 8.000.000, valor residual 1.000.000 y vida útil de 4 años.
   - D.2: Vehículo 10.000.000, valor residual 2.000.000 y vida útil de 4 años.
e) La máquina que mantiene la sociedad "FC" cuenta con 3 unidades principales de las cuales se buscó el valor de mercado de cada una de ellas:
   1. Maquinaria Procesadora valor 1.000.000, 2 años vida útil y valor residual 100.000.
   2. Maquinaria Transportadora valor 2.000.000, 3 años vida útil y valor residual 200.000.
   3. Maquinaria Empacadora 2.000.000, 4 años vida útil y valor residual 500.000.

Información proporcionada 31.12.2018

- El 31 de diciembre de 2018, ocurrió un terremoto, por lo cual el valor de mercado edificio es de 200.000.000, también quedaron en pérdida total las sillas, los escritorios quedaron con valor de mercado de 8.000.000.
- Los terrenos sufrieron un deterioro por problemas medioambientales y quedaron a un valor de mercado de 250.000.000.

Se pide efectuar los asientos contables de adopción a las normas internacionales al 01.01.2018 y los asientos contables al 31.12.2018.

✍ Desarrollo ejercicio Propiedades, Plantas y Equipos.

Considerar lo siguiente

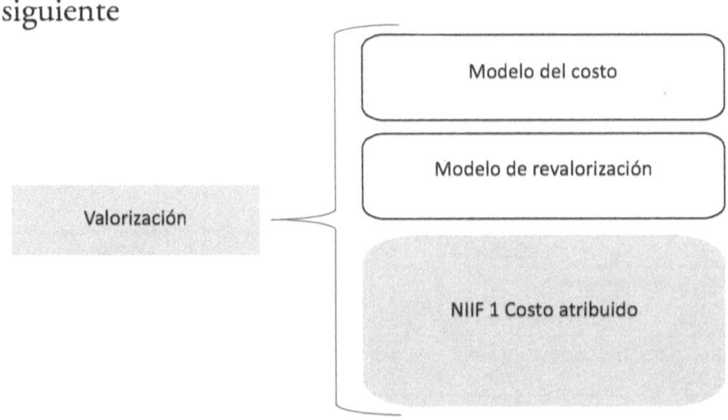

Los activos pueden revaluarse al valor razonable (se revalorizará regularmente (cambios volátiles, revalorizaciones anuales variaciones significativas, la revalorización puede ser cada tres o cinco años) y se debe aplicar a una clase entera de activos y no a un activo solo. Una clase de activos es una cuenta del estado de situación financiera, como "terrenos y edificios". "Valor razonable" significa el importe por el cual puede ser intercambiado el activo, entre partes interesadas y debidamente informadas, en condiciones de independencia mutua. La diferencia con el valor neto realizable es que este importe es neto de varios conceptos, como el costo de venta.

El importe en libros de un activo debe depreciarse a lo largo de su vida útil. El importe amortizable tiene en cuenta el valor residual esperado al final de la vida útil. Este valor debe medirse al nivel de precio vigente cuando se determinó el costo o el valor del activo.

Costo atribuido, La entidad podrá optar, en la fecha de transición a las NIIF, por la valoración de una partida de inmovilizado material por su valor razonable, y utilizar este valor razonable como el coste atribuido en tal fecha.

La entidad que adopte por primera vez las NIIF podrá utilizar el importe del inmovilizado material revalorizado según PCGA anteriores, ya sea en la fecha de transición o antes, como coste atribuido en la fecha de revalorización, siempre que aquella fuera, en el momento de realizarla, comparable en sentido amplio.

✍ Desarrollo Primera Adopción a las Normas Internacionales bajo NIIF 1 y NIC 16

Nº	Detalle 31.12.2017	Monto Libro	Depreciación Acumulada	Monto Neto
A	Terrenos	300.000.000	-	300.000.000

- Los terrenos se tasaron con un experto independiente quedando con un valor de mercado de 500.000.000.

Dato	CUENTAS	DEBE	HABER
Activo	Terrenos	200.000.000	
Patrimonio	Otras Reservas (Terrenos)		200.000.000
Las ganancias por revaluación deben contabilizarse dentro de la cuenta de superávit de revaluación (otras reservas). (NIC 16, 39 y 40).			

Nº	Detalle 31.12.2017	Monto Libro	Depreciación Acumulada	Monto Neto
B	Edificios	200.000.000	60.000.000	140.000.000

- El edificio tiene un valor de mercado de 300.000.000, valor residual 15.000.000 y 20 años de vida útil.

Dato	CUENTAS	DEBE	HABER
Pasivo	Depreciación Acumulada Edificios	60.000.000	
Activo	Edificios	100.000.000	
Patrimonio	Otras Reservas (Edificios)		160.000.000
Recordar que la NIC 16, en su párrafo 35 recomienda que al efectuarse una revaluación y el valor del activo aumente se debe disminuir la depreciación acumulada que mantenga la cuenta contable.			

Nº	Detalle 31.12.2017	Monto Libro	Depreciación Acumulada	Monto Neto
C	Muebles y utiles	20.000.000	10.000.000	10.000.000

- Los muebles y útiles se tasaron y quedan con el siguiente detalle:
  - C.1: Escritorios 10.000.000, valor residual 1.500.000 y vida útil de 10 años.
  - C.2: Sillas 7.000.000, valor residual 2.500.000 y vida útil de 5 años.

Dato	CUENTAS	DEBE	HABER
Pasivo	Depreciación Acumulada Muebles y Útiles	10.000.000	
Activo	Muebles y útiles		20.000.000
Activo	Escritorios	10.000.000	
Activo	Sillas	7.000.000	
Patrimonio	Otras Reservas (Escritorios)58,82%		4.117.400
Patrimonio	Otras Reservas (Sillas) 41,18%		2.882.600
Las ganancias por revaluación deben contabilizarse dentro de la cuenta de superávit de revaluación (otras reservas). (NIC 16, 39 y 40) (se prorratea por cada bien). La empresa contabilizaba todos sus compras de muebles y útiles en una sola cuenta, bajo NIIF, se eliminó contablemente el total y se registró por separado cada bien con su respectiva vida útil.			

Nº	Detalle 31.12.2017	Monto Libro	Depreciación Acumulada	Monto Neto
D	Vehículos	30.000.000	6.000.000	24.000.000

- Los vehículos se tasaron y quedan con el siguiente detalle:
  - D.1: Vehículo 8.000.000, valor residual 1.000.000 y vida útil de 4 años.
  - D.2: Vehículo 10.000.000, valor residual 2.000.000 y vida útil de 4 años.

Dato	CUENTAS	DEBE	HABER
Pasivo	Resultados Acumulados	6.000.000	
Activo	Depreciación Acumulada Vehículos		6.000.000
Recordar que la NIC 16, en su párrafo 35 recomienda que al efectuarse una revaluación y valor del activo aumente o disminuya, se tienen que aumentar o disminuir la depreciación acumulada que mantenga la cuenta contable.			

Nº	Detalle 31.12.2017	Monto Libro	Depreciación Acumulada	Monto Neto
E	Maquinarias	15.000.000	5.000.000	10.000.000

- La máquina que mantiene la sociedad "FC" cuenta con 3 unidades principales de las cuales se buscó el valor de mercado de cada una de ellas:

Dato	CUENTAS	DEBE	HABER
Pasivo	Depreciación Acumulada Maquinarias	5.000.000	
Activo	Maquinarias		15.000.000
Activo	Maquinaria Procesadora	1.000.000	
Activo	Maquinaria Transportadora	2.000.000	
Patrimonio	Maquinaria Empacadora	2.000.000	
Patrimonio	Resultados Acumulados	5.000.000	
En este caso se elimina la Maquinaria Principal y se contabilizan los componentes de la maquinaria. Como el resultado de la revaluación es menor al valor contable en primera adopción se efectúa una disminución a Resultados Acumulados Bajo NIIF 1.			

- Detalle propiedades, plantas y equipos en Primera Adopción a las Normas Internacionales (NIIF 1):

Nº	Detalle 01.01.2018	Monto Libro	Depreciación Acum.	Monto Neto
A	Terrenos	500.000.000	-	500.000.000
B	Edificios	300.000.000	-	300.000.000
C1	Escritorios	10.000.000	-	10.000.000
C2	Sillas	7.000.000	-	7.000.000
D	Vehículos	30.000.000	12.000.000	18.000.000
E1	Maq. Procesadora	1.000.000	-	1.000.000
E2	Maq. Transportadora	2.000.000	-	2.000.000
E3	Maq. Empacadora	2.000.000	-	2.000.000
	Totales	852.000.000	12.000.000	840.000.000

Desarrollo Ejercicio para el segundo año.

- Los terrenos sufrieron un deterioro por problemas medioambientales y quedaron a un valor de mercado de 250.000.000.

Nº	Detalle 01.01.2018	Monto Libro	Depreciación Acumulada	Monto Neto
A	Terrenos	500.000.000	-	500.000.000

Dato	CUENTAS	DEBE	HABER
Patrimonio	Otras Reservas (Terrenos)	200.000.000	
Resultados	Deterioro Terrenos	50.000.000	
Activo	Terrenos		250.000.000
Al tener un deterioro, primero se debe dar de baja lo que se llevó a otras reservas y el restante se ajusta la cuenta de resultado pérdida, que en este caso será el deterioro.			

Nº	Detalle 01.01.2018	Monto Libro	Depreciación Acumulada	Monto Neto
B	Edificios	300.000.000	-	300.000.000

- El 31 de diciembre de 2018, ocurrió un terremoto, por lo cual el valor de mercado del edificio es de 200.000.000, (recordar que tiene un valor residual de 15.000.000 y una vida útil restante de 20 años).

Dato	CUENTAS	DEBE	HABER
Resultados	Depreciación Edificios	14.250.000	
Pasivo	Depreciación Acumulada Edificios		14.250.000
Depreciación de 1 año del edificio (300.000.000 menos valor residual 15.000.000) = total valor a depreciar 285.000.000 dividido por su vida útil 20 años, da un total de depreciación del ejercicio de 14.250.000.			

Nº	Detalle 01.01.2018	Monto Libro	Depreciación Acumulada	Monto Neto
B	Edificios	300.000.000	14.250.000	285.750.000

Dato	CUENTAS	DEBE	HABER
Patrimonio	Otras Reservas (Edificios)	85.750.000	
Pasivo	Depreciación Acumulada Edificios		85.750.000
Al tener un deterioro, primero se debe dar de baja lo que se llevó a otras reservas, en este caso el aumento de 160.000.000 en primera adopción es inferior al deterioro que tiene el edificio, por lo cual se lleva a la cuenta clasificada en otras reservas.			

- Los escritorios, después del terremoto quedaron con un valor residual de 8.000.000 (recordar que se mantiene con un valor residual de 1.500.000 y una vida útil de 10 años.

Nº	Detalle 01.01.2018	Monto Libro	Depreciación Acumulada	Monto Neto
C1	Escritorios	10.000.000	-	10.000.000

Dato	CUENTAS	DEBE	HABER
Resultados	Depreciación Escritorios	850.000	
Pasivo	Depreciación Acumulada Escritorios		850.000
Depreciación de 1 año de los escritorios (10.000.000 menos valor residual 1.500.000) = total valor a depreciar 8.500.000 dividido por su vida útil 10 años, da un total de depreciación del ejercicio de 850.000.			

Nº	Detalle 01.01.2018	Monto Libro	Depreciación Acumulada	Monto Neto
C1	Escritorios	10.000.000	850.000	9.150.000

Dato	CUENTAS	DEBE	HABER
Patrimonio	Otras Reservas (Escritorios)	1.150.000	
Pasivo	Depreciación Acumulada Escritorios		1.150.000
Al tener un deterioro, primero se debe dar de baja lo que se llevó a otras reservas, en este caso el aumento de 4.117.400 en primera adopción es superior al deterioro que tiene los escritorios, por lo cual se ajusta a la cuenta clasificada en otras reservas.			

- Las sillas después del terremoto quedaron en pérdida total.

Nº	Detalle 01.01.2018	Monto Libro	Depreciación Acumulada	Monto Neto
C2	Sillas	7.000.000	-	7.000.000

Dato	CUENTAS	DEBE	HABER
Resultados	Depreciación Sillas	1.000.000	
Pasivo	Depreciación Acumulada Sillas		1.000.000
Depreciación de 1 año de las sillas (7.000.000 menos valor residual 2.000.000) = total valor a depreciar 5.000.000 dividido por su vida útil 5 años, da un total de depreciación del ejercicio de 1.000.000.			

Nº	Detalle antes de deterioro	Monto Libro	Depreciación Acumulada	Monto Neto
C2	Sillas	7.000.000	1.000.000	6.000.000

Dato	CUENTAS	DEBE	HABER
Patrimonio	Otras Reservas (Sillas)	2.882.600	
Resultado	Deterioro Sillas	3.117.400	
Pasivo	Depreciación Acumulada Sillas		6.000.000
Al tener un deterioro, primero se debe dar de baja lo que se llevó a otras reservas, en este caso el aumento de 2.882.600 en primera adopción, es inferior al deterioro que tiene las sillas, por lo cual se ajustará el valor total y la diferencia se llevara a deterioro (cuenta de perdida).			

- Cálculo depreciación a las maquinarias:

Nº	Detalle 01.01.2018	Monto Libro	Depreciación Acumulada	Monto Neto
E1	Maq. Procesadora	1.000.000	-	1.000.000
E2	Maq. Transportadora	2.000.000	-	2.000.000
E3	Maq. Empacadora	2.000.000	-	2.000.000

Dato	CUENTAS	DEBE	HABER
Resultados	Depreciación Maquina Procesadora	450.000	
Resultados	Depreciación Maquina Transportadora	600.000	
Resultados	Depreciación Maquina Empacadora	375.000	
Pasivo	Depreciación Acumulada Procesadora		450.000
Pasivo	Depreciación Acumulada Transportadora		600.000
Pasivo	Depreciación Acumulada Empacadora		375.000
Depreciación de 1 año de Maquina Procesadora (1.000.000 menos valor residual 100.000) = total valor a depreciar 900.000 dividido por su vida útil 2 años, da un total de depreciación del ejercicio de 450.000.			

- Cálculo depreciación a las maquinarias:

Nº	Detalle 01.01.2018	Monto Libro	Depreciación Acumulada	Monto Neto
D	Vehículos	30.000.000	12.000.000	18.000.000

Dato	CUENTAS	DEBE	HABER
Resultados	Depreciación Vehículo 1	1.750.000	
Resultados	Depreciación Vehículo 2	2.000.000	
Pasivo	Depreciación Acumulada Vehículo 1		1.750.000
Pasivo	Depreciación Acumulada Vehículo 2		2.000.000
Depreciación de 1 año de Vehículo 1 (8.000.000 menos valor residual 1.000.000) = total valor a depreciar 7.000.000 dividido por su vida útil 4 años, da un total de depreciación del ejercicio de 1.750.000.			

- Detalle propiedades, plantas y equipos al 31.12.2018:

Nº	Detalle 31.12.2018	Monto Libro	Depreciación Acum.	Monto Neto
A	Terrenos	250.000.000	-	250.000.000
B	Edificios	300.000.000	100.000.000	200.000.000
C1	Escritorios	10.000.000	2.000.000	8.000.000
C2	Sillas	7.000.000	7.000.000	0
D	Vehículos	30.000.000	15.750.000	14.250.000
E1	Maq. Procesadora	1.000.000	450.000	550.000
E2	Maq. Transportadora	2.000.000	600.000	1.400.000
E3	Maq. Empacadora	2.000.000	375.000	1.625.000
	Totales	602.000.000	126.175.000	475.825.000

5.2.19 Propiedades de Inversión

Son las propiedades (terrenos o edificios, considerados en su totalidad o en parte, o ambos) que se tienen (por parte del dueño o por parte del arrendatario que haya acordado un arrendamiento financiero) para obtener rentas, plusvalías o ambas, en lugar de su uso en la producción o suministro de bienes o servicios, o fines administrativos, o su venta en el curso ordinario de las operaciones (NIC 40, párrafo 5).

- ✓ Terrenos.
- ✓ Edificios.

Definiciones:

- **Terrenos:** Urbanos o rurales que se mantienen para obtener ganancias de capital o para su arrendamiento a terceros.
- **Edificios:** Incluye los activos destinados a la obtención de rentas mediante su alquiler a terceros o mediante su incremento de valor.

Reconocimiento y medición:

Los bienes que componen esta cuenta deben registrarse inicialmente al costo de adquisición, con posterioridad a su reconocimiento inicial todas las partidas de propiedades de inversión deben ser medidas a su valor razonable; o al costo o valor revaluado, menos el importe acumulado de las pérdidas por deterioro de valor y menos la depreciación acumulada, cuando el valor razonable no puede ser determinado de manera confiable.

Las inversiones inmobiliarias en proceso de construcción se reconocen como bienes de inmuebles, maquinaria y equipo, hasta su terminación, oportunidad en la que se transfieren a esta cuenta.

Los intereses devengados durante el período de construcción de propiedades de inversión que clasifican como activos calificados, se capitalizan hasta el momento en que el activo esté en condiciones de ser utilizado en el propósito de negocio.

Débito	Crédito
• El costo de adquisición o de construcción, acondicionamiento o equipamiento. • La transferencia de propiedades, plantas y equipos a propiedades de inversión. • Los costos de financiación en el caso de activos calificados. • Las mejoras y renovaciones capitalizables. • Los incrementos de valor por medición al valor razonable.	• El costo de las unidades vendidas o retiradas, o transferidas a la cuenta de activos no corrientes disponibles para la venta. • La transferencia a la cuenta inmuebles, maquinarias y equipo para uso del ente económico. • Las disminuciones de valor por deterioro.

Comentarios:

Aquellas propiedades de inversión cuya política contable de medición se realice a valor razonable, no están sujetas a depreciación. En el caso de no existir un mercado activo que determine dicho valor, se podrá optar por el valor razonable sobre la base de una valuación hecha por un tasador independiente.

En el caso que un inmueble se utilice, en una parte para arrendar terceros o aumentar el valor del capital y en otra, para uso en la producción o propósitos administrativos, y si estas proporciones pueden ser reconocidas separadamente la empresa deberá contabilizar en forma separada cada clase de activo.

La desvalorización de las propiedades de inversión, cuando es llevada al costo, en tanto contenga costos de financiación, para su adecuado tratamiento contable, plantea la consideración de si tal desvalorización alcanza al costo de adquisición o producción, o al costo de financiación relacionado, o a una distribución entre ambos componentes, para efectos de la presentación en los estados financieros.

La NIC 40 Propiedades de inversión establece la clasificación de la propiedad de inversión como parte de los inmuebles, sin identificar la razón para ello.

NIC, NIIF e Interpretaciones Referidas
NIC 23 Costo de financiamiento NIC 36 Deterioro del valor de los activos NIC 16 Propiedades, plantas y equipos NIIF 16 Arrendamientos NIC 40 Propiedades de Inversión

Propiedades de Inversión	Terrenos MF$	Edificios MF$	Total MF$
Saldo al 01-01-20X1	100	20	120
Adquisiciones	10	-	10
Revalorizaciones	100	-	100
Bajas y ventas	-	(10)	(10)
Saldo al 31-12-20X1	210	10	220

Ejercicio propiedades de inversión

La Entidad "FC" está transformando sus estados financieros que se encuentran bajo principios locales a Normas Internacionales, por lo cual se revisara el rubro propiedades, plantas y equipos, al efectuar la revisión nos encontramos con la siguiente información:

La Entidad mantiene tres terrenos y un edificio en arrendamiento, al efectuar su evaluación bajo contabilidad internacional nos percatamos que califican como propiedades de inversión. Cada una de estas propiedades, se encuentra en arrendamiento a distintas propiedades.

La entidad debe decidir si desea seguir el modelo del costo o el modelo del valor razonable para todas sus propiedades de inversión (NIC 40, 30). EL modelo del valor razonable implica contabilizar las ganancias y pérdidas en la cuenta de resultados (NIC 40, 35)

Nº	Detalle 31.12.2017	Monto Libro	Depreciación Acumulada	Monto Neto
A	Terreno Santiago	80.000.000	-	80.000.000
B	Terreno Roma	50.000.000	-	50.000.000
C	Terreno París	20.000.000	-	20.000.000
D	Edificio Londres	250.000.000	50.000.000	200.000.000

Información proporcionada 01.01.2018

- Se efectuó una tasación a los terrenos y el edifico, quedando con el siguiente valor:
  - Terreno Santiago se encuentra con un valor de mercado de 120.000.000.
  - Terreno Roma se encuentra con un valor de mercado de 30.000.000.
  - Terreno París o se encuentra con un valor de mercado de 10.000.000.
  - El edifico se encuentra con un valor de mercado en 240.000.000, valor residual de 20.000.000 y vida útil de 40 años.

Información proporcionada 31.12.2018

- El 31 de diciembre de 2018, por un terremoto en Santiago, el Edificio queda valorizado en 140.000.000 y 30 años de vida útil, el Terreno de Santiago queda con un valor de mercado de 60.000.000.
- En este año se decide efectuar una tasación a todos los terrenos y el valor de mercado del Terreno ubicado en París por problemas medioambientales queda con un valor de 1.000.000 y el terreno ubicado en Roma aumenta su plusvalía quedando valorizado en 80.000.000.

Se pide efectuar las contabilizaciones al 01.01.2018, bajo escenario de primera adopción y los asientos correspondientes al 31.12.2018.

✍ Desarrollo Primera Adopción a Las Normas Internacionales bajo NIIF 1 y NIC 40

Adopción a las NIIF a los terrenos

N°	Detalle	Monto Libro	Monto Revaluado	Ajuste
A	Terreno Santiago	80.000.000	120.000.000	40.000.000
B	Terreno Roma	50.000.000	30.000.000	(20.000.000)
C	Terreno París	20.000.000	10.000.000	(10.000.000)
	Totales	150.000.000	160.000.000	10.000.000

Dato	CUENTAS	DEBE	HABER
Activo	Terreno Santiago	40.000.000	
Patrimonio	Resultados Acumulados		40.000.000
Patrimonio	Resultados Acumulados	20.000.000	
Activo	Terrenos Roma		20.000.000
Patrimonio	Resultados Acumulados	10.000.000	
Activo	Terrenos París		10.000.000
El modelo del valor razonable implica contabilizar las ganancias y pérdidas en la cuenta de resultados (NIC 40 párrafo 35), como se está efectuando la primera adopción, debemos ocupar la cuenta de resultados acumulados, ya que no se puede afectar el resultado, tanto en el aumento y la disminución del activo inmovilizado.			

Adopción a las NIIF de los edificios

- El edifico se encuentra con un valor de mercado en 240.000.000.

N°	Detalle 31.12.2017	Monto Libro	Depreciación Acumulada	Monto Neto
D	Edificio Londres	250.000.000	50.000.000	200.000.000

Dato	CUENTAS	DEBE	HABER
Pasivo	Depreciación Acumulada Edificio Londres	40.000.000	
Patrimonio	Resultados Acumulados		40.000.000
El modelo del valor razonable implica contabilizar las ganancias y pérdidas en la cuenta de resultados (NIC 40 párrafo 35), como se está efectuando la primera adopción, debemos ocupar la cuenta de resultados acumulados, ya que no se puede afectar el resultado, tanto en el aumento y la disminución del activo inmovilizado.			

Nº	Detalle 01.01.2018	Monto Libro	Depreciación Acumulada	Monto Neto
A	Terreno Santiago	120.000.000	-	120.000.000
B	Terreno Roma	30.000.000	-	30.000.000
C	Terreno París	10.000.000	-	10.000.000
D	Edificio Londres	250.000.000	10.000.000	240.000.000

✍ Desarrollo Ejercicio para el segundo año.

N°	Detalle	Monto Libro	Monto Revaluado	Ajuste
A	Terreno Santiago	120.000.000	60.000.000	(60.000.000)
B	Terreno Roma	30.000.000	80.000.000	50.000.000
C	Terreno París	10.000.000	1.000.000	(9.000.000)
	Totales	160.000.000	140.000.000	(19.000.000)

Dato	CUENTAS	DEBE	HABER
Resultado	Deterioro Terreno Santiago	60.000.000	
Activo	Terreno Santiago		60.000.000
Activo	Terreno París	50.000.000	
Resultado	Ganancia Valor Razonable		50.000.000
Resultado	Deterioro Terreno París	9.000.000	
Activo	Terreno París		9.000.000
El modelo del valor razonable implica contabilizar las ganancias y pérdidas en la cuenta de resultados (NIC 40 párrafo 35).			

N°	Detalle 01.01.2018	Monto Libro	Depreciación Acumulada	Monto Neto
D	Edificio Londres	250.000.000	10.000.000	234.500.000

Dato	CUENTAS	DEBE	HABER
Resultados	Depreciación Edificio Londres	5.500.000	
Pasivo	Depreciación Acumulada Edificio Londres		5.500.000
Depreciación de 1 año Edificio (250.000.000 menos depreciación acumulada 10.000.000 y menos valor residual 20.000.000) = total valor a depreciar 220.000.000 dividido por su vida útil 40 años, da un total de depreciación del ejercicio de 5.500.000.			

Nº	Detalle antes de deterioro	Monto Libro	Depreciación Acumulada	Monto Neto
D	Edificio Londres	250.000.000	15.500.000	234.500.000

- El 31 de diciembre de 2018, por un terremoto en Santiago, el Edificio queda valorizado en 140.000.000 y 30 años de vida útil.

Dato	CUENTAS	DEBE	HABER
Resultados	Deterioro Edificio Londres	94.500.000	
Pasivo	Depreciación Acumulada Edificio Londres		94.500.000
El deterioro que tiene el edificio por el terremoto ocurrido, afecta en el resultado por 94.500.000.			

N°	Detalle 31.12.2018	Monto Libro	Depreciación Acumulada	Monto Neto
D	Edificio Londres	250.000.000	110.000.000	140.000.000

5.2.20 Activos por Impuestos Diferidos

Son las cantidades de impuestos sobre las ganancias a recuperar en periodos futuros, relacionados con: a) las diferencias temporarias deducibles; b) la compensación de pérdidas obtenidas en períodos anteriores, que todavía no hayan sido objeto de deducción fiscal; y c) la compensación de créditos no utilizados procedentes de periodos anteriores.

✓ Activos por Impuesto Diferidos.

Definiciones:

- Activos por Impuestos Diferidos: Contiene el efecto acumulado en el impuesto a la renta originado en diferencias temporales deducibles, que se espera recuperar en ejercicios futuros. También acumula el efecto del derecho fiscal asociado a pérdidas tributarias que razonablemente se espera compensar en el futuro.

Reconocimiento y medición:

Se reconocen activos por impuesto a la renta en la medida en que resulte probable que la empresa disponga de rentas tributarias (fiscales) futuras que permitan la aplicación de las diferencias temporales deducibles y de las pérdidas tributarias que se espera, razonablemente compensar en ejercicios futuros.

La medición, en el reconocimiento inicial y posterior, es el costo, sin ningún descuento financiero.

Débito	Crédito
• El importe del activo por diferencias temporarias arrastables, o por pérdidas tributarias arrastables, o por cambios en la legislación, originados en el ejercicio. • El importe del activo que surja de una transacción reconocida directamente en el patrimonio neto.	• Las reducciones de activos por diferencias temporales deducibles que revirtieron en el ejercicio o por cambios en la legislación. • Las reversiones de activos por reversión de las diferencias temporales deducibles, reconocidas directamente en el patrimonio neto.

Comentarios:

Todo reconocimiento de un activo lleva inherente la suposición de que su importe en libro se recuperará en forma de beneficios económicos que la entidad recibirá en periodos futuros. Cuando el importe en libros del activo exceda a su base fiscal, el importe de los beneficios económicos imponibles excederá al importe fiscalmente deducible de ese activo.

Ejemplos de diferencias temporarias deducibles

- ✓ Obligaciones por Leasing
- ✓ Reservas de Cobertura
- ✓ Propiedades Planta y Equipos
- ✓ Deterioro Deudores Incobrables
- ✓ Provisión por Obsolescencia
- ✓ Provisión de Vacaciones
- ✓ Provisión Premio de Antigüedad
- ✓ Provisión Gastos Varios
- ✓ Provisión Juicios
- ✓ Amortizaciones
- ✓ Valorización Derivados
- ✓ Ingresos Anticipados
- ✓ Diferencia de Pasivos Devengados
- ✓ Deterioro Propiedad Planta y Equipo
- ✓ Inventarios (Corrección Monetaria)
- ✓ Gastos de Organización y Puesta en Marcha
- ✓ Créditos en Colocación de Bonos
- ✓ Inventario Muestras
- ✓ Derechos de Agua (amortización)
- ✓ Menor Valor Inversión Tributaria
- ✓ Servidumbre Tributaria
- ✓ Menor Valor por Tasación Propiedad Planta y Equipo
- ✓ Provisión pérdida de Forward
- ✓ Contratos de Coberturas
- ✓ Contratos Onerosos

NIC, NIIF e Interpretaciones Referidas
NIC 12 Impuesto a la Renta

Activos por Impuestos Diferidos

IMPUESTOS DIFERIDOS	31-12-X1		31-12-X0	
	MF$ activo	MF$ pasivo	MF$ activo	MF$ pasivo
Provisión de indemnización por años de servicios registrada a valor corriente para efectos tributarios y a valor actual para efectos contables	10	-	40	-
Depreciaciones aceleradas	20	-	50	-
Gastos de fabricación deducidos tributariamente	10	-	10	-
Ingresos por intereses por actividades ordinarias que se registren al cobro bajo el régimen fiscal	10	-	20	-
Activos en Leasing	10	-	30	-
Gastos anticipados activados	10	-	40	-
Revaluación de activos intangibles	10	-	10	-
Revaluación de instrumentos financieros	20	-	10	-
Revaluación de propiedades de inversión	30	-	10	-
Revaluación de propiedades plantas y equipos	40	-	10	-
Remodelación de oficinas y locales comerciales	50	-	20	-
Diferencias de Conversión	10	-	10	-
Dividendos subsidiarias extranjeras	20	-	40	-
Gastos de emisión de colocación de bonos	30	-	40	-
Gastos de fabricación	40	-	50	-
Incentivos fiscales	10	-	10	-
Servidumbre financiera	10	-	20	-
Obligaciones con el público a tasa efectiva	10	-	30	-
Provisión utilidad de forward	10	-	40	-
Cargos diferidos, Bonos y Swaps	20	-	10	-
Bienes recuperados	10	-	10	-
Goodwill	40	-	10	-
Totales	430	-	520	-

La utilidad (pérdida) por impuestos, utilizando la tasa efectiva es la siguiente:

Gastos por impuestos diferidos a las ganancias	31-12-X1 MF$	31-12-X0 MF$
Gasto por impuestos corrientes	-	-
Utilidad (pérdida) por impuestos relativos a la creación y reversión de diferencias temporarias	(90)	20
Cambios en diferencias temporales no reconocidas	-	-
Utilidad (pérdida) por impuesto a las ganancias	90	20

5.3 Estructura 2: Rubro de Pasivos

5.3.1 Pasivos Corrientes

Un pasivo corriente corresponde a aquellos que se espera liquidar en el ciclo normal de la operación de la entidad; se mantenga fundamentalmente para negociación; deba liquidarse dentro del período de un año desde la fecha de los estados financieros; o la entidad no tenga un derecho incondicional para aplazar la cancelación del pasivo durante, al menos, un año desde la fecha de los estados financieros (NIC 1, párrafo 69).

5.3.2 Otros Pasivos Financieros Corrientes

Obligaciones contraídas con bancos e instituciones financieras que se liquidarán dentro del plazo de un año a contar de la fecha de cierre de los estados financieros El detalle de las cuentas contables son las siguientes:

- ✓ Préstamo de instituciones financieras.
- ✓ Contratos de arrendamientos financieros.
- ✓ Otros instrumentos financieros por pagar.
- ✓ Obligaciones emitidas.
- ✓ Préstamos con compromiso de recompra.
- ✓ Pasivos por instrumentos financieros.
- ✓ Obligaciones por leasing.
- ✓ Intereses diferidos por leasing.

Definiciones:

- **Préstamo de Instituciones Financieras:** Operaciones de préstamos en general obtenidos de bancos y otras instituciones.
- **Contratos de Arrendamiento Financieros o Obligaciones por Leasing:** Préstamos obtenidos bajo la modalidad de arrendamiento financiero, los que están relacionados con los activos adquiridos.
- **Otros Instrumentos Financieros por Pagar:** Obligaciones por concepto de letras; papeles comerciales; y bonos corporativos.
- **Obligaciones Emitidas:** Obligaciones por concepto de deuda emitida para la consecución de fondos, tales como papeles comerciales y bonos corporativos.
- **Préstamos con Compromisos de Recompra:** Registra las obligaciones contraídas con terceros referidas a préstamos obtenidos dando a cambio valores en garantía, los que son readquiridos en plazos y condiciones predeterminados.
- **Pasivos por Instrumentos Financieros:** Incluye los pasivos que resulten de mantener derivados por contratos de futuro, a plazos u otra modalidad similar o por instrumentos de cobertura.
- **Intereses diferidos en leasing:** Es el tipo de interés que el arrendatario habría de pagar en un arrendamiento similar o, si este no fuera determinable, el tipo al que, el inicio del arrendamiento, aquel incurriría si pidiera prestados, en un plazo y con garantías similares, los fondos necesarios para comprar el activo. Bajo la mirada de la normativa internacional no debería existir esta cuenta contable, pero las entidades la siguen manejando, por lo cual para que cumpla con la normativa se deberá reflejar rebajando las obligaciones por leasing

Reconocimiento y medición:

Los préstamos de instituciones financieras por pagar se reconocen a su valor razonable, que es generalmente igual al costo. Después de su reconocimiento inicial se medirán al costo amortizado, utilizando la tasa de interés efectiva.

Las cuentas en moneda extranjera pendientes de pago a la fecha de los estados financieros, se expresarán al tipo de cambio aplicable a las transacciones a dicha fecha.

Débito	Crédito
• Los pagos de préstamos o instrumentos financieros de deuda. • Los pagos de costos de financiación. • La reducción de valor por la aplicación del valor razonable. • La diferencia de cambio si el tipo de cambio de la moneda extranjera baja.	• Los préstamos y otras formas de financiamiento recibidos de las instituciones financieras, distintos a sobregiros en cuenta corriente. • Los instrumentos financieros de deuda emitidos y colocados. • Los costos de financiación devengados. • Las obligaciones que se contraen por contratos de arrendamiento financiero. • El incremento de valor por la aplicación del valor razonable. • La diferencia de cambio de la moneda extranjera sube.

Comentarios:

La diferencia de cambio puede darse en los préstamos y los contratos en arrendamiento financieros, donde participe una moneda distinta a la moneda funcional de la empresa, estas variables son de tipo de cambio como la Unidad de Fomento, la cual puede subir o bajar la obligación contraída por la entidad.

La importancia o el descalce que se produce en la contabilidad al mantener obligaciones de arrendamientos financieros y préstamos en moneda extranjera, hace que las entidades piensen en la contabilidad de cobertura.

NIC, NIIF e Interpretaciones Referidas
NIIF 16 Arrendamientos. NIC 21 Efectos de las variaciones en los tipos de cambio de monedas extranjeras. NIC 23 Costo de financiamiento. NIC 32 Instrumentos financieros: presentación. NIC 39 Instrumentos financieros: Reconocimiento y medición. NIIF 7 Instrumentos financieros: Información a revelar. NIIF 9 Instrumentos financieros.

Nota a los Estados Financieros:

Otros Pasivos Financieros Corrientes y No Corrientes

Moneda	Acreedor	Fecha vencimiento	Hasta un mes MF$	Uno a tres meses MF$	Tres a Doce meses MF$	Total corriente MF$
Préstamos de Instrumentos Financieros						
funcional	Banco XX	31/01/20X3	10	30	60	100
funcional	Banco YY	20/04/20x2	20	40	-	60
	Totales					160
Contratos de arrendamientos financieros						
funcional	Banco DD	31/01/20X4	10	50	120	180
funcional	Banco AA	20/03/20X2	20	50		70
	Totales					250

Uno a dos años MF$	Dos a tres años MF$	Tres a cinco años MF$	Cinco años o más MF$	Total no corriente MF$	Tipo amortización	Tasa efectiva	Valor nominal obligación MF$	Tasa nominal %
120	-	-	-	120	Mensual	1,01	220	0,99
-	-	-	-	-	Mensual	1,10	60	0,90
				120				
200	450	-	-	650	Mensual	0,50	650	0,40
					Mensual	0,80	70	0,65
				650				

5.3.3 Cuentas por Pagar Comerciales y otras Cuentas por Pagar Corrientes

Obligaciones provenientes de las operaciones comerciales, el detalle de las cuentas contables son las siguientes:

- ✓ Facturas, boletas y otros comprobantes por pagar.
- ✓ Anticipo a proveedores.
- ✓ Letras por pagar.
- ✓ Remuneraciones por pagar.
- ✓ Proveedores.
- ✓ Acreedores varios.
- ✓ AFP por pagar.
- ✓ Cotizaciones.
- ✓ Retenciones.

- ✓ IVA débito fiscal.
- ✓ Provisión vacaciones.
- ✓ Cuentas por pagar personal.
    - Personal.
    - Socios (accionistas).
    - Directores.
    - Gerentes.

Definiciones:

- **Facturas, Boletas y otros Comprobantes por Pagar:** Obligaciones por concepto de bienes o servicios adquiridos.
- **Anticipo a Proveedores:** Efectivo o sus equivalentes, entregado a proveedores a cuenta de compras posteriores.
- **Letras por Pagar:** Obligaciones sustentadas en documentos de cambio aceptados por la entidad.
- **Remuneraciones y Honorarios por Pagar:** Obligaciones con personas naturales, proveedores de servicios prestados en relación de independencia.
- **Proveedores:** Obligaciones por concepto de bienes y servicios adquiridos.
- **Acreedores Varios:** Obligaciones contraídas por la compra de propiedades, plantas y equipos al crédito y obligaciones que no se puedan clasificar en otra cuenta contable.
- **AFP por Pagar:** Obligaciones con los fondos de pensiones del personal de la entidad.
- **Cotizaciones:** Obligaciones con entidades que su función sea la protección de los empleados en términos de Salud.
- **Retenciones:** Obligaciones por enterar, al Fisco o a una entidad similar.
- **IVA Débito Fiscal:** Obligaciones pendientes de pago por la venta de bienes y servicios que son del arca del Fisco.
- **Provisiones Vacaciones:** Obligaciones con el personal, que se generan por la prestación de sus servicios a la entidad, el cual se encuentra regulado, NIC 37, párrafo 11 (b).
- **Cuentas por Pagar Personal:** Agrupa las cuentas adeudadas al personal, socios (accionistas), directores y gerentes, diferente de las cuentas por cobrar comerciales.

- Personal: Cuentas por pagar al personal por adelantos o entregas a rendir cuenta, excepto al personal de gerencia.
- Socios (accionistas): Cuentas por pagar por préstamos y otros conceptos.
- Directores: Cuentas por pagar por préstamos y otros conceptos.
- Gerentes: Cuentas por pagar por préstamos y otros conceptos.

Reconocimiento y medición:

Las cuentas por pagar comerciales se reconocerán por el monto nominal de la transacción, menos los pagos efectuados, lo que es igual al costo amortizado.

Débito	Crédito
• Los pagos efectuados. • La disminución de las obligaciones por devoluciones de compras. • Las notas de crédito emitidas por los proveedores. • Los movimientos entre cuentas. • La diferencia de cambio si disminuye el tipo de cambio de la moneda extranjera.	• El importe de los bienes adquiridos y servicios recibidos de los proveedores. • Los movimientos entre cuenta. • La diferencia de cambio si se incrementa el tipo de cambio si se incrementa el tipo de cambio de la moneda extranjera.

Comentarios:

Los anticipos otorgados a proveedores, en cuanto corresponden a compra de bienes o servicios pactados, deben reclasificarse para efectos de presentación, de acuerdo con la naturaleza de la transacción. Si el anticipo es mayor a la cuenta contable, deberá presentarse en el rubro deudores comerciales y otras cuentas por cobrar.

NIC, NIIF e Interpretaciones Referidas	
NIC 1	Presentación de estados financieros
NIC 21	Efectos de las variaciones en los tipos de cambio de
NIC 32	Instrumentos financieros: presentación
NIC 39	Instrumentos financieros: reconocimiento y medición
NIIF 7	Instrumentos financieros: información a revelar
NIIF 9	Instrumentos financieros

Nota a los Estados Financieros:

Cuentas por Pagar Comerciales y otras Cuentas por Pagar Corrientes:

Cuentas por Pagar	Corrientes		No Corrientes	
	31-12-x1 MF$	31-12-x0 MF$	31-12-x1 MF$	31-12-x0 MF$
Facturas por pagar.	10	20	40	10
Anticipo a proveedores.	(5)	(10)	-	-
Letras por pagar.	10	30	-	-
Remuneraciones por pagar.	20	10	-	-
Proveedores.	10	30	50	15
Acreedores varios.	10	10	100	15
AFP por pagar.	10	10	-	-
Cotizaciones.	10	10	-	-
Retenciones.	10	20	-	-
IVA débito fiscal.	20	20	-	-
Provisión vacaciones.	20	20	-	-
Cuentas por pagar personal.	60	70	-	-
Totales	185	240	190	40

5.3.4 Cuentas por Pagar a Entidades Relacionadas, Corrientes

Cuentas por pagar a entidades relacionadas, que provengan o no de operaciones comerciales y cuyo plazo de recuperación no excede a un año a contar de la fecha de los estados financieros.

- ✓ Facturas, boletas y otros comprobantes por pagar.
- ✓ Letras por pagar.
- ✓ Documentos financieros por pagar.
- ✓ Acreedores varios.
- ✓ Préstamos por pagar.
- ✓ Intereses.
- ✓ CxP de pasivo mantenido para la venta.

Definiciones:

- **Facturas, Boletas y otros Comprobantes por Pagar:** Obligaciones por compra de bienes o aceptación de servicios.

- **Letras por Pagar:** Obligaciones que se formalizan con letras aceptadas en canje de facturas, boleta u otros comprobantes por pagar (NIC 32, párrafo GA5).
- **Documentos Financieros por Pagar:** Obligaciones que se formalizan con cheques en canje de facturas, boletas u otros comprobantes por pagar (NIC 32, párrafo GA5).
- **Acreedores Varios:** Agrupa cuentas que representan derechos de pago de relacionadas por transacciones distintas a la del objeto del negocio de la entidad (NIC 32, párrafo GA7).
- **Préstamos:** Comprende las obligaciones no comerciales obtenidas de relacionadas (NIC 32, párrafo GA4).
- **Intereses:** Incluye las obligaciones por intereses declarados por las empresas relacionadas.
- **CxP de Pasivo Mantenido para la Venta:** Obligaciones de pago por compra de inversión mobiliaria: inversión inmobiliaria, inmuebles, maquinaria y equipo y otros activos de largo plazo (NIC 32, párrafo GA4).

Reconocimiento y medición:

Las cuentas por pagar comerciales se reconocerán por el monto de la transacción, menos los pagos efectuados, lo que es igual al costo amortizado.

Las cuentas en moneda extranjera pendientes de pago a la fecha de los estados financieros, se expresarán al tipo de cambio aplicable a las transacciones a dicha fecha.

Débito	Crédito
• Los pagos efectuados. • La disminución de las obligaciones por devoluciones de compra. • Notas de crédito emitidas por entidades relacionadas. • Los movimientos entre cuenta. • La diferencia de cambio si disminuye el tipo de cambio si disminuye el tipo de cambio de la moneda extranjera.	• El importe de los bienes adquiridos y servicios recibidos. • Los movimientos entre cuentas. • La diferencia de cambio de la moneda extranjera.

Comentarios:

Los saldos presentados que resulten deudores deben ser presentados como parte del activo.

NIC, NIIF e Interpretaciones Referidas
NIC 21 Efecto de la variaciones de los tipo de cambio de monedas extranjeras NIC 32 Instrumentos financieros: presentación NIC 39 Instrumentos financieros: reconocimiento y medición NIIF 7 Instrumentos financieros: información a revelar NIC 24 Revelaciones sobre partes relacionadas NIIF 9 Instrumentos financieros

Nota a los Estados Financieros:

Cuentas por Pagar a Entidades Relacionadas, Corrientes y No Corrientes

Sociedad	RUT	Transacción	País de origen	Relación	Origen	Vcto Días	Corriente 31-12-20X1 MF$	No Corriente 31-12-20X1 MF$
ABC	10-1	Facturas	Chile	Asociadas	Servicios	30	100	-
ABC	10-1	Letras	Ecuador	Asociadas	Servicios	30	20	-
ABC	10-1	Préstamos	México	Asociadas	Servicios	45	10	-
EFG	10-K	Facturas	Perú	Asociadas	Servicios	250	20	-
AA	12-1	Facturas	China	Matriz	Servicios	280	20	-
BBB	14-1	Préstamos	Bolivia	Asociadas	Servicios	295	50	100
Totales							220	100

5.3.5 Otras Provisiones, Corrientes

Corresponde a la estimación de una obligación presente (legal o implícitamente) como resultado de un suceso pasado, que es probable que se deba cancelar y puede hacerse una estimación fiable del monto de la obligación.

También se debe agregar el saldo de los dividendos declarados y no pagados y la provisión mínimo obligatorio en el caso que se hubiera acordado el pago de dividendos provisorios inferiores al 30% de utilidad liquida.

✓ Provisiones
- Multas medioambientales.
- Costo de reparación de daños medioambientales.
- Costos por retiro de instalación de extracción de petróleo o central nuclear.
- Causas de tipo comercial.
- Causas de tipo legal.

    - Contratos Onerosos.
    - Reestructuración aprobada por directorio.
- ✓ Dividendos legales.
- ✓ Dividendos acordados.
- ✓ Dividendos provisorios.

Definiciones:

- **Provisiones:** Obligaciones de la cual se tenga una incertidumbre de cuando se debe desprenderse de los beneficios económicos la entidad
- **Dividendos Legales:** Obligaciones que tenga la entidad sobre utilidades generadas en un periodo, en el cual se encuentre obligada por ley a repartirlos de no cumplir con otros requisitos establecidos.
- **Dividendos Acordados:** Obligaciones de la entidad por montos acordados en junta de accionistas.
- **Dividendos Provisorios:** Dividendos acordados a cuenta de futuras utilidades.

Reconocimiento y medición:

Las obligaciones, inicialmente se reconocerán por el monto pactado, posteriormente se medirán a su costo amortizado, utilizando el método de la tasa de interés efectiva menos los pagos realizados.

Débito	Crédito
• Los pagos efectuados. • Los movimientos entre cuenta. • La diferencia de cambio si disminuye el tipo de cambio de la moneda extranjera.	• El reconocimiento de la obligación. • Los movimientos entre cuentas. • La diferencia de cambio de la moneda extranjera.

Comentarios:

En Chile por obligación de la Ley de sociedades anónimas se debe reconocer a lo menos el 30% de las utilidades como dividendos a no ser que todos los accionistas se pongan de acuerdo y se capitalicen las utilidades de la entidad.

En la NIC 37 se tienen criterios de registro de los Pasivos, Activos o Contingencia, a lo cual detallaremos el siguiente cuadro:

DETALLE	PROBABILIDAD	REGISTRO
Activo Contingente (no se registran)	Probable >50%	Revelación
	Posible <= 50%	No Revelación
	Remoto < 10%	No Revelación
Pasivo / Provisión	Prácticamente Seguro > 90%	Registro
	Probable >50%	Registro
Pasivos Contingente (no se registran)	Probable =50%	Revelación
	Posible <= 50%	Revelación
	Remoto < 10%	No Revelación

NIC, NIIF e Interpretaciones Referidas
NIC 21 Efecto de la variaciones de los tipo de cambio de monedas extranjeras
NIC 37 Provisiones, activos y pasivos contingentes

Nota a los Estados Financieros:

Otras Provisiones Corrientes	31-12-x1 MF$	31-12-x0 MF$	01-01-x0 MF$
Provisiones	100	30	120
Dividendos Legales	20	20	20
Dividendos Acordados	30	20	30
Dividendos Provisorios	10	10	10
Totales	160	80	180

Ejercicio provisiones

La Sociedad "FC" está transformando sus estados financieros que se encuentran bajo principios locales a Normas Internacionales, por lo cual se revisara la provisión de juicios que mantiene para ver si cumple con lo establecido en la NIC 37.

Fiscalía de la Sociedad "FC" maneja la información de los juicios entablados en su contra, el cual nos fue proporcionado, y en base a dichos antecedentes procedimos a detallar en conjunto con la sociedad la probabilidad que dichos juicios se transforman en una obligación cierta. El detalle de los juicios y la provisión establecida es la siguiente:

RUT	ORIGEN	MONTO	PROBABILIDAD DE OCURRENCIA
1.000 – K	Demanda Civil	100.000	90%
2.000 – 1	Indemnización Servicios	300.000	08%
3.000 – 2	Indemnización Perjuicios	500.000	30%
4.000 – 2	Indemnización Perjuicios	100.000	55%
5.000 – 0	Indemnización Perjuicios	80.000	50%
6.000 – 1	Demanda Civil	20.000	70%
7.000 – 2	Demanda Civil	40.000	65%
8.000 – 3	Indemnización Perjuicios	300.000	80%
9.000 – 2	Indemnización Servicios	100.000	76%
10.000 – 2	Demanda Civil	150.000	50%
11.000 – 4	Demanda Civil	600.000	95%
12.000 – 5	Indemnización Perjuicios	400.000	05%
13.000 – 1	Indemnización Servicios	130.000	02%
14.000 – 4	Indemnización Perjuicios	70.000	35%
15.000 – 6	Demanda Civil	40.000	47%
16.000 – 8	Indemnización Perjuicios	80.000	01%
17.000 – 2	Demanda Civil	300.000	50%
18.000 – 3	Indemnización Servicios	200.000	07%
19.000 – 1	Indemnización Servicios	150.000	09%
20.000 – 4	Demanda Civil	210.000	15%
	Costos y reajustes	1.000.000	
Total Provisión		4.870.000	

✍ Desarrollo ejercicio provisiones

En la NIC 37 se tienen criterios de registro de los Pasivos, Activos o Contingencia, a lo cual detallaremos el siguiente cuadro:

DETALLE	PROBABILIDAD	REGISTRO
Activo Contingente (no se registran)	Probable >50%	Revelación
	Posible <= 50%	No Revelación
	Remoto < 10%	No Revelación
Pasivo / Provisión	Prácticamente Seguro > 90%	Registro
	Probable >50%	Registro
Pasivos Contingente (no se registran)	Probable =50%	Revelación
	Posible <= 50%	Revelación
	Remoto < 10%	No Revelación

Del cuadro que se desprenden los juicios se tiene la probabilidad de que la Sociedad "FC" pierda el juicio, por lo cual, según su probabilidad de ocurrencia los pasivos (la Provisión) se debe registrar según NIC 37 los que sean Probables o Prácticamente seguro, esto significa los que tengan desde el 51% al 100% de probabilidad y los que se encuentren entre los 10 y 100% se debe efectuar su revelación en los estados financieros.

Costo inicial: Para este rubro se propone a la Administración se efectué el desreconocimiento de todas aquellas provisiones existentes, cuya probabilidad de ocurrencia de acuerdo a Fiscalía sea posible o remota por aquellas demandas que mantienen contra la Sociedad "FC".

RUT	ORIGEN	MONTO	PROBABILIDAD DE OCURRENCIA
1.000 – K	Demanda Civil	100.000	90%
4.000 – 2	Indemnización Perjuicios	100.000	55%
6.000 – 1	Demanda Civil	20.000	70%
7.000 – 2	Demanda Civil	40.000	65%
8.000 – 3	Indemnización Perjuicios	300.000	80%
9.000 – 2	Indemnización Servicios	100.000	76%
11.000 – 4	Demanda Civil	600.000	95%
Total Provisión		1.260.000	

Solo se debería de reconocer un pasivo cuando este sea cierto. El efecto por la adopción de las NIIF por primera vez en esta cuenta tiene un efecto positivo en el patrimonio de la sociedad en 3.610.000.

Dato	CUENTAS	DEBE	HABER
Pasivo	Provisión Juicios	3.610.000	
Patrimonio	Resultados Acumulados		3.610.000
Ajuste de primera adopción contra resultados acumulados.			

5.3.6 Pasivos por Impuestos, Corrientes

Impuesto a la renta que corresponde pagar por los resultados del ejercicio, deducidos los pagos provisionales obligatorios o voluntarios y otros créditos que se aplican a esta obligación.

- ✓ Provisión impuesto renta.

Definiciones:

- Provisión Impuesto Renta: Incluye los impuestos que representan los ingresos del gobierno, tanto en la empresas en su calidad de contribuyente como en su calidad de agente retenedor.

Reconocimiento y medición:

Las obligaciones, se reconocerán en cada cierre de ejercicio en respaldo de una renta líquida imponible, el cual estimara los impuestos adeudados a la fecha de cierre que se efectúe.

Débito	Crédito
• Los pagos efectuados. • La disminución de la obligación por cauda de un impuesto diferido.	• El reconocimiento de la obligación. • El aumento de la obligación por causa de un impuesto diferido.

NIC, NIIF e Interpretaciones Referidas
NIC 12 Impuesto diferido.

Nota a los Estados Financieros:

Impuesto renta	Moneda	31-12-x1 MF$	31-12-x0 MF$
Impuesto renta	Pesos Chilenos	300	200

Gastos por impuestos diferidos a las ganancias	31-12-x1 MF$	31-12-x0 MF$
Gasto por impuestos corrientes	(300)	(200)
Utilidad (pérdida) por impuestos relativos a la creación y reversión de diferencias temporarias	100	50
Cambios en diferencias temporales no reconocidas	-	-
Utilidad (pérdida) por impuesto a las ganancias	(200)	(150)

5.3.7 Provisión corriente por Beneficio a los Empleados

Obligaciones contraídas con los empleados, con respecto a planes de retiro o indemnización por años de servicios.

- ✓ Provisión indemnización años de servicio.
- ✓ Provisión beneficio de retiro.

Definiciones:

- **Provisión Indemnización Años de Servicio:** La legislación laboral contempla el derecho de los trabajadores a recibir como indemnización por años de servicios, después de haber cumplido un año de servicio ininterrumpido, en caso de despido no imputable al trabajador, la cantidad equivalente a un mes por año de servicio con tope de 11 años.
- **Provisión Beneficios de Retiro:** Obligaciones especiales contraídas con acuerdos formales, en los que la entidad se compromete a suministrar beneficios a uno o más empleados tras terminación de su periodo de empleo.

Reconocimiento y medición:

Cuando un empleado haya prestado sus servicios a una entidad durante el periodo contable, esta reconocerá el importe (sin descontar) de los beneficios a corto plazo que ha de pagar por tales servicios (NIC 19, párrafo 10).

Como un pasivo (gasto devengado), después de deducir cualquier importe ya satisfecho. Si el importe pagado es superior al importe sin descontar de los beneficios, la entidad reconocerá la diferencia como un activo (pago anticipado de un gasto), en la medida que el pago por adelantado vaya a dar lugar, por ejemplo, a una reducción en los pagos a efectuar en el futuro o a un reembolso en efectivo; y como gasto, a menos que otra norma exija o permita la inclusión de los mencionados beneficios en el costo de un activo.

Debito	Crédito
• Los pagos efectuados.	• El reconocimiento de la obligación.

Comentarios:

Una entidad medirá el costo esperado de las ausencias remuneradas con derechos de carácter acumulativo, al final del periodo sobre el que se informa, en función de los importes adicionales que espera satisfacer a los empleados como consecuencia de los derechos acumulados hasta dicha fecha.

El método que se describe consiste en medir las obligaciones según los importes de los pagos adicionales que la entidad espera realizar específicamente, por el hecho de que el derecho a las ausencias remuneradas es acumulativo. En muchos casos, la entidad puede no necesitar hacer cálculos detallados para estimar que no tiene obligaciones por importe significativo relacionada con derechos por ausencias remuneradas no utilizadas (NIC 19, párrafo 15).

NIC, NIIF e Interpretaciones Referidas
NIC 19 Beneficios a los empleados NIC 26 Contabilización e Información financiera sobre planes

Nota a los Estados Financieros:

Beneficios a los empleados	Moneda	31-12-x0 MF$	31-12-x0 MF$
Provisión Indemnización años de servicios	Pesos Chilenos	500	450
Provisión beneficio de retiros	Pesos Chilenos	300	150
TOTALES		800	600

5.3.8 Otros Pasivos no Financieros Corrientes

Obligaciones que no pueden clasificarse en los otros rubros:

- ✓ Pasivos no Corrientes.

Se clasifican como no corriente, todas aquellas cuentas que no están contenidas en el Pasivo Corriente (NIC 1, párrafo 69).

5.3.9 Otros Pasivos Financieros, no Corrientes

Obligaciones contraídas con bancos e instituciones financieras que se liquidarán en un plazo superior a un año a contar de la fecha de cierre de los estados financieros.

5.3.10 Pasivos, no Corrientes

Obligaciones provenientes de las operaciones comerciales, con vencimiento superior a un año a contar de la fecha de cierre de los estados financieros.

5.3.11 Cuentas por Pagar Entidades Relacionadas no Corrientes

Cuentas por pagar a entidades relacionadas, que provengan o no de operaciones comerciales y cuyo plazo de recuperación excede a un año a contar de la fecha de los estados financieros.

5.3.12 Otras Provisiones no Corrientes

Corresponde a la estimación de una obligación presente (legal o implícitamente) como resultado de un suceso pasado, que es probable que se deba cancelar en un plazo superior a un año a contar del cierre de los estados financieros y puede hacerse una estimación fiable del monto de la obligación.

5.3.13 Pasivos por Impuestos Diferidos

Corresponde a la cantidad de impuesto a la renta a pagar en períodos futuros, relacionadas con las diferencias temporarias imponibles.

- ✓ Pasivos por impuestos diferidos.

Definiciones:

- Pasivo por Impuestos Diferido: Contiene el efecto acumulado en el impuesto a la renta originado en diferencias temporales imponibles, que se espera pagar en ejercicios futuros.

Ejemplos de diferencias temporarias imponibles:

- ✓ Provisión de indemnización por años de servicios registrada a valor corriente para efectos tributarios y a valor actual para efectos contables.
- ✓ Depreciaciones aceleradas (NIC 12 a)
- ✓ Gastos de fabricación deducidos tributariamente (NIC 12b)
- ✓ Ingresos por intereses por actividades ordinarias que se registren al cobro bajo el régimen fiscal (NIC 12 c)
- ✓ Activos en Leasing
- ✓ Gastos anticipados activados
- ✓ Revaluación de activos intangibles (NIC 12 (20))

- ✓ Revaluación de instrumentos financieros (NIC 12 (20))
- ✓ Revaluación de propiedades de inversión (NIC 12 (20))
- ✓ Revaluación de propiedades plantas y equipos (NIC 12 (20))
- ✓ Remodelación de oficinas y locales comerciales
- ✓ Diferencias de conversión
- ✓ Dividendos subsidiarias extranjeras
- ✓ Gastos de emisión de colocación de bonos
- ✓ Gastos de fabricación
- ✓ Incentivos fiscales
- ✓ Servidumbre financiera
- ✓ Obligaciones con el público a tasa efectiva
- ✓ Provisión utilidad de forward
- ✓ Cargos diferidos, bonos y swaps
- ✓ Bienes recuperados
- ✓ Goodwill (NIC 12 (21b))

NIC, NIIF e Interpretaciones Referidas
NIC 12 Impuesto a la Renta

Nota a los Estados Financieros:

Pasivos por Impuestos Diferidos

IMPUESTOS DIFERIDOS	31-12-X1		31-12-X0	
	MF$ activo	MF$ pasivo	MF$ activo	MF$ pasivo
Obligaciones por Leasing	-	100	-	80
Reservas de Cobertura	-	90	-	70
Propiedades Planta y Equipos	-	80	-	60
Deterioro Deudores Incobrables	-	70	-	50
Provisión por Obsolescencia	-	60	-	40
Provisión de Vacaciones	-	50	-	30
Provisión Premio de Antigüedad	-	40	-	20
Provisión Juicios	-	30	-	10
Amortizaciones	-	20	-	100

IMPUESTOS DIFERIDOS	31-12-X1		31-12-X0	
	MF$ activo	MF$ pasivo	MF$ activo	MF$ pasivo
Valorización Derivados	-	10	-	90
Ingresos Anticipados	-	100	-	80
Diferencia de Pasivos Devengados	-	90	-	70
Deterioro Propiedad Planta y Equipo	-	80	-	60
Inventarios (Corrección Monetaria)	-	70	-	50
Gastos de Organización y Puesta en Marcha	-	60	-	40
Inventario Muestras	-	50	-	30
Derechos de Agua (amortización)	-	40	-	20
Menor Valor Inversión Tributaria	-	30	-	70
Servidumbre Tributaria	-	20	-	60
Totales	-	1.090	-	1.030

Ejercicio impuestos diferidos

La Sociedad "FC" se encuentra bajo Normas Internacionales, deben efectuar la contabilización de los impuestos diferidos. Se solicita hoja de ajuste impuestos diferidos TASA DE IMPUESTO 20%.

Año 2017

1. La sociedad ha efectuado las siguientes provisiones por gastos que se pagaran en el periodo 2018:

Provisión Vacaciones	100.000.000
Provisión Gastos Generales (luz, agua)	40.000.000
Provisión Contrato de Auditoría	9.000.000

2. Además la Sociedad registra una provisión por gratificaciones voluntarias equivalente al 30% de las utilidades generadas en el ejercicio:

Pérdida del ejercicio según RLI	200.000.000

3. Por política la sociedad efectúa una provisión de deudas incobrables cuando pasa el tercer mes de mora el 100% de la deuda:

R.U.T.	SALDO AL 31/12/2014
1	5.100.000
2	9.900.000
3	8.000.000
4	7.000.000
5	4.000.000
6	9.500.000
7	9.500.000
8	2.000.000
Totales	55.000.000

R.U.T.	SALDO AL 31/12/2015
1	5.100.000
2	9.900.000
3	8.000.000
4	7.000.000
9	10.000.000
10	20.000.000
11	9.500.000
12	15.000.000
Totales	84.500.000

R.U.T.	SALDO AL 31/12/2016
9	10.000.000
10	20.000.000
11	9.500.000
12	15.000.000
13	5.000.000
14	4.000.000
15	18.000.000
16	25.000.000
Totales	106.500.000

R.U.T.	SALDO AL 31/12/2017
13	5.000.000
14	4.000.000
15	18.000.000
16	25.000.000
10	20.000.000
25	18.000.000
26	4.000.000
29	5.000.000
Totales	99.000.000

4. La administración tomó la decisión de provisionar las indemnizaciones de años de servicios de los trabajadores (cabe señalar que se encuentran pactadas a todo evento):

Provisión Indemnizaciones por años de servicios	100.000.000

5. Se mantiene un contrato de leasing que tiene las siguientes cuentas asociadas al balance:

Máquinas y Equipos en Leasing	1.900.000.000
Depreciación Acumulada Maq. YEqui. En Leasing	42.900.000
Obligaciones en Leasing Corto Plazo	380.000.000
Intereses Diferidos por Leasing Corto Plazo	70.240.000
Obligaciones en Leasing Largo Plazo	809.007.000
Intereses Diferidos por Leasing Largo Plazo	208.003.002

Año 2018

1. Se tiene la siguiente información de pagos efectuados en el año 2018 de gastos correspondientes al 2017:

Provisión Vacaciones 2017	79.000.000
Provisión Gastos Generales (luz, agua) 2017	40.000.000
Provisión Contrato de Auditoria 2017	9.000.000
Pagos Provisión años de servicios	50.000.000
El SII acepta el 30% de la provisión incobrable PCGA del 2017	

2. La sociedad ha efectuado las siguientes provisiones por gastos que se pagarán en el periodo 2019:

Provisión Vacaciones 2018	50.000.000
Provisión Gastos Generales (luz, agua) 2018	10.000.000
Provisión Contrato de Auditoria 2018	5.000.000

3. El detalle de las cuentas deterioradas, después del tercer mes de mora es el siguiente:

R.U.T.	SALDO AL 31/12/2015
1	5.100.000
2	9.900.000
3	8.000.000
4	7.000.000
5	10.000.000
6	20.000.000
7	9.500.000
8	15.000.000
Totales	84.500.000

R.U.T.	SALDO AL 31/12/2016
1	10.000.000
2	20.000.000
3	9.500.000
4	15.000.000
9	5.000.000
10	4.000.000
11	18.000.000
12	25.000.000
Totales	106.500.000

R.U.T.	SALDO AL 31/12/2017
9	5.000.000
10	4.000.000
11	18.000.000
12	25.000.000
13	20.000.000
14	18.000.000
15	4.000.000
16	5.000.000
Totales	99.000.000

R.U.T.	SALDO AL 31/12/2018
13	5.000.000
16	25.000.000
25	18.000.000
26	4.000.000
56	50.000.000
45	20.000.000
46	10.000.000
57	4.000.000
Totales	136.000.000

4. Además la Sociedad registra una provisión por gratificaciones voluntarias equivalente al 30% de las utilidades tributarias generadas en el ejercicio:

Utilidad del Ejercicio	100.000.000

5. La administración tomó la decisión de provisionar las indemnizaciones de años de servicios de los trabajadores (cabe señalar que se encuentran pactadas a todo evento):

Provisión Indemnizaciones por años de servicios	40.000.000

6. Se tienen ingresos anticipados por 200.000.000.

7. Se tomó en este año un leasing, con las siguientes condiciones:

1	Maquina en Arrendamiento Financiero
2	Duración 59 meses
3	Opción de compra de 3.500.000
4	Tasa de interés anual 15%
4	Cuota de 3.500.000
5	Vida Útil de 10 años
6	Amortización del Periodo 6 meses.
7	Corrección monetaria anual 5 %

8. El detalle de la propiedad, planta y equipo es la siguiente:

FINANCIERO			
	01.01.2018	**revalorización**	**31.12.2018**
EDIFICIO	1.246.059.166	466.921.583	1.712.980.749
TRIBUTARIO			
	CORRECCION MONETARIA		
	BALANCE	**CM**	**ACTUALIZADO**
	01-01-2018	2,50%	31-12-2018
EDIFIO	1.246.059.166	31.151.479	1.277.210.645

- Calcular la depreciación del edifico con los siguientes antecedentes:
- Vida útil tributaria 50 años, Vida útil financiera 60 años y Valor residual $100.000.000.

9. El detalle de los intangibles es el siguiente:

FINANCIERO			
	01.01.2018		**31.12.2018**
SOFTWARE	50.000.000		50.000.000
TRIBUTARIO			
	CORRECCION MONETARIA		
	BALANCE	**CM**	**ACTUALIZADO**
	01.01.2018	2,50%	31.12.2018
SOFTWARE	50.000.000	1.250.000	51.250.000

- Calcular la amortización con los siguientes antecedentes:
- Vida útil tributaria 7 años, Vida útil financiera 4 años.

10. La sociedad mantiene el siguiente detalle en los juicios:

RUT	ORIGEN	MONTO	PROBABILIDAD DE OCURRENCIA
1.000 – K	Demanda Civil	100.000	90%
2.000 – 1	Indemnización Servicios	300.000	08%
9.000 – 2	Indemnización Servicios	100.000	76%
10.000 – 2	Demanda Civil	150.000	50%
11.000 – 4	Demanda Civil	600.000	95%
12.000 – 5	Indemnización Perjuicios	400.000	05%
16.000 – 8	Indemnización Perjuicios	80.000	01%
17.000 – 2	Demanda Civil	300.000	50%
18.000 – 3	Indemnización Servicios	200.000	07%
19.000 – 1	Indemnización Servicios	150.000	09%
20.000 – 4	Demanda Civil	210.000	15%
	Costos y reajustes	1.000.000	
Total Juicios		3.590.000	

11. Se tiene el siguiente detalle de los inventarios VIPC anual 5%, VIPC segundo semestre 3%:

ARTÍCULO A

DETALLE	UNIDADES			PRECIO	VALORES			Método
	Entrada	Salida	Saldo	Compra	Entrada	Salida	Saldo	PMP
Ejercicio anterior	70.000		70.000	21				
Venta 15.04		50.000	20.000					
Compra 30.05	80.000		100.000	31				
Venta 01.06		20.000	80.000					
Compra 16.08	50.000		130.000	30				
Venta 17.09		15.000	115.000					

ARTÍCULO B

DETALLE	UNIDADES			PRECIO	VALORES			Método
	Entrada	Salida	Saldo	Compra	Entrada	Salida	Saldo	PMP
Ejercicio anterior	10.000		10.000	25				
Venta 15.04		5.000	5.000					
Compra 30.05	50.000		55.000	32				
Venta 01.06		15.000	40.000					

ARTÍCULO C

DETALLE	UNIDADES			PRECIO	VALORES			Método
	Entrada	Salida	Saldo	Compra	Entrada	Salida	Saldo	PMP
Ejercicio anterior	60.000		60.000	40				
Venta 15.04		10.000	50.000					

✍ Desarrollo ejercicio impuestos diferidos

DESARROLLO IMPUESTOS DIFERIDOS 2017				IMPUESTO DIFERIDO 20%	
CONCEPTO	**NIIF**	**TRIBUTARIA**	**DIFERENCIA**	**ACTIVO**	**PASIVO**
(a) Provisión Vacaciones	100.000.000	-	100.000.000	20.000.000	
(b) Provisión Gastos Generales	40.000.000	40.000.000	-	-	-
(b) Provisión Contrato Auditores	9.000.000	9.000.000	-	-	-
©Pérdida tributaria			200.000.000	40.000.000	
(d) Deterioro Cuentas por Cobrar	61.597.800	-	61.597.800	12.319.560	
©PIAS todo evento	100.000.000	100.000.000	-	-	-
(f) Leasing	946.336.002	-	946.336.002	-	189.267.200
TOTALES				72.319.560	189.267.200

Dato	CUENTAS	DEBE	HABER
Activo	Activos por impuestos diferidos	72.319.560	
Resultado	Impuesto Renta	116.947.640	
Pasivo	Pasivo por impuestos diferidos		189.267.200
Reconocimiento de impuestos diferidos en su primer año			

a) *Provisiones vacaciones*

Este beneficio se encuentra estipulado en el Código del Trabajo, el cual señala que los trabajadores con más de un año de servicio tendrán derecho a un feriado anual no inferior a quince días hábiles, remunerados.

La circular N° 60 de 1976 del SII, señala en relación al reconocimiento del gasto por la provisión de vacaciones que no es atendible su reconocimiento en base devengada por cuanto en el hecho sería lo mismo que aprovisionar los sueldos del ejercicio siguiente.

Por lo señalado, la provisión vacaciones calculada en el periodo generara una diferencia temporaria deducible ya que la partida financiera es mayor a la tributaria.

Partida Financiera		Partida Tributaria	Diferencia	Origina
Pasivo Financiero	>	Pasivo Tributario	Deducible	Activo por Impuestos Diferidos

b) *Provisiones Gastos Generales y Contrato de auditores*

Corresponde a los gastos necesarios de la entidad, ya que son desembolsos indispensables para producir la renta, aunque no exista una inmediata relación entre el gasto y la renta, estos tienen que cumplir con las siguientes características:

1. Que se trate de un gasto necesario para producir la renta.
2. Que no se encuentre rebajado como Costo Directo.
3. Que el sujeto pasivo haya incurrido efectivamente en el gasto y que este se encuentre pagado o adeudado.
4. Que se acredite o justifique fehacientemente ante el SII.
5. Que se trate de un gasto relacionado con el giro de la empresa o negocio.
6. Que no se trate de un gasto que la ley declare como no deducible.

De estos conceptos podemos señalar los gastos genéricos, que son aquellos que no están expresamente descritos por el legislador, pero cumplen con los requisitos propios de los gastos, de los cuales podemos señalar los siguientes:

- rentas por arriendo,
- primas de seguros,
- gastos de transporte,
- cuentas de luz, agua, teléfono,
- gastos por impresión de boletas, honorarios,
- gastos por servicios contratados.

Por lo señalado, la provisión de gastos generales (agua, luz y teléfono) y el contrato de auditores calculado en el periodo no generaran una diferencia temporaria ya que la partida financiera es igual a la tributaria.

c) *Pérdida tributaria*

Bajo la perspectiva tributaria la pérdida tributaria se trata en la ley de la Renta Artículo 31 N° 3 que señala lo siguiente:

Podrán, asimismo, deducirse las pérdidas de ejercicios anteriores, las pérdidas del ejercicio deberán imputarse a las utilidades no retiradas o distribuidas, y a las obtenidas en el ejercicio siguiente a aquel en que se produzcan dichas pérdidas, y si las utilidades referidas no fuesen suficientes para absorberlas, la diferencia deberá imputarse al ejercicio inmediatamente siguiente y así sucesivamente.

La normativa internacional de impuestos diferidos (NIC 12, párrafo 14) señala que cuando una pérdida fiscal se utilice para recuperar el impuesto corriente pagado en periodos anteriores, la entidad reconocerá tal derecho como un activo, en el mismo periodo en el que se produce la citada pérdida fiscal, puesto que es probable que la entidad obtenga el beneficio económico derivado de tal derecho, y además este beneficio puede ser medido de forma fiable.

Por lo señalado, siempre que se tenga una pérdida tributaria de arrastre, esta se reconocerá como un activo por impuestos diferidos, multiplicando por la tasa de impuesto por la cual se imputara tal pérdida tributaria.

d) *Deterioro cuentas por cobrar o estimación deudores incobrables*

Bajo la perspectiva tributaria de común ocurrencia que las empresas utilicen una cuenta en que provisionan cantidades destinadas a cubrir posibles pérdidas derivadas del incumplimiento de sus deudores, la que suele identificarse con los nombres de: "Provisión por Deudores Incobrables "o" Provisión por Cuentas Incobrables", etc.

La citada provisión responde a una estimación que hace la empresa de las deudas de clientes que no se percibirán. Dicha estimación, en general, corresponde a un porcentaje de las ventas al crédito del período correspondiente al ejercicio en que se efectúa la provisión.

Para los efectos de determinar la renta líquida imponible de las empresas, cuando dicho monto esté rebajando la utilidad del balance, deberá ser agregado para los efectos tributarios, por cuanto se trata de una simple cuantificación de hechos no producidos y por ello eventuales y que la Ley de la Renta no acepta deducir como gasto (SII, CIRCULAR N°24 DEL 24 DE ABRIL DEL 2008).

Con el objeto de asegurar que se utilizaban las bases apropiadas para el reconocimiento del deterioro de cuentas por cobrar, se efectuó una comparación estadística en base a los tres años de deterioro que había registrado la sociedad en sus estados financieros, para calcular el riesgo real de incobrabilidad que mantenía.

Deterioro cuentas por cobrar desarrollo de tasa de recuperación

RUT	SALDO 31/12/15		RUT	SALDO 31/12/16		RECUPERACIÓN	
1	5.100.000		1	5.100.000			0
2	9.900.000		2	9.900.000			0
3	8.000.000		3	8.000.000			0
4	7.000.000		4	7.000.000			0
5	4.000.000			-			4.000.000
6	9.500.000			-			9.500.000
7	9.500.000			-			9.500.000
8	2.000.000			-			2.000.000
	-		9	10.000.000			
	-		10	20.000.000			
	-		11	9.500.000			
	-		12	15.000.000			
	55.000.000			84.500.000		45,45%	25.000.000

RUT	SALDO 31/12/16		RUT	SALDO 31/12/17		RECUPERACIÓN	
1	5.100.000			-			5.100.000
2	9.900.000			-			9.900.000
3	8.000.000			-			8.000.000
4	7.000.000			-			7.000.000
9	10.000.000		9	10.000.000			0
10	20.000.000		10	20.000.000			0
11	9.500.000		11	9.500.000			0
12	15.000.000		12	15.000.000			0
	-		13	5.000.000			
	-		14	4.000.000			
	-		15	18.000.000			
	-		16	25.000.000			
	84.500.000			106.500.000		35,50%	30.000.000

RUT	SALDO 31/12/17		RUT	SALDO 31/12/18		RECUPERACIÓN	
9	10.000.000			-			10.000.000
10	20.000.000		10	20.000.000			0
11	9.500.000			-			9.500.000
12	15.000.000			-			15.000.000
13	5.000.000		13	5.000.000			0
14	4.000.000		14	4.000.000			0
15	18.000.000		15	18.000.000			0
16	25.000.000		16	25.000.000			0
	-		25	18.000.000			
	-		26	4.000.000			
	-		29	5.000.000			
	106.500.000			99.000.000		32,39%	34.500.000

Año	% de recuperación
31/12/15	45,45
31/12/16	35,50
31/12/17	32,39
TOTALES	113,34

99.000.000	37,78%
37.402.200	Tasa de Recuperación
61.597.800	Saldo en Balance

Por lo señalado, el deterioro de las cuentas incobrables generara una diferencia temporaria deducible ya que el pasivo financiero es mayor al pasivo tributario ya que no es aceptado el valor financiero.

Partida Financiera		Partida Tributaria	Diferencia	Origina
Pasivo Financiero	>	Pasivo Tributario	Deducible	Activo por Impuestos Diferidos

e) *Provisión indemnización de años de servicios a todo evento o contractual*

Las indemnizaciones pactadas a todo evento en contratos individuales, es decir, que se deben pagar por causa de despido o de retiro, se diferencian de las demás en que el beneficio lo van devengando los trabajadores a medida que transcurre el tiempo, puesto que su pago será inminente ya sea que el empleador ponga término al contrato o lo haga el trabajador.

De este modo, dichas indemnizaciones se van adeudando año a año, debiendo el empleador aprovisionarlas en cada balance, lo que motiva que el Impuesto Único de Segunda Categoría que las grave también se vaya devengando en la fecha de cada provisión, de acuerdo con las normas tributarias vigentes en cada época.

Requisitos para que la provisión por indemnización por años de servicio sea deducible como gasto:

Los fondos provisionados por la empresa por concepto de indemnizaciones por retiro, y que son traspasados a la entidad administradora, podrán ser deducidos como gasto en la determinación de la Renta Líquida de dicha empresa siempre que respecto de ellos se dé cumplimiento a las reglas generales. Por consiguiente, para que proceda dicha deducción, debe existir un compromiso u obligación de pago futuro por concepto de indemnizaciones por años de servicio, y ello se encuentre establecido en un contrato individual o en un instrumento colectivo de trabajo; vale decir, estas sumas podrán ser deducidas como gasto cuando la obligación de pago de la indemnización no es eventual, independientemente de si es actualmente exigible; en otros términos, cuando el pago de la indemnización respecto del trabajador se pacte a todo evento, sin importar la causal que ocasione el retiro de la empresa.

Si por cualquier circunstancia no quedare obligada al pago de la indemnización por años de servicio, el gasto provisionado por el respectivo trabajador pasará a constituir un ingreso tributable para la empresa, al existir un incremento patrimonial por haberse extinguido la obligación mediante alguna causal que no le significó ninguna obligación de pago.

Por lo señalado, siempre que se tenga una obligación pactada a todo evento, no generará una diferencia entre la normativa financiera con la tributaria, por lo cual no generará impuestos diferidos.

f) *Arrendamiento Financiero Leasing*

Conceptos	Leasing Financiero	Leasing Operativo	RLI
Gasto por arriendo mensual de leasing	Se acepta como gasto	Se acepta como gasto	No hay ajuste a la RLI
Intereses por leasing	No se acepta como gasto	No hay	Se agrega a la RLI
Corrección Monetaria obligaciones por leasing	No se acepta como gasto	No hay	Se agrega a la RLI

Tratamiento tributario al que está sujeto el leasing financiero y operativo, respecto a la cuota de arriendo, los intereses por leasing y la corrección monetaria por obligaciones por leasing.

El tratamiento financiero

Si la información tiene como objetivo representar fielmente las transacciones y demás hechos que se pretende reflejar, es necesario que estos se contabilicen y presenten de acuerdo con su esencia y realidad económica, y no meramente según su forma legal. Arrendamiento financiero Predomina la sustancia económica por sobre la forma. (Características cualitativas fiabilidad) (Marco Conceptual).

Arrendamiento financiero es un tipo de arrendamiento en el que se transfieren sustancialmente todos los riesgos y beneficios inherentes a la propiedad del activo. La propiedad del mismo, en su caso, puede o no ser transferida (NIIF 16).

Al comienzo del plazo del arrendamiento financiero, este se reconocerá, en el balance del arrendatario, registrando un activo y un pasivo por el mismo importe, igual al valor razonable del bien arrendado, o bien al valor actual de los pagos mínimos por el arrendamiento, si este fuera menor, determinados al inicio del arrendamiento. Al calcular el valor actual de los pagos mínimos por el arrendamiento, se tomará como factor de descuento el tipo de interés implícito en el arrendamiento (NIIF 16).

El arrendamiento financiero dará lugar tanto a un cargo por amortización en los activos amortizables, como a un gasto financiero en cada ejercicio. La política de amortización para activos amortizables arrendados será coherente con la seguida para el resto de activos amortizables que se posean, y la amortización contabilizada se calculará sobre las bases establecidas en la NIC 16, Inmovilizado material y en la NIC 38, Activos intangibles. Si no existiese certeza razonable de que el arrendatario obtendrá la propiedad al término del plazo del arrendamiento, el activo se amortizará totalmente a lo largo de su vida útil o en el plazo del arrendamiento, según cuál sea menor (NIIF 16).

Por lo señalado anteriormente, bajo norma financiera no es necesario el traspaso del bien, si no los riesgos y beneficios económicos; se contabilizará un activo financiero que la partida tributaria no reconoce por no tener el dominio del bien, por lo cual se genera una diferencia temporaria imponible por el valor neto de la obligación y el activo.

Partida Financiera		Partida Tributaria	Diferencia	Origina
Activo Financiero	>	Activo Tributario	Imponible	Pasivo por Impuestos Diferidos

Máquinas y Equipos en Leasing	1.900.000.000
Depreciación Acumulada Maq. y Equi. En Leasing	(42.900.000)
Obligaciones en Leasing Corto Plazo	(380.000.000)
Intereses Diferidos por Leasing Corto Plazo	70.240.000
Obligaciones en Leasing Largo Plazo	(809.007.000)
Intereses Diferidos por Leasing Largo Plazo	208.003.002
TOTALES	946.336.002

DESARROLLO IMPUESTOS DIFERIDOS 2018				IMPUESTO DIFERIDO 20%	
CONCEPTO	NIIF	TRIBUTARIA	DIFERENCIA	ACTIVO	PASIVO
(a) Provisión Vacaciones 2017	100.000.000	79.000.000	21.000.000	4.200.000	-
©Deterioro Cuentas por Cobrar	83.694.400	29.700.000	53.994.400	10.798.880	-
(d) Provisión Vacaciones 2018	50.000.000	-	50.000.000	10.000.000	-
©Pérdida tributaria	-	-	100.000.000	20.000.000	-
(f) Provisión gratificación voluntaria	30.000.000	-	30.000.000	6.000.000	-
(g) Ingresos anticipados	-	-	200.000.000	40.000.000	-
Leasing	3.246.145	-	3.246.145	-	649.229
Edificios	1.686.097.737	1.251.666.432	434.431.305	-	86.886.261
Software	37.500.000	43.928.571	6.428.571	1.285.714	-
Provisión juicios	800.000	-	800.000	160.000	-
Articulo A	3.385.000	3.565.000	180.000	36.000	-
Articulo B	1.260.000	1.318.400	58.400	11.680	-
Articulo C	2.000.000	2.100.000	100.000	20.000	-
TOTALES				92.512.274	87.535.490

SALDOS CUENTAS 2017	
Activo por impuesto diferido	72.319.560
Pasivo por impuesto diferido	189.267.200

Dato	CUENTAS	DEBE	HABER
Activo	Activos por impuestos diferidos	20.192.874	
Resultado	Pasivo por impuestos diferidos	101.731.710	
Pasivo	Impuesto Renta		121.924.585
Reconocimiento de impuestos diferidos del segundo año bajo normativa internacional se efectuara por diferencia a lo ya calculado el año anterior.			

	Activo por Impuesto Diferido	
Año 1	72.319.560	
Año 2	20.192.874	
	Saldo deudor	92.512.274

	Pasivo por Impuesto Diferido		
Año 2	101.731.710	189.267.200	Año 1
	87.535.490	Saldo Acreedor	

a) Provisiones Vacaciones 2017

En el siguiente periodo se acepta según el SII lo que se ha pagado efectivamente en el periodo, por lo cual el valor NIIF se mantiene del periodo anterior y el valor tributario es el monto efectivamente cancelado a los trabajadores.

Por lo señalado la provisión vacaciones calculada en el periodo generara una diferencia temporaria deducible ya que el pasivo financiero es mayor al tributario.

Partida Financiera		Partida Tributaria	Diferencia	Origina
Pasivo Financiero	>	Pasivo Tributario	Deducible	Activo por Impuestos Diferidos

b) Provisiones Gastos Generales, Contrato de Auditoria y Provisión años de servicio a todo evento

Como no generaron diferencias temporarias en el primer periodo tampoco generaran en este periodo independiente del pago efectuado.

c) Provisiones Vacaciones 2018

Por lo señalado en el año anterior la provisión vacaciones del periodo no será aceptada hasta que se efectué el pago, por lo cual genera una diferencia temporaria deducible.

Partida Financiera		Partida Tributaria	Diferencia	Origina
Pasivo Financiero	>	Pasivo Tributario	Deducible	Activo por Impuestos Diferidos

d) Utilidad tributaria del ejercicio2018

Pérdida tributaria 2017	(200.000.000)
Utilidad del Ejercicio 2018	100.000.000
Pérdida tributaria neta	(100.000.000)

Independiente de la utilidad tributaria generada en el periodo se trae de arrastre una pérdida de 200.000.000, al compensarla con la ganancia del periodo de 100.000.000, se mantiene una pérdida tributaria que se compensara con futuras ganancias, por lo cual bajo a normativa internacional de impuestos diferidos (NIC 12, párrafo 14) señala que cuando una pérdida fiscal se utilice para recuperar el impuesto corriente, la entidad reconocerá tal derecho como un activo, en el mismo periodo en el que se produce la citada pérdida fiscal, puesto que es probable que la entidad obtenga el beneficio económico derivado de tal derecho, y además este beneficio puede ser medido de forma fiable.

Por lo señalado, siempre que se tenga una pérdida tributaria de arrastre, esta se reconocerá como un activo por impuestos diferidos, multiplicando por la tasa de impuesto vigente o que se compensarán las pérdidas obtenidas.

e) Provisión gratificación voluntaria 2018

Utilidad del Ejercicio 2018	100.000.000
Gratificación 30%	30.000.000

Las provisiones globales para el pago de participaciones o gratificaciones voluntarias que no impliquen un abono en cuenta a favor de los respectivos beneficiarios, no se aceptarán como gasto del ejercicio en que se efectué la provisión, ni aun cuando se establezca la identidad de los beneficiarios y se alegue que su reparto se hará en las condiciones establecidas en el artículo 31 inciso tercero N° 6 de la LIR (requisitos específicos), por cuanto dicho precepto exige que se cumpla con su pago o abono en cuenta. Por consiguiente, las provisiones que no cumplan los requisitos y condiciones señaladas, no constituyen un gasto tributario.

Conforme a lo establecido en la Circular N° 88, de 1979, el tratamiento tributario de la provisión de gratificaciones, contabilizada en una cuenta de gastos de la empresa, en la medida que corresponda a la gratificación legal determinada según las normas laborales pertinentes o una pactada en un contrato de trabajo individual o convenio colectivo, no corresponderá hacer ningún tipo de ajuste en la Renta Líquida Imponible de Primera Categoría, por cuanto se constituye en un pasivo exigible.

Como la provisión no se encuentra en contrato colectivo, ni tampoco es a todo evento, tributariamente no se acepta la provisión, por lo cual genera una diferencia temporaria deducible

Partida Financiera		Partida Tributaria	Diferencia	Origina
Pasivo Financiero	>	Pasivo Tributario	Deducible	Activo por Impuestos Diferidos

f) Leasing 2018

Transformar la tasa anual a mensual en base a la que sea mayor entre la del contrato y la de mercado.

$$\text{Tasa Mensual} = (1 + 0{,}15)^{1/12} - 1$$

$$\text{Tasa Mensual} = 1{,}17\%$$

Calcular el valor actual del contrato en leasing con la siguiente formula.

$$3.500.000 \times \frac{(1 + 0{,}0117)^{60} - 1}{(0{,}0117)\,(1 + 0{,}0117)^{60}}$$

Dato	CUENTAS	DEBE	HABER
Activo	Maquinarias y equipos (Leasing)	150.285.589	
Activo	Intereses diferidos por Leasing	59.714.411	
Pasivo	Obligaciones por leasing		210.000.000
Contabilización del contrato en leasing			

Dato	CUENTAS	DEBE	HABER
Pasivo	Obligaciones por leasing	21.000.000	
Activo	Caja		21.000.000
Pago de 6 cuotas de obligaciones en leasing 3.500.000 x 6 = 21.000.000			

Dato	CUENTAS	DEBE	HABER
Resultado	Depreciación Leasing	7.514.279	
Pasivo	Depreciación acumulada leasing		7.514.279
Depreciación del leasing (150.285.589 / 120 = 1.252.380 depreciación mensual) por los 6 meses de depreciación =7.514.279			

Tabla de amortización

N°	Cuota	Intereses	Amortización	Capital
0				150.285.589
1	3.500.000	1.758.341	1.741.659	148.543.930
2	3.500.000	1.737.964	1.762.036	146.781.894
3	3.500.000	1.717.348	1.782.652	144.999.242
4	3.500.000	1.696.491	1.803.509	143.195.733
5	3.500.000	1.675.390	1.824.610	141.371.123
6	3.500.000	1.654.042	1.845.958	139.525.165
		10.239.576		

Dato	CUENTAS	DEBE	HABER
Resultado	Intereses Devengados	10.239.576	
Pasivo	Intereses diferidos por Leasing		10.239.576
Intereses devengados del leasing			

MOVIMIENTOS CUENTAS DE LEASING DE 6 MESES		
Maquinarias y equipos (Leasing)	150.285.589	
Intereses diferidos por Leasing	59.714.411	
Obligaciones por leasing		210.000.000
Obligaciones por leasing	21.000.000	
Depreciación acumulada leasing		7.514.279
Intereses diferidos por Leasing		10.239.576
Totales movimientos	231.000.000	227.753.855
Valor Neto del Leasing		3.246.145

Bajo la normativa internacional no es necesario el traspaso del bien, si no los riesgos y beneficios económicos, se contabilizara un activo financiero que la partida tributaria no reconoce por no tener el dominio del bien, por lo cual se genera una diferencia temporaria imponible por el valor neto de la obligación y el activo.

Partida Financiera		Partida Tributaria	Diferencia	Origina
Activo Financiero	>	Activo Tributario	Imponible	Pasivo por Impuestos Diferidos

g) Deterioro cuentas por cobrar

RUT	SALDO 31/12/17		RUT	SALDO 31/12/18		RECUPERACIÓN	
10	20.000.000						20.000.000
13	5.000.000		13	5.000.000			-
14	4.000.000						4.000.000
15	18.000.000						18.000.000
16	25.000.000		16	25.000.000			-
25	18.000.000		25	18.000.000			-
26	4.000.000		26	4.000.000			-
29	5.000.000						5.000.000
			56	50.000.000			
			45	20.000.000			
			46	10.000.000			
			57	4.000.000			
	99.000.000			136.000.000		47,48%	47.000.000

El SII acepta los 30% de la provisión incobrable bajo PCGA anteriores.

Monto Provisión 2017	99.000.000	30%	29.700.000

Año	% de recuperación
31/12/16	35,50
31/12/17	32,39
31/12/18	47,48
TOTALES	115,37

136.000.000	38,46%
52.305.600	Tasa de Recuperación
83.694.400	Saldo en Balance

Por lo señalado en el año anterior, el deterioro de las cuentas incobrables generara una diferencia temporaria deducible ya que el pasivo financiero es mayor al pasivo tributario ya que no es aceptado el valor financiero.

Partida Financiera		Partida Tributaria	Diferencia	Origina
Pasivo Financiero	>	Pasivo Tributario	Deducible	Activo por Impuestos Diferidos

h) Ingresos Anticipados (Ingresos Tributarios)

Para que una venta sea reconocida como ingreso financiero debe cumplir con los siguientes requisitos:

- Se han transferido al comprador los riesgos y beneficios de la propiedad de los bienes.
- La empresa no mantiene ninguna implicancia en la gestión corriente relativa a la propiedad ni mantiene control efectivo sobre el bien.
- El monto del ingreso ordinario se puede valorar con fiabilidad.
- Es probable que vayan a fluir beneficios económicos futuros a la empresa, y
- Los costos incurridos, o por incurrir, se pueden valorar con fiabilidad.

De no cumplir con los requisitos, solo será un ingreso tributario, ya que se reconoce en la medida que sea facturado y no trasferido los riesgos al comprador, esto generado una diferencia temporaria deducible, contabilizando un activo por impuestos diferidos

i) Propiedad, Plantas y Equipo (Edificio)

VALOR PPE NIIF			
Edificio	1.712.980.749		
Vida útil	60 años		
Valor residual	100.000.000		
Depreciación	1.712.980.749	-	100.000.000
		60	
Depreciación	26.883.012		
Valor neto	1.686.097.737		

VALOR PPE TRIBUTARIO			
Edificio	1.277.210.645		
Vida útil	50 años		
Valor residual	0		
Depreciación	1.277.210.645	-	
		50	
Depreciación	25.544.213		
Valor neto	1.251.666.432		

Bajo la normativa internacional las propiedades, plantas y equipos se detallan en la NIC 16, el cual incorpora dos métodos de valorización, el costo o de valor razonable y se incorpora el concepto de valor residual, bajo la ley sobre impuestos a la renta, la propiedad, planta y equipo se valoriza a su costo corregido monetariamente su depreciación es lineal y su valor residual es de 1 peso, estas diferencias generan impuestos diferidos, en este caso el valor financiero es mayor al tributario por dos razones, la primera es porque el valor financiero se encuentra revalorizado y la depreciación se efectúa con distintos años de vida útil.

Partida Financiera		Partida Tributaria	Diferencia	Origina
Activo Financiero	>	Activo Tributario	Imponible	Pasivo por Impuestos Diferidos

j) Intangibles (Software)

VALOR INTANGIBLE NIIF	
Software	50.000.000
Vida útil	4 años
Valor residual	0
Depreciación	50.000.00
	4
Depreciación	12.500.000
Valor neto	37.500.000

VALOR INTANGIBLE TRIBUTARIO	
Software	51.250.000
Vida útil	7 años
Valor residual	0
Depreciación	51.250.000
	7
Depreciación	7.321.429
Valor neto	43.928.571

k) Provisiones (Juicios)

RUT	ORIGEN	MONTO	PROBABILIDAD DE OCURRENCIA
1.000 - K	Demanda Civil	100.000	90%
9.000 - 2	Indemnización Servicios	100.000	76%
11.000 - 4	Demanda Civil	600.000	95%
Total Juicios		800.000	

l) Inventarios (Mercaderías PMP)

Artículo A

DETALLE	UNIDADES			PRECIO	VALORES		
	Entrada	Salida	Saldo	Compra	Entrada	Salida	Saldo
Ejercicio anterior	70.000		70.000	21	1.470.000		1.470.000
Venta 15.04		50.000	20.000			1.050.000	420.000
Compra 30.05	80.000		100.000	31	2.480.000		2.900.000
Venta 01.06		20.000	80.000			580.000	2.320.000
Compra 16.08	50.000		130.000	30	1.500.000		3.820.000
Venta 17.09		15.000	115.000			435.000	3.385.000

Detalle	Precio Compra más alto	Unidades	Valor Tributario	Valor Financiero
Artículo A	31	115.000	3.565.000	3.385.000

Artículo B

DETALLE	UNIDADES			PRECIO	VALORES		
	Entrada	Salida	Saldo	Compra	Entrada	Salida	Saldo
Ejercicio anterior	10.000		10.000	25	250.000		250.000
Venta 15.04		5.000	5.000			125.000	125.000
Compra 30.05	50.000		55.000	32	1.600.000		1.725.000
Venta 01.06		15.000	40.000			465.000	1.260.000

Variación IPC 2º semestre = 3%

Detalle	Precio Compra más alto	Unidades	Valor Tributario	Valor Financiero
Articulo B	32 * 1,03 = 32,96	40.000	1.318.400	1.260.000

Artículo C

DETALLE	UNIDADES			PRECIO	VALORES		
	Entrada	Salida	Saldo	Compra	Entrada	Salida	Saldo
Ejercicio anterior	60.000		60.000	40	2.400.000		2.400.000
Venta 15.04		10.000	50.000			400.000	2.000.000

Variación IPC 2º semestre = 5%

Detalle	Precio Compra más alto	Unidades	Valor Tributario	Valor Financiero
Articulo C	40 * 1,05 = 42	50.000	2.100.000	2.000.000

5.3.14 Provisiones no Corrientes de Beneficio a los Empleados

Obligaciones contraídas con los empleados, con respecto a planes de retiro o indemnización por años de servicios que se pagaran en el plazo superior a un año desde la fecha de cierre de los estados financieros.

5.3.15 Otros Pasivos no Corrientes

Obligaciones de largo plazo que no pueden clasificarse en los otros rubros y que se pagarán en el plazo superior a un año desde la fecha de cierre de los estados financieros.

5.4 Estructura 3: Rubro de Patrimonio

5.4.1 Patrimonio

Corresponde al patrimonio de los accionistas, socios o participacionistas de la entidad, definido como la parte residual de los activos de la entidad, una vez deducidos todos sus pasivos.

5.4.2 Capital

Corresponde al aporte de los accionistas, socios o participacionistas, cuando tales aportes han sido formalizados desde el punto de vista legal. El detalle de las cuentas contables son las siguientes:

- ✓ Capital social.
- ✓ Acciones de tesorería.
- ✓ Revalorización de capital propio.

Definiciones:

- **Capital Social:** Acumula los aportes de socios, accionistas o participacionistas, en efectivo o en especies.
- **Acciones de Tesorería:** Acciones o participaciones de propia emisión, readquiridas por la empresa. Su naturaleza es deudora.
- **Revalorización de Capital Propio:** Revalorización de capital pagado, acumulada durante ejercicios anteriores que se aplicó la corrección monetaria, y al aplicar NIIF 1, pasa como capital pagado.

Reconocimiento y medición:

El importe del capital se registra por el monto nominal de las acciones aportado. En el caso de aportes en especies, el importe del capital relacionado corresponde a la valuación del activo a su valor razonable.

Cuando existe una diferencia (en exceso o en defecto) entre el valor de las acciones recompradas y su valor nominal, o entre el valor nominal de las acciones y el monto pagado por ellas, se genera una prima de emisión.

Débito	Crédito
• Las reducciones de capital. • Recompra de acciones propias.	• El capital aportado. • Las capitalizaciones de reservas y utilidades.

Comentarios:

A las sociedades anónimas, en Chile se les obliga a repartir a lo menos el 30% de las utilidades del ejercicio para proteger a los accionistas minoritarios; de ponerse de acuerdo todos los accionistas, la entidad podrá capitalizar el 100% de las utilidades del ejercicio.

NIC, NIIF e Interpretaciones Referidas
NIIF 2 Pagos basados en acciones NIC 39 Instrumentos financieros: Reconocimiento y medición

5.4.3 Ganancias o (Pérdidas) Acumuladas

Representan utilidades no distribuidas y las pérdidas acumuladas sobre las que los accionistas, socios o participacionistas no han tomado decisiones.

- ✓ Utilidades no distribuidas.
- ✓ Pérdidas acumuladas.
- ✓ Resultados acumulados.

Definiciones:

- **Utilidades no Distribuidas:** Contiene las utilidades netas acumuladas así como la corrección de utilidades de años anteriores y la liberación de excedentes de revaluación y otras actualizaciones de valor. Incluye los efectos de los cambios en las políticas contables correspondientes a años anteriores, así como los originados en la corrección de errores, cuando dan lugar a utilidades.
- **Pérdidas Acumuladas:** Contiene las pérdidas netas acumuladas así como la corrección de pérdidas de años anteriores. Incluye los efectos de los cambios en las políticas contables correspondientes a años anteriores, así como los originados en las correcciones de errores, cuando dan lugar a pérdidas.
- **Resultados Acumulados:** Ajuste de primera adopción aplicada en NIIF 1.

Reconocimiento y medición:

Débito	Crédito
• Los ajustes de ejercicios anteriores cuando corresponda a mayores pérdidas o menores utilidades. • La pérdida del ejercicio. • La aplicación de las utilidades como dividendos o apropiación a reservas. • Las pérdidas producto de cambios en las políticas contables y errores contables.	• Los ajustes de ejercicios anteriores cuando corresponda a mayores utilidades o menores pérdidas. • La utilidad del ejercicio. • La cobertura de pérdida. • Las utilidades producto de cambios en las políticas contables y errores contables.

Comentarios:

Las utilidades no distribuidas y pérdidas acumuladas recogen directamente los efectos financieros que corresponden a años anteriores, por los errores contables detectados en el ejercicio corriente, o por cambios de políticas contables incorporados en el ejercicio corriente. Desde el punto de vista contable, entonces, tales errores y cambios en políticas contables no requieren la modificación de registros contables de años anteriores.

5.4.4 Primas de Emisión

Representan utilidades no distribuidas y las pérdidas acumuladas sobre las que los accionistas, socios o participacionistas no han tomado decisiones.

- ✓ Primas de emisión.

Definiciones:

- **Primas de Emisión**: Variación (exceso o defecto) entre el valor nominal de las acciones y el precio pagado por ellas en una emisión; o entre el valor nominal y su precio de compra en el caso de las acciones de tesorería. Incluye también la diferencia cambiaria que se genera entre la fecha del acuerdo y la fecha de pago del aporte, cuando éste se ha acordado en moneda distinta a la del curso legal.

Reconocimiento y medición:

El importe del capital adicional se registra por el monto que excede (o que es menor) al valor nominal de las acciones, en el caso de las primas; y, en el caso de los aportes por capitalizar, al valor nominal de los aportes.

Las suscripciones pendientes de pago, cuando fueron acordadas en moneda extranjera, generan diferencia de cambio por las cuentas por cobrar relacionadas, la que se corrige de acuerdo al tipo de cambio aplicable a la fecha de los estados financieros.

Débito	Crédito
• La prima de emisión cuando el capital adicional es menor al valor nominal de las acciones.	• Las primas de emisión, cuando excede el valor nominal de las acciones.

NIC, NIIF e Interpretaciones Referidas
NIC 1 Presentación de estados financieros. NIC 8 Políticas contables, cambios en estimaciones contables y errores.

5.4.5 Acciones Propias en Cartera

Contempla las acciones de inversión, formalizadas legalmente. Asimismo, se incluye las acciones de propia emisión que han sido readquiridas.

- ✓ Acciones de inversión.
- ✓ Acciones de inversión en tesorería.

Definiciones:

- **Acciones de Inversión:** Comprende el valor nominal de las acciones de inversión
- **Acciones de Inversión en Tesorería:** Acumula acciones de inversión de propia emisión, readquiridas por la entidad. Su naturaleza es deudora.

Reconocimiento y medición:

El importe del accionario de inversión se registra por el monto nominal de las acciones y de las respectivas capitalizaciones efectuadas.

Débito	Crédito
• Los pagos de acciones de inversión.	• Aumentos por aportes y/o capitalización de otras partidas.

NIC, NIIF e Interpretaciones Referidas
NIC 32 Instrumentos financieros: Presentación NIC 39 Instrumentos financieros: Reconocimiento y medición NIIF 7 Instrumentos financieros: Información a revelar

5.4.6 Otras Participaciones en el Patrimonio

Representa los aportes y reducciones de capital que se encuentran en proceso de formalización.

- ✓ Capitalización en Trámite.
- ✓ Reducción de Capital Pendiente de Formalizar.

Definiciones:

- **Capitalización en Trámite:** Comprende los aportes ya efectuados que se encuentran pendientes de formalización legal e inscripción en los registros públicos. Esta cuenta recibe los montos acordados por capitalizar de otras cuentas patrimoniales como reservas y resultados acumulados, así como el monto de deuda con acuerdo de capitalización.
- **Reducción de Capital Pendiente de Formalizar:** Incluye las reducciones de capital que se encuentran pendientes de formalización legal e inscripción en los registros correspondientes. Su naturaleza es deudora.

Reconocimiento y medición:

Débito	Crédito
• La capitalización parcial o total de las partidas acreditadas en esta cuenta. • Las reducciones de capital por formalización.	• Los aportes, reservas, acreencias y utilidades con acuerdo de capitalización.

NIC, NIIF e Interpretaciones Referidas
NIC 32 Instrumentos financieros: Presentación NIC 39 Instrumentos financieros: Reconocimiento y medición NIIF 7 Instrumentos financieros: Información a revelar

5.4.7 Otras Reservas

Cuentas que representan apropiaciones de utilidades, autorizadas por ley, por los estatutos o por acuerdo de los accionistas o socios y que serán destinadas a fines específicos o para cubrir eventualidades.

- ✓ Excedente de revaluación.
- ✓ Excedente de revaluación en acciones liberadas.
- ✓ Participación en excedentes de revaluación en inversiones en relacionadas.
- ✓ Reinversión.
- ✓ Legal.
- ✓ Contractuales.
- ✓ Estatutarias.
- ✓ Facultativas.
- ✓ Otras reservas.

Definiciones:

- **Excedente de Revaluación:** Acumula los incrementos por actualización de valor de los bienes inmuebles, maquinarias y equipos, intangibles en estas últimas cuando su medición es al costo. También incluye las disminuciones de valor por excedentes de revaluación, hasta el límite de los incrementos reconocidos anteriormente por el mismo concepto.
- **Excedente de Revaluación en Acciones Liberadas:** Acumula el importe de las acciones liberadas, originadas en la capitalización de actualizaciones de valor en entidades en las que se mantiene las inversiones.
- **Participación en Excedentes de Revaluación en Inversiones en Relacionadas:** Acumula el efecto neto de aumentos y disminuciones en la medición a valor de participación patrimonial, de inversiones en el patrimonio neto de entidades bajo control o influencia significativa, cuando dicha participación patrimonial se basa en variaciones patrimoniales por actualización de valor de la entidad relacionada en cuyo patrimonio neto se ha invertido.
- **Reinversión:** Para reinvertirlas en la entidad, al amparo de lo que disponga alguna ley.
- **Legal:** De acuerdo a lo dispuesto por la Ley de Sociedades.

- **Contractuales:** De acuerdo con las cláusulas previstas en los contratos suscritos por la empresa.
- **Estatuarias:** En cumplimiento de lo establecido en los estatutos de la empresa.
- **Facultativas:** Constituidas por decisión voluntaria de los socios o accionistas.
- **Otras Reservas:** Cualquier otra reserva con carácter diferente a las señaladas en las cuentas anteriores.

Reconocimiento y medición:

Con posterioridad al reconocimiento inicial de los activos inmovilizados, estos pueden ser medidos al valor revaluado, determinado mediante tasación o por referencia a un mercado activo, dependiendo del tipo de activo que se revalúa. Los incrementos por revaluación, netos del impuesto a la renta y participaciones de los trabajadores diferidas, así como las disminuciones de valor hasta el límite de los excedentes previamente registrados.

Débito	Crédito
• La disminución del valor de los activos revaluados cuando existe excedente previo. • La liberación del excedente de revaluación en la proporción que corresponde al monto de la depreciación o amortización del activo revaluado o del activo vendido. • La capitalización de reservas constituidas. • Las disminuciones de las reservas o por acuerdos societarios o dispositivos de ley, o cobertura de resultados.	• El excedente proveniente del mayor valor de los activos inmovilizados, y por las acciones liberadas recibidas provenientes de capitalización en las empresas en las que se invierte. • La transferencia proporcional del pasivo por impuesto a la renta y participaciones de los trabajadores diferidas. • La participación en excedentes de revaluación en entidades bajo control o influencia significativa, cuando se aplica el método de participación patrimonial. • Las detracciones de utilidades atendiendo a razones de orden legal, estatutario, contractual o por acuerdo de los socios o accionistas.

Comentarios:

Las actualizaciones de valor que dan lugar a excedentes de revaluación se descuentan en el monto del impuesto a la renta y participaciones de los trabajadores diferidas, a fin de determinar el incremento o disminución que afecta al patrimonio neto.

El excedente de revaluación se origina en una expectativa futura de ganancia marginal, por lo que sus efectos incrementales se reconocen en el patrimonio y no en los resultados del período.

Las reservas resultan de detracciones de utilidades y consecuentemente corresponde a transacciones patrimoniales, y no de resultados.

NIC, NIIF e Interpretaciones Referidas
NIC 12 Impuesto a la renta NIC 16 Propiedades, plantas y equipos NIC 38 Activos intangibles

Nota a los Estados Financieros:

	Capital emitido	Otras reservas	Ganancias (pérdidas) acumuladas	Patrimonio atribuible a los propietarios de la controladora	Participaciones no controladoras	Patrimonio total
	MF$	MF$	MF$	MF$	MF$	MF$
Saldo inicial período actual 1 de enero de 20X1	100	10	100	210	-	210
Incremento (disminuciones) por cambios en políticas contables	-	-	-	-	-	-
Incremento (disminuciones) por corrección de errores	-	-	-	-	-	-
Saldo inicial reexpresado	100	10	100	210	-	210
Resultado integral						
Ganancia (pérdida)	-	-	50	50	-	50
Resultado integral	-	-	-	-	-	-
Dividendos	-	-	-	-	-	-
Incremento por otras aportaciones de los propietarios	200	-	-	200	-	200
Otros incrementos	-	-	-	-	-	-
Incremento (disminución) por cambios en la participación de subsidiarias que no impliquen pérdida de control	-	-	-	-	-	-
Total cambios en el patrimonio	200	-	50	250	-	250
Saldo final período actual 31 de diciembre de 20X1	300	10	150	460	-	460

5.5 Estructura 4 y 5: Rubros de Estados de Resultados por Naturaleza

Una entidad presentará un desglose de los gastos reconocidos en el resultado, utilizando una clasificación basada en la naturaleza o en la función de ellos dentro de la entidad, lo que proporcione una información que sea fiable y más relevante (NIC 1, párrafo 99).

La primera forma de desglose es el método de la "naturaleza de los gastos". Una entidad agrupará gastos dentro del resultado de acuerdo con su naturaleza (por ejemplo depreciación, compras de materiales, costos de transporte, beneficios a los empleados y costos de publicidad) y no los redistribuirá atendiendo a las diferentes funciones que se desarrollan en la entidad. Este método resulta fácil de aplicar, porque no es necesario distribuir los gastos en clasificaciones funcionales (NIC 1, párrafo 102).

5.5.1 Ingreso de Actividades Ordinarias

Ingreso que surgen del curso de las actividades ordinarias de una entidad, o se puede tratar de los incrementos en los beneficios económicos, producidos a lo largo del periodo contable, en forma de entradas o incrementos de valor de los activos, o bien como decrementos de los pasivos, que dan como resultado aumentos en el patrimonio, y no están relacionados con las aportaciones de los propietarios (NIIF 15); ejemplo de cuentas contables, asociadas a este rubro, son las siguientes:

- ✓ Venta de mercaderías.
- ✓ Venta de productos terminados.
- ✓ Venta de subproductos, desechos y desperdicios.
- ✓ Prestación de servicios.
- ✓ Devoluciones sobre las ventas.

Definiciones:

- **Ventas de Mercaderías:** Comprende las ventas de productos adquiridos para su venta, distinguiendo entre mercadería manufacturada; de extracción; agropecuaria y piscícola, y otras.
- **Productos Terminados:** Comprende las ventas de productos manufacturados; productos de extracción terminados; productos agropecuarios; productos inmuebles, y otros productos.

- **Subproductos, Desechos y Desperdicios:** Incluye las ventas de productos originados en el proceso de producción o en el almacenamiento de existencias, con valor de recuperación reducido.
- **Prestación de Servicios:** Incluye los ingresos por la prestación de servicios.
- **Devoluciones sobre Ventas:** Comprende las devoluciones de las ventas señaladas anterior mente.

Reconocimiento y medición:

Los ingresos de actividades ordinarias procedentes de la venta de bienes deben ser reconocidos y registrados en los estados financieros cuando se cumplen todas y cada una de las siguientes condiciones:

1. Las partes del contrato han aprobado el contrato y se comprometen a cumplir con sus respectivas obligaciones.
2. La entidad puede identificar los derechos de cada parte con respecto a los bienes o servicios a transferir.
3. La entidad puede identificar las condiciones de pago con respecto a los bienes o servicios a transferir.
4. El contrato tiene fundamento comercial.
5. Es probable que la entidad recaude la contraprestación a la que tendrá derecho a cambio de los bienes o servicios que se transferirán al cliente.

Débito	Crédito
• La devolución parcial o total de ventas y servicios ordinarios.	• Las ventas de bienes y servicios surgidos de las actividades ordinarias de la sociedad.

NIC, NIIF e Interpretaciones Referidas
NIC 1 Presentación de estados financieros NIIF 15 Ingresos de actividades ordinarias procedentes de contratos con clientes Marco Conceptual para la preparación y presentación de estados financieros

Nota a los Estados Financieros:

En general, los ingresos ordinarios, se calcularán a valor razonable de la contraprestación cobrada o a cobrar y representarán:

Clases de ingresos ordinarios	Acumulado	
	31-12-X1	31-12-X0
	MF$	MF$
Venta de Mercaderías.	100	60
Venta de Productos terminados.	400	250
Venta de subproductos, desechos y desperdicios.	500	400
Prestación de Servicios.	1.000	900
Devoluciones sobre las ventas.	(50)	(100)
Totales	1.950	1.510

5.5.2 Ganancia o Pérdida de Baja en Cuentas de Activo Financiero a Costo Amortizado

Para los activos financieros llevados al costo amortizado, se reconocerán ganancias o pérdidas en el resultado del periodo cuando el activo se dé de baja o se haya deteriorado, así como a través del proceso de amortización (NIIF 9), ejemplo de cuentas contables:

✓ Activos Financieros Medidos al Costo Amortizado

Definiciones:

- Activos Financieros Medidos al Costo Amortizado: Corresponde a activos financieros con montos fijos y determinables, y una fecha de madurez, que la entidad tiene la intención y habilidad de mantenerla hasta la madurez, "La intención y la habilidad de mantener el activo hasta su madurez es evaluada cada fecha del balance".

Reconocimiento y medición:

Las inversiones al costo amortizado son activos, financieros no derivados cuyos cobros son de cuantía fija o determinable y cuyos vencimientos son fijos, y además la entidad tiene tanto la intención efectiva como la capacidad de conservarlos (NIIF 9).

Débito	Crédito
• La diferencia que se produce si el valor libros es mayor que la prestación recibida.	• La diferencia que se produce si el valor de la prestación recibida es mayor que el valor en libros.

NIC, NIIF e Interpretaciones Referidas
NIC 1 Presentación de estados financieros NIC 32 Instrumentos financieros: Presentación NIIF 9 Instrumentos financieros NIIF 7 Instrumentos financieros: Información a revelar

Nota a los Estados Financieros:

Ganancia o Pérdida de baja en cuentas de activos	Acumulado	
	31-12-X1 MF$	31-12-X0 MF$
Activos Financieros medidos al costo amortizado	1.000	500
Totales	1.000	500

5.5.3 Otros Ingresos, por Naturaleza

Ingresos acumulados distintos de los relacionados con la actividad principal del ente económico y de los provenientes de financiamientos otorgados, tanto de terceros como de entidades relacionadas, ejemplo de cuentas contables son las siguientes:

- ✓ Servicios en beneficio del personal.
- ✓ Comisiones.
- ✓ Regalías.
- ✓ Arriendos.
- ✓ Otros ingresos.

Definiciones:

- **Servicios en Beneficio del Personal:** Ingresos provenientes del cobro de servicios no subsidiado por la empresa en beneficio del personal, tales como comedor y alojamiento, entre otros.
- **Comisiones:** Servicios prestados por la empresa a favor de terceros, tales como comisiones por ventas a consignación, comisiones por venta de inmuebles, entre otros.
- **Regalías:** Ingresos por el uso de derechos de propiedad de la empresa por parte de terceros, como es el caso de la marcas, patentes y modelos.

- **Arriendos:** Arriendo de activos inmovilizados, o de bienes muebles.
- **Otros Ingresos:** Los de similar naturaleza, diferente a los señalados.

Reconocimiento y medición:

Débito	Crédito
	• Los ingresos por conceptos distintos a la actividad principal de la entidad.

Comentarios:

Cuando los ingresos, por arriendos y comisiones, son el principal de la entidad, deben reflejarse como ingresos de actividades ordinarias

NIC, NIIF e Interpretaciones Referidas
Marco Conceptual para la preparación y presentación de estados financieros NIC 16 Propiedades, Plantas y Equipos NIIF 15 Ingresos NIC 39 Instrumentos financieros: Reconocimiento y medición NIIF 7 Instrumentos financieros: Información a revelar

Nota a los Estados Financieros:

Clases de otros ingresos	Acumulado	
	31-12-X1	31-12-X0
	MF$	MF$
Servicios en beneficio del personal.	100	60
Comisiones.	400	250
Regalías.	500	400
Arriendos.	1.000	900
Otros ingresos.	(50)	(100)
Totales	1.950	1.510

5.5.4 Cambios de Inventarios de Productos Terminados y en Proceso

Acumula las variaciones en los saldos de existencia de mercadería, materias primas, materiales auxiliares y suministros, y envases y embalajes, para un período, ejemplo de cuentas contables son las siguientes:

- ✓ Mercaderías.
- ✓ Materias primas.
- ✓ Materiales, suministros y repuestos.
- ✓ Envases y embalajes.

Definiciones:

- **Mercaderías:** Incluye las compras de mercaderías así como su consumo o venta.
- **Materias Primas:** Incluye las compras de materias primas así como su consumo.
- **Materiales, Suministros y Repuestos:** Incluye las compras de materiales auxiliares y suministros así como su consumo.
- **Envases y Embalajes:** Incluye las compras de envases y embalajes así como su venta.

Reconocimiento y medición:

Débito	Crédito
• El costo por la utilización de materias primas, materiales y suministros, y de envases y embalajes, con abono a las cuentas de mercaderías; materias primas; materiales, suministros y repuestos; envases y embalajes. • El costo de los bienes devueltos a los proveedores, con abono a las cuentas ya mencionadas.	• El costo de los componentes de esta cuenta adquiridos por la empresa, con cargo a las cuentas pertinentes.

Comentarios:

Si presentan saldos deudores, indican que las ventas de mercaderías y las salidas a producción han sido mayores que las compras del período, lo que ha determinado que la diferencia sea cubierta con los inventarios iniciales.

Si presenta saldos acreedores, indican que las ventas de mercaderías y las salidas, han sido menores que las compras del período, lo que ha originado un aumento en el nivel de los inventarios iniciales.

5.5.5 Materias Primas y Consumibles Utilizados

Acumula el costo en los saldos de existencia de mercadería, materias primas, materiales auxiliares y suministros, y envases y embalajes, para un período, ejemplo de cuentas contables son las siguientes:

- ✓ Mercaderías.
- ✓ Productos terminados.
- ✓ Desechos y desperdicios.

Definiciones:

- **Mercaderías:** Costo de las mercaderías vendidas o transferidas, previamente reconocidas en la cuenta inventarios.
- **Productos Terminados:** Costo de los productos terminados vendidos o transferidos previamente.
- **Desechos y Desperdicios:** Costos vendidos o transferidos.

Reconocimiento y medición:

Débito	Crédito
• El costo de los inventarios.	• El costo de los inventarios vendidos, devueltos por el cliente.

NIC, NIIF e Interpretaciones Referidas
NIC 1 Presentación de los Estados Financieros NIC 2 Inventarios

5.5.6 Gastos por Beneficios a los Empleados

Acumula el gasto que representan las remuneraciones que tiene derecho el trabajador, tanto en efectivo como en especies, así como las distintas contribuciones para seguridad y previsión social, y en general todas las cargas que lo benefician. Incluye por extensión, las dietas a los miembros del directorio de la entidad, las cuentas contables asociadas en este rubro son las siguiente:

- ✓ Remuneraciones.
- ✓ Otras remuneraciones.

- ✓ Indemnizaciones al personal.
- ✓ Capacitación.
- ✓ Atención al personal.
- ✓ Gerentes.
- ✓ Seguridad y previsión social.
- ✓ Remuneraciones al directorio.
- ✓ Beneficios de los trabajadores.

Definiciones:

- **Remuneraciones:** Gastos incurridos por concepto de remuneraciones del personal, que incluye los sueldos, salarios, comisiones, remuneraciones en especie vacaciones, y gratificaciones, entre otros, de carácter fijo.
- **Otras Remuneraciones:** Gastos por concepto de bonos extraordinarios, horas extra, movilidad, pasajes, asignación para vivienda, seguros particulares de salud escolaridad, entre otros.
- **Indemnización al Personal:** Comprende los gastos por concepto de pagos adicionales a las remuneraciones, por ejemplo en el caso de despido del personal.
- **Capacitación:** Importe utilizado en la capacitación del personal, ya sea dentro de la empresa o fuera de ella, en otras instituciones especializadas.
- **Atención al Personal:** Gastos de atención al personal, tales como almuerzos, celebración de festividades, entre otros.
- **Gerentes:** Gastos diferentes a las remuneraciones incurridos en el personal de gerencia.
- **Seguridad y Previsión Social:** Aportaciones de la empresa establecidas por ley tales como seguro social, seguro de accidentes de trabajo, entre otros.
- **Remuneraciones al Directorio:** Importe de las remuneraciones asignadas a los miembros del directorio de la empresa.
- **Beneficios de los Trabajadores:** Gasto por de pensiones de jubilación y otros beneficios, después de terminado el vínculo laboral.

Reconocimiento y medición:

Débito	Crédito
• El monto bruto de las remuneraciones, en efectivo o en especie, del personal permanente o eventual. • Las remuneraciones asignadas a los directores. • Los beneficios sociales de los trabajadores, pensiones de jubilación y otros beneficios post. Empleo.	• El descuento de remuneraciones por concepto de atrasos.

NIC, NIIF e Interpretaciones Referidas	
NIC 1	Presentación de los Estados Financieros
NIC 19	Beneficio a los empleados
NIC 26	Tratamiento contable y presentación de información sobre planes de prestaciones de jubilación

5.5.7 Gastos por Depreciación y Amortización

Acumula el consumo de beneficio económico incorporado en activos no corrientes, principal mente en los rubros de propiedades, plantas y equipos, como también en los activos intangibles, la cuentas contables asociadas en este rubro son las siguientes:

- ✓ Depreciación
- ✓ Amortización

Definiciones:

- **Depreciación:** Comprende la estimación de la disminución del valor de las propiedades de inversión, cuando son llevadas al costo, y de las propiedades, plantas y equipos.
- **Amortización:** Incluye la estimación de disminución del valor de los intangibles de vida definida, sea que se hayan adquirido o se hayan generado internamente.

Reconocimiento y medición:

Débito	**Crédito**
• La disminución de valor por concepto de depreciación y amortización	

NIC, NIIF e Interpretaciones Referidas
NIC 1 Presentación de los Estados Financieros NIC 16 Propiedades, Plantas y Equipos NIC 38 Activos Intangibles

5.5.8 Reversión de Pérdidas por Deterioro de Valor (pérdidas por deterioro de valor) reconocidas en el Resultado del Período

Agrupa la acumulación del deterioro de cuentas por cobrar de dudoso cobro, según un factor de recuperación, el cual puede incidir en el reconocimiento, tanto de una ganancia como una pérdida.

- ✓ Deterioro por cobrar comerciales.
- ✓ Deterioro por cobrar personal.
- ✓ Deterioro por cobrar relacionadas.
- ✓ Deterioro por cobrar varios.

Definiciones:

- **Deterioro por Cobrar Comerciales:** Incorpora el deterioro de cobro dudoso de las cuentas por cobrar a clientes.
- **Deterioro por Cobrar Personal:** Incluye el deterioro de cuentas por cobrar de dudoso cobro al personal de la entidad.
- **Deterioro por Cobrar Relacionadas:** Comprende el deterioro de cobro dudoso de las entidades relacionadas.
- **Deterioro por Cobrar Varios:** Comprende el deterioro por cobro dudoso de las cuentas por cobrar varias.

Reconocimiento y medición:

Débito	Crédito
• La recuperación total o parcial de los derechos de cobro. • El castigo de las cuentas cuyo deterioro se confirma. • La diferencia de cambio para igualar el deterioro de cobranza dudosa a la cuenta por cobrar relacionada.	• El deterioro estimado, según evaluación de la empresa. • La diferencia de cambio para igualar la estimación de cobranza dudosa a la cuenta por cobrar relacionada.

NIC, NIIF e Interpretaciones Referidas	
NIC 21	Efectos de las variaciones en los tipos de cambio de monedas extranjeras
NIIF 9	Instrumentos financieros
NIIF 7	Instrumentos financieros: Información a revelar
NIC 32	Instrumentos financieros: Presentación

5.5.9 Otros Gastos, por Naturaleza

Los gastos se clasifican o agrupan en el estado de resultados según su naturaleza y no se reclasifican ni redistribuyen según las diferentes funciones que se desarrollan en la entidad.

- ✓ Transporte y correo.
- ✓ Honorarios y comisiones.
- ✓ Producción encargada a terceros.
- ✓ Mantención y reparaciones.
- ✓ Arriendos.
- ✓ Servicios básicos.
- ✓ Publicidad.
- ✓ Asesorías.
- ✓ Seguros.
- ✓ Regalías.
- ✓ Suscripciones y cotizaciones.
- ✓ Licencias y derechos de vigencia.
- ✓ Suministros.
- ✓ Gastos de investigación y desarrollo.
- ✓ Gestión ambiental.

Definiciones:

- **Transporte y Correo:** Incluye los fletes relacionados con la venta de mercaderías, transporte entre establecimientos, transporte colectivo de personal, pasajes en el ámbito nacional e internacional u otro medio de transporte, y otros fletes y gastos de correo. Asimismo, incluye los gastos de viaje como alojamiento, alimentación, entre otros.

- **Honorarios y Comisiones:** Servicios recibidos por asesoría, consultoría, notaría, y otros de naturaleza similar. También se incluyen los gastos de asesoría en temas medioambientales.
- **Producción Encargada a Terceros:** Comprende el servicio relacionado con la producción que se encarga a terceros, a los cuales la empresa le proporciona la materia prima y otros materiales.
- **Mantención y Reparaciones:** Gastos relacionados con la conservación y mantenimiento de los bienes (tangibles e intangibles).
- **Arriendos:** Gastos relacionados con el arrendamiento operativo de bienes muebles e inmuebles.
- **Servicios Básicos:** Gastos en servicios básicos, tales como la luz, agua, gas y telecomunicaciones.
- **Publicidad:** Incluye los gastos relacionados con anuncios, catálogos impresos y otras publicaciones.
- **Asesorías:** Gastos por servicio prestados por externos a la entidad.
- **Seguros:** Incluye el importe de las pólizas de seguros devengados en el ejercicio económico que se toma para la cobertura de diversos riesgos.
- **Regalías:** Gastos referidos por el uso de patentes, marcas y diseños entre otros.
- **Suscripción y Cotizaciones:** Comprende los gastos por la suscripción de diarios, revistas y otras publicaciones.
- **Licencias y Derechos de Vigencia:** Comprende los permisos de operación, para ciertas actividades, como la minería.
- **Suministros:** Incluye los suministros consumidos previamente activados o no, distintos de los que integran los productos elaborados, incluyendo aquellos que se consumen en las oficinas.
- **Gastos de Investigación y Desarrollo:** Incluye los gastos de personal y los insumos utilizados con la finalidad de obtener nuevos conocimientos científicos o tecnológicos. También incluye los gastos de desarrollo no incorporados en el valor de los activos.
- **Gestión Ambiental:** Incluye las contribuciones y otros gastos voluntarios que una entidad efectúa a favor de la comunidad ubicada en su ámbito de influencia, tales como la gestión social y el apoyo tecnológico.

Reconocimiento y medición:

Debito	Crédito
• El importe de los servicios prestados a la entidad por terceros.	

NIC, NIIF e Interpretaciones Referidas
Marco Conceptual para la preparación y presentación de estados financieros NIC 2 Existencias NIC 16, NIIF 16, NIC 38, NIC 41 NIC 38 Intangibles

5.5.10 Otras Ganancias (pérdidas)

Otras ganancias y pérdidas que no corresponden a las actividades ordinarias de la empresa.

- ✓ Intereses y multas sobre impuestos
- ✓ Arriendo empresas relacionadas
- ✓ Castigo activos fijos
- ✓ Recuperación de castigos de cuentas por cobrar
- ✓ Venta de activos fijos

Definiciones:

- **Intereses y multas sobre impuestos:** Corresponde a los intereses. Sobre los importes de gastos relacionados con impuestos, tasas y contribuciones no cancelados en los periodos correspondientes.
- **Arriendo empresas relacionadas:** Ingresos por concepto de arriendo de inmuebles o muebles a entidades relacionadas.
- **Castigo activos fijos:** Comprende la pérdida de valor de los activos inmovilizados de acuerdo a lo establecido por la NIC 36, deterioros del valor de los activos.
- **Recuperación de castigos de cuenta por cobrar:** Corresponde a los ingresos por cuentas por cobrar castigadas en periodos anteriores.
- **Venta de Activo Fijo o Intangible:** Ingresos por venta de propiedades, plantas y equipos.

Reconocimiento y medición:

Débito	Crédito
• Reconocimientos de pérdidas relacionadas con interés o multas por impuestos pagados. • Reconocimiento castigo de activos fijos.	• Arriendo empresas relacionadas. • Recuperación de castigos. • Venta de activo fijo. • Venta de intangible.

NIC, NIIF e Interpretaciones Referidas
Marco Conceptual para la preparación y presentación de estados financieros NIIF 16 Arrendamientos NIC 16 Propiedades, plantas y equipos NIC 38 Intangibles

5.5.11 Ingresos Financieros

Acumula las rentas o rendimientos provenientes de los descuentos obtenidos po pronto pago; así como de la ganancia por medición de activos y pasivos al valo razonable, ejemplo de cuentas contables:

- ✓ Rendimientos ganados
- ✓ Dividendos
- ✓ Descuentos obtenidos por pronto pago
- ✓ Otros ingresos financieros

Definiciones:

- **Rendimientos Ganados:** Intereses que devengan los depósitos en cuentas en instituciones financieras; las cuentas por cobrar comerciales; los préstamos otorgados; y los bonos y otros títulos.
- **Dividendos:** Ganancias obtenidas por el mantenimiento de las inversiones e diferentes empresas.
- **Descuentos Obtenidos por Pronto Pago:** Importe de los descuentos que la entidad obtiene de sus proveedores por el pago anticipado de sus obligaciones.
- **Otros Ingresos Financieros:** Ingresos similares no incluidos en las cuentas anteriores.

Reconocimiento y medición:

Débito	Crédito
	• El importe de los ingresos financieros obtenidos en el período contable

NIC, NIIF e Interpretaciones Referidas	
Marco Conceptual para la preparación y presentación de estados financieros	
NIIF 15	Ingresos de actividades ordinarias procedentes de contratos con clientes
NIC 28	Inversiones en asociadas
NIC 32	Instrumentos financieros: Presentación
NIC 39	Instrumentos financieros: Reconocimiento y medición
NIIF 7	Instrumentos financieros: Información a revelar

5.5.12 Costos Financieros

Acumula los intereses y gastos de financiamiento de operaciones comerciales, así como la pérdida por medición de activos y pasivos financieros a valor razonable.

- ✓ Gastos en operaciones de endeudamiento
- ✓ Gastos en operaciones de endeudamiento de leasing
- ✓ Intereses por préstamo y otros préstamos
- ✓ Descuentos concedidos por pronto pago
- ✓ Otros gastos financieros

Definiciones:

- **Gastos en Operaciones de Endeudamiento:** Corresponde a los gastos diferentes de intereses en los que se incurre con las instituciones financieras que prestan dinero a la empresa.
- **Gastos en Operaciones de Endeudamiento de Leasing:** Corresponde a los gastos diferentes de intereses en los que se incurre con las instituciones financieras sobre las cuales se tiene un leasing o leaseback.
- **Intereses por Préstamo y Otros Préstamos:** Registra los gastos por concepto de intereses que devengan los préstamos en un ejercicio económico.
- **Descuentos Concedidos por Pronto Pago:** Descuentos que la entidad otorga a sus clientes por pago anticipado de sus cuentas.
- **Otros Gastos Financieros:** Gastos similares no incluidos en las cuentas anteriores.

Reconocimiento y medición:

Débito	Crédito
• El importe de los gastos financieros incurridos en el período contable.	

NIC, NIIF e Interpretaciones Referidas	
NIC 23	Costo de financiamiento Ingresos
NIC 32	Instrumentos financieros: Presentación
NIC 39	Instrumentos financieros: Reconocimiento y medición
NIIF 7	Instrumentos financieros: Información a revelar

5.5.13 Participación en las Ganancias (pérdidas) Asociadas y Negocios Conjuntos que Contabilicen Utilizando el Método de la Participación

Corresponderá al resultado reconocido de inversiones en empresas asociadas y negocios conjuntos si estos últimos se consolidan.

5.5.14 Diferencias de Cambio

Corresponde a las diferencias de cambio que surjan al liquidar partidas monetarias, o al convertir las partidas monetarias a tipos de cambio diferentes de los que se utilizaron para su reconocimiento inicial, ya se hayan producido durante el período o en estados financieros previos.

- ✓ Ganancia por diferencia de cambio
- ✓ Pérdidas por diferencias de cambio
- ✓ Pérdidas por instrumentos financieros derivados
- ✓ Ganancias por instrumentos financieros derivados

Definiciones:

- **Ganancia por Diferencia de Cambio:** ganancias por diferencia en cambio originadas por las operaciones efectuadas en moneda extranjera.
- **Pérdida por Diferencia de Cambio:** Pérdida por diferencias de cambio originadas por las operaciones efectuadas en moneda extranjera.
- **Pérdidas por Instrumentos Financieros Derivados:** Pérdidas obtenidas en opera-

ciones de cobertura realizadas.

- **Ganancia por Instrumentos Financieros Derivados:** Ganancias en operaciones de cobertura realizadas por la empresa.

Reconocimiento y medición:

Débito	Crédito
• El importe de las pérdidas, asociadas a la diferencia de cambio.	• El importe de las ganancias asociadas a la diferencia de cambio.

NIC, NIIF e Interpretaciones Referidas
NIC 23 Costo de financiamiento Ingresos NIC 21 Efectos de las variaciones en los tipos de cambio de moneda extranjeras NIC 32 Instrumentos financieros: Presentación NIC 39 Instrumentos financieros: Reconocimiento y medición NIIF 7 Instrumentos financieros: Información a revelar

5.5.15 Resultados por Unidades de Reajuste

Corresponde a la diferencias de cambio que surjan al convertir las partidas monetarias a valores diferentes de los que se utilizaron para su reconocimiento inicial, estos pueden ser valores en UF, IPC, UTM.

✓ Ganancia por unidades de reajuste

✓ Pérdida por unidades de reajuste

Definiciones:

- **Ganancia por Unidades de Reajuste:** ganancia por unidad de reajuste originada por las operaciones actualizadas en valores actuales.
- **Pérdida por Unidades de Reajuste:** Pérdida por unidad de reajuste originada por las operaciones actualizadas en valores actuales.

Reconocimiento y medición:

Débito	Crédito
• El importe de las pérdidas, asociadas a la diferencia de unidad de reajuste.	• El importe de las ganancias asociadas a la unidad de reajuste.

5.5.16 Ganancias (pérdidas) que surgen de la diferencia entre el Valor Libro Anterior y el Valor Justo de Activos Financieros Reclasificados Medidos a Valor Razonable

En este rubro se reconocen los aumentos o disminuciones de valor de activos financieros en comparación con su valor en libros, cuando son valuados al valor razonable, ejemplo de cuentas contables aplicadas son las siguientes:

- ✓ Pérdida por medición de activos y pasivos financieros al valor razonable.
- ✓ Ganancia por medición de activos y pasivos financieros al valor razonable.

Definiciones:

- **Pérdida por Medición de Activos y Pasivos Financieros al Valor Razonable:** Comprende el menor valor de los instrumentos financieros en comparación con su valor en libros a la fecha de los estados financieros.
- **Ganancia por Medición de Activos y Pasivos Financieros al Valor Razonable:** Comprende el mayor valor de los instrumentos financieros en comparación con su valor en libros a la fecha de los estados financieros.

Reconocimiento y medición:

Se reconoce la ganancia o pérdida por los activos y pasivos financieros, que en primera instancia se medían al costo amortizado, y por decisiones gerenciales, se medirán a valor razonable con efectos en resultados.

Débito	Crédito
• Pérdida, por el aumento de una obligación medida al inicio a costo amortizado y al cierre de los estados financieros a valor razonable. • Pérdida, por la disminución de un beneficio medido al inicio al costo amortizado y al cierre de los estados financieros a valor razonable.	• Ganancia, por el aumento de un beneficio medido al inicio al costo amortizado y al cierre de los estados financieros a valor razonable. • Ganancia, por la disminución de una obligación medida al inicio a costo amortizado y al cierre de los estados financieros a valor razonable.

Comentarios:

Valor razonable, según NIIF 13 es el monto por el cual puede cambiarse un activo, o liquidarse un pasivo, entre interesados entendidos y dispuestos mediante una transacción en condiciones de plena competencia.

Se supone que el valor justo puede determinarse prácticamente todos los casos, los precios de los instrumentos financieros pueden encontrarse listados en distintos mercados.

5.5.17 Gastos por Impuesto a las Ganancias

En este rubro se reconoce el impuesto calculado sobre la renta imponible del ejercicio (impuesto corriente), así como el importe del impuesto a la renta diferido, el detalle de las cuentas contables aplicadas es el siguiente:

- ✓ Impuesto a la renta corriente – corriente
- ✓ Impuesto a la renta corriente – diferido

Definiciones:

- **Impuesto a la Renta Corriente:** Es el gasto calculado sobre la base de la renta tributaria.
- **Impuesto a la Renta Corriente – Diferido:** Es el gasto o ingreso calculado sobre la base de las diferencias temporales determinado por la comparación de saldos contables y tributarios. También incluye el ingreso en impuesto a la renta, calculado sobre pérdidas tributarias que razonablemente se espera compensar en el futuro.

Reconocimiento y medición:

Se reconoce impuesto a la renta corriente, con la existencia de renta tributaria. El componente diferido se reconoce con la existencias de diferencias temporales gravables y deducibles que se espera reviertan en el futuro, dando lugar a impuestos corrientes o a una recuperación de la carga tributaria.

Asimismo, se reconocen ingresos originados en pérdidas tributarias de arrastre, cuando es posible demostrar razonablemente que en el futuro se generará renta tributaria para compensar dicha pérdida.

Débito	Crédito
• El importe del impuesto a la renta corriente con abono a la cuenta pasivo por impuesto diferido. • El importe del gasto contable por impuesto a la renta originado por la tasa fiscal vigente. • El importe del impuesto a la renta diferido, relacionado por la baja de activos por impuesto diferido.	• El importe del impuesto a la renta diferido, relacionado a la cuenta activo por impuesto diferido. • El importe del impuesto a la renta, generado por pérdidas tributarias. • El importe del impuesto a la renta diferido, relacionado por la baja de pasivos por impuestos diferidos.

Comentarios:

Las NIIF permiten o requieren que ciertos activos se contabilicen a su valor razonable, o bien que sean objeto de revaluación. En algunos países, la revaluación o cualquier otra reexpresión del valor del activo, para acercarlo a su valor razonable, afecta a la ganancia o pérdida fiscal del periodo corriente. Como resultado de esto, se puede ajustar igualmente la base fiscal del activo, y no surge ninguna diferencia temporaria. En otras jurisdicciones, sin embargo, la revaluación o reexpresión de un activo no afecta a la ganancia fiscal del período en que una u otra se llevan a efecto y por tanto no ha de procederse al ajuste de la base fiscal. No obstante, la recuperación futura del importe en libros producirá un flujo de beneficios económicos imponibles para la entidad, puesto que los importes deducibles a efecto fiscales serán diferentes de la cuantías de esos beneficios económicos. La diferencia entre el importe en libros de un activo revaluado y su base fiscal, es una diferencia temporaria y da lugar por tanto a un activo o pasivo por impuestos diferidos (NIC12, párrafo 20).

NIC, NIIF e Interpretaciones Referidas	
NIC 12	Impuesto a la renta.
SIC 25	Impuesto a la renta – Cambios en la situación tributaria de una empresa o de sus accionistas.
NIC 1	Presentación de estados financieros.

CAPÍTULO VI

Anexo Plan de Cuenta General en formato NIIF

6.1 Activos estructura 1

REFERENCIA	ESTRUCTURA 1	Detalle referencia
MARCO CONCEPTUAL	ACTIVOS	
NIC 1	Activos Corrientes	5.2.1
NIC 7.45, NIC 1,54 i	Efectivo y equivalentes al efectivo	5.2.2
1.1	Caja moneda funcional	
1.2	Caja moneda extranjera	
1.3	Efectivo en tránsito	
1.4	Cuenta Corriente en Instituciones financieras (moneda funcional)	
1.5	Cuenta Corriente en Instituciones financieras (moneda extranjera)	
1.6	Depósitos a plazo en instituciones financieras (vencimiento menor 90 días)	
1.7	Fondos Mutuos (vencimiento menor 90 días)	
NIC 1.54 d	Otros activos financieros, corrientes	5.2.3
1.1	Inversiones al valor razonable	
1.1.1	Futuros	
1.1.2	Forwards	
1.1.3	Swaps	
1.1.4	Options	
1.1.5	Caps/Floors	
1.1.6	Fondos Mutuos (vcto mayor a 90 días menor 1 año)	
1.1.7	Depósitos a plazo (vcto mayor 90 días menor 1 año)	
1.2	Inversiones disponibles para la venta	
1.3	Activos financieros – Compromiso de compra	
NIC 1.54	Otros activos no financieros, corrientes	5.2.4
1.1	Seguros anticipados	
1.2	Servicios publicitarios	
1.3	Garantía de arriendos	
1.4	Arriendos anticipados	
1.5	Gastos pagados por anticipado	

REFERENCIA	ESTRUCTURA 1	Detalle referencia
1.6	Boleta en garantía	
NIC 1.54 h, NIC 1.78 l	Deudores comerciales y otras cuentas por cobrar corrientes	5.2.5
1.1	Fondos fijos	
1.2	Facturas, boletas y otros comprobantes por cobrar	
1.3	Anticipo de clientes	
1.4	Letras por cobrar	
1.5	Documentos financieros por cobrar	
1.6	Cobranza bancaria	
1.7	Deudores varios	
1.7.1	Préstamos	
1.7.2	Intereses y dividendos	
1.7.3	Cxc de activos mantenidos para la venta	
1.7.4	Fondos por rendir	
1.8	Cuentas por cobrar personal	
1.8.1	Personal	
1.8.2	Socios (accionistas)	
1.8.3	Directores	
1.8.4	Gerentes	
1.9	Deterioro de cuentas por cobrar	
1.9.1	Deterioro facturas, boletas por cobrar	
1.9.2	Deterioro cobranza bancaria	
1.9.3	Deterioro deudores varios	
1.9.4	Deterioro cuentas por cobrar personal	
1.10	IVA crédito fiscal	
1.11	Ingresos financieros (se presentan negativos)	
NIC 1.78 b	Cuentas por cobrar a entidades relacionadas, corrientes	5.2.6
1.1	Facturas, boletas y otros comprobantes por cobrar	
1.2	Anticipo de clientes	
1.3	Letras por cobrar	
1.4	Documentos financieros por cobrar	
1.5	Deudores varios	
1.5.1	Préstamos	
1.5.2	Intereses y dividendos	
1.5.3	Cxc de activos mantenidos para la venta	
1.6	Deterioro de cuentas por cobrar empresas relacionadas	
NIC 1.54 q, NIC 2.6 i	Inventarios	5.2.7
1.1	Mercaderías	
1.1.1	Mercaderías manufacturadas	
1.1.2	Mercaderías de extracción	
1.1.3	Mercaderías agropecuarias	
1.1.4	Mercaderías inmuebles	
1.1.5	Otras mercaderías	

REFERENCIA		ESTRUCTURA 1	Detalle referencia
	1.1.6	Deterioro mercaderías	
1.2		Productos terminados	
	1.2.1	Productos manufacturados	
	1.2.2	Productos de extracción terminados	
	1.2.3	Productos agropecuarias	
	1.2.4	Productos inmuebles	
	1.2.5	Existencias de servicios terminados	
	1.2.6	Otros productos terminados	
	1.2.7	Costos de financiación – Productos terminados	
	1.2.8	Deterioro productos terminados	
1.3		Subproductos, desechos y desperdicios	
	1.3.1	Subproductos, desechos y desperdicios	
	1.3.2	Desechos y desperdicios	
	1.3.3	Deterioro sub productos	
1.4		Productos en proceso	
	1.4.1	Productos en proceso de manufactura	
	1.4.2	Productos extraídos en proceso de transformación	
	1.4.3	Productos agropecuarios en proceso	
	1.4.4	Productos inmuebles en proceso	
	1.4.5	Existencias de servicios en proceso	
	1.4.6	Otros productos en proceso	
	1.4.7	Costos de financiación – Productos en proceso	
	1.4.8	Deterioro productos en proceso	
1.5		Materias primas	
	1.5.1	Materias primas para productos manufacturados	
	1.5.2	Materias primas para productos de extracción	
	1.5.3	Materias primas para productos agropecuarios	
	1.5.4	Materias primas para inmuebles	
	1.5.5	Deterioro materias primas	
1.6		Materiales, suministros y repuestos	
	1.6.1	Materiales auxiliares	
	1.6.2	Suministros	
	1.6.3	Repuestos	
	1.6.4	Deterioro materiales, suministros y repuestos	
1.7		Envases y embalajes	
	1.7.1	Envases	
	1.7.2	Embalajes	
	1.7.3	Deterioro envases	
NIC 1.54		Otros activos no financieros no corrientes	5.2.12
1.1		Inversiones medida a costo amortizado	
1.2		Seguros anticipados porción largo plazo	
1.3		Servicios publicitarios porción largo plazo	
1.4		Garantía de arriendos porción largo plazo	
1.5		Arriendos anticipados porción largo plazo	
1.6		Gastos pagados por anticipado porción largo plazo	

REFERENCIA	ESTRUCTURA 1	Detalle referencia
1.7	Boleta en garantía porción largo plazo	
NIC 1.54 h, NIC 1.78 l	Derechos por cobrar no corrientes	5.2.13
1.1	Facturas, boletas y otros comprobantes por cobrar porción largo plazo	
1.2	Letras por cobrar porción largo plazo	
1.3	Documentos financieros por cobrar porción largo plazo	
1.4	Cobranza bancaria porción largo plazo	
1.5	Deudores varios porción largo plazo	
1.5.1	Préstamos	
1.5.2	Intereses y dividendos	
1.5.3	Cuentas por cobrar de activos mantenidos para la venta	
1.5.4	Fondos por rendir	
1.6	Cuentas por cobrar personal porción largo plazo	
1.6.1	Personal	
1.6.2	Socios (accionistas)	
1.6.3	Directores	
1.6.4	Gerentes	
1.7	Ingresos financieros (se presentan negativos) porción largo plazo	
NIC 1.78 b	Cuentas por cobrar a entidades relacionadas, no corrientes	5.2.14
1.1	Facturas, boletas y otros comprobantes por cobrar porción largo plazo	
1.2	Letras por cobrar porción largo plazo	
1.3	Documentos financieros por cobrar porción largo plazo	
1.4	Deudores varios porción largo plazo	
1.4.1	Préstamos	
1.4.2	Intereses y dividendos	
1.4.3	Cuentas por cobrar de activos mantenidos para la venta	
NIIF 8.24 NIIF 8.2	Inversiones contabilizadas utilizando el método de la participación	5.2.15
1.1	Inversiones de derecho patrimonial	
NIC 1.54 c, NIC 38.11	Activos intangibles distintos de la plusvalía	5.2.16
1.1	Programas de computación (software)	
1.2	Concesiones, licencias y otros derechos	
1.3	Patentes y propiedad intelectual	
1.4	Costos de exploración y desarrollo	
1.5	Fórmulas, diseños y prototipos	
1.6	Otros activos intangibles	
NIC 1.54 c, NIC 38.11	Plusvalía	5.2.17
1.1	Plusvalía	
NIC 1.54ª, NIC 16.73	Propiedades, planta y equipo	5.2.18
1.1	Terrenos	
1.2	Edificios	
1.3	Maquinarias y equipos	
1.4	Equipos de transporte	
1.5	Muebles y enseres	

REFERENCIA	ESTRUCTURA 1	Detalle referencia
1.6	Equipos diversos	
1.7	Herramientas	
1.8	Construcción y obras en curso	
1.9	Depreciaciones acumuladas	
NIC 1.54 f, NIC 41.12	Activos biológicos, no Corrientes	5.2.19
1.1	Activos biológicos en producción porción largo plazo	
1.2	Activos biológicos en desarrollo porción largo plazo	
NIC 1.54b, NIC 40	Propiedades de inversión	5.2.20
1.1	Terrenos	
1.2	Edificios	
NIC 1.54o, NIC1.56, NIC12	Activos por impuestos diferidos	5.2.21
1.1	Impuesto a la renta diferido	
NIIF 8.33 b, NIC 1.66	Total de Activos no Corrientes	
NIIF8.23, NIIF 8.28	TOTAL DE ACTIVOS	

6.2 Pasivos Estructura 2

REFERENCIA	ESTRUCTURA 2	Detalle referencia
MARCO CONCEPTUAL	PASIVOS	
NIC 1	Pasivos Corrientes	5.3.1
NIC 1.54 m	Otros pasivos financieros, Corrientes	5.3.2
1.1	Préstamos de instituciones financieras	
1.2	Contratos de arrendamientos financieros	
1.3	Otros instrumentos financieros por pagar	
1.4	Obligaciones emitidas	
1.5	Préstamos con compromiso de recompra	
1.6	Pasivos por instrumentos financieros	
NIC 1.54 k	Cuentas por pagar comerciales y otras cuentas por pagar	5.3.3
1.1	Facturas, boletas y otros comprobantes por pagar	
1.2	Anticipo a proveedores	
1.3	Letras por pagar	
1.4	Remuneraciones por pagar	
1.5	Proveedores	
1.6	Acreedores varios	
1.7	AFP por pagar	
1.8	Cotizaciones	
1.9	Retenciones	
1.10	IVA DF	
1.11	Provisión vacaciones	
1.12	Cuentas por pagar personal	
1.12.1	Personal	
1.12.2	Socios (accionistas)	
1.12.3	Directores	
1.12.4	Gerentes	
NIC 1.78 b	Cuentas por pagar a entidades relacionadas, corrientes	5.3.4
1.1	Facturas, boletas y otros comprobantes por pagar	
1.2	Letras por pagar	
1.3	Documentos financieros por pagar	
1.4	Acreedores varios	
1.4.1	Préstamos por pagar	
1.4.2	Intereses	
1.4.3	CXP de pasivo mantenido para la venta	
NIC 1.54 l, nic 37.84	Otras provisiones corrientes	5.3.5
1.1	Provisiones juicios	
1.2	Otras provisiones	
1.3	Dividendos legales	
1.4	Dividendos acordados	
1.5	Dividendos provisorios	

REFERENCIA	ESTRUCTURA 2	Detalle referencia
NIC 1.54 n	Pasivos por impuestos, Corrientes	5.3.6
1.1	Provisión impuesto renta	
NIC 1.54 l	Provisiones corrientes por beneficios a los empleados	5.3.7
1.1	Provisión Indemnización años de servicios	
1.2	Provisión beneficio de retiro	
NIC 1.54	Otros pasivos no financieros, corrientes	5.3.8
1.1	Otros pasivos no financieros	
NIC 1.66	Total de pasivos corrientes distintos de los pasivos incluidos en grupos de activos para su disposición clasificados como mantenidos para la venta	
NIC 1.54 p	Pasivos incluidos en grupos de activos para su disposición clasificados como mantenidos para la venta	
NIC 1.69	Total de Pasivos Corrientes	
NIC 1	Pasivos No Corrientes	
NIC 1.54 m	Otros pasivos financieros, no corrientes	5.3.09
1.1	Préstamos de instituciones financieras porción largo plazo	
1.2	Contratos de arrendamientos financieros porción largo plazo	
1.3	Otros instrumentos financieros por pagar porción largo plazo	
1.4	Obligaciones emitidas porción largo plazo	
1.5	Préstamos con compromiso de recompra porción largo plazo	
1.6	Pasivos por instrumentos financieros porción largo plazo	
NIC 1.54 k	Pasivos, no Corrientes	5.3.10
1.1	Facturas, boletas y otros comprobantes por pagar porción largo plazo	
1.2	Letras por pagar porción largo plazo	
1.3	Proveedores porción largo plazo	
1.4	Acreedores varios porción largo plazo	
1.5	Cuentas por pagar personal porción largo plazo	
1.5.1	Personal	
1.5.2	Socios (accionistas)	
1.5.3	Directores	
1.5.4	Gerentes	
NIC 1.78 b	Cuentas por pagar a entidades relacionadas, no corrientes	5.3.11
1.1	Facturas, boletas y otros comprobantes por pagar porción largo plazo	
1.2	Letras por pagar porción largo plazo	
1.3	Acreedores varios porción largo plazo	
1.3.1	Préstamos por pagar	
1.3.2	Intereses	
1.3.3	CXP de pasivo mantenido para la venta	
NIC 1.54 l, NIC 37.84	Otras provisiones no corrientes	5.3.12
1.1	Provisiones juicios largo plazo	
1.2	Otras provisiones largo plazo	
NIC 1.54 o, NIC 1,56	Pasivo por impuestos diferidos	5.3.13
1.1	Pasivos por impuestos diferidos	

REFERENCIA	ESTRUCTURA 2	Detalle referencia
NIC 1.54 l	Provisiones no corrientes por beneficios a los empleados	5.3.14
1.1	Provisión Indemnización años de servicios largo plazo	
1.2	Provisión beneficio de retiro largo plazo	
NIC 1.54	Otros pasivos no financieros, no corrientes	5.3.15
1.1	Otros pasivos financieros largo plazo	
NIC 1.69	Total de Pasivos No Corrientes	
NIIF 8.23, NIIF 8.28	TOTAL DE PASIVOS	

6.3 Patrimonio Estructura 3

REFERENCIA	ESTRUCTURA 3	Detalle referencia
NIC 1	Patrimonio	5.4.1
NIC 1.54 r	Capital Emitido	5.4.2
1.1	Capital social	
1.2	Acciones de tesorería	
1.3	Revalorización de capital propio	
NIC 1.54 r	Ganancias (pérdidas) acumuladas	5.4.3
1.1	Utilidades no distribuidas	
1.2	Pérdidas acumuladas	
1.3	Utilidad o pérdida del ejercicio	
1.4	Resultados Acumulados	
NIC 1.54 r	Primas de Emisión	5.4.4
1.1	Primas de Emisión	
NIC 1.54 r	Acciones Propias en Cartera	5.4.5
1.1	Acciones de inversión	
1.2	Acciones de inversión en tesorería	
NIC 1.54 r	Otras participaciones en el patrimonio	5.4.6
1.1	Capitalización en trámite	
1.2	Reducciones de capital pendientes de formalizar	
NIC 1.54 r	Otras reservas	5.4.7
1.1	Excedente de revaluación	
1.2	Excedente de revaluación en acciones liberadas	
1.3	Participación en excedentes de revaluación en inversiones en relacionadas	
1.4	Reinversión	
1.5	Legal	
1.6	Contractuales	
1.7	Estatutarias	
1.8	Facultativas	
1.9	Otras reservas	
NIC 1.54 r	Patrimonio atribuible a los propietarios de la controladora	
NIC 1	Participaciones no controladoras	
NIC 1	Patrimonio Total	
	TOTAL DE PATRIMONIO Y PASIVOS	

6.4 Estados de resultados por naturaleza estructura 4 y 5

REFERENCIA	Estructura 4 y 5	Detalle referencia
MARCO CONCEPTUAL	Estado de Resultados	5.5
MARCO CONCEPTUAL	Ganancia (Pérdida)	
NIC 1.82 a	Ingresos de actividades ordinarias	5.5.1
1.1	Venta de mercaderías	
1.2	Venta de productos terminados	
1.3	Venta de subproductos, desechos y desperdicios	
1.4	Prestación de servicios	
1.5	Devoluciones sobre las ventas	
NIC 1.82 aa	Ganancias que surgen de la baja en cuentas de activos financieros medidos al costo amortizado	5.5.2
1.1	Activos financieros mantenidos al vencimiento	
NIC 1.82 aa	Pérdidas que surgen de la baja en cuentas de activos financieros medidos al costo amortizado	5.5.2
1.1	Activos financieros mantenidos al vencimiento	
NIC 1.103	Otros ingresos, por naturaleza	5.5.3
1.1	Servicios en beneficio del personal	
1.2	Comisiones	
1.3	Regalías	
1.4	Arriendos	
1.5	Otros ingresos	
NIC 1.102	Cambios en inventarios de productos terminados y en proceso	5.5.4
1.1	Mercaderías	
1.2	Materias primas y consumibles utilizados	
1.3	Materiales, suministros y repuestos	
1.4	Envases y embalajes	
NIC 1.102	Materias primas y consumibles utilizados	5.5.5
1.1	Mercaderías	
1.2	Productos terminados	
1.3	Desechos y desperdicios	
NIC 1.102	Gastos por beneficios a los empleados	5.5.6
1.1	Remuneraciones	
1.2	Otras remuneraciones	
1.3	Indemnizaciones al personal	
1.4	Capacitación	
1.5	Atención al personal	
1.6	Gerentes	
1.7	Seguridad y previsión social	
1.8	Remuneraciones al directorio	
1.9	Beneficios de los trabajadores	
NIC 1.102	Gasto por depreciación y amortización	5.5.7
1.1	Depreciación	

REFERENCIA	Estructura 4 y 5	Detalle referencia
1.2	Amortización	
NIIF 7.20	Reversión de pérdidas por deterioro de valor (pérdidas por deterioro de valor) reconocidas en el resultado de período	5.5.8
1.1	Deterioro por cobrar comerciales	
1.2	Deterioro por cobrar personal	
1.3	Deterioro por cobrar relacionadas	
1.4	Deterioro por cobrar varios	
NIC 1.103	Otros gastos, por naturaleza	5.5.9
1.1	Transporte y correo	
1.2	Honorarios y comisiones	
1.3	Producción encargada a terceros	
1.4	Mantención y reparaciones	
1.5	Arriendos	
1.6	Servicios básicos	
1.7	Publicidad	
1.8	Asesorías	
1.9	Seguros	
1.10	Regalías	
1.11	Suscripciones y cotizaciones	
1.12	Licencias y derechos de vigencia	
1.13	Suministros	
1.14	Gastos de investigación y desarrollo	
1.15	Gestión ambiental	
NIC 1.102, NIC1.103	Otras ganancias (pérdidas)	5.5.10
1.1	Intereses y multas sobre impuestos	
1.2	Arriendo empresas relacionadas	
1.3	Castigo activos fijos	
1.4	Recuperación de castigos de cuentas por cobrar	
1.5	Venta de activos fijos	
NIIF 7 IG7	Ingresos financieros	5.5.11
1.1	Rendimientos ganados	
1.2	Dividendos	
1.3	Descuentos obtenidos por pronto pago	
1.5	Otros ingresos financieros	
NIC 1.82 b	Costos financieros	5.5.12
1.1	Gastos de operaciones de endeudamiento	
1.2	Gastos en operaciones de endeudamiento de leasing	
1.3	Intereses por préstamo y otros préstamos	
1.4	Descuentos concedidos por pronto pago	
1.6	Otros gastos financieros	
NIC 1.82 c	Participación en las ganancias (pérdidas) de asociadas y negocios conjuntos que se contabilicen utilizando el método de la participación	5.5.13
1.1	Utilidad inversión empresas relacionadas	

REFERENCIA	Estructura 4 y 5	Detalle referencia
1.2	Pérdida inversión empresa relacionadas	
NIC 1.85 b, NIC 21,52 a	Diferencia de cambio	5.5.14
1.1	Ganancias por diferencias de cambios	
1.2	Pérdidas por diferencias de cambios	
1.3	Pérdidas por instrumentos financieros derivados	
1.4	Ganancias por instrumentos financieros derivados	
NIC 21	Resultado por unidades de reajuste	5.5.15
1.1	Ganancia por unidades de reajustes	
1.2	Pérdida por unidades de reajustes	
NIC 1.82 ca	Ganancias (pérdidas) que surgen de la diferencia entre el valor libro anterior y el valor justo de activos financieros reclasificados medidos a valor razonable	5.5.16
1.1	Pérdidas por medición de activos y pasivos financieros al valor razonable	
1.2	Ganancias por medición de activos y pasivos financieros al valor razonable	
NIIF 8.23	Ganancia (Pérdida), antes de impuestos	
NIC 1.82 d	Gasto por impuesto a las ganancias	5.5.17
1.1	Impuesto a la renta corriente - corriente	
1.2	Impuesto a la renta corriente - diferido	
NIC 1.82 f	Ganancia (pérdida) procedente de operaciones continuadas	
NIC 1.82 e i	Ganancia (pérdida) procedente de operaciones discontinuadas	
NIIF 8.23	Ganancia (pérdida)	

CAPÍTULO VII

Ejercicios

A continuación se le entrega una serie de preguntas, cada una de las cuales cuenta con una alternativa correcta, marque con un círculo la alternativa correcta.

1. **Las coberturas de flujo de caja tienen efecto en:**
    a. Ganancias del periodo
    b. Pérdidas del periodo
    c. Efecto en Patrimonio reservas
    d. Ninguna de las anteriores

2. **Los forward se actualizan según:**
    a. El valor Futuro, cuando se liquide el instrumento financiero
    b. El valor spot al cierre de cada ejercicio
    c. Bajo NIIF los Forward no se actualizan, ya que Chile no se encuentra en una economía hiperinflacionaria
    d. Ninguna de las anteriores

3. **¿En que rango se debe encontrar una cobertura de valor razonable para que sea efectiva?**
    a. 70% a 130%
    b. 51% a 100%
    c. 80% a 125%
    d. Las coberturas de valor razonable no pueden ser efectivas

4. **La NIIF 9, establece tres categorías de instrumentos financieros:**
    a. Para negociar, Mantenidos hasta el vencimiento y Disponibles para la venta
    b. Para negociar, Disponibles para la venta y medidos al costo amortizado
    c. Mercado activo 1, Mercado no activo 2 y mercado no activo 3
    d. Ninguna de las anteriores

5. **Las cuentas por pagar son:**
    a. Cuentas por pagar, son objeto de una facturación o acuerdo formal
    b. Incluyen las cuentas por pagar las incertidumbres del pago asociado a la obligación
    c. Incluye partidas formalmente acordados con los proveedores, e incluye partidas que se deben a los empleados
    d. Todas las anteriores
    e. Solo A y C

6. **¿Cómo se genera la cuenta plusvalía?**
    a. Por un mayor valor pagado sobre el patrimonio de una inversión
    b. Por los flujos futuros generados por las unidades generadoras de efectivo
    c. Por la venta de acciones disponibles para negociar
    d. La plusvalía no existe bajo la normativa internacional
    e. Ninguna de las anteriores

7. **Las diferencias imponibles originan un:**
    a. Activo por impuesto diferido
    b. Pasivo por impuesto diferido
    c. Todas las anteriores
    d. Ninguna de las anteriores

8. **El Marco Conceptual es una Norma de la Categoría de:**
    a. Las IAS o IFRS (NIC o NIIF)
    b. De las interpretaciones (SIC/ IFRIC)
    c. Todas las anteriores
    d. Ninguna de las anteriores

9. **La depreciación del leasing (NIIF 16), se debe calcular según:**
    a. La NIC 38 y NIC 16
    b. La Política de Intangibles y de Propiedades, Plantas y Equipos
    c. De no tener certeza que se tendrá el dominio o contrato no cuente con opción de compra, se depreciara a lo largo de vida útil o el plazo de arrendamiento, el que sea menor
    d. Todas las anteriores
    e. Ninguna de las anteriores

10. **Se tienen que considerar lo siguiente para efectuar el cálculo del leasing:**
    a. La tasa de interés a considerar no debe ser inferior a la tasa de mercado
    b. Siempre prima la tasa de interés del contrato

c. Solo se debe considerar la tasa de interés de mercado
d. Todas las anteriores
e. Ninguna de las anteriores

11. Los activos contingentes se registran cuando la probabilidad de ocurrencia es:

a. Siempre
b. Cuando sean superior al 11%
c. Igual al 50%
d. Sobre el 51%
e. Ninguna de las anteriores

12. El aumento de las propiedades plantas y equipos, posterior a su adopción a las NIIF se debe reflejar en:

a. Patrimonio
b. Ganancias
c. Resultados fuera de la explotación
d. Ninguna de las anteriores

13. Los gastos anticipados se pueden activar y amortizar en el tiempo:

a. Sí
b. No

14. El costo de las existencias incluye:

a. Los costos de adquisición, descuentos comerciales, otros costos para llevar inventarios a su ubicación
b. Los costos de adquisición, diferencias de cambio, otros costos para llevar inventarios a su ubicación
c. Descuentos comerciales, costos de financiamiento, costo de adquisición, transformación y otros costos para llevar inventarios a su ubicación
d. Los costos de adquisición, costos de transformación, otros costos para llevar inventarios a su ubicación
e. Ninguna de las anteriores

15. Bajo la NIC 2, de las fórmulas de costos se puede detallar la siguiente información:

a. FIFO, los inventarios del balance se valora a los costos de las unidades compradas recientemente
b. Los PMP, se pueden determinar de forma periódica
c. Hasta el 2003 se acepta el LIFO, después solo se acepta el FIFO y PMP.
d. Todas las anteriores
e. Ninguna de las anteriores

16. Ejemplos en los cuales se deben valorar las existencias al Valor Neto Realizable:

a. Aumento del mercado del valor de las existencias
b. Daños, obsolescencia y reducción del precio de mercado
c. Cuando la entidad aplica un método no correspondiente
d. Todas las anteriores
e. Ninguna de las anteriores

17. ¿En qué rubro se clasifican los activos en leasing?

a. Propiedades, plantas y equipos
b. Otros activos no financieros
c. Propiedades de inversión
d. Todas las anteriores
e. Solo B y C

18. Cuando se termina la vida útil de la propiedad, planta y equipo se clasifica en:

a. Inventarios
b. Se mantiene en propiedades, plantas y equipos bajo NIC 16
c. Activos mantenidos para la venta, bajo NIIF 5
d. Ninguna de las anteriores
e. Se elimina de la contabilidad, por no cumplir la definición del marco conceptual

19. Características de las provisiones:

a. Obligación presente, que proviene de sucesos pasados, que se estima con fiabilidad
b. Proviene de sucesos pasados, que se estima con fiabilidad y se tiene un acuerdo formal
c. Proviene de sucesos pasados, que se estima con fiabilidad y no requiere de salida de recursos
d. Todas las anteriores
e. Solo A y B

20. Deben provisionarse bajo la NIC 37, las siguientes provisiones:

a. Riesgos políticos
b. Mantenimiento, grandes reparaciones
c. Pérdidas operativas futuras
d. Causas de tipo comercial
e. Proyectos genéricos de reestructuración
f. Ninguna de las anteriores

21. Los activos y pasivos por impuestos diferidos se pueden compensar solo si:

a. Corresponde a propiedades plantas y equipos
b. Corresponde a leasing financiero
c. Una ley tributaria permitiera compensar los impuestos
d. Ninguna de las anteriores

22. Ejemplos de diferencias temporarias deducibles:

a. Provisión indemnización años de servicios
b. Depreciaciones aceleradas
c. Activos en leasing neto positivo
d. Todas las anteriores
e. Ninguna de las anteriores

23. Los leasing de la entidad en el cálculo de impuesto diferido pueden ser:

a. Activos por impuestos diferidos
b. Pasivos por impuestos diferidos
c. Diferencias temporarias imponibles
d. Diferencias temporarias deducibles
e. Todas las anteriores

24. Se reconocerá un activo por impuesto diferido al tener pérdidas fiscales si:

a. Una entidad no tenga la probabilidad de disponer de ganancias fiscales futuras
b. La empresa vulnere el principio en marcha
c. La entidad obtenga utilidades en el futuro
d. Todas las anteriores
e. Ninguna de las anteriores

25. Lo siguiente son evidencias de deterioro en las cuentas por cobrar:

a. Quiebra o reorganización de la entidad
b. Un terremoto por ocurrir en la ciudad que se encuentra la entidad.
c. Estar en una economía hiperinflacionaria
d. Todas las anteriores
e. Ninguna de las anteriores

26. El marco conceptual es una norma de la categoría de:

a. Las IAS o IFRS (NIC o NIIF)
b. De las interpretaciones (SIC/ FRIC)
c. Todas las anteriores
d. Ninguna de las anteriores

27. **La propiedad, planta y equipo de qué forma se puede valorizar en primera adop-ción:**
    a. Costo
    b. Revalorización
    c. Costo atribuido
    d. Todas las anteriores
    e. Ninguna de las anteriores

28. **Qué se debe diferenciar en la valorización inicial de los intangibles: "si son….**
    a. Adquiridos en forma independiente, generados internamente o intercambia dos
    b. Adquiridos en forma independiente, combinación de negocios y generado internamente
    c. Adquiridos bajo costo, por revaluación y generados internamente
    d. Ninguna de las anteriores

29. **Según la NIC 29 se aplicará corrección monetaria cuando:**
    a. Una economía sea hiperinflacionaria
    b. La inflación sea aproximadamente un 100% en tres años
    c. Tener una Inflación por tres años consecutivos de 34%
    d. Todas las anteriores
    d. Ninguna de las anteriores

30. **Los aumentos o disminuciones de las coberturas de valor razonable tienen efecto en:**
    a. Resultados del ejercicio
    b. Ajustes patrimoniales
    c. Disminución de patrimonio
    d. Todas las anteriores

31. **El aumento de los intangibles, posterior a su adopción a las NIIF se debe refleja en:**
    a. Patrimonio
    b. Ganancias
    c. Resultados fuera de la explotación
    d. Ninguna de las anteriores

32. **El tratamiento de las comisiones en una compra de acciones disponibles para l venta, tiene el siguiente tratamiento:**
    a. Aumenta el valor de la inversión

b. No se toma en consideración
c. Es gasto cuando se adquieren
d. Ninguna de las anteriores

33. ¿Qué cuentas se pueden clasificar en el rubro deudor comerciales?

a. Cuenta corriente moneda funcional
b. Cuenta corriente moneda extranjera
c. Cuentas por cobrar activos mantenidos para la venta
d. Ninguna de las anteriores

34. ¿Qué cuentas se pueden clasificar en el rubro otros activos no financieros?

a. Gastos anticipados
b. Inversiones mantenidas al costo amortizado
c. Boletas en garantía
d. Todas las anteriores

35. ¿Qué cuentas se pueden clasificar en el rubro otros pasivos financieros?

a. Intereses diferidos en leasing
b. Obligaciones por leasing
c. Sobregiros bancarios
d. Todas las anteriores

36. ¿Qué cuenta(s) se pueden clasificar en el rubro otras provisiones?

a. Provisión futuros incendios
b. Dividendos provisorios
c. Provisión futuros terremotos
d. Todas las anteriores

37. ¿Cuántas normas internacionales se encuentran emitidas?

a. 39 NIC, 32 vigentes y 09 NIIF, las 9 vigentes
b. 40 NIC, 30 vigentes y 13 NIIF, las 13 vigentes
c. 41 NIC, 26 vigentes y 16 NIIF, 15 vigentes
d. 40 NIC, 25 vigentes y 13 NIIF, las 10 vigentes

38. En la hipótesis fundamental del marco conceptual se desglosa lo siguiente:

a. Esencia sobre la forma y representación fiel
b. Comprensibilidad y relevancia
c. Fiabilidad y comparabilidad
d. Ninguna de las anteriores

✍ Respuestas

1	C
2	A
3	C
4	B
5	E
6	A
7	B
8	D
9	D
10	A
11	D
12	A
13	A
14	C
15	D
16	B
17	A
18	C
19	A

20	D
21	C
22	E
23	E
24	C
25	A
26	D
27	D
28	B
29	D
30	A
31	A
32	A
33	C
34	D
35	D
36	B
37	C
38	D

Ejericicio clasificación de cuentas contables

Clasifique las cuentas contables y lleve los montos al balance clasificado, según Normativa Internacional.

N°	DETALLE	DEBE	HABER
1	Activo mantenido para la venta	40.000.000	
2	Activos en leasing	300.000.000	
3	Anticipo de clientes		150.000.000
4	Anticipo de proveedores	60.000.000	
5	Árboles frutales	30.000.000	
6	Banco	10.000.000	
7	Beneficios de Retiros		20.000.000
8	Boleta en Garantía	14.000.000	
9	Caja	15.000.000	
10	Capital		40.000.000
11	Clientes	120.000.000	
12	Cuentas por cobrar relacionadas	30.000.000	
13	Cuentas por pagar relacionadas		20.000.000
14	Dividendos provisorios		40.000.000
15	Documentos financieros 30 días	513.000.000	
16	Edificio en arrendamiento	140.000.000	
17	Efectivo en transito	4.000.000	
18	Fondos mutuos 75 días	5.000.000	
19	Forward		140.000.000
20	Goodwill	30.000.000	
21	Hardware	40.000.000	
22	Impuesto a la renta		410.000.000
23	Ingresos diferidos		40.000.000
24	Intereses diferidos por leasing	40.000.000	
25	Inversiones 1 director de 5	150.000.000	
26	Inversiones disponibles para la venta	4.000.000	
27	Inversiones para negociar	5.000.000	
28	Inversiones sin directores	100.000.000	
29	Iva crédito fiscal	20.000.000	
30	Iva debito fiscal		35.000.000
31	Línea de crédito utilizada		35.000.000
32	Mercaderías	20.000.000	
33	Obligaciones en leasing		580.000.000
34	Obsolescencia de mercaderías		10.000.000
35	PPM	40.000.000	
36	Préstamos por cobrar relacionadas	40.000.000	
37	Préstamos por pagar relacionadas		300.000.000
38	Proveedores		50.000.000
39	Provisión vacaciones		30.000.000
40	Resultados Acumulados		20.000.000
41	Seguros anticipados	30.000.000	
42	Terrenos	120.000.000	

Desarrollo

ACTIVOS	
Activos Corrientes	
Efectivo y equivalentes al efectivo	34.000.000
Otros activos financieros, Corrientes	23.000.000
Otros activos no financieros, corrientes	30.000.000
Deudores comerciales y otras cuentas por cobrar corrientes	673.000.000
Cuentas por cobrar a entidades relacionadas, corrientes	70.000.000
Inventarios	10.000.000
Activos biológicos Corrientes	30.000.000
Activos por impuestos Corrientes	40.000.000
Total de activos corrientes distintos de los activos o grupos de activos para su disposición clasificados como mantenidos para la venta o como mantenidos para distribuir a los propietarios	910.000.000
Activos no corrientes o grupos de activos para su disposición clasificados como mantenidos para la venta	40.000.000
Activos no corrientes o grupos de activos para su disposición clasificados como mantenidos para distribuir a los propietarios	0
Activos no corrientes o grupos de activos para su disposición clasificados como mantenidos para la venta o como mantenidos para distribuir a los propietarios	950.000.000
Total de Activos Corrientes	950.000.000
Activos no Corrientes	
Otros activos financieros no corrientes	0
Otros activos no financieros no corrientes	100.000.000
Derechos por cobrar no corrientes	0
Cuentas por cobrar a entidades relacionadas, no corrientes	0
Inversiones contabilizadas utilizando el método de la participación	150.000.000
Activos intangibles distintos de la plusvalía	0
Plusvalía	30.000.000
Propiedades, planta y equipo	460.000.000
Activos biológicos, no Corrientes	0
Propiedades de inversión	140.000.000
Activos por impuestos diferidos	0
Total de Activos no Corrientes	880.000.000
TOTAL DE ACTIVOS	1.830.000.000

PASIVOS	
Pasivos Corrientes	
Otros pasivos financieros, Corrientes	715.000.000
Cuentas por pagar comerciales y otras cuentas por pagar	265.000.000
Cuentas por pagar a entidades relacionadas, corrientes	320.000.000
Otras provisiones corrientes	40.000.000
Pasivos por impuestos, Corrientes	410.000.000
Provisiones corrientes por beneficios a los empleados	20.000.000
Otros pasivos no financieros, corrientes	0
Total de pasivos corrientes distintos de los pasivos incluidos en grupos de activos para su disposición clasificados como mantenidos para la venta	1.770.000.000
Pasivos incluidos en grupos de activos para su disposición clasificados como mantenidos para la venta	0
Total de Pasivos Corrientes	1.770.000.000
Pasivos No Corrientes	
Otros pasivos financieros, no corrientes	0
Pasivos, no Corrientes	0
Cuentas por pagar a entidades relacionadas, no corrientes	0
Otras provisiones no corrientes	0
Pasivo por impuestos diferidos	0
Provisiones no corrientes por beneficios a los empleados	0
Otros pasivos no financieros, no corrientes	0
Total de Pasivos No Corrientes	0
TOTAL DE PASIVOS	1.770.000.000
Patrimonio	
Capital	40.000.000
Ganancias (pérdidas) acumuladas	20.000.000
Otras participaciones en el patrimonio	0
Otras reservas	0
Ganancia (pérdida) del ejercicio	0
Patrimonio Total	60.000.000
Total de Patrimonio y Pasivos	1.830.000.000

Detalle el número que corresponde al rubro para la clasificación de la cuenta contable bajo Normas Internacionales de Información Financiera

Rubro	N°	Cuenta Contable	N°
Efectivo y equivalentes al efectivo	1	Provisión Vacaciones	
Otros activos financieros, Corrientes	2	Bancos	
Otros activos no financieros, corrientes	3	Efectivo en Tránsito	1
Deudores comerciales y otras cxc	4	Terrenos arrendados	
Inventarios	5	Obligaciones emitidas	
Activos biológicos Corrientes	6	Herramientas	
Activos por impuestos Corrientes	7	Inversiones 2 directores de 6	
Otros activos no financieros no corrientes	8	Provisión Juicios	
Inversiones contabilizadas utilizando el método de la participación	9	Inversiones disponibles para la venta	
Activos intangibles distintos de la plusvalía	10	Fondos por rendir	
Plusvalía	11	Swap (saldo deudor)	
Propiedades, planta y equipo	12	Dividendos Legales	
Propiedades de inversión	13	Clientes	
Activos por impuestos diferidos	14	Remuneraciones por pagar	
Otros pasivos financieros, Corrientes	15	Activos en leasing	
Cuentas por pagar comerciales y otras CxP	16	Forward (saldo acreedor)	
Otras provisiones corrientes	17	Mercaderías	
Pasivos por impuestos, Corrientes	18	Cerdos	
Provisiones corrientes por beneficios a los empleados	19	Provisión Indemnización años de servicios	
		Obligaciones por leasing	
		Crédito Activo fijo	
		Boletas en garantía (saldo deudor)	
		Servidumbre de paso	
		Línea de crédito utilizada	
		Intereses diferidos leasing	
		Inversiones para negociar	
		Deterioro cuentas por cobrar	
		Facturas por cobrar	
		Impuesto renta por pagar	
		Gastos anticipados	
		Goodwill	
		Patente y Propiedad Intelectual	
		Inversión sin directores	

Desarrollo

Rubro	N°	Cuenta Contable	N°
Efectivo y equivalentes al efectivo	1	Provisión vacaciones	16
Otros activos financieros, Corrientes	2	Bancos	1
Otros activos no financieros, corrientes	3	Efectivo en tránsito	1
Deudores comerciales y otras cxc	4	Terrenos arrendados	13
Inventarios	5	Obligaciones emitidas	15
Activos biológicos Corrientes	6	Herramientas	12
Activos por impuestos Corrientes	7	Inversiones 2 directores de 6	9
Otros activos no financieros no corrientes	8	Provisión Juicios	17
Inversiones contabilizadas utilizando el método de la participación	9	Inversiones disponibles para la venta	2
Activos intangibles distintos de la plusvalía	10	Fondos por rendir	4
Plusvalía	11	Swap (saldo deudor)	2
Propiedades, planta y equipo	12	Dividendos Legales	17
Propiedades de inversión	13	Clientes	4
Activos por impuestos diferidos	14	Remuneraciones por pagar	16
Otros pasivos financieros, Corrientes	15	Activos en leasing	12
Cuentas por pagar comerciales y otras CxP	16	Forward (saldo acreedor)	15
Otras provisiones corrientes	17	Mercaderías	5
Pasivos por impuestos, Corrientes	18	Cerdos	6
Provisiones corrientes por beneficios a los empleados	19	Provisión Indemnización años de servicios	19
		Obligaciones por leasing	15
		Crédito Activo fijo	7
		Boletas en garantía (saldo deudor)	3
		Servidumbre de paso	10
		Línea de crédito utilizada	15
		Intereses diferidos leasing	15
		Inversiones para negociar	2
		Deterioro cuentas por cobrar	4
		Facturas por cobrar	4
		Impuesto renta por pagar	18
		Gastos anticipados	3
		Goodwill	11
		Patente y Propiedad Intelectual	10
		Inversión sin directores	8

Ejercicios Impuestos diferidos

Se solicita hoja de ajuste impuestos diferidos 2018 tasa de impuesto 10%, corrección monetaria anual 5%, variación IPC segundo semestre 3%, tasa de interés de mercado 15%.

a) La sociedad ha efectuado las siguientes provisiones por gastos que se pagaran en el periodo 2019:

Provisión vacaciones	50.000.000
Provisión indemnizaciones años de servicios	100.000.000
Provisión gastos de luz y agua	50.000.000

b) Además la Sociedad registra una provisión por gratificaciones equivalente al 50% de las utilidades generadas en el ejercicio.

Pérdida Tributaria	200.000.000

c) Se tomó el 30.11.2018 un leasing, con las siguientes condiciones:
- ✓ Maquina en Arrendamiento Financiero
- ✓ Duración 69 meses
- ✓ Tasa de interés contrato 10%
- ✓ Cuota de 150 UF
- ✓ Vida útil de 10 años
- ✓ La empresa paga la cuota del mes de diciembre el 22 de diciembre con transferencia

UF	MES
26.000,15	Octubre
26.100,56	Noviembre
26.300,84	Diciembre

d) La sociedad el 31.12.2017 adquiere una inversión de FC, con las siguientes características, valor pagado 500.000.000, patrimonio de la empresa 400.000.000.

e) La sociedad genera ingresos anticipados, correspondiente a facturación sin entrega del producto por 150.000.000.

f) La sociedad recibe información al cierre de los estados financieros por parte de Juan Andrés Salfate, que según información de QuakRedAlert, existe un 90% de probabilidades que ocurra un terremoto grado 9,3, por lo cual se provisionarán futuros gastos por 500.000.000.

g) Por política la sociedad efectúa una provisión de deudas incobrables cuando pasa el tercer mes de mora el 100% de la deuda, el detalle de la deuda vencida es la siguiente:

R.U.T.	SALDO AL 31/12/2015
1	20.000.000
2	10.000.000
3	15.000.000
4	5.000.000
5	10.000.000
6	9.000.000
7	12.000.000
8	4.000.000
	85.000.000

R.U.T.	SALDO AL 31/12/2016
1	15.000.000
2	10.000.000
3	20.000.000
4	10.000.000
5	4.000.000
6	9.000.000
7	10.000000
9	5.000.000
	83.000.000

R.U.T.	SALDO AL 31/12/2017
1	15.000.000
2	10.000.000
4	15.000.000
5	10.000.000
6	9.000.000
10	10.000.000
11	8.000.000
12	5.000.000
	82.000.000

R.U.T.	SALDO AL 31/12/2018
1	10.000.000
4	5.000.000
5	20.000.000
6	5.000.000
10	2.000.000
14	15.000.000
16	10.000.000
19	15.000.000
	82.000.000

Desarrollo

Año 2018					
DETALLE	**NIIF**	**TRIB.**	**DIFERENCIA**	**ACTIVO**	**PASIVO**
Provisión vacaciones	50.000.000	-	50.000.000	5.000.000	-
Provisión indemnizaciones	100.000.000	-	100.000.000	10.000.000	-
Provisión gastos	50.000.000	50.000.000	-	-	-
Pérdida tributaria	-	-	200.000.000	20.000.000	
Leasing	(2.325.245)	-	(2.325.245)	232.525	
Goodwill	100.000.000	105.000.000	5.000.000	500.000	
Ingresos anticipados	-	-	150.000.000	15.000.000	
Deterioro Cuentas por Cobrar	48.339.000	-	48.339.000	4.833.900	
TOTALES				55.566.425	-

CALCULO DIFERIDO	DEBE	HABER
ACTIVO POR IMPUESTO DIFERIDOS	55.566.425	
PASIVOS POR IMPUESTOS DIFERIDOS		-
IMPUESTO A LA RENTA		55.516.425

En los siguientes ejercicios prácticos efectué hoja de trabajo con cálculos de propuesta de impuestos diferidos, tasa de impuesto 20%, corrección monetaria anual 5%, Variación IPC segundo semestre 4%, tasa de interés de mercado 9%.

Año 2018

1. La sociedad ha efectuado las siguientes provisiones por gastos que se pagaran en el periodo 2019:

Provisión vacaciones	160.000.000
Provisión medioambiental	40.000.000
Provisión por pérdidas futuras	60.000.000
Provisión contratos onerosos	30.000.000

2. Además la Sociedad registra una provisión por gratificaciones equivalente al 40% de las utilidades generadas en el ejercicio (pactadas en contratos colectivos).

Pérdida Tributaria	100.000.000

3. Por política la sociedad efectúa una provisión de deudas incobrables cuando pasa el tercer mes de mora el 100% de la deuda.

R.U.T.	SALDO AL 31/12/2015
1	20.000.000
2	10.000.000
3	15.000.000
4	5.000.000
5	10.000.000
6	9.000.000
7	12.000.000
8	4.000.000
	85.000.000

R.U.T.	SALDO AL 31/12/2016
1	15.000.000
2	10.000.000
3	20.000.000
4	10.000.000
5	4.000.000
6	9.000.000
7	10.000000
9	5.000.000
	83.000.000

R.U.T.	SALDO AL 31/12/2017
1	15.000.000
2	10.000.000
4	15.000.000
5	10.000.000
6	9.000.000
10	10.000.000
11	8.000.000
12	5.000.000
	82.000.000

R.U.T.	SALDO AL 31/12/2018
1	10.000.000
4	5.000.000
5	20.000.000
6	5.000.000
10	2.000.000
14	15.000.000
16	10.000.000
19	15.000.000
	82.000.000

4. La administración tomo la decisión de provisionar las indemnizaciones de años de servicios de los trabajadores por 130.000.000.

5. Se tomó el 30.11.2018 un leasing, con las siguientes condiciones:
   - ✓ Máquina en Arrendamiento Financiero
   - ✓ Duración 69 meses
   - ✓ Tasa de interés contrato 15%
   - ✓ Cuota de 80 UF
   - ✓ Vida útil de 10 años
   - ✓ La cuota de diciembre se paga en día 12

MES	UF
Octubre	20.000
Noviembre	22.000
Diciembre	21.000

6. La sociedad el 31.12.2017 adquiere una inversión de UAH, con las siguientes características, valor pagado 450.000.000, patrimonio de la empresa 200.000.000.

7. La sociedad, recibe información al cierre de los estados financieros, por parte de Juan Andrés Salfate, que según información de QuakRedAlert, es probable con un 90% de certeza que ocurra un terremoto grado 9,3, por lo cual se provisionarán futuros gastos por 300.000.000

Se solicita hoja de ajuste impuestos diferidos 2019 tasa de impuesto 30%, corrección monetaria anual 10%, Variación IPC, segundo semestre 3%, tasa de interés de mercado 7%.

Año 2019

1. Se tiene la siguiente información de pagos efectuados en el año 2019 de gastos correspondientes al 2018:

Provisión vacaciones	140.000.000
Pagos Provisión años de servicios	80.000.000
Provisión Medioambiental	60.000.000
Provisión Contratos Onerosos	15.000.000

B. La sociedad ha efectuado las siguientes provisiones por gastos que se pagaran en el periodo 2020:

Provisión vacaciones	50.000.000

C. El detalle de las cuentas deterioradas, después del tercer mes de mora es el siguiente:

R.U.T.	SALDO AL 31/12/2016
1	15.000.000
2	10.000.000
3	20.000.000
4	10.000.000
5	4.000.000
6	9.000.000
7	10.000000
9	5.000.000
	83.000.000

R.U.T.	SALDO AL 31/12/2017
1	15.000.000
2	10.000.000
4	15.000.000
5	10.000.000
6	9.000.000
10	10.000.000
11	8.000.000
12	5.000.000
	82.000.000

R.U.T.	SALDO AL 31/12/2018
1	10.000.000
4	5.000.000
5	20.000.000
6	5.000.000
10	2.000.000
14	15.000.000
16	10.000.000
19	15.000.000
	82.000.000

R.U.T.	SALDO AL 31/12/2019
5	5.000.000
6	15.000.000
10	10.000.000
14	14.000.000
16	12.000.000
19	5.000.000
28	2.000.000
30	1.000.000
	64.000.000

D. Además la Sociedad registra una provisión por gratificaciones equivalente a 70% de las utilidades tributarias generadas en el ejercicio, las cuales se encuentran pactadas en contratos.

Utilidad tributaria del año	50.000.000

E. Se tienen ingresos anticipados por 200.000.000.

F. Se mantiene la inversión de UAH.

G. La sociedad el 02.01.2019 adquiere una inversión de FC, con las siguientes características, valor pagado 100.000.000, patrimonio de la empresa 60.000.000.

H. Se mantiene un contrato de leasing que tiene las siguientes cuentas asociadas a balance:

Máquinas y Equipos en Leasing	1.000.000.000
Depreciación Acumulada Maq. Y Equi. En Leasing	100.000.000
Obligaciones en Leasing	1.000.000.000
Intereses Diferidos por Leasing	50.000.000

I. La sociedad mantiene el siguiente detalle en los juicios:

RUT	ORIGEN	MONTO	PROBABILIDAD DE OCURRENCIA
10.000 – 2	Demanda Civil	50.000.000	50%
11.000 – 4	Demanda Civil	150.000.000	50%
17.000 – 2	Demanda Civil	20.000.000	50%
18.000 – 3	Indemnización	30.000.000	07%
20.000 – 4	Demanda Civil	50.000.000	15%
	Costos y reajustes	50.000.000	
Total Juicios		300.000.000	

J. Se tomó el 31.12.2019 un leasing, con las siguientes condiciones:
- ✓ Máquina en Arrendamiento Financiero
- ✓ Duración 36 meses
- ✓ Tasa de interés contrato 10%
- ✓ Cuota de $ 1.500.000
- ✓ Vida útil de 4 años

K. Detalle de la propiedad, planta y equipo de la entidad

FINANCIERO				
		01.01.2019	**01.01.2019**	**31.12.2019**
EDIFICIO		100.000.000	100.000.000	200.000.000
TRIBUTARIO				
		CORRECCIÓN MONETARIA		
		BALANCE	**CM**	**ACTUALIZADO**
		01-01-2019	10%	31-12-2019
EDIFICIO		100.000.000	10.000.000	110.000.000

- Calcular la depreciación del edifico con los siguientes antecedentes:
- Vida útil tributaria 40 años, vida útil financiera 50 años y valor residual $15.000.000.

FINANCIERO				
		01.01.2019		**31.12.2019**
MAQUINARIAS		150.000.000		150.000.000
TRIBUTARIO				
		CORRECCIÓN MONETARIA		
		BALANCE	**CM**	**ACTUALIZADO**
		01-01-2019	10%	31-12-2019
MAQUINARIAS		150.000.000	15.000.000	165.000.000

- Calcular la depreciación de las maquinarias con los siguientes antecedentes:
- Vida útil tributaria 10 años, vida útil financiera 6 años y valor residual 25.000.000.

Desarrollo

AÑO 2018					
DETALLE	NIIF	TRIBUTARIA	DIFERENCIA	ACTIVO	PASIVO
Provisión Vacaciones	160.000.000	-	160.000.000	32.000.000	
Provisión Medioambiental	40.000.000	-	40.000.000	8.000.000	
Provisión Contrato oneroso	30.000.000	-	30.000.000	6.000.000	
Pérdida Tributaria	-	-	100.000.000	20.000.000	
Deterioro Cuentas por Cobrar	48.339.000	-	48.339.000	9.667.800	
Provisión indemnizaciones	130.000.000	-	130.000.000	26.000.000	
Leasing	3.323.062	-	3.323.062		664.612
Goodwill	250.000.000	236.250.000	13.750.000		2.750.000
TOTALES				101.667.800	3.414.612

2018	DEBE	HABER
Activos por impuestos diferidos	101.667.800	
Pasivos por impuestos diferidos		3.414.612
Impuesto a la Renta		98.253.188

AÑO 2019					
DETALLE	NIIF	TRIBUTARIA	DIFERENCIA	ACTIVO	PASIVO
Provisión Vacaciones 2018	160.000.000	140.000.000	20.000.000	6.000.000	-
PIAS 2018	130.000.000	80.000.000	50.000.000	15.000.000	-
Provisión Medioambiental 2018	40.000.000	40.000.000	-	-	-
Provisión Contrato oneroso	30.000.000	15.000.000	15.000.000	4.500.000	-
Provisión Vacaciones 2019	50.000.000	-	50.000.000	15.000.000	
Deterioro Cuentas por Cobrar	31.328.000	-	31.328.000	9.398.400	
Pérdida Tributaria	-	-	50.000.000	15.000.000	
Ingresos Anticipados	-	-	200.000.000	60.000.000	
Goodwill UAH	250.000.000	231.000.000	19.000.000		5.700.000
Goodwill FC	40.000.000	39.600.000	400.000		120.000
Leasing	(50.000.000)	-	50.000.000	15.000.000	
Edificios	196.300.000	107.250.000	89.050.000	-	26.715.000
Maquinarias	129.166.667	148.500.000	19.333.333	5.800.000	
TOTALES				145.698.400	32.535.000

2019	DEBE	HABER
Activos por impuestos diferidos	44.030.600	
Pasivos por impuestos diferidos		29.120.388
Impuesto a la Renta		14.910.212

ÍNDICE GENERAL

CAPÍTULO II

www.ingramcontent.com/pod-product-compliance
Lightning Source LLC
LaVergne TN
LVHW092049051026
849517LV00013B/1139
* 9 7 8 9 5 6 3 5 7 1 2 6 4 *